인천 지역경제의 다차원적 접근

잠재적 성장동력 모색

인천학연구총서 56

인천 지역경제의 다차원적 접근

잠재적 성장동력 모색

김우진·김우영 편저

김태훈·김진호·강철구·임조순·남승균

보고사
BOGOSA

서문

글로벌화 시대의 '지역경제'

일상적으로 '글로벌화(Globalization)'라는 용어가 만발하게 된 지 오래다. 한편으로 경제의 글로벌화가 진전함에 따라, 이에 호응하여 '지역경제'에 대한 중요성이 새삼 주목받고 있다. 왜냐하면, 세계 경제 전체를 살펴본다는 것은 곧 개별 지역경제에 시선을 돌리는 것과 필연적으로 이어져 있기 때문이다.

예를 들어, COVID-19 팬데믹으로 인해 우리는 지역경제의 글로벌화가 무엇인지 또렷하게 목격했다. 글로벌 영역에서 단기간에 무역량과 투자가 줄고 각국의 경제활동이 정체됨에 따라 세계 경제의 성장이 둔화했고, 내수용 건축자재, 가전제품, 일상용품에 이르기까지 부족 현상을 경험했다. 국내의 지역경제가 글로벌 영역에서의 재화 및 서비스 생산 네트워크에 의존하고 있다는 것을 여실히 보여주는 것이다.

이는 지역경제, 국민경제 그리고 세계 경제가 밀접한 경제적·사회적 관계를 맺고 있다는 증거이다. 현대의 세계 경제에서는 다국적기업의 전 지구적인 사업 활동, 지적 정보, 단기자금의 흐름과 인적 자원의 유출입 등이 고도로 글로벌화하고 있다. 다국적기업의 해외 활동 전개를 비롯한 무역 및 투자 분야에서는 글로벌 가치사슬(GVCs: Global Value

Chains)에 대한 논의뿐만 아니라, 이들의 경제활동을 뒷받침하는 자유무역체제나 지역경제통합에 관한 논의도 활발하게 이루어지고 있다.

이러한 가운데, 국경이라는 국가 간의 장벽이 허물어지고 세계 경제와 생활영역으로서의 '지역경제'가 직접적으로 영향을 주고받는, 혹은 융합하는 시대가 도래했다. 이는 지역경제의 구조를 지금까지와는 전혀 다른 형태로 탈바꿈시켜 지역경제 내부의 순환 양상까지 변화시키고 있다.

'지역'이란 무엇인가?

다만, '지역경제', '지역'이라는 용어를 많은 연구물, 보고서, 행정문서 등에서 사용하고 있음에도 그 영역이나 정의가 불분명하게 통용되고 있는 것이 현실이다. '지역'이라는 개념을 어떻게 이해하고 정의하느냐에 따라 연구의 대상, 이를 바라보는 관점, 분석의 방법론과 내용이 달라진다는 점에서 위와 같은 문제의식을 정립함에 앞서 '지역'에 대한 인식을 분명히 해야 할 필요가 있다.

자본주의가 자리 잡기 이전 시대의 지역은 '주민의 생활영역'으로 자연과 인간의 물질대사와 인간끼리의 사회관계가 특정 공간에서 종합적으로 결합한 존재였다. 그러나, 자본주의하에서의 지역은 여기에 더해, '자본(기업)의 활동 영역'으로도 나타나게 되어 이들의 자본축적 양상과 공간적 확장이 특정 지역 내부의 자연환경, 건조환경(Built Environment), 사회환경을 형성 및 재편함으로써, 'Global-National-Local'이라는 지역의 계층성 속에서 공간구조를 편성하게 된다. 이와 동시에 정치의 영역에도 위와 같은 계층화된 정치적 공간을 바탕으로 계층 간의 움직임은 즉시 영향을 주고받는 구조를 형성한다.

즉, 글로벌화 시대의 지역경제는 국내의 다른 지역뿐만 아니라 세계 각국의 지역과 밀접한 경제적 관계를 구축함으로써 지역경제는 세계 경제의 정치적·경제적 정세 변화에 크게 좌우되어, 지역주민의 생활이나 중소기업의 경영기반이 동요하게 된다. 또한, 정치적으로는 자유화, 글로벌화 추진, 규제 완화 등과 같은 다국적기업의 정치적 요망이 우선시되어 주민 생활이나 지역의 지속 가능한 발전을 위협하기도 한다. 그 결과, 각 계층에는 독자적인 운동법칙이 존재하며, 지역별로 다양한 외형적·내적 개성이 새겨지게 되고, 동시에 자본의 활동 영역에 어울리는 지역 개발을 통해 지역 간의 불균등 혹은 불균형을 동반한 다양한 지역문제를 발생시킨다.

'구조론'적 접근에 대한 반성

전통적인 지역경제학에서는 지역경제를 분석하는 데 있어 주로 '구조론'적 접근을 시도해왔다. 구조론적 방법론에서는 국민경제는 하나의 '유기체'이며, 지역경제는 국민경제라는 큰 퍼즐을 구성하는 하나의 조직 혹은 조각 이상의 의미를 부여하지 않는다. 즉, 어떠한 의미에서도 국민경제와 비슷한 양상을 띠는 지역경제는 존재하지 않는다. 국민경제가 사회적 분업을 통해 성립되고, 그 지역적 반영으로 지역적 분업이 존재한다고 시인한 이상, 지역적 불균등성은 어떤 의미에서 당연하며 그 자체가 문제가 되지 않는다. 따라서, 하나의 유기체인 국민경제를 임의의 지역으로 구분하여 임의의 지표로 불균등성을 문제로 삼는 것은 의미가 없다.

   이러한 지역경제에 대한 구조론적 접근은 국가 경제의 재생산 구조를 큰 틀에서는 입지 체계와 지역 경제권의 통합을 통해 파악하고, 지역적 분업체계를 통해 구체화해 나간다. 마치, 경제순환의 지역적 울타리를 국민경제 내에 세우고, 그 범위를 국민경제로 한정하는 것과 같다.

   정말 그럴까? 우리가 직면한 지역경제의 현실은 어떠한가? 수도권 집중으로 대표되는 지역 간 불균형, 공동화 등으로 나타나는 지역경제의 침체, 이어지는 지역사회의 붕괴 등 지역에서 나타나는 경제적·사회적 문제들이 이제는 국가 경제 전체의 존망을 결정짓는 최대의 해결 과제로 떠올랐다. 현대 자본주의하에서는 국민경제는 더 이상 재생산에 있어 완결된 단위가 아니며, 이를 완결적으로 그릴 수 있는 궁극적인 공간적 단위는 '세계 경제'밖에 없다.

   세계경제론적 시점을 빠뜨린 채, 국민경제라는 개념을 고집하게 되면 지역은 국민경제의 하위개념 그 이상도 이하도 아니다. 그러나, 자본주의를 전제로 하는 이상 국민경제도, 지역경제도, 혹은 각 산업 부문도, 모두가 다양한 경제주체의 혼합체이다. 이들 경제주체의 자유로운 활동의 결과, 자본주의의 본성에서 상당 부분 기인하는 불균등과 불균형이 각 계층에서 발생한다. 지역적 분업이라는 개념 또한, 특정 생산 부문을 일국의 특정 지역에 붙들어 매는 것으로, 지역적 분업은 산업 발전과정에서 나타난 한국만의 특징이라 볼 수 없고, 자본주의적 생산양식을 갖춘 나라라면 어디에서나 공통적으로 나타나는 현상이다.

새로운 성장동력의 모색

   그럼, 이와 같은 구조론적 접근에서 벗어나, '인천'이라는 지역경제의 과거와 현재, 나아가 미래까지 논하기 위해서는 무엇이 필요할까? 이 책은 이에 대한 해답을 찾기 위한 우리의 첫 시도라 할 수 있다. 독자적인 분석을 위한 방법론적 고민은 물론, 인천 지역경제라는 총체의 성장과 발전에 대한 고민 또한 담아내고 싶었다.

이러한 고민 속에서 우리는 먼저, 무엇에 집중할 것인가? 라는 물음에 대한 답을 내려야만 했다. 인천이라는 도시의 정체성을 심층적으로 규정하기 위해 산업의 구조적 변화를 중심에 둘 것인지, 바이오산업을 시작으로 인천의 새로운 중심 산업입석시로 떠오른 경제자유구역을 대상으로 살필 것인지, 혹은 이미 인천의 핵심 산업으로 자리매김한 물류, 항만산업의 발전 방안을 모색할 것인지 등이다. 이러한 고민 끝에, 우리는 세계 경제와의 융합 속에서 과연 인천 경제의 현재를 이끄는 동력이 앞으로도 연속성을 가질 수 있을까에 대한 의문을 가지게 됐다. 안전성과 효율성을 위해 항공기의 엔진이 두 개인 것처럼, 지금의 동력과 더불어, 새로운 동력을 찾는 작업에 몰두하기로 했고, 그중에서도 인천지역에 잠재한 가능성을 기반으로 성장과 발전의 새로운 씨앗이 될 수 있는 것들을 찾아내기 위해 노력했다.

물론, 한계도 인정하는 바이다. 잠재한 가능성에 대한 모색뿐만 아니라, 인천의 지역경제가 실제로 어떠한 형태로 세계 경제와 융합하고 있는지에 대한 검토가 필요했고, 지역 외부로의 경제순환을 확대하기 위한 가능성, 한계, 과제 등에 대해서도 적극적으로 고민해야 했지만, 정해진 기간 속에 아쉽게도 모든 것을 담아 내지 못했다. 또한, 이 책은 지역경제를 논함에 있어 객관적인 입장을 견지하기 위해 애썼다. 정책적 제언이나 특정 방법론의 제시보다는 무색무취의 상태에서 인천 경제의 미래를 위해 정말 필요한 것이 무엇인지 찾는 작업에 더 많은 시간과 열정을 할애했다.

앞서 언급한 것처럼, 지역경제는 국민경제를 넘어 세계 경제와의 연관 속에 존재하며, 인천의 중심 산업이 언제 어떠한 위기에 직면할지 모른다. 세계 경제와의 융합은 무한한 경쟁 속에 이루어지며, 앞으로도 그러할 것이다. 그러므로 끊임없이 다음을 준비하고 대비해야 한다. 미리 준비하는 것이 어렵다면, 적어도 우리 지역에 어떠한 성장동력이 잠재하고 있는지 인식하는 것부터 출발해야 할 것이다. 이 책이 우리나라의 각 지역에서 그러한 가능성을 찾아내는 데 일조할 수 있다면, 우리의 고된 수고가 절대 헛되지 않고, 저자의 한 사람으로서 큰 기쁨과 보람을 느낄 것이라 믿는다.

감사의 말

이 책의 출판에 있어 은혜를 입은 분들께 감사의 마음을 전하고 싶다. 먼저, 나를 '지역경제학'이라는 흥미로운 학문의 길로 인도한 오카다 도모히로(岡田知弘) 교수(일본 교토다치바나대학교 총장, 2025년 4월 취임 예정)께 깊은 감사의 말씀을 드린다. 그는 나의 대학원 시절의 지도 교수로, 유학생이던 나를 어떠한 차별 없이 오로지 '연구'만으로 평가해 주었고, 연구에 임하는 태도와 자세부터 현지 조사와 실증분석의 방법론에 이르기까지, 심지어 성가신 오탈자 수정도 정성스럽게 해 준 스승이다. 그의 섬세하고 치밀한 지도가 없었다면 이 책의 문제의식은 공유될 수 없었을 것이다.

다음으로, 이 책의 논의를 풍부하게 구성해 준 각 장의 저자들에게 감사의 마음을 전하고 싶다. 이들 6명의 저자는 모두 나의 모교인 인천대학교 경제학부에서 인연을 맺은 20년 지기 선·후배 사이로, 이들의 이번 출판에 대한 찬동과 열정 그리고 연구 콘셉트에 충실한 원고가 없었다면, 이 책은 결코 빛을 보지 못했을 것이다. 특히, '편집책임자'라는 고난스러운 역할을 기꺼이 맡아 준 김우진 박사에게 고맙고 미안한 마음이 크다. 그는 학부 시절부터 대학원 유학 시절까지 함께 동고동락하며 서로에게 든든한 버팀목이 되어 준 각별한 동료이자 후배이며, 누구보다 연구에 진심으로 진지하게 매진하는 능력 있고 열정적인 연구자이다.

마지막으로, 이번 출판에 있어 인천대학교 인천학연구원의 많은 행정적·재정적 지원을 받았다. 특히, 상임연구위원이신 남동걸 박사님께 자칫 딱딱해질 수 있는 경제학 연구에 인문학적 감각을 더하는 조언과 함께 큰 격려와 응원을 받았다. 그리고 도서출판 보고사 편집부 황효은 씨는 이 책의 취지를 깊게 이해하고, 출판 과정에 있어 우리의 고집스러운 주문에 항상 신속하게 대응해 주었다. 귀중한 지원과 조력 덕분으로 무사히 출판에 이를 수 있었다는 것에 깊은 감사를 전한다.

2025년 2월
연구책임자 김우영

목차

표 목차

그림 목차

제1장

산업의 흐름과 연구의 '이정표'

김태훈

제1절 산업의 구조에 주목하는 이유

한 나라의 산업구조는 시대에 따라, 경제발전 단계에 따라 달라진다. 경제가 성장하면서 각 산업의 생산량, 고용량, 자본 스톡 등이 경제 전체에서 차지하는 상대적인 비중이 변화하기 때문이다. 구조적으로는 농림수산업 등 1차 산업의 비중은 축소되고, 제조업을 중심으로 하는 2차 산업과 서비스를 생산하는 3차 산업이 차례로 그 자리를 대신한다. 이는 1인당 소득 증가로 이어지고 소비자의 수요도 상대적으로 1차 산업에서 2차, 3차 산업으로 옮겨간다. 또한, 산업 간에 발생하는 노동생산성 성장률의 차이로 인해 농업 부문에서 대규모의 노동력 이동을 초래한다.[1][2]

---

1) Clark, C., 1960, *The Conditions of Economic Progress, 3rd ed.*, London: Macmillan & Co Ltd, New York·ST Martin's Press, pp.490−520.

2) 경제발전과 산업구조에 관한 논의의 기원은 아담 스미스(Adam Smith)가 태어나기 약 1세기 전, 윌리엄 페티(William Petty) 시대까지 거슬러 올라간다. 1961년에 출판(사후 출판)된 그의 저서 'Political Arithmetick'에서 당시의 네덜란드 인구의 대부분이 제조업이나 상업에 종사했던 것에 주목하여 부유한 국가일수록 농업종사자의 비율이 제조업이나 상업보다 낮다고 지적했다. 이후, 영국의 경제학자 콜린 클라크(Colin Clark)가 'The Conditions of Economic Progress'에서 다수의 국가와 지역의 산업별 취업자 비율을 사용하여 윌리엄 페티의 가설을 검증했고, 그 결과 경제가 발전함에 따라 산업구조는 1차 산업에서 2차, 3차 산업 중심으로 변화하는 것을 밝혔는데, 이것이 대중들에게도 잘 알려진 '페티-클라크 법칙(Petty-Clark's Law)'이다. 이후,

구체적으로, 농촌에서 도시로의 인구 유입이 증가하면서 도시화가 진행되고, 이에 따라 주택, 교통, 전력, 상하수도와 같은 인프라 정비가 필요하게 된다. 더불어, 국가 및 지방자치단체의 산업화 정책과 맞물려 특정 산업이 집중된 산업단지와 공업지대가 형성되고, 이러한 산업집적은 생산성과 효율성을 높임에 따라 각 도시는 점차 특정 산업에 특화하는 경향을 보인다. 나아가, 고용구조도 변화한다. 초기에는 저숙련 노동에 대한 수요가 많지만, 산업화가 진행됨에 따라 기술과 지식이 요구되는 고숙련 노동으로 점차 전환되고, 여성과 청소년의 노동 참여가 증가하며 궁극적으로 노동시장이 다양화한다. 또한, 도시의 산업화는 경제구조의 혁신과 국제적 연계를 강화하는데, 기술 혁신과 생산성 향상을 통해 도시의 경쟁력이 높아지며, 외국 자본과 기술 유입, 수출 증대 등을 통해 글로벌 경제와 밀접한 연관을 맺게 된다.

단, 위와 같은 고전적 경제학에서의 논의는 이러한 과정이 언뜻 당연하고 자연발생적인 것처럼 보이지만, 실제로는 그 과정이 때로는 자연스러우며, 때로는 인위적이고, 때로는 파괴적이며, 나아가 경제, 기술, 사회, 정책, 환경 등 다양한 요인이 복합적으로 작용하여 나타난다는 점에 매우 유의해야 한다.[3]

Kuznets(1979), Syrquin(1984), Chenery, et al.(1986), Timmer and Szirmai(2000) 등이 산업구조의 변화와 경제성장 간의 관계를 다각적으로 분석했으며, 이들은 주로 산업 간 생산요소의 재배치가 경제성장의 중요한 요인이라는 것을 실증적으로 검토하고 있다.

3) 영국에서 산업혁명이 성공할 수 있었던 이유 중 하나는 풍부한 노동력이 도시에 끊임없이 공급됐기 때문인데, 여기에는 16세기와 18세기 두 차례에 걸쳐 일어난 '인클로저 운동(Enclosure Movement)', 즉 마을의 모든 구성원이 공동으로 소유했거나 적어도 대중이 방목하고 식량을 재배하는 데 사용할 수 있었던 공유지, 들판, 공동재산 등을 빼앗아 개인 소유로 전환하는 사회적 과정 또는 움직임이 큰 역할을 했다는 의견이

예를 들어, 오늘날의 자본주의에 있어서는 인공지능(AI), 로봇, 빅데이터, 클라우드 컴퓨팅 등의 기술 발전이 재화와 서비스의 생산 방식을 변화시켜, 전통 산업의 비중을 줄이고 IT 및 첨단 기술 산업의 비중을 증가시킨다. 또한, 글로벌화의 진전에 따른 국제무역의 확대는 글로벌 공급망을 재편하고, 국가 간 경쟁을 더욱 심화시켜, 생산성과 가격 경쟁력이 낮은 국내 산업을 세계 시장에서 점차 도태시킨다. 그리고 각국의 정부는 이러한 변화에 조응하여 특정 산업을 집중하여 육성하는 산업정책을 추진하거나, 환경규제를 강화함으로써 신재생에너지 산업으로의 전환을 촉진하는 등 산업구조의 변화에 직접적인 영향력을 행사한다. 이와 같은 일련의 과정에서 산업구조의 고도화와 함께 새로운 산업이 등장하고 그것으로부터 고용이 창출되지만, 반면에 사라지는 산업이 발생하고 그로 인해 고용도 감소한다. 새로운 산업과 거기서 창출되는 고용이 사라지는 산업과 거기서 소멸하는 고용을 유연하게 모두 흡수하지 못한다면, 이러한 변화는 특정 산업과 개인에게는 강제적이고 폭력적일 수밖에 없다.

지역(Local)의 산업구조도 위와 같은 요인들의 영향에서 벗어날 수 없다. 큰 맥락에서 보면, 지금의 인천시도 위와 같은 복합적인 과정을 반복적으로 거치며 성장했다고 할 수 있다. 특히, 인천시의 산업구조는 공업화와 도시화를 동시에 거치면서 변모해 왔다. 물론, 도시화는 공업화와 근대경제의 성장을 위한 필요조건임과 동시에 경제성장의 산물이

매우 지배적이다. 물론, 다양한 이론과 가설에 기반하여 여러 관점에서 해석되고 있지만, 인클로저 운동이 진행되는 과정에서 '토지, 즉 공유지(Commons)를 잃은 농민들은 일자리를 구하기 위해 어쩔 수 없이 도시로 이동해야 했고, 이는 도시화, 공업화의 역사이기도 하며, 한편으로 폭력적인 수탈의 역사이기도 하다'고 해석하는 연구자와 연구그룹도 상당히 존재하고 있다.

기도 하다.[4)]

그러므로, 특정 지역의 경제성장 과정을 논의하기 위해서는 먼저 역사적 관점에서 산업의 흐름을 파악하는 것이 중요하다. 그중에서도 산업구조의 변화를 살펴봄으로써 시대별로 지역경제를 이끌었던 주요 산업의 흥망성쇠를 확인할 수 있을 뿐만 아니라, 향후 지역경제 발전의 바람직한 방향성과 계획수립을 위한 단서를 얻고, 나아가 지역경제와 밀접하게 연관된 주민들의 삶 또한 간접적으로 확인할 수 있다.

산업구조의 변화를 파악하는 것은 나양한 관점에서 섭근할 수 있는데, 지역경제학에서는 산업별 산출액이나 생산량, 기업의 소득 또는 해당 산업에 종사하는 노동자의 구성비 등과 같은 경제지표를 활용해 측정한다. 다만, 산업구조는 어디까지나 경제구조 일부분에 해당하므로 지역경제의 동태를 더욱 상세히 확인하기 위해서는 해당 지역의 총공급과 총수요, 중간투입과 부가가치, 수요구조, 수(이)출과 수(이)입 등 다양한 자료를 바탕으로 한 종합적인 분석이 필요하다.

실질적으로 한 지역의 경제구조를 파악하는 데 가장 요긴한 자료로 활용되는 것은 단연코 지역경제의 종합지도인 '지역산업연관표(Regional Input-Output Statistics)'라고 할 수 있다. 지역산업연관표는 지역경제의 순환과정에 대한 정보를 일관성 있게 정리한 종합표로서 지역계획의 수립 및 지역정책의 효과를 객관적으로 분석하기 위한 기본적인 지역경제정보를 포함하고 있다. 즉, 지역산업연관표에는 총산출, 산업 간 연관관계, 생산기술, 투자, 소비, 부가가치[5)], 고용, 지역산업구

---

4) Kuznets, S., 1966, *Modern Economic Growth: Rate, Structure, and Spread*, New Haven: Yale University Press, pp.56-62.

5) 지역내총생산(GRDP: Gross Regional Domestic Product)은 생산 측면의 부가가치

조, 지역간 산업연계구조 등 지역경제의 생산 및 분배과정과 지역경제 구조에 관한 광범위한 정보가 체계적으로 정리되어 있어 지역연구를 위한 중요한 기반이라 할 수 있다.[6] 하지만, 모순되게도 지역산업연관 표는 한국은행이 2003년 기준 지역산업연관표(2007년 공표)를 작성한 이래, 2005년 기준 지역산업연관표(2009년 공표), 2010년 및 2013년 기 준 지역산업연관표(2015년 공표) 그리고 2015년 기준 지역산업연관표 (2020년 공표)를 끝으로 2025년 현재까지도 최신의 자료를 발표하지 않 아, 사실상 본서가 시도하려는 일부 연구를 비롯하여 지역경제 연구의 시의성을 갖추는 데 큰 제약이 따른다.

따라서, 본 장에서는 이러한 한계에 대응하여 인천지역의 산업 흐름 을 살펴보기 위해 분석의 시점을 2000년대 이전과 2000년대 이후로 구분했다. 전자는 경제사적 문헌에 의존해 1950년대부터 산업 개발기 까지의 시대별 주요 현황과 흐름을 중심으로, 후자는 통계청 지역소득 계정의 자료를 지역산업연관표에 최대한 가깝게 가공하여 시기별 산업 구조의 변화와 특징에 대해 객관적으로 서술하는 것에 중점을 뒀다.[7]

본 장의 역할은 크게 두 가지이다. 첫째, 앞서 언급한 바와 같이 2000 년대 이전과 이후 인천시의 산업이 어떠한 흐름으로 어떻게 변화해 왔 는지를 제시함으로써, 독자들에게 '인천'이라는 지역과 이 공간에서 드 러나는 '경제'라는 실체를 관통하는 큰 틀에서의 표상(表象)을 제공하 고, 이러한 과정을 통해 향후 인천 지역경제의 지속적인 성장과 발전을

이다.

6) 안홍기 외, 2015, 『매년도 지역산업연관표 작성방안연구』, 안양: 국토연구원, p.3.

7) 다만, 통계청에서 발표하는 지역소득 계정에 관한 자료도 사후적인 성격을 갖는 거시 경제지표에 해당하므로, 최신 자료는 2023년 잠정치에 머물고 있다.

위한 크고 작은 실마리를 찾아내는 것이다. 둘째, 첫 번째 역할을 바탕으로 본서의 각 장에서 다루는 주제들을 간략히 소개하고 해당 산업에 주목해야 하는 당위성을 밝힘으로써, 총 8장으로 구성된 여정에 대한 '이정표'를 제시하는 것이다.

제2절 제조, 항만·물류·항공의 도시 '인천'

1. 1950년대부터 2000년대 이전까지

한국전쟁 이후, 한국의 재건 및 국가산업의 복구는 주로 미국의 대한 (對韓)경제원조정책과 더불어 국제연합한국재건단(UNKRA: United Nations Korean Reconstruction Agency)의 원조를 통해 진행됐다.[8] 또한, 미군정에 의해 주로 물자지원이 추진됐으며, 점령지역 행정구호 계획 (GARIOA: Government and Relief in Occupied Areas)에 따라 식료품, 의료품, 피복, 건축용 재료, 산업기계 등 약 4억 달러 규모[9]의 지원을 받았다. 이와 더불어 국제기구의 지원과 차관 형태로의 지원 등이 함께 이루어졌는데, 궁극적으로 이러한 것들이 국내 경제뿐만 아니라 인천 지역경제의 기초를 이루는 데 핵심적인 역할을 했다는 평가가 지배적이다. 한편, 인천지역 산업시설에 대한 전후 복구작업은 국제협조처 (ICA: International Cooperation Administration)의 '중소기업개발계획'을 통해 상당 부분 진행됐다.[10]

---

8) UNKRA 원조를 통해 설립된 인천지역의 대표적인 공장 시설은 인천판초자(板硝子)공장 등이 있다(임다은, 2020:250-251).
9) 국가기록원, "정부수립전후~6.25전쟁기", 행정안전부 국가기록원.

인천지역에서 진행된 중소기업개발계획의 특징은 11개 사업체(한국
농약, 대한제분, 한영알미늄공업, 인천조선공업, 신한베아링공업, 국산자동차,
동양방직, 대한중공업회사, 대동공업, 한국강업, 인천조선공업) 가운데 3개
사업체를 제외하면 모두 금속기계공업 관련 사업체들이 선정되었다는
점이다. 이 같은 선정 결과에는 식민지시기 기존 사업체의 산업적 성격
과 인천시가 해안과 항만을 갖춘 지역이라는 지리적 요건이 고려됐던
것으로 유추해 볼 수 있다.

1949년부터 1959년까지 인천시역의 상업 및 제조업 관련 사업체는
총 142개에서 596개로 늘어났고, 단일 업종 분야에서는 금속기계공업
관련 사업체가 압도적으로 많았으며, 가장 비약적인 성장세를 보인 것
은 섬유공업이었다. 이외에도 인천지역의 전쟁 피해가 점차 복구됨에
따라 운수 및 창고업의 증가세가 큰 폭으로 나타났는데, 이는 인천시가
항만도시라는 원인 이외에도 전후 복구와 산업의 발달은 결국 물류의
수요로 이어지는 모습을 확인할 수 있는 대목이다.[11] 후술하겠지만, 특
히 금속, 기계 관련 제조업과 운수 및 창고업은 2022년 기준, 인천지역
에서 특화도가 높은 산업군에 속하는데, 그러한 기반이 이 시기부터

---

10) 중소기업개발계획은 1950년대 ICA 원조자금과 대충자금 융자를 통한 제조가공업 분
   야의 중소기업 공장 건설과 시설 확장을 위한 계획원조 사업이었다. 5년간 총
   29,126,695 달러가 투여된 중소기업개발계획은 217개 공장에서 진행되었으며, 지속
   적인 인천지역에 대한 프로그램이 수행되었는데, 이 중에서 인천지역에 해당하는 중소
   기업개발계획 현황을 살펴보면 다음과 같다. 전체 217건의 중소기업개발계획 중에서
   인천지역의 기업체들은 11건이었다. 단순히 기업체의 수로만 보면 약 5% 선에 그치지
   만, 전체 원조액 규모 면에서 보면 인천지역의 전후 복구에 대한 원조액은 건수 대비
   높은 자금 규모였다. 인천지역의 중소기업개발계획 대충자금은 3,275,740달러로 전
   체 대충자금 대비 약 12%에 이르는 규모였다(박광명, 2024:52-54).
11) 박광명, 2024, 「1950~60년대 인천의 전후 복구와 인구변동」, 『한국사연구』 제204호,
   한국사연구원, pp.54-58.

형성됐다고 할 수 있다.

경제개발 5개년 계획이 시행된 1961년부터 1970년대 말까지 인천지역의 공업은 크게 3가지 방향, 즉 생산재 중심의 중화학 공업화, 수출산업의 육성 그리고 외국인 합작기업의 진출로 요약할 수 있다. 특히, 이 시기 가장 주목을 받았던 분야는 철강 산업과 기차·자동차 산업이었다. 1962년에 정부의 대대적인 지원을 받아 인천중공업의 시설이 확충됐고, 1966년에는 인천제철이 설립됐다. 이후 인천제강, 한국강업, 한국공업, 부평제강 등이 잇따라 설립되면서 마침내 인천지역의 철강업체 수는 전국의 약 50%를 차지하게 됐다. 또한, 기차·자동차 산업의 성장도 돋보였다. 1962년에 새나라자동차가 부평에 현대식 생산시설을 갖춘 자동차 공장(지금의 한국GM 부평공장)을 설립했고, 여기에 정부의 자동차 부품 국산화 정책에 따라 한국기계공업(주)이 1969년부터 자동차·선박용 디젤 엔진을 생산하면서 인천시는 철도 차량 및 자동차 산업의 메카로 부상했다. 이외에도 경공업 분야 업체들의 성장도 두드러졌으며, 섬유업계의 수출도 급증하면서 한때 100여 개가 넘는 군소업체가 난립하기도 했다. 나아가, 1970년 이후부터는 정부의 적극적인 외자유치정책에 힘입어 인천시에도 외국인 투자 기업들의 진출이 매우 활발했다. 1970년 이전까지만 해도 인천시의 외국인 투자 기업은 9개사에 불과했으나, 1976년에는 그 수가 무려 91개로 폭발적으로 늘어났다. 이 같은 규모는 1976년 업체 수 기준으로 지역 내 전체 제조업체 514개사의 17.7% 그리고 수출업체 210개사의 34.2%에 달했다.[12]

1980년대 이후 인천시의 제조업은 제5차, 제6차 경제개발계획에 따

---

12) 김홍전, 2006, 『경제 전문기자가 본 인천경제사』, 인천: 인천일보사, pp.205-209.

라 비약적으로 성장했다. 5인 이상 제조업체 수는 1981년 1,421개에서 1990년 4,381개로 늘어났다. 이 기간 중의 업종별 성장을 보면, 경공업 분야인 음·식료품 제조업과 섬유·의복·가죽제품 제조업의 사업체는 그 수가 316개에서 462개로 146개가 늘어난 데 비해, 중·화학공업 분야의 사업체 수는 1,105개에서 3,919개로 2,814개가 늘어나는 등 성장세가 두드러졌다. 특히, 조립 금속 및 기계·장비제조업의 경우, 사업체 수가 444개에서 2,173개로 급증하면서 그 규모가 확대됐다.[13]

한편, 1974년 5월 10일 인천항 제2도크(Dock) 완성을 계기로 인천시는 동아시아의 항만·물류거점으로 거듭나는 발판을 만들었다.[14] 인천항 제2도크 공사 기간 중 5만 톤급, 8천 톤급 대형 선박 18척이 동시에 접안, 하역할 수 있는 안벽(岸壁)을 확충했고, 민간 자본으로 내항 남측 부두에 5만 톤급 2척이 접안, 하역할 수 있는 양곡 전용 부두를 축조했다. 이와 같은 시설 확충으로 인천항은 1980년대 수출액 1백억 달러 달성의 전초기지로 활약했고, 선거(船渠) 내에 새로이 5부두, 6부두, 8부두를 축조하면서 1990년대 중반 이후에는 연간 처리 화물이 1억 톤을 넘어서게 됐다.[15] 1980년에서 1990년대의 인천항 화물수송량은 1981년 약 2,407만 톤(수입화물: 1,600만 톤, 수출화물: 230만 톤, 연안화물: 577만 톤)에서 1986년에는 그 규모가 약 3,694만 톤으로 급증했고, 4년 후인 1990년에는 6,034만 톤으로 크게 늘어났다. 특히, 1990년 인

---

13) 인천광역시사 편찬위원회, 2002, 『인천광역시사 제4권 현대사회Ⅱ』, 인천: 인천광역시, pp.130-149.

14) 여기에 인천항만과 서울시를 연결하기 위해 1968년에 개통된 경인고속도로는 산업화를 견인하고 산업도시로 성장하는 데 큰 역할을 했다(지홍구, 2023).

15) 김홍전, 앞의 책, p.140.

천-중국 위해(衛海) 간 정기항로가 개설된 후 양국 간의 물동량이 크게 늘었고, 이후 1992년 8월 24일 한·중수교를 계기로 교역이 본격적으로 이루어지면서 대중국 물동량은 더욱 늘어났다.[16]

또한, 1992년 부지 조성 공사를 시작으로 총 8년 4개월의 공사 기간을 거쳐 마침내 2001년 3월 29일 인천국제공항이 개항함에 따라 인천시는 명실상부 '동아시아의 허브'로 비상하며 역사적으로 '군사요충지', '개항도시', '미곡도시', '항만도시', '공업도시'라는 수식어에 더해 '공항도시'라는 면모까지 갖추게 됐고, 제조, 항만, 물류, 항공의 인천이라는 지역의 정체성을 더욱 공고히 했다.

2. 2000년대 이후 산업의 흐름

1) 산업 3부문별 산출액 구성비

1995년 6월 27일, 전국동시지방선거를 계기로 한국은 본격적인 지방자치 시대를 열었다. 지방자치제의 확립으로 지역경제를 더욱 독립적으로 운영할 수 있는 정치체제가 만들어졌으며, 중앙정부가 주도하는 하향식 경제개발이 아닌 지방자치단체와 지역주민들의 주도로 상향식

---

16) 1990년 인천-위해 간 정기 여객항로, 1991년 인천-천진, 1993년 인천-청도, 1995년 인천-대련, 1998년 인천-단동 정기선과 인천-부산-상해를 잇는 정기항로가 개설됐다. 여객은 1993년 첫해에 6만 7,000명에서 1994년에는 8만 명, 1995년에는 9만 2,000명, 2000년에는 14만 7,000명으로 늘어났다. 또한, 인천-위해, 청도, 천진, 대련, 연태, 단동, 상해와의 카페리 항로 개설로 인한 화물 운송도 급격히 늘어나 1993년 19,193TEU에서, 2000년에는 127,999TEU로 물동량이 6.7배 증가했다(인천광역시사편찬위원회, 2002:399-406).

경제개발의 기초가 시작됐다. 그러나 1997년 외환위기를 겪으면서 한국경제는 국제통화기금(IMF)의 권고사항을 이행함에 따라 다방면에서 큰 변화를 맞이했다. 특히, 위기를 극복하는 과정에서 신자유주의적 경제체제가 확산했고, 노동유연화를 시작으로 성역 없는 구조개혁이 단행되면서 경제구조 전반이 크게 변화했다.

이 시기의 인천 지역경제는 제조업이 여전히 중요한 위치에 있었으나 외환위기 이후 전반적으로 경쟁력이 약화하고 서비스업이 크게 성장하는 등 산업구조가 변화하는 과정에 있었다. 또한, 송도, 영종, 청라 등 경제자유구역 개발과 항만, 공항 등의 지리적 이점 등을 활용하여 동북아 물류 중심지로서 제2의 도약을 추진하던 시기이기도 했다.[17] 특히, 경제자유구역에 신도시를 조성함으로써 인구가 증가한 인천시는 '제조 도시'에서 '소비 도시'로 전환하는 발판을 마련했다.

우선, 고전적 관점에서 산업 3부문별 산출액을 기준으로 2000년대 특별·광역시의 산업구조를 보면 〈표 1-1〉과 같다.

〈표 1-1〉 산업 3부문별 (명목)산출액 구성비 (2000년~2010년)

(단위: %)

지역	산업	연도			평균
		2000	2005	2010	
전국	1차	3.0	2.2	1.8	2.3
	2차	54.6	54.6	56.3	55.2
	3차	42.4	43.3	42.0	42.6
서울시	1차	0.4	0.2	0.2	0.3
	2차	19.5	18.7	16.8	18.3
	3차	80.1	81.1	83.0	81.4

17) 한국은행 인천본부, 2006, 「인천지역 전략산업의 선정과 시사점」, p.1.

(단위: %)

지역		연도			평균
	산업	2000	2005	2010	
부산시	1차	1.8	1.0	0.9	1.2
	2차	41.2	42.2	40.7	41.4
	3차	56.9	56.9	58.4	57.4
대구시	1차	0.6	0.5	0.4	0.5
	2차	46.8	44.9	44.6	45.4
	3차	52.5	54.6	55.0	54.0
인천시	1차	1.0	0.5	0.4	0.6
	2차	66.0	57.1	56.9	60.0
	3차	33.0	42.4	42.8	39.4
광주시	1차	1.3	0.6	0.4	0.8
	2차	47.2	51.7	54.4	51.1
	3차	51.4	47.6	45.2	48.1
대전시	1차	0.5	0.3	0.2	0.3
	2차	40.8	37.5	37.7	38.7
	3차	58.8	62.2	62.1	61.0
울산시	1차	0.3	0.2	0.2	0.2
	2차	85.1	86.4	87.5	86.3
	3차	14.5	13.4	12.4	13.4

출처: KOSIS 국가통계포털 데이터를 활용하여 필자가 직접 산출함.

인천시는 전체 산업 가운데 제조업과 공업을 중심으로 한 2차 산업에서 가장 많은 산출액을 기록했고, 비교 기간 그 비율은 평균 60.0%를 차지한다. 한편, 3차 산업의 산출액 비율은 평균 39.4%로, 울산시를 제외한 다른 특별·광역시와 비교해 보면, 인천시는 2차 산업의 비율이 상대적으로 높은 것을 알 수 있다. 그러나 2000년대의 전체적인 경향 변화를 보면, 인천시의 산업구조가 점차 변화하고 있다는 것을 확인할 수 있다. 구체적으로, 2차 산업의 비율은 2000년 66.0%에서 2005년 57.1%, 2010년 56.9%로 서서히 축소되는 반면, 상업과 서비스업을 중심으로 한 3차 산업 비율은 같은 기간 33.0%에서 42.4%, 42.8%로 점차 확대됐다. 이 시기 인천시의 산업구조는 2차 산업에서 3차 산업으로의 전환이 이루어지고 있었지만, 여전히 제조업과 공업의 도시라는 2000년대 이전의 지역 정체성이 뚜렷하게 남아 있다고 할 수 있다.

이러한 경향은 2010년대에 들어서면서 더욱 심화하는데, 2010년대의 특별·광역시의 산업구조를 나타낸 〈표 1-2〉를 보면 그 경향을 더 명확하게 확인할 수 있다.

〈표 1-2〉 산업 3부문별 (명목)산출액 구성비 (2011년~2021년)

(단위: %)

지역		연도			평균
	산업	2011	2016	2021	
전국	1차	1.7	1.6	1.6	1.6
	2차	57.7	52.1	50.9	53.6
	3차	40.7	46.3	47.5	44.8
서울시	1차	0.2	0.1	0.1	0.1
	2차	16.9	15.2	12.8	15.0
	3차	83.1	84.8	87.2	85.0
부산시	1차	1.0	0.6	0.6	0.7
	2차	41.8	40.2	36.7	39.6
	3차	57.2	59.2	62.7	59.7
대구시	1차	0.3	0.3	0.3	0.3
	2차	45.4	43.4	42.4	43.7
	3차	54.3	56.3	57.3	56.0
인천시	1차	0.3	0.3	0.3	0.3
	2차	57.5	53.6	53.5	54.9
	3차	42.2	46.2	46.2	44.9
광주시	1차	0.4	0.3	0.3	0.3
	2차	54.4	51.1	51.4	52.3
	3차	45.2	48.6	48.3	47.4

(단위: %)

지역		연도			평균
	산업	2011	2016	2021	
대전시	1차	0.2	0.1	0.1	0.1
	2차	37.1	36.0	34.3	35.8
	3차	62.7	63.9	65.5	64.0
울산시	1차	0.1	0.1	0.1	0.1
	2차	89.8	83.9	84.3	86.0
	3차	10.1	16.0	15.6	13.9

출처: KOSIS 국가통계포털 데이터를 활용하여 필자가 직접 산출함.

2차 산업의 비율은 2010년 57.5%에서 2016년 53.6%, 2021년 53.5%
로 감소했고, 같은 기간 3차 산업의 비율은 42.2%에서 46.2%까지 늘어
난 뒤 2020년대에 접어들면서 큰 변화 없이 동일한 수준을 유지하고
있다. 2000년대 이후부터 나타난 산업구조의 전환이 어느 정도 진정된
시기라 할 수 있는데, 그럼에도 울산시를 제외하면 다른 특별·광역시
에 비해 2차 산업의 비율은 여전히 높은 편이다. 요컨대, 2000년대 이
후 인천시의 산업구조는 제조업이 축소되는 한편 서비스업이 증가하는
경향이 명확하게 나타나고 있으나, 전국의 주요 도시와 비교했을 때,
여전히 제조업과 공업이 중요한 위치를 차지하고 있다.

〈표 1-3〉은 2000년대 이후 인천지역 산업단지의 주요 현황을 나타
낸 것으로 비교 기간 고용을 제외한 단지 수, 입주업체 등 모든 항목에
서 꾸준히 증가하는 경향을 확인할 수 있다. 즉, 도시구조가 변화했음
에도 불구하고 여전히 제조업은 인천 지역경제에서 중요한 위치를 차
지하고 있다. 참고로 2022년 기준 전국산업단지는 한국 전체 제조업
생산액 1,257조 원의 60.6%, 전체 제조업 수출액 4,449억 달러의
65.5%, 전체 제조업 고용 규모 203만 8천 명의 47.9%를 차지한다.[18]

〈표 1-3〉 인천지역 산업단지 주요 현황 (2001년~2023년)

(단위: 개, 개사, 조 원, 억 달러, 천 명)

연도	구분				
	단지	입주업체	생산액	수출액	고용 규모
2001	8	4,502	12	23	87
2002	7	4,872	13	22	90
2003	7	5,174	13	23	92
2004	7	5,236	14	25	94
2005	7	5,662	16	32	95
2006	8	5,891	18	37	96
2007	8	6,149	20	43	100
2008	8	6,858	24	43	107
2009	8	7,477	25	48	110
2010	8	8,348	30	58	116
2011	9	8,838	35	69	122
2012	10	9,048	33	62	128
2013	10	9,775	36	59	138
2014	10	9,565	37	58	142
2015	12	9,726	41	68	164
2016	12	10,115	40	61	165
2017	14	10,455	45	64	172
2018	15	11,097	47	71	164
2019	15	11,190	43	77	169
2020	15	11,787	46	74	169
2021	15	12,652	49	86	160
2022	15	13,760	51	103	153
2023	17	14,232	54	86	152

주: 산업단지는 국가산업단지, 일반산업단지, 도시첨단산업단지, 농공단지를 의미함.
출처: 한국산업단지공단, 산업단지 통계 데이터를 활용하여 작성함.

---

18) 한국산업단지공단 산단정책연구소, 2024, 『2024년 인포그래픽으로 보는 전국산업단
　　지』, 대구: 한국산업단지공단, p.4.

2) 산업별 특화도

산업별 특화계수는 지역의 전략산업을 확인하거나 미래 발전 전략을 도출할 때 자주 활용되는 객관적인 경제지표로, 입지계수(LQ: Location Quotient)[19]나 비교노동생산성(CLP: Comparison of Labor Productivity)[20]을 통해 측정하는 것이 일반적이다.

〈표 1-4〉, 〈표 1-5〉는 입지계수를 기준으로 2000년대와 2010년대 이후 인천시의 산업별 특화도를 각각 산출하여 정리한 것이다. 인천지역은 모든 기간을 통틀어 일부의 제조업(목재, 종이, 인쇄 및 복제업, 비금속광물 및 금속제품 제조업, 기계 운송장비 및 기타 제품 제조업)과 전기, 가스, 증기 및 공기 조절 공급업, 운수 및 창고업의 특화계수가 다른 산업에 비해 높은 것을 알 수 있는데, 이는 지금까지 살펴본 바와 같이 인천지역의 공업화, 도시화 과정과 그에 따른 산업환경의 변화에 기인한다.

먼저, 인천시의 제조업은 부평·주안국가산업단지, 남동국가산업단

---

19) 입지계수(LQ)는 특정 지역의 특정 산업이 전국에 비해 어느 정도 특화되어 있는가를 판단하는 지표로, 입지계수가 1을 초과할 경우, 해당 지역의 특화산업으로 간주하고, 1.2 이상인 경우 특화도가 매우 높은 것으로 판단한다. 산출식은 다음과 같으며, X_{ij}: j지역 i산업의 부가가치 혹은 산출액, X_j: j지역 전 산업의 부가가치 혹은 산출액, X_i: 전국 i산업의 부가가치 혹은 산출액, X: 전국 전 산업의 부가가치 혹은 산출액을 나타낸다.

$$LQ_{ij} = \frac{X_{ij}}{X_j} / \frac{X_i}{X} = \frac{j지역의\ i산업구성비}{전국의\ i산업구성비}$$

20) 비교노동생산성(CLP)은 특정 지역의 특정 산업에 대한 노동생산성이 전국에 비해 상대적으로 얼마나 우위에 있는가를 판단하는 지표로, 비교노동생산성이 1보다 크면 전국 평균에 비해 노동생산성이 우위에 있는 업종으로 특화도가 높은 것으로 판단한다. 산출식은 다음과 같으며, X_{ij}: j지역 i산업의 부가가치 혹은 산출액, L_{ij}: j지역 i산업의 노동투입량, L_i: 전국 i산업의 노동투입량, X_i: 전국 i산업의 부가가치 혹은 산출액을 나타낸다.

$$CLP_{ij} = \frac{X_{ij}}{L_{ij}} / \frac{X_i}{L_i} = \frac{j지역의\ i산업에\ 대한\ 노동생산성}{전국의\ i산업에\ 대한\ 노동생산성}$$

지 등 대규모 국가산업단지를 포함한 17개 산업단지를 중심으로 성장세를 유지하고 있으며, 인천시는 여전히 제조업을 중심으로 한 2차 산업의 비중이 다른 지역에 비해 높다. 특히, 인천시의 자동차 산업은 대우자동차가 건재할 당시 현대자동차의 본거지인 울산시와 더불어 사실상 국내 자동차 산업의 양대 축이었다. 물론, 지금은 미국 General Motors의 해외공장 중 하나로 그 위상이 많이 축소됐지만, 인천시에는 다수의 자동차 관련 제조업체가 그 명맥을 유지하고 있다. 다만, 2000년대와 2011년 이후를 비교했을 때, 이들 산업의 특화도가 점차 낮아지고 있다는 점에서 인천시는 제조업 기반의 전략 강화가 필요한 시점이다.

인천시의 전기, 가스, 증기 및 공기 조절 공급업은 급속한 공업화로 급증하는 전력 수요에 대처하는 형태로 성장했다. 1967년부터 1970년까지 부평내연발전소, 인천화력발전소, 경인에너지 등 3개의 화력발전소가 건설됐고, 1992년 12월에는 서인천복합화력발전소가 완공됐다. 이후 영흥화력발전소가 2004년 7월 1호기를 시작으로 2014년 11월 6호기까지 차례로 완공됐다. 또한, 도시화에 따른 가스 수요에 대응하기 위해 1981년 삼천리그룹이 경인도시가스를 인수하여 경인지역에 도시가스 공급을 시작했고, 1984년 4월에는 인천도시가스(주)가 도시가스 공급 사업에 진출함에 따라 인천시는 현재 두 개의 공급권역으로 나누어지게 됐다.[21] 여기에 1996년 10월부터 천연가스의 생산과 공급을 시작한 인천LNG생산기지는 세계 최초의 해상 천연가스 생산기지로 국내 천연가스 수요의 70% 이상을 차지하는 수도권 가스 공급의 심장부로 2,600만 수도권 시민에게 안정적으로 천연가스를 공급하고 있다.[22]

---

21) 인천광역시사 편찬위원회, 앞의 책, pp.188-211.

이는 인천시에 생산시설 근거지를 둔 수도권 내 전력, 가스 등의 공급이 늘어나고 있다는 것을 보여준다. 현재, 친환경 에너지 활성화 정책에 따라 서해안의 바람을 활용한 풍력발전과 해상풍력발전 등의 건설계획이 추진되고 있고, 조수간만의 차를 이용한 조력발전소도 하나의 대안으로 논의되는 등 인천시의 전력, 가스, 증기 및 공기 조절 공급업의 특화 정도는 더욱 높아질 것으로 전망된다.

한편, 운수 및 창고업은 2000년대 이후 인천시의 산업 가운데 가장 높은 특화계수를 꾸준히 기록하고 있는 산업이다. 인천시는 개항장의 역사를 바탕으로 당시 교역의 중심이었던 인천항과 지금의 인천국제공항을 중심으로 한 이른바 '물류허브'로서의 기반이 매우 잘 갖춰져 있다. 특히, 2001년 3월 인천국제공항 개항 이후, 운수 및 창고업의 특화계수는 처음으로 2.0을 넘어섰고, 2011년부터 2022년까지 평균 특화계수는 3.2로 인천시에서 가장 특화도가 높은 산업으로 성장했다. 더욱이, 인천시는 서울시와 경기도라는 거대한 소비시장을 배후에 두고 있어, 유통망이 발달하기에 최적의 입지를 갖춘 지역이다.

이와는 대조적으로, 인천시의 서비스업은 2000년대 이후 3차 산업의 비중이 점차 커지는 환경변화 속에서도 특화도는 큰 변화 없이 낮은 수준에 머물고 있다. 금융 및 보험업, 정보통신업, 부동산업 등 주요 서비스업의 특화계수가 1.0 이하로, 이는 산업구조의 고도화가 반드시 특화산업의 형성으로 이어지지 않는다는 것을 의미한다. 바꿔 말하면, 인천시의 서비스업이 다른 지역에 비해 높은 부가가치를 창출하고 있다고 보기 어렵고, 전국 어디에서나 소비할 수 있는 수준의 서비스를

---

22) 김연숙, "인천LNG기지 4지구 건설현장을 가다", 에너지신문, 2017. 5. 22.

공급하고 있다고 할 수 있다. 따라서 지역의 특화산업 육성을 통한 지역경제의 성장을 위해서는 단순히 산업구조를 고도화하는 전략과는 다른 방식의 접근이 필요하다.

3차 산업의 경우, IT 서비스 등 일부 특수한 업종 이외에는 인천LNG생산기지와 같은 대규모 시설투자를 통한 대량 공급이 어렵고, 인천시에는 그러한 서비스를 제공할 만한 독점적 지위를 가진 기업도 찾아보기 힘들다. 홍콩이나 싱가포르와 같이 금융업에 특화한 도시도 있지만, 인천시에는 지역경제를 뒷받침해 왔던 시방은행조자 존재하지 않는다.[23]

더욱이, 1960년대에 들어 추진된 수도권 정책은 당시 인천지역의 경제발전을 가로막은 요소로 작용했다는 의견이 지배적이다. 1964년 '대도시인구집중방지책'을 시작으로 1970년에는 '지방공업개발법'을 제정함으로써 정책적인 차원에서 인구와 공장을 수도권 이외 지역으로 분산을 유도했다. 1977년에는 '공업배치 및 공장설립에 관한 법' 그리고 1982년에는 '수도권정비계획법'이 마련됐고, 1984년부터 제1차 수도권 정비 기본 계획이 시행되면서 수도권을 5개 권역으로 구분하고 권역마다 차등적으로 경제행위를 제한했다. 이후 수차례에 걸쳐 수도권 정책은 수정됐으나, 성장잠재력의 극대화 보다는 집중을 억제하는 방향으로 추진됐고, 그런 까닭에 1990년대 들어 잇따랐던 대기업 공장의 타지역 이전 현상이 심화하는 결과를 가져와 인천지역 기업의 생산성에 악영향을 미쳤다.[24]

---

23) 1969년에 설립된 경기은행은 약 30년간 인천시의 지방은행으로서 구실을 했으나, 외환위기로 인해 1998년에 퇴출되어, 사실상 현재는 지역경제를 뒷받침할 수 있는 지방은행이 존재하지 않는다.

24) 인천광역시사 편찬위원회, 앞의 책, pp.188-211.

〈표 1-4〉 인천지역의 산업별 특화도 (2000년~2010년)

구분	연도											평균
	2000	2001	2002	2003	2004	2005	2006	2007	2008	2009	2010	
농업, 임업, 어업	0.4	0.3	0.3	0.3	0.2	0.2	0.2	0.2	0.2	0.2	0.2	0.3
광업	0.9	0.8	0.9	1.0	0.3	0.2	0.2	0.4	0.5	0.9	1.3	0.7
음식료품 및 담배 제조업	1.2	1.3	1.2	1.2	1.1	1.1	1.1	1.0	1.0	1.0	1.2	1.1
섬유 의복 및 가죽제품 제조업	0.5	0.4	0.4	0.4	0.3	0.3	0.3	0.2	0.3	0.3	0.3	0.3
목제, 종이, 인쇄 및 복제업	1.4	1.4	1.3	1.3	1.3	1.2	1.3	1.4	1.4	1.5	1.6	1.4
석탄 및 석유 화학제품 제조업	0.9	0.9	0.8	0.7	0.7	0.7	0.8	0.8	0.7	0.7	0.7	0.8
비금속광물 및 금속제품 제조업	2.0	2.0	1.9	1.8	1.7	1.6	1.5	1.4	1.4	1.5	1.4	1.7
전기 전자 및 정밀기기 제조업	0.9	1.0	0.9	0.9	0.8	0.7	0.7	0.6	0.6	0.6	0.5	0.8
기계 운송장비 및 기타 제품 제조업	2.5	2.2	2.1	2.1	2.1	2.0	1.8	1.9	1.7	1.1	1.3	1.9
전기, 가스, 증기 및 공기 조절 공급업	1.2	1.0	0.9	0.8	1.0	1.2	1.6	1.5	1.9	1.9	2.1	1.4
건설업	1.0	0.8	0.8	0.8	0.9	1.0	1.0	1.1	1.2	1.4	1.4	1.0
도매 및 소매업	0.7	0.7	0.8	0.7	0.7	0.7	0.7	0.7	0.7	0.8	0.7	0.7
운수 및 창고업	1.3	2.1	2.6	2.8	3.1	2.9	3.2	3.4	3.3	3.6	3.5	2.9
숙박 및 음식점업	0.8	0.8	0.9	0.9	0.8	0.8	0.9	0.8	0.9	1.0	0.9	0.9
정보통신업	0.4	0.5	0.5	0.5	0.5	0.5	0.5	0.4	0.5	0.5	0.5	0.5
금융 및 보험업	0.8	0.8	0.8	0.8	0.8	0.8	0.8	0.8	0.8	0.8	0.7	0.8
부동산업	1.0	1.0	1.0	1.0	0.9	0.9	0.9	0.9	1.0	1.0	1.0	1.0
사업서비스업	0.5	0.5	0.5	0.5	0.6	0.6	0.5	0.6	0.6	0.6	0.6	0.6
공공행정, 국방 및 사회보장 행정	0.8	0.8	0.8	0.8	0.8	0.8	0.8	0.8	0.8	0.9	0.9	0.8
교육 서비스업	0.9	0.9	0.9	0.9	0.9	0.9	0.9	0.9	0.9	1.0	0.9	0.9
보건업 및 사회복지 서비스업	1.0	1.1	1.2	1.1	1.1	1.1	1.1	1.0	1.0	1.1	1.0	1.1
문화 및 기타서비스업	1.0	1.0	1.0	1.0	1.0	1.0	1.0	1.0	1.0	1.0	1.0	1.0

주: 산업별 특화도는 입지계수(LQ)를, 산업별 구성비는 통계청, 지역소득 계정의 지역내총부가가치 데이터(실질)를 각각 사용하여 산출함.
출처: KOSIS 국가통계포털 데이터를 활용하여 필자가 직접 산출함.

〈표 1-5〉 인천지역의 산업별 특화도 (2011년~2022년)

구분	연도												평균
	2011	2012	2013	2014	2015	2016	2017	2018	2019	2020	2021	2022	
농업, 임업, 어업	0.2	0.2	0.2	0.2	0.2	0.2	0.2	0.2	0.2	0.2	0.2	0.2	0.2
광업	1.0	1.0	0.9	1.0	1.1	1.2	1.1	0.8	0.6	1.0	0.8	0.8	1.0
음식료품 및 담배 제조업	1.2	1.2	1.0	1.0	1.0	1.0	1.0	0.9	0.9	0.9	1.0	1.1	1.0
섬유 의복 및 가죽제품 제조업	0.3	0.3	0.3	0.3	0.4	0.4	0.4	0.4	0.4	0.4	0.4	0.4	0.4
목재. 종이. 인쇄 및 복제업	1.5	1.4	1.3	1.3	1.5	1.5	1.5	1.4	1.4	1.5	1.5	1.3	1.4
석탄 및 석유 화학제품 제조업	0.7	0.7	0.7	0.7	0.9	0.9	0.9	0.9	0.9	1.0	1.0	1.0	0.9
비금속광물 및 금속제품 제조업	1.3	1.3	1.2	1.2	1.2	1.2	1.2	1.2	1.1	1.2	1.2	1.2	1.2
전기 전자 및 정밀기기 제조업	0.6	0.6	0.6	0.6	0.7	0.7	0.7	0.6	0.6	0.7	0.7	0.7	0.6
기계 운송장비 및 기타 제품 제조업	1.3	1.3	1.2	1.2	1.2	1.2	1.3	1.3	1.2	1.2	1.2	1.2	1.2
전기, 가스, 증기 및 공기 조절 공급업	2.4	2.6	2.8	3.3	2.9	2.8	2.6	2.4	2.3	2.2	2.3	2.1	2.6
건설업	1.4	1.2	1.2	1.0	1.0	1.1	1.1	1.0	1.0	1.3	1.5	1.6	1.2
도매 및 소매업	0.8	0.8	0.8	0.8	0.8	0.8	0.9	0.9	0.9	0.9	0.9	0.9	0.9
운수 및 창고업	3.3	3.6	3.7	3.6	3.2	3.1	3.2	3.3	3.5	2.6	2.3	2.7	3.2
숙박 및 음식점업	1.0	0.9	1.0	0.9	1.0	1.0	1.0	1.0	1.0	1.0	1.0	1.1	1.0
정보통신업	0.4	0.4	0.4	0.4	0.4	0.4	0.4	0.4	0.4	0.4	0.4	0.4	0.4
금융 및 보험업	0.7	0.7	0.7	0.7	0.7	0.7	0.7	0.7	0.7	0.7	0.7	0.7	0.7
부동산업	1.0	1.0	1.0	1.0	1.0	1.0	1.0	1.0	1.1	1.1	1.1	1.1	1.1
사업서비스업	0.6	0.6	0.7	0.7	0.8	0.8	0.7	0.7	0.7	0.7	0.7	0.7	0.7
공공행정, 국방 및 사회보장 행정	0.9	0.9	0.9	0.9	0.9	0.9	0.9	1.0	1.0	1.0	1.0	1.0	0.9
교육 서비스업	0.9	0.9	0.9	1.0	1.0	1.0	1.0	1.0	1.0	1.0	1.0	1.0	1.0
보건업 및 사회복지 서비스업	1.0	1.0	1.0	1.0	1.0	1.0	1.0	1.0	1.1	1.1	1.1	1.1	1.0
문화 및 기타서비스업	1.0	1.0	1.0	1.0	1.0	1.1	1.0	1.1	1.0	1.1	1.0	1.0	1.0

주: 〈표 1-4〉와 같음.
출처: KOSIS 국가통계포털 데이터를 활용하여 필자가 직접 산출함.

제3절 그 밖의 경제구조

1. 높은 중간투입률과 낮은 부가가치율

중간투입률은 생산 과정에서 요구되는 원재료나 반제품과 같은 재화의 총투입액 가운데 경제주체 간에 이전되는 중간재의 투입액이 차지하는 비율을 나타내는 지표로, 중간투입률이 높을수록 부가가치율은 낮아지고, 중간투입률이 낮을수록 부가가치율은 높아진다. 중간투입률이 과도하게 높으면 오히려 경제성장에 방해가 될 수 있는데, 이는 그만큼 기업들이 창출하는 부가가치가 줄어들어 수익성이 악화하기 때문이다.[1] 또한, 글로벌 경쟁환경의 변화에도 취약해져 경기 변동의 영향도 커지게 되므로 중간투입률의 효율적인 관리가 경제성장에 있어서 매우 중요하다 할 수 있다.

중간투입률은 통상 지역산업연관표에서 '(중간투입액 / 총투입액) × 100'으로 계산한다. 한편, 부가가치는 피용자보수, 영업잉여, 고정자본

---

[1] 최근 제조업의 공정에 서비스적 역할을 도입하여 생산과정에서 서비스 중간재를 투입해 새로운 가치를 창출하는 제조업의 서비스화가 주목받고 있다. 그러나, 우리나라의 경우 제조업의 생산자서비스 중간투입률과 제조업의 소비자서비스 중간투입률이 G7 국가 평균 대비 각각 5.1%P, 6.7%P 낮은 실정이다(백다미, 2015:7).

소모, 순생산세(생산세-보조금) 등 4개 항목으로 구성되며, 부가가치율은 '(부가가치액 / 총산출액) × 100' 혹은 '100-중간투입률'과 같다. 다만, 앞서 지적한 바와 같이 지역산업연관표의 시의적인 한계로 기발표된 자료만으로는 산업별 구조변화를 파악하기 어려우므로, 본 장에서는 통계청의 지역소득 계정을 활용해 지역산업연관표의 부가가치 구성항목을 대체하여 부가가치율을 구한 후, 중간투입률을 계산했다.[2]

〈표 1-6〉, 〈표 1-7〉은 각각 2000년대와 2011년 이후의 7대 특별·광역시별 중간투입률과 부가가치율을 나타낸 것으로 인천지역 전체 산업의 중간투입률은 전반적으로 60.0%를 웃돌며, 부가가치율은 40.0% 수준을 상회하고 있는 것이 확인된다.

앞서 제2절에서 확인한 바와 같이, 인천시의 산업구조는 서비스업 중심의 3차 산업으로의 전환이 이루어지는 가운데 여전히 지역경제의 중심은 2차 산업에 있다고 할 수 있다. 그러나 일반적으로 제조업 중심의 2차 산업은 중간투입률이 높은 경향이 있는데, 이뿐만 아니라 인천시의 전력, 가스, 증기 및 공기 조절 공급업도 석유와 천연가스라는 수입의 존도가 매우 높은 원자재 또는 중간재를 기반으로 한다. 특히, 가장 최근인 2021년의 중간투입률은 무려 60.1%, 부가가치율은 40.0%에도 미치지 못하는 수준으로 이는 7대 특별·광역시 가운데 울산시 다음으로 낮다. 즉, 2000년대 이후 현재까지 인천시의 경제구조는 중간투입률이 높은 산업이 지역 전체의 부가가치율을 떨어뜨리고 있다. 이러한 산업은 부가가치를 구성하는 가장 핵심적인 요소인 피용자보수와 영업이익

---

[2] 지역산업연관표의 총투입액(총산출액)은 통계청 지역소득 계정의 산출액(명목)으로, 피용자 보수+영업잉여는 지역내요소소득으로, 고정자본소모는 고정자본소모로, 순생산세(생산세-보조금)는 기타생산세(기타생산보조금 공제) 항목으로 각각 대체했다.

을 지역에 남기지 못하는 비효율적인 산업이라 지적할 수 있다.

〈표 1-6〉 주요 지역별 중간투입률과 부가가치율 (2000년~2010년)

(단위: %)

지역	연도					
	2000		2005		2010	
	중간투입률	부가가치율	중간투입률	부가가치율	중간투입률	부가가치율
전국	56.1	43.9	57.2	42.8	61.3	38.7
서울시	46.4	53.6	47.1	52.9	49.9	50.1
부산시	54.7	45.3	55.6	44.4	59.8	40.2
대구시	52.2	47.8	52.6	47.4	55.3	44.7
인천시	**59.6**	**40.4**	**59.9**	**40.1**	**63.3**	**36.7**
광주시	53.3	46.7	55.8	44.2	59.5	40.5
대전시	48.9	51.1	49.0	51.0	52.8	47.2
울산시	72.8	27.2	73.6	26.4	77.2	22.8

주: 전산업 기준임.
출처: KOSIS 국가통계포털 데이터를 활용하여 필자가 직접 산출함.

〈표 1-7〉 주요 지역별 중간투입률과 부가가치율 (2011년~2021년)

(단위: %)

지역	연도					
	2011		2016		2021	
	중간투입률	부가가치율	중간투입률	부가가치율	중간투입률	부가가치율
전국	62.9	37.1	58.1	41.9	58.5	41.5
서울시	50.6	49.4	50.1	49.9	49.5	50.5
부산시	60.6	39.4	56.2	43.8	55.9	44.1
대구시	56.6	43.4	54.6	45.4	54.9	45.1
인천시	**65.2**	**34.8**	**59.7**	**40.3**	**60.1**	**39.9**
광주시	60.7	39.3	57.5	42.5	58.5	41.5
대전시	53.9	46.1	52.0	48.0	51.6	48.4
울산시	79.1	20.9	71.9	28.1	74.8	25.2

주: 〈표 1-6〉과 같음.
출처: KOSIS 국가통계포털 데이터를 활용하여 필자가 직접 산출함.

한편, 〈표 1-8〉, 〈표 1-9〉는 위와 같은 중간투입률과 부가가치율 간의 불균형을 구체적인 산업별로 살펴본 것으로, 여기에서 제2절의 분석을 종합하여 향후 인천 지역경제의 발전을 위해 매우 중요한 두 가지 함의를 확인할 수 있다.

첫째, 2차 산업과 3차 산업 사이의 부가가치율은 매우 확연한 차이를 보이는데, 2000년대 이후, 광업을 제외한 모든 2차 산업에서 부가가치율은(2000년부터 2006년까지의 전기, 가스, 증기 및 공기 조절 공급업을 제외) 40.0%를 넘지 못한다. 구체적인 내용은 다음과 같다.

① 제조업 중에서도 인천시의 특화산업인 목재, 종이, 인쇄 및 복제 업의 경우, 2000년~2010년의 기간과 2011년~2021년의 기간, 평균 부가가치율은 각각 31.1%, 27.8%에 머물렀다.

② 같은 기간 비금속광물 및 금속제품 제조업의 평균 부가가치율은 각각 27.7%, 26.3%, 기계 운송장비 및 기타 제품 제조업의 평균 부가가치율은 각각 26.5%, 24.7%를 기록했다.

③ 같은 기간 전기, 가스, 증기 및 공기 조절 공급업의 평균 부가가 치율은 41.1%, 27.2%로, 운수 및 창고업의 평균 부가가치율은 38.5%, 34.8%로 나타났다.

④ 반면, 3차 산업의 부가가치율은 2000년대 이후 모든 기간을 통틀 어 낮게는 50.0% 이상, 높게는 80.0%에 육박하는 산업도 있다.

둘째, 2000년대 이후 인천시의 모든 특화산업에서 부가가치율이 계속해서 낮아지는 경향을 보이는데, 이는 지역경제의 지속 가능한 성장에 있어서 구조적으로 매우 바람직하지 못하다. 더욱이, 인천시에서 부가가치율이 높은 3차 산업이 그 비중을 확대하고 있지만, 인천시의

3차 산업 중에서 전국에 비해 높은 수준의 부가가치를 창출한다고 판단할 수 있는 특화산업은 단 하나도 없다.

따라서, 한편으로 기존의 특화산업을 중심으로 한 2차 산업을 어떻게 고부가가치화하고, 다른 한편으로 3차 산업에 있어서 인천시의 새로운 특화산업이 될 수 있는 잠재력을 지닌 새로운 산업을 모색하고 발굴할 필요가 있다. 특히, 1차 산업에서 2차 산업, 2차 산업에서 3차 산업으로의 단순하고 맹목적인 산업구조의 고도화는 지역경제의 지속 가능한 발전을 위한 올바른 처방전이 아니라고 판단된다. 물론, 산업구조의 고도화도 필요하지만, 무엇보다도 중요한 것은 지역이 가진 우수한 자원을 최대한 활용하면서 이를 새로운 특화산업의 육성으로 이어가는 것이다.

〈표 1-8〉 인천지역의 산업별 부가가치율 (2000년~2C10년)

(단위: %)

구분	연도											평균
	2000	2001	2002	2003	2004	2005	2006	2007	2008	2009	2010	
농업, 임업, 어업	65.1	61.9	62.9	61.0	55.3	56.5	53.8	49.0	44.5	45.7	43.8	54.5
광업	87.9	73.9	68.7	65.4	67.4	56.3	57.4	57.3	56.6	55.2	52.3	63.5
음식료품 및 담배 제조업	19.1	18.9	19.4	19.7	19.9	17.5	17.3	17.0	14.6	14.8	15.8	17.6
섬유 의복 및 가죽 제품 제조업	25.5	25.6	24.9	23.8	23.6	23.3	22.8	22.4	21.0	21.3	21.7	23.3
목재 종이 인쇄 및 복제업	34.7	35.0	36.3	34.7	33.0	29.3	28.4	28.3	26.1	28.3	27.4	31.1
석탄 및 석유 화학제품 제조업	20.7	21.5	25.8	25.3	25.5	26.0	22.7	19.4	18.6	19.7	20.7	22.4
비금속광물 및 금속제품 제조업	30.4	30.8	30.3	29.8	29.0	28.6	27.3	26.8	23.1	24.0	25.0	27.7
전기 전자 및 정밀기기 제조업	33.4	33.8	33.3	32.6	33.1	30.6	30.2	29.3	28.1	29.5	28.9	31.2
기계 운송장비 및 기타 제품 제조업	31.3	30.7	29.8	29.0	27.3	25.3	24.0	23.6	22.3	24.6	23.8	26.5
전기, 가스, 증기 및 공기 조절 공급업	61.4	51.4	47.0	47.5	43.5	43.7	41.1	38.7	22.0	28.3	27.4	41.1
건설업	38.1	38.9	39.3	40.1	39.2	39.3	38.9	37.8	34.5	34.1	33.5	37.6
도매 및 소매업	61.5	60.4	59.7	59.0	58.9	58.5	58.8	58.4	59.4	57.5	55.3	58.9
운수 및 창고업	51.1	34.8	37.6	40.8	41.1	38.7	39.2	39.9	31.0	33.5	35.4	38.5
숙박 및 음식점업	42.8	41.0	40.1	39.5	38.8	39.1	38.0	37.8	35.4	34.1	33.8	38.2
정보통신업	44.7	58.4	60.4	63.3	60.4	61.9	58.9	55.5	52.7	51.4	50.0	56.2
금융 및 보험업	52.1	55.0	58.1	59.1	60.0	60.4	56.3	56.4	55.5	55.7	57.5	56.9
부동산업	78.1	76.9	76.7	76.2	76.6	76.4	76.6	77.2	77.4	78.6	78.1	77.2
사업서비스업	68.2	65.4	61.7	67.7	66.2	62.6	63.6	64.2	64.1	64.0	62.0	64.5
공공 행정, 국방 및 사회보장 행정	66.9	64.4	64.4	67.8	67.0	68.5	67.9	67.9	68.2	68.2	67.8	67.2
교육 서비스업	73.8	76.0	76.6	78.4	78.9	75.6	75.2	74.8	74.1	73.4	73.5	75.5
보건업 및 사회복지 서비스업	59.7	61.8	59.9	60.8	60.6	60.9	60.2	59.9	59.4	59.4	60.3	60.3
문화 및 기타서비스업	46.8	45.6	46.0	45.5	46.5	46.5	47.3	47.2	46.1	46.2	45.7	46.3

출처: KOSIS 국가통계포털 데이터를 활용하여 필자가 직접 산출함.

〈표 1-9〉 인천지역의 산업별 부가가치율 (2011년~2022년)

(단위: %)

구분	2011	2012	2013	2014	2015	2016	2017	2018	2019	2020	2021	평균
농업, 임업, 어업	47.1	43.1	44.5	45.8	47.8	48.3	50.1	45.2	44.2	46.2	44.3	46.1
광업	53.1	53.0	51.2	50.6	51.1	52.0	52.0	47.8	46.8	44.5	41.7	49.4
음식료품 및 담배 제조업	15.5	14.9	15.4	15.7	16.3	17.1	16.9	17.4	17.6	18.1	16.8	16.5
섬유 의복 및 가죽 제품 제조업	20.8	19.8	20.6	20.7	20.1	21.1	21.1	19.8	20.8	22.0	18.3	20.5
목재 종이 인쇄 및 복제업	26.7	26.3	27.0	27.4	27.9	28.9	27.2	27.9	28.8	28.7	28.6	27.8
석탄 및 석유 화학제품 제조업	19.5	19.0	19.5	18.6	23.6	25.9	23.7	20.5	22.2	26.5	23.7	22.1
비금속광물 및 금속제품 제조업	23.7	23.3	24.9	26.2	27.4	28.3	26.8	26.5	27.1	27.1	27.5	26.3
전기 전자 및 정밀기기 제조업	28.0	29.6	31.1	31.6	32.9	34.1	36.9	38.6	36.7	38.7	38.6	34.3
기계 운송장비 및 기타 제품 제조업	22.4	22.8	23.7	24.1	25.2	25.4	25.4	25.2	26.2	26.6	24.1	24.7
전기, 가스, 증기 및 공기 조절 공급업	22.2	19.6	26.0	24.0	34.3	38.3	32.0	23.5	26.0	32.2	20.5	27.2
건설업	33.2	34.4	35.6	36.8	37.9	38.8	38.7	40.1	40.2	40.3	38.7	37.7
도매 및 소매업	55.4	54.6	55.1	54.2	53.2	53.1	52.7	52.1	51.6	50.6	48.6	52.8
운수 및 창고업	30.9	29.6	31.1	32.8	38.3	38.2	36.4	33.5	33.3	36.9	41.3	34.8
숙박 및 음식점업	31.9	30.9	30.4	30.0	30.6	30.8	30.2	29.7	30.1	28.1	27.0	30.0
정보통신업	47.0	46.0	46.4	46.0	46.8	48.3	47.0	47.0	47.6	48.9	47.5	47.1
금융 및 보험업	58.1	56.6	55.9	57.0	56.8	56.6	57.4	58.2	57.5	58.6	60.5	57.6
부동산업	76.5	76.8	77.0	76.1	75.4	74.6	72.7	72.0	71.7	71.7	70.9	74.1
사업서비스업	61.1	60.7	61.2	61.8	62.6	61.9	61.5	61.0	60.6	58.5	57.2	60.7
공공 행정, 국방 및 사회보장 행정	66.8	67.9	70.1	70.2	70.8	71.5	72.1	73.4	72.3	72.7	71.8	70.9
교육 서비스업	71.7	69.9	68.5	69.2	67.9	69.1	68.5	69.8	70.3	72.4	73.2	70.1
보건업 및 사회복지 서비스업	52.4	49.8	49.8	55.9	53.6	54.4	54.2	54.2	54.1	54.5	55.0	53.5
문화 및 기타서비스업	44.8	46.3	46.3	45.4	44.9	46.5	44.4	45.4	45.5	45.3	45.1	45.5

출처: KOSIS 국가통계포털 데이터를 활용하여 필자가 직접 산출함.

2. 총수요의 구조

1) 중간재 수요 증가와 높은 외부의존도

지역경제의 수요구조를 분석하는 것은 무엇보다 지역경제를 정확하게 이해하고, 지역의 특성에 맞는 경제정책을 설계하는 데 있어 매우 유효하다. 다만, 아쉽게도 지역경제의 수요구조, 그중에서도 중간수요와 지역 간 이출 및 수출을 동시에 파악하는 데 지역산업연관표를 대체할 수 있는 자료는 사실상 존재하지 않는다. 본 장에서는 이러한 한계를 받아들이고, 2020년 이후의 수요구조에 대해서는 지역내총생산에 대한 지출구조를 살펴보는 것으로 대체하고 있음을 미리 밝혀 둔다.

특정 지역의 총수요는 먼저, 역내 수요(역내 중간수요+역내 최종수요)와 역외 수요(이출+수출)[1]로 나뉘며, 역내 중간수요는 지역내총산출을 위한 중간투입으로 흘러 나가고, 역내 최종수요는 역외 수요와 함께 해당 지역의 최종수요를 구성한다.

총수요에서 역내 중간수요가 차지하는 비율, 즉 중간수요율은 특정 산업에서 생산된 재화나 서비스가 최종 소비로 사용되지 않고 다른 산업의 생산 과정에 투입되는 비율을 의미한다. 다시 말해서, 전체 생산물 중에서 다른 산업의 생산재 또는 중간재로 사용되는 비율로 중간수요율이 높으면, 해당 산업이 지역 내 다른 산업과 긴밀하게 연결되어 있다고 볼 수 있다. 이와는 대조적으로, 최종수요율은 생산된 상품이나

---

1) 이출과 수출을 통해 지역 외부로 흘러 나간 재화와 서비스는 중간수요에 사용됐는지, 최종수요에 사용됐는지 구분하지 않기 때문에 '역외 중간수요'나 '역외 최종수요'가 아닌 '역외 수요'라 칭한다.

서비스가 최종 소비자(역내의 개인, 기업, 정부)에게 직접 소비되거나 투자 등으로 사용되는 비율을 의미한다. 최종수요율이 높으면, 지역 내에서 생산된 재화와 서비스가 지역 내부에서 최종 소비됨을 뜻하며, 이는 지역의 산업이 지역과 밀접하게 연관돼 있다는 것을 보여준다.

〈표 1-10〉은 2003년과 2013년의 인천지역 역내 수요를 항목별로 나타낸 것이다. 두 해 모두 중간수요가 차지하는 비율(중간수요율)이 최종수요의 비율(최종수요율)보다 높은 것이 확인되며, 이는 전국의 구조와 유사하다. 특히, 중간수요율은 2003년 57.7%에서 2013년 63.2%로 5.5%P 증가했는데, 이것은 2차 산업의 비중이 큰 산업구조로 인해 중간재 성격의 생산 비중이 늘어난 결과라 할 수 있다.

〈표 1-10〉 인천지역의 역내 수요구조 (2003년 ~ 2023년)

(단위: %)

구분	연도					
	2003		2013		2023	
	인천시	전국	인천시	전국	인천시	전국
역내 수요 계	100	100	100	100	미발표	미발표
역내 중간수요 계	57.7	57.1	63.2	63.8		
역내 최종수요 계	42.3	42.9	36.8	36.2		
소비	30.3	29.8	25.7	25.3		
민간소비지출	27.0	24.8	20.4	19.2		
정부소비지출	3.3	5.0	5.3	6.1		
투자	11.9	13.1	11.0	10.9		
고정자본형성	12.0	12.9	10.9	11.0		
재고증감	−0.1	0.2	0.2	−0.1		
귀중품순취득	항목 없음	항목 없음	−0.03	0.0		

주 1: 지역산업연관표는 한 지역 내의 경제구조를 대상으로 하는 '지역내산업연관표'와 여러 지역과의 상호 연관관계를 나타내는 '지역간산업연관표'로 구분됨. '지역내산업연관표'에서는 국내의 다른 지역으로 '이출'되는 생산품은 수출과 동일하게 최종수요에 포함되며, '지역간산업연관표'는 다른 지역으로 이출된 제품이 다른 지역의 생산활동에서 중

간재로 사용된 것과 소비 및 투자의 최종재로 사용된 것을 구분하여 작성하기 때문에 최종수요 항목에 '이출'이 포함되지 않음. 그러나 '이출'은 특정 지역경제의 다른 지역에 대한 의존 정도를 파악하는 데 매우 중요한 요소임.

주 2: 본 장에서는 최종수요에서 '이출'의 정도를 파악할 수 있도록 '지역간산업연관표'를 '지역내산업연관표'로 필자가 직접 산출함.

출처: 한국은행, 2007a, 『산업연관표 2003』, 한국은행, 2007b, 『지역산업연관표 2003』, 한국은행, 2015a, 『산업연관표 2013』, 한국은행, 2015b, 『지역산업연관표 2010/2013』 데이터를 활용하여 작성함.

한편, 〈표 1-11〉은 2003년과 2013년의 인천지역 역내 최종수요와 역외 수요를 합한 최종수요의 구조를 비교한 것으로, 인천시의 최종수요는 역외에 의존하는 경향이 심화하고 있음이 확인된다. 이러한 경향 역시 전국의 구조와 유사한데, 국내경제가 2000년대 이후 더욱 급속도로 진전한 글로벌화에 연동해 왔음을 알 수 있다. 특히, 중국과의 교역량은 2011년 2,206억 3,000만 달러로 1992년 수교 당시 63억 8,000만 달러에 비해 약 34.5배 증가하는 등 양국 간 교역의 급속한 확대로 대외무역에서 중국이 차지하는 비중도 크게 높아졌다. 중국은 이미 2004년부터 한국의 최대 교역상대국으로 부상했으며, 2009년부터는 전체 교역에서 중국이 차지하는 비중이 미국과 일본을 합한 것보다 커졌다. 2011년 전체 무역수지 흑자 규모가 321억 4,000만 달러임을 고려했을 때, 중국과의 교역이 한국경제에서 차지하는 비중을 짐작할 수 있다.[2]

인천시의 역내 최종수요는 소비지출(즉, 민간소비지출+정부소비지출)이 34.1%에서 26.2%로 7.9%P 감소했고, 고정자본형성(즉, 민간고정자본형성+정부고정자본형성)도 13.5%에서 11.1%로 2.4%P 감소했다. 이러

---

[2] 유형철, 2012, 「중국과의 교역량 35배 늘었다」, 『나라경제』, 3월호, 한국개발연구원 (KDI) 경제교육·정보센터, p.8.

한 경향은 지역 내에서 생산된 재화와 서비스가 지역 내에서 소비되지
않고, 경제성장의 원동력인 설비투자도 제대로 이루어지지 않고 있다
는 것을 의미한다.

〈표 1-11〉 인천지역 최종수요의 항목별 구성비 (2003년 ~ 2023년)

(단위: %)

구분	연도					
	2003		2013		2023	
	인천시	전국	인천시	전국	인천시	전국
최종수요 계	100	100	100	100		
역내 최종수요 계	47.5	72.3	37.5	62.4		
민간소비지출	30.3	41.8	20.8	33.1		
정부소비지출	3.8	8.4	5.4	10.4		
민간고정자본형성	11.9	17.7	9.6	16.0	미발표	미발표
정부고정자본형성	1.6	4.1	1.5	3.0		
재고증감	0.0	0.3	0.2	0.0		
귀중품순취득	항목 없음	항목 없음	0.0	0.0		
역외 수요 계	52.5	27.7	62.5	37.6		
수출	17.5	27.7	19.4	37.6		
이출	35.0	항목 없음	43.1	항목 없음		

주: 〈표 1-10〉과 같음.
출처: 한국은행, 2007a, 『산업연관표 2003』, 한국은행, 2007b, 『지역산업연관표 2003』, 한
국은행, 2015a, 『산업연관표 2013』, 한국은행, 2015b, 『지역산업연관표 2010/2013』
데이터를 활용하여 작성함.

　이와는 대조적으로, 역외 최종수요는 52.5%에서 62.5%로 확대됐는
데, 이는 수출이 17.5%에서 19.4%로, 이출이 35.0%에서 43.1%로 늘어
난 결과로 인천 지역경제의 외부 의존도가 더욱 커진 것을 알 수 있다.
요컨대, 2000년대 이후 수요구조를 통해 본 인천 지역경제는 역내의
소비나 투자가 아닌 국내 다른 지역과 넓게는 세계 시장의 변화에 좌우
되는 특징을 가지고 있다고 할 수 있다.

2) 커지는 공공의 역할과 투자구조의 변화

위에서 언급한 최종수요의 구조는 통계청 지역소득 계정의 지역내총생산에 대한 지출을 통해서도 어느 정도 확인할 수 있다. 단, 지역산업연관표에서는 총수요를 구성하는 역내 중간수요와 이출 및 수출을 각각 파악할 수 있는 것에 반해, 지역내총생산에 대한 지출은 해당 지역의 총생산(GRDP)을 단순히 지출로 나타낸 것으로, 역외 수요에 대해서도 순이출, 즉 '(이출−이입)+(수출−수입)'만을 나타낸 지표라는 점에서 그 해석과 활용에 주의를 기울여야 한다. 따라서, 본 장에서는 최종소비지출이나 총고정자본이 지역내총생산에서 차지하는 비율의 증감보다 이들을 구성하는 각 항목의 변화에 초점을 맞추어 2020년 이후의 변화를 유추해 보고자 한다.

〈표 1-12〉는 2003년, 2013년 그리고 2022년의 인천시 지역내총생산에 대한 지출 비율을 나타낸 것으로, 지역내총생산에 대한 최종소비지출은 대략 70.0% 전후 수준임을 확인할 수 있다. 특히, 정부최종소비지출 비율은 2003년 11.9%에서 2013년 14.5%로, 2022년에는 18.8%로 점차 확대됐으나, 민간최종소비지출 비율은 같은 기간 56.9%에서 52.6%로, 다시 51.4%로 서서히 줄어들었다는 사실이 눈에 띈다.

1960년대 이후, 한국경제는 국가 주도의 경제개발계획에 따라 빠른 속도로 경제구조를 개편하며 성장해 왔지만, 1990년대에 들어오면서 그동안 중단되었던 지방자치제도의 부활과 본격화로 점차 지역경제의 발전이 주목받기 시작했다. 이에 따라 지방자치단체의 역할과 함께 지방재정의 효율적 운영에 대한 중요성이 점차 커졌다고 할 수 있으며, 향후 인천 지역경제의 지속적인 성장에 있어 공공 부문이 담당해야 할 역할은 더욱 커질 것으로 보인다. 또한, 민간소비지출의 감소 경향은 지역 내 소비 진작을 위한 유인책이 필요하다는 것을 시사한다.

〈표 1-12〉 인천시의 지역내총생산에 대한 지출 비율 (2003년 ~ 2022년)

(단위: %)

(실질)지출 내역	연도		
	2003	2013	2022[P]
지역내총생산에 대한 지출	100	100	100
최종소비지출	68.9	67.1	70.3
민간최종소비지출	56.9	52.6	51.4
가계최종소비지출	55.9	51.2	49.8
가계에 봉사하는 비영리단체의 최종소비지출	1.1	1.4	1.6
정부최종소비지출	11.9	14.5	18.8
일반행정 및 국방	3.2	3.3	미발표
공공질서 및 안전	1.2	1.2	미발표
경제	0.5	0.5	미발표
보건복지 및 환경	3.4	5.4	미발표
주택 및 지역사회개발	0.4	0.4	미발표
교육 및 오락문화	3.3	3.7	미발표
총자본형성	31.6	31.6	36.7
총고정자본형성	29.6	31.3	35.8
건설투자	17.6	16.5	20.4
설비투자	7.8	9.8	9.3
지식재산생산물투자	4.3	4.9	5.8
재고증감 및 귀중품 순취득	1.7	0.4	0.7
재화와 서비스 순이출	0.3	1.2	-8.5
통계상 불일치	-0.3	-0.1	1.2

주 1: 기준 연도는 2015년 임.
주 2: 2022[P]는 잠정치임.
출처: KOSIS 국가통계포털 데이터를 활용하여 필자가 직접 산출함.

한편, 총고정자본형성 비율은 2003년 29.6%에서 2013년 31.3%로, 2022년에는 35.8%까지 늘어났다. 특히, 인천시는 2022년 기준, 건설

투자가 총고정자본형성에서 차지하는 비율이 가장 높을 뿐만 아니라, 비교 기간 그 비율의 증가 폭도 17.6%에서 16.5% 그리고 20.4%로 가장 큰 것을 알 수 있다. 그 뒤를 이어 설비투자의 비율이 높으며, 비교 기간 7.8%에서 9.8% 그리고 9.3%로 증가한 것이 확인된다. 아울러, 세 번째로 비율이 높은 지식재생산물투자는 비교 기간 4.3%에서 4.9% 그리고 다시 5.8%로 증가한 것으로 나타났다.

이는 2000년대 이후, 인천국제공항 제2터미널, 인천신항 건설과 같은 대규모 공공투사와 송노, 영송, 정라 등의 경제자유구역 및 신도시 개발에 따른 건설 수요의 증가로부터 영향을 받은 것으로 판단된다. 또한, 주로 2차 산업에 속한 기업을 통해 이루어지는 설비투자가 2013년 수준을 유지하는 데 그치고 있다는 점은 인천시가 심각하게 인식하고 향후 해결을 위한 중요한 과제로 받아들여야 하며, 제조업 중심의 경제구조에 활력을 불어넣을 수 있는 새로운 성장동력과 다양한 지원 정책이 절실히 요구되는 시점임을 정확하게 인지할 필요가 있다. 다만, 연구 및 개발 활동(R&D) 등과 같은 지식재생산물투자의 비율이 점차 증가하고 있다는 점은 고무적이다. 그동안 송도를 중심으로 한 인천경제자유구역(IFEZ: Incheon Free Economic Zone)에 많은 기업을 적극적으로 유치한 결과 새로운 산업도 상당히 유입됐다. 특히, 인천시는 송도를 바이오산업 메카로 성장시키기 위한 세계적인 바이오 첨단특화단지 조성에 큰 노력을 기울임에 따라 앞으로 4차 산업혁명에 걸맞은 다양한 관련 산업의 유입이 기대된다.

제4절 연구의 이정표

이전 절까지는 1950년대 이후 인천시의 경제성장 과정에 대해 역사적 관점과 산업구조를 중심으로 한 경제구조의 변화에 초점을 맞춰 살펴봤다. 이어서 본 절에서는 연구서로서 본서의 각 장에서 공유하고 바라보는 공통된 문제의식을 명확히 하고, 이를 바탕으로 한 각 장의 내용과 역할을 간단히 소개함으로써 독자들에게 하나의 '이정표'를 제시하고자 한다.

총 8장으로 구성된 여정의 최종 목적지를 한마디로 요약하면, '인천 지역경제의 활성화 혹은 지속적인 성장을 위해 지금 필요한 것들, 즉 새로운 성장동력으로서의 가능성을 하나씩 찾아 나가는 과정'이라 할 수 있겠다.

먼저, 제2장에서는 농업을 통해 그 가능성을 찾고 있다. 농업은 인간의 재생산에 있어 가장 기본적이며 필수적인 요소인 식량을 다루는 산업이다. 따라서 농업의 가치는 인류사가 존재하는 한 영원하며, 그 비중과 관계없이 언제나 중요하게 인식되고 평가되어야 한다. 특히, 최근의 농업은 식량안보의 문제나 농촌의 고용 증진, 경관 및 환경보전, 전통문화 보존 등과 같은 다원적 기능과 공익적 가치가 공존하는 특수한 산업으로 변모하고 있으므로, 농업과 농촌의 지속적인 발전은 여전히 중요하다는 점을 인식하고 이를 위한 새롭고 다각적인 전략을 모색할 필요가 있다. 이러한 문제의식을 염두에 두고, 제2장은 인천시의 지속적인 성장에 긍정적인 영향을 미칠 수 있는 농업의 방향은 무엇이고, 인천시에 어떠한 방식과 형태로 적용되어야 하는지에 대해 고민한다. 나아가, 인천시가 직면해 있는 농업의 현재 상황에 대해 다방면에서 검토해 보고, 그 고민에 대한 답을 대안농업으로서의 지역먹거리계획과 도시농업에서 접근해본다.

제3장에서는 인천시의 제조업, 그 가운데에서도 '히든챔피언(Hidden Champions)'을 주제로 한다. 전술한 바와 같이, 인천의 지역경제는 1960년대 국가 주도의 경제개발계획과 함께 크게 성장했고, 이 시기에 형성된 제조업 위주의 산업구조가 2020년대인 현재까지도 유지되고 있다. 이러한 배경을 바탕으로 인천시에는 다수의 제조업이 지역의 특화산업으로 성장했지만, 이들 특화산업을 포함한 대부분의 제조업은 중간투입률이 높아 지역에 많은 부가가치를 창출하지 못한다는 치명적인 약점이 있다. 또한, 2003년 8월 인천경제자유구역(송도, 영종, 청라) 지정에 힘입어 새로운 기업 유치를 통한 고부가가치 산업과 4차 산업혁명에 걸맞은 미래 먹거리 사업이 확장하고는 있으나, 원도심 내 산업공단을 중심으로 한 과거 인천시의 경제성장을 견인했던 제조업은 여전히 지역경제의 주요 생산 주체이다. 그러므로, 이들 제조업 부문에서 다음 시대를 이끌 새로운 잠재력을 찾아내는 것은 인천 지역경제의 지속적인 성장에 매우 시급한 과제라 할 수 있다. 히든챔피언은 적극적인 연구개발과 높은 기술력을 바탕으로 국내 혹은 해외에서 압도적인 시장지배력을 가지는 우량 제조기업으로 인천시에는 2023년 기준 18개 업체가 있는 것으로 파악되고 있다. 제3장에서는 인천지역의 히든챔피

언이 가진 새로운 성장동력으로서의 가능성을 진단한다.

제4장과 제5장은 서비스업에 대해 다룬다. 서비스업은 도소매와 숙박 및 음식점과 같은 전통서비스업부터 정보통신이나 금융 및 보험, 보건 및 사회복지와 예술, 스포츠 등과 같이 경제발전과 여가 활동의 증가와 함께 성장한 업종까지 매우 다양하다.[3] 후자의 서비스업은 대체로 제조업 중심인 2차 산업에 비해 부가가치율이 높아, 지역경제뿐만 아니라 우리나라 경제의 성장을 위한 새로운 원동력으로 주목받고 있다. 다만, 앞서 지적한 바와 같이, 인천시의 서비스업은 높은 부가가치율을 가지고 있지만 특화산업인 '운수 및 창고업'을 제외하면 질적으로 전국 어디서나 누릴 수 있는 비슷한 수준의 서비스를 제공하고 있어, 지역경제의 성장을 새롭게 이끌 만한 유인으로는 아직 부족하다. 즉, 높은 부가가치를 창출하면서도 새롭게 인천시의 특화산업으로 성장할 잠재력을 지닌 '포스트 운수 및 창고업'의 발굴과 개발이 필요하다 할 수 있다.

인천시는 지역관광산업 발전에 있어 매우 중요한 요소인 '접근성'에 있어 '항만'과 '국제공항'이라는 천혜의 조건을 갖춘 지역이다. 이미 '개항장'이라는 역사적 자원을 활용한 성공 사례가 있으며, '바다'를 배경으로 한 미래지향적 해양도시로서의 가능성뿐만 아니라, 다수의 '섬'을

---

3) 2024년 7월 1일부터 시행한 제11차 한국표준산업분류에 따르면, 서비스업은 '도매 및 소매업', '운수 및 창고업', '숙박 및 음식점업', '정보통신업', '금융 및 보험업', '부동산업', '전문, 과학 및 기술서비스업', '사업시설 관리, 사업 지원 및 임대서비스업', '공공행정, 국방 및 사회보장행정', '교육서비스업', '보건업 및 사회복지서비스업', '예술, 스포츠 및 여가 관련 서비스업', '협회 및 단체, 수리 및 기타 개인 서비스업', '가구 내 고용활동, 자가소비 생산활동', '국제 및 외국기관' 등 총 15개 부문으로 대분류하고 있다.

기반으로 한 '여유'와 '치유'의 이미지 또한 갖추고 있다. 제4장에서는 인천시의 문화·관광산업이 다른 산업과 더불어 향후 지역경제의 활성화를 촉진할 수 있는 중추적인 동력으로서 가능성이 충분하다는 점을 인식하고, 이를 '콘텐츠 투어리즘(Contents Tourism)'에 적용하여 검토한다. 콘텐츠 투어리즘의 발원지라고 할 수 있는 일본의 사례를 통해, 콘텐츠 투어리즘에서 시작하는 지역경제로의 파급효과를 최대화하기 위해 어떠한 전략을 모색해야 하는지에 대해 고민한다.

다음으로, 제5장에서는 인천시 지역금융의 기능적 부전(不全) 상태에 대해 지적하고, 대안적 시스템의 필요성을 강조하고 있다. 널리 알려진 바와 같이, 인천시 지역금융은 1997년 12월 쌍용종합금융과 신세기투자신탁, 1998년 6월과 8월에는 각각 경기은행(전신은 인천은행)과 국제생명이 퇴출되면서 사실상 무너졌다고 해도 과언이 아니다. 외환위기 이후 구조조정 과정에서 경쟁력을 잃은 많은 지역금융기관이 자금 여력이 충분한 시중은행으로 편입됐고, 영역을 더욱 확장한 시중은행의 수익성 추구 전략과 맞물려, 지역의 중소기업과 소상공인 등에 대한 지역금융 본연의 기능은 더욱 축소됐다. 물론, 다수의 저축은행과 새마을금고, 신용협동조합 등의 지역밀착형금융기관이 아직 상당수 남아 있지만, 이들은 서민금융기관으로 지역경제에서 발생하는 대부분의 기업금융 수요를 감당하기에는 충분하다고 보기 어렵다. 제5장은 인천시의 금융산업을, 지역경제를 이끌 새로운 산업으로서의 가능성보다는 지역경제의 지속적인 성장을 위해 반드시 갖추어져야 할 필요조건으로 인식하고, 지역경제를 지탱하는 하나의 시스템으로서 해야 할 역할에 대해 논의한다. 특히, 독일 지역금융의 사례를 통해, 지역금융의 본질적 역할이란 무엇이고, 인천시에는 어떠한 방식과 형태로 적용할 수 있는지, 대안적 금융시스템으로서의 가능성에 대해 검토한다.

제6장과 제7장에서는 공공의 영역에 내재하는 가능성에 주목하고 있다. 지역경제가 매년 확대재생산하고 고용과 소득이 유지된다는 것은 그 지역에서 매년 일정한 규모의 재투자가 이루어지고 있음을 의미한다. 재투자의 가장 핵심적인 주체는 당연히 민간기업이지만, 이 밖에도 지역에는 지방자치단체를 비롯해 지역에 따라서는 농가, 협동조합, NPO 등 다양한 재투자 주체가 있다. 그중에서도 지방자치단체는 매년 방대한 규모의 재정지출을 통해 재투자 주체로서 기능한다. 특히, 인구가 적은 소규모 지방자치단체일수록 지역경제에서 차지하는 비중이 크며, 지역 내 최대 고용 주체이기도 하다. 또한, 기초자치단체는 그 지역의 국토 보전을 시작으로 산업, 교육, 복지 등 주민 생활 전반에 관련된 행정서비스를 공무원과 농업위원회, 상공회의소, 사회복지협의회 등을 통해 제공하고 있다. 더욱이, 마을 공동체나 자치회를 통해 지역의 발전과 정주 조건 확보를 위한 세심한 서비스도 수행한다.

〈표 1-12〉에서 확인한 바와 같이, 인천시에서도 2000년대 이후 지방자치단체의 역할이 점차 확대되어 2022년 기준, 정부최종소비지출은 지역내총생산의 20.0% 수준에 육박하고 있다. 이렇듯, 지방자치단체는 지역 내 재투자의 중요한 주체로 분명히 자리매김했으므로 지방자치단체를 중심으로 한 공공 부문이 지역경제에서 담당해야 할 역할에 대해 새삼 다시 주목해 볼 필요가 있다. 여기에서 특히 주의해야 할 점은, 지방재정은 지역주민의 세금을 재원으로 한다는 점에서 공공 부문에 의한 재투자는 가능한 한 지역 내부로, 지역 외부로의 유출을 방지하면서 지역 내부에서 순환하도록 유도할 수 있어야 한다는 것이다.

제6장에서는 이러한 인식의 연장선상에서 지방재정의 경제적 기능

중에서 경제안정화 기능에 초점을 맞추어 인천시 지방재정의 구조와 규모 그리고 세입과 세출의 흐름에 대한 총체적인 분석을 시도한다. 특히, 각 영역에서의 재정 규모를 면밀하게 살펴봄으로써 지방재정이 본연의 역할을 효과적으로 수행하고 있는지 검토한다. 한편, 지방재정과 함께 공공 부문을 통한 지역 내 재투자를 고민할 때 빠뜨려서는 안 되는 것으로 공공계약, 즉 정부조달시장을 통한 조달업무가 있다. 공공계약은 공공기관이 민간 부문과 계약을 체결하여 물품, 용역, 서비스 등을 공급받는 것을 의미하는데, 지방자치단체를 포함한 지역의 공공기관이 해당 업무를 민간기업에 발주함으로써 지역경제와 중소기업의 경영 안정성에 큰 영향을 미친다. 더욱이, 지방자치단체뿐만 아니라 지역 내 공공기관의 재정지출의 상당 부분이 조달업무와 연계되어 있어 공공 부문이 지역경제에서 차지하는 역할과 기능에 대해 논의할 때 반드시 포함되어야 할 주제라 할 수 있다. 제7장에서는 이러한 정부조달시장의 글로벌화와 그 전개 양상을 소개하고, 인천지역 소재 공공기관의 조달업무에서 발생하는 '자금의 역내·외 유출' 정도를 면밀하게 살펴본다. 아울러, 지역산업을 지원하고, 조달업무를 통한 자금의 역외 유출을 최대한 방지할 수 있는 제도에 대해서도 검토한다.

마지막으로 제8장은 지금까지 언급한 산업구조의 흐름에 더해, 사회적경제의 영역을 다루고 있다. 사회적경제를 본서의 마지막 주제로 추가한 것은 제2장부터 제5장까지의 민간 부문, 제6장과 제7장의 공공 부문에 더해, 인천시의 지역경제라는 총체를 연구 대상으로 하는 우리의 논의를 더욱 풍부하게 만들어 줄 것으로 기대하기 때문이다. 사회적경제는 '경제활동과 사회적 가치를 결합하여 공동체와 사회의 문제를 해결하는 데 목적을 둔 경제체제'라고 요약할 수 있다. 이윤 극대화보다는 공익과 사회적 가치를 중시하며, 그 범주에는 사회적기업, 협동조합, 마을기업, 자활기업 등 다양한 형태의 사회적경제조직을 포함한다. 이 같은 사회적경제조직은 지역사회의 경제적·사회적 역량 강화를 목표로 한다는 점에서 이윤 극대화의 시장주의적 논리와는 명확한 차이가 있다. 특히, 글로벌화의 진전으로 지역이 갖는 의미와 중요성이 축소되고 있는 상황에서 지역주민과 가장 밀접하게 연계하여 지역 커뮤니티의 붕괴를 막고, 지역사회와 지역경제의 발전에 도움이 되는 새로운 가능성으로서의 시민참여, 즉 거버넌스로서의 사회적경제가 주목받고 있다. 이러한 배경을 고려하여 제8장에서는 사회적경제의 정의와 그 의의를 소개하고, 지역경제 및 사회에 미치는 영향에 대해 정리한다. 그리고 인천지역에 존재하는 다양한 사회적경제조직의 운영현황을 파악함으로써 사회적경제가 더욱 건강한 지역사회를 만들고, 지역경제의 새로운 성장동력으로서 민간 부문(시장경제), 공공 부문과 함께 공존해야 하는 이유와 그 필요성에 대한 공감을 이끌어 내고자 한다.

제2장

대안농업으로서의
'지역먹거리계획'과 '도시농업'

김진호

제1절 도시의 발전과 농업·농촌의 중요성

1. 산업구조의 진화와 농업 부문의 역할

역사적으로 보면, 상당수의 국가에서 그들의 사회구조는 농업 중심 사회에서 공업화를 통해 점차 고차 산업 기반의 사회로 진화해 왔다. 경제가 서서히 발전되고 1인당 소득수준이 높아짐에 따라 노동력은 1차 산업에서 2차 산업을 거쳐 3차 산업으로 이동하는 경향을 보인다는 점은 이미 수백 년 전에 영국의 경제학자 윌리엄 페티(William Petty)도 인지하고,[1] 이에 대해서 적극적으로 논의한 바 있다. 이제는 많은 사람이 상식처럼 알고 있는 이러한 경향은 경제가 점차 진보할수록 국민경제에서 차지하는 1차 산업의 비중은 상대적으로 감소하고, 2차 산업과 3차 산업의 비중이 순차적으로 증가한다는 것을 의미한다.

산업혁명의 발원지인 영국을 비롯해 대다수 국가에서 이러한 경향이 보편적으로 나타났으며, 이와 더불어 산업 구조의 진화 과정을 겪으면서 경제발전이 진전됐고,[2] 이 과정에서 농촌에서 도시로 급격한 이농

---

[1] 자세한 논의는 본서 제1장 제1절, Petty(1690), Clark(1960) 등을 참고 바란다.

[2] 일본의 경제사학자 오쓰카 히사오(大塚久雄)는 경제발전 과정에서 농업이 얼마나 적극적인 역할을 했는가에 따라 자본주의를 선진자본주의와 후진자본주의로 구분했으

의 가속화가 진행됐다는 주장은 매우 일반화된 명제처럼 간주되고 있
다. 다만, 산업 구조의 진화는 노동력의 이동, 물적 자본의 형성, 인적
자본의 형성, 기술적 변화 등과 같은 요인에 의해서 상당 부분 진전되
기도 하지만, 제도적인 변화 등과 같은 다양한 요인도 그 진화 과정에
적지 않은 영향을 미친다.

한편, 전통적인 경제발전론의 관점에 기반한 접근은 산업구조의 진
화 과정에서, 특히 공업화 과정에서 농업 부문이 다음과 같은 이유에서
중요한 역할을 담당한다고 강조한다.[3]

① 농업은 공업화에 필요한 식량 및 원료를 공급한다.

② 농업은 공업화를 위한 노동력을 공급한다.

③ 농업은 공산품에 대한 시장을 제공한다.

④ 공업화에 필요한 자본을 농업 부문에서 형성된 잉여에서 조달한다.

⑤ 농산품 수출을 통해 공업화에 필요한 외화를 획득한다.

즉, 이러한 관점에서의 접근은 공업화에서 농업 부문의 역할이 도시
부문에 식량을 공급하고, 공업 부문에 원료를 공급하며, 아울러 농업
부문의 잉여노동력을 도시 부문과 공업 부문에 직접적으로 공급함으로
써 궁극적으로 농업 부문의 소득 증대를 견인함과 동시에 공업 부문에
수요를 창출하는 것으로 해석할 수 있다. 덧붙여, 개발도상국 시절, 한
국의 공업화에서도 농업 부문이 이와 같은 중요한 역할을 담당했다는
점은 역사적 경험을 통해 이미 상당한 부분 확인되었고, 학계에서도

며, 나아가 후진자본주의의 유형 가운데 하나로 저개발국 혹은 식민지형을 제시했다
(박진도 외, 2021:34).

3) 대표적인 연구로 Johnston and Mellor(1961), Mellor(1967) 등이 있다.

이론적 분석, 실증적 분석 등 다양한 연구 방법으로 이를 증명하는 데 큰 노력을 기울인 바 있다.[4]

2. 시대 변화에 따른 농업의 새로운 역할

전 지구적 기상변화의 영향으로 지구의 기상 구도가 전체적으로 바뀌고 있는 등 기후 위기가 날로 심각해짐에 따라 농업과 농촌의 역할 그리고 이것이 가지고 있는 다양한 직·간접적인 효과에 대한 대중적인 관심이 크게 높아지고 있다. 이러한 관심의 근저에는 농업의 역할과 그 기여를 앞서 언급한 공업화 과정에 기반한 해석을 초월하여 전방위적으로 확대될 필요가 있다는 시민의 인식 변화가 중요하게 자리 잡고 있다고 판단된다.

다만, 이러한 인식의 변화는 국민경제에서 차지하는 농업의 비중이 지속적으로 감소함에 따라 국민경제 혹은 한 사회에서 농업 부문이 담당해야 할 그 본연의 역할이나 중요성이 작아진다는 것을 의미하지는 않는다. '농업'이라는 산업 그 자체는 개발도상국과 선진국 등 국가를 막론하고, 그 국가의 존속과 국민의 생명 지속에 있어 가장 기본적이며 필수적인 요소, 즉 식량을 생산하는 산업이기 때문이다. 이는 공업화 이전의 시대나 공업화 이후의 시대나 여전히 변함없이 국민경제 있어 농업 부문이 담당하는 고유의 역할이자 임무이다. 따라서 우리의 사회

---

4) 한국의 공업화에 농업 부문이 많은 역할을 담당했다는 점을 증명하고, 논의하는 연구
는 상당수 있으며, Kuznets(1977), Adelman and Robinson(1978) 등이 가장 대표적
이다.

가 시간이 지남에 따라 점차 고차 산업 기반의 사회로 끊임없이 진화하고, 아울러 국민경제에서 농업 부문이 차지하는 비중이 서서히 감소하고 있다고 하여, 농업 부문이 가진 고유의 역할과 임무가 크게 변화하거나, 그 중요성이 절대적으로 낮아지는 것은 아니다.

더욱이, 농업은 시장 시스템에 기반하여 시민에게 먹거리를 공급하는 등 시장적인 기능과 더불어 비시장적인 가치를 제공하는 기능, 즉 식량안보, 농촌 고용 증진, 경관 및 환경보전, 전통문화보존 등과 같은 공공의 이익을 위한 공익적 가치도 제공하는 기능이 공존하는 특수한 산업이다. 이와 같은 특수성을 내포한 농업은 단순히 식량을 제공하는 기능을 넘어서, 다원적(多元的) 기능을 통한 공익적 가치도 함께 발현되기 때문에, 궁극적으로 사회 구성원에게 다각적으로 영향을 미치기도 한다.

농업이 가진 기능을 이와 같은 관점에서 접근한다면, 산업 구조의 진화로 인해 국민경제에서 농업 부문이 차지하는 비중이 지속적으로 감소하고 있다 하더라도, 농업이라는 산업이 가지고 있는 그 중요성과 가치는 여전히 귀중하게 평가되어야 한다. 나아가, 농업 부문이 지속성을 가지고 발전해 나가야 한다는 점을 중대하게 인식하고, 이를 위한 다양한 전략을 모색할 필요가 있다.

이러한 인식의 연장선상에서, 본 장은 인천시의 지속적인 성장에 긍정적인 영향을 미칠 수 있는 농업의 방향은 무엇이고, 인천시에 어떠한 방식과 형태로 적용되어야 하는지에 대해 고민한다. 이를 위해서, 인천시가 직면해 있는 농업의 현재 상황에 대해서 검토해 보고, 그 고민에 대한 해답을 대안농업으로서의 지역먹거리계획과 도시농업에서 접근해보고자 한다.

먼저, 제2절에서는 농업의 다원적 기능을 통한 공익적 가치의 창출에 대해서 이해하고, 대안농업 및 도시농업의 개념을 파악하는 데 주안점을 둔다. 그리고 제3절에서는 인천시 농업, 도농복합형 광역도시로서의 인천시의 도시농업과 친환경 농업 등 그 현재 상황을 확인한다. 마지막으로, 제4절에서는 향후 인천시의 지속적인 성장에 긍정적으로 영향을 미칠 수 있는 농업의 방향을 대안농업으로서의 지역먹거리계획과 도시농업을 통해 고찰한다.

제2절 공익적 가치 창출을 위한
대안농업과 도시농업

1. 농업의 다원적 기능을 통한 공익적 가치의 창출

농업의 다원적[5] 기능(Multifunctionality of Agriculture)이란, 여러 연구자 각각의 연구 결과에 근거해 다양한 관점과 기준을 적용하여 매우 광범위하게 정의되고 있으나, 큰 틀에서 보면 농업의 생산과정에서 시장적인 재화와 비시장적인 재화가 결합하여 함께 생산됨으로써, 식량 생산이라는 농업 고유의 기능과 함께 다양한 기능이 함께 공급되는 현상을 포괄적으로 지칭한다. 즉, 농업은 식량 생산이라는 주된 기능이자 고유의 기능 이외에도 사실상 〈그림 2-1〉에 정리된 바와 같이 식량안보, 농촌공동체 활력, 경관 제공 등 비시장적 재화의 생산을 통해 사회적 기능, 문화적 기능, 환경적 기능, 식량안보 기능, 경제적 기능 등과 같은 다양한 기능을 담당한다.

이와 같은 농업의 다원적 기능은 농업 부문의 역할을 공업화 과정에

---

5) '다원적'이라는 용어는 1995년 캐나다 퀘벡에서 열린 국제연합식량농업기구(FAO: Food and Agriculture Organization of the United Nations) 창설 50주년 기념 농업 각료회의에서 공식적으로 처음 사용됐다(강혜정, 2007:85).

<그림 2-1> OECD, FAO가 제시한 농업의 다원적 기능

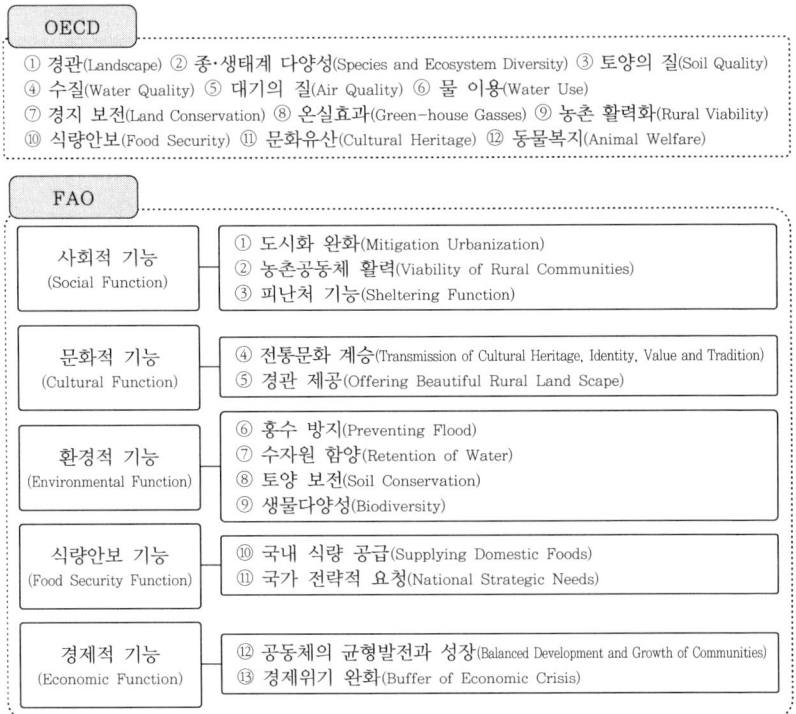

출처: 임정빈, 2003, 「농업의 다원적 기능에 대한 국제적 논의 내용과 주요 쟁점」, p.86을 참고하여 재구성함.

서의 기여로 한정했던 경제적 관점에서 벗어나, 기후 위기 등 시대적 변화와 그 요구에 맞춰 점차 다차원적 관점(경제적 관점, 사회문화적 관점, 생태적 관점 등)으로 확장됨에 따라 국제사회에서 서서히 주목받기 시작했다.[6]

---

6) 농업 부분의 역할과 그 기능에 대한 관점의 확대는 1986년부터 1994년까지 진행된 '관세 및 무역에 관한 일반 협정(GATT: General Agreement on Tariffs and Trade)'의 제8차 협상인 우루과이라운드 농업협상에서 본격적으로 시작되었다는 의견이 매우

농업 부문의 다원적 기능이 중요한 이유는 무엇보다도 공익적 가치를 창출하기 때문이다. 물론, 농업 부문의 공익적 가치는 학술적인 관점과 산출 방법에 따라 다르게 평가되고 추정될 수 있으나, 다음의 연구에서는 그 가치를 아래와 같이 추정하고 있다.

① 한국농촌경제연구원[7]은 2018년 기준, 농업의 공익적 가치를 27조 8,993억 원(2016년 불변가격)으로 평가했다.

- 그 평가액을 세부적으로 보면, 환경보전 기능이 18조 6,343억 원, 사회·문화적 기능이 4소 1,040억 원, 식량안보 기능이 3조 1,158억 원 그리고 농업경관 보전 기능이 2조 452억 원으로 추정됐다.

- 아울러, 가장 큰 비중을 차지하는 환경보전 기능 중에서 대기 정화 기능은 5조 8,859억 원, 기온 순화 기능은 3조 7,722억 원, 홍수 조절 기능은 3조 2,531억 원 등으로 조사됐다.

② 국립산림과학원[8]은 산림의 공익적 기능을 화폐가치로 평가하면 2018년 기준, 221조 원의 가치가 있다는 연구 결과를 발표했다.

- 이는 2018년 우리나라 GDP 1,893조 원의 11.7%의 규모로, 농림어업 총생산액 34조 5,000억 원의 6.4배, 임업 총생산액 2조 4,000억 원의 92.6배에 해당한다.

- 또한, 온실가스를 흡수하여 저장하는 기능의 평가액은 75조 6,000억 원으로 총평가액의 34.2%를 차지했다.

지배적이다(박진도 외, 2021:37).

7) 한국농촌경제연구원, 2018, 「2018년 KREI 이슈토론·성과발표회 자료집」, pp.41~42.

8) 국립산림과학원, "아낌없이 주는 숲, 우리 산림의 공익적 가치 221조 원", 국립산림과학원, 2020. 4. 1. [보도자료], p.1.

- 그 외 산림경관제공 기능이 28조 4,000억 원(12.8%), 토사 유출 방지 기능이 23조 5,000억 원(10.6%), 산림휴양 기능이 18조 4,000억 원(8.3%), 산소 생산 기능이 13조 1,000억 원(5.9%), 대기질 개선 기능이 5.9조(2.7%) 원 그리고 열섬완화 기능이 8,000억 원(0.4%)의 가치를 가진 것으로 추정했다.

이처럼 농업의 다원적 기능이 창출해내는 공익적 가치를 화폐적 가치로 추정하여 평가해 보면, 농업이 내포한 다원적 기능에서 기대할 수 있는 경제적 파급효과는 결코 작은 수준이라고 할 수는 없다. 물론, 그 접근범위를 경제적인 영역을 넘어서 사회문화적 영역, 생태적 영역 등 더 다양한 영역으로 확장해 본다면, 그 공익적 가치가 지닌 효과는 더 확대될 수 있을 것으로 예상된다.

2. 대안농업의 이해

농업은 학술적 논의, 접근방법, 관련 법규, 재배 농법 등 다양한 관점과 기준에 의해 분류되고 있으나, '관행농업'과 '대안농업'으로 구분하는 것은 매우 보편적인 분류 기준 가운데 하나이다.

관행농업은 인공적으로 제조된 화학 비료, 유기 합성 농약 및 살충제 등의 광범위한 사용, 대규모성 농업, 자본집약적 농업, 높은 수준의 기계화 등의 특징을 보이는 농업과 나아가 이러한 특징과 관련한 생산과정의 전방 또는 후방으로 연결된 다양한 형태의 농기업을 함께 포함하여 총칭하며,[9] 사실상 현대의 농업에서 가장 큰 비중을 차지하고 있다.

반면에 대안농업(Alternative Agriculture)은 기존의 대형 농기업과 거대 유통자본의 영향력에서 벗어나 생명 논리에 의해 생산과정을 재구조화하고, 안전한 먹거리를 소비자에게 공급함으로써 자본주의 발전과정에서 발생한 도시와 농촌의 분리 및 자연과 인간의 이분법을 넘어서기 위한 개념이다.[10] 즉, 관행농업의 특징과는 상반되는 농업으로 소규모성 농업, 지역성 농업, 화학비료, 유기농약, 살충제 등의 사용자제, 지역 자원의 순환을 유도하는 활용 등을 추구하는 농업이라고 할 수 있다.

특히, 대안농업은 시민에게 학교급식과 지역 먹거리 등을 적절하게 공급함으로써 그들에게 직접적인 효용을 제공해준다는 점이 매우 중요하게 부각되고 있다. 이러한 대안농업에 대해서 일부 연구자들은 다음과 같이 논의한다.

① 김종덕[11]은 "대안농업의 대안은 기존의 관행농업, 산업형 농업, 이것이 뒷받침하고 있는 세계식량체계에 대한 대안을 의미한다"고 강조하며, 유기농업, 도시농업, 시민농업 등에 대한 논의를 통해 대안농업의 방향을 제시하고 있다.

② 윤병선[12]은 "1970년 이후 한국에서 전개된 유기농업운동과 1980

9) Beus, C. E. and Dunlap, R. E., 1990, "Conventional versus Alternative Agriculture: The Paradigmatic Roots of the Debate," *Sociologia Ruralis*, Vol.55, No.4, p.594.
10) 김철규, 2006, 「한국 농업체제의 위기와 세계화: 거시역사적 접근」, 『농촌사회』 제16집 제2호, 한국농촌사회학회, pp.204-205.
11) 김종덕, 2009, 「한국의 대안농업과 농촌의 미래」, 『쌀삶문명 연구』 제3호, 쌀·삶·문명연구원, p.167.
12) 윤병선, 2010, 「대안농업운동의 전개과정에 대한 고찰」, 『농촌사회』 제20집 제1호, 한국농촌사회학회, p.135.

년대 이후의 생협운동에서 최근의 지역 먹거리 운동에 이르는 다
양한 운동을 하나의 대안농업운동으로서 중요한 의미를 가지고
있다"고 강조하고 있다.

한편, 대안농업 활동의 태동 및 전개 과정은 발전 시기별로 크게 '생
활협동조합과 친환경 농업', '친환경무상급식', '지역먹거리계획'으로
구분할 수 있으며, 각 활동은 다음과 같이 요약된다.

① 생활협동조합과 친환경 농업
- 제1시기: 1990년대 중반~2000년대 중반
- 대안농업 활동의 시작 단계로 평가받는다.
- 유기농업운동과 소비자생활협동조합운동이 친환경농산물 직거
  래를 시작하면서 친환경인증 제도화를 이끌어냄에 따라 비약적
  으로 성장했다.

② 친환경무상급식
- 제2시기: 2000년대 중반~2010년대 중반
- 친환경무상급식이 우리 사회에 보편화되어 서서히 정착되어 가
  는 단계이다.
- 우리농산물 학교급식조례제정 운동이 전국적으로 확산함에 따
  라 우수농산물 차액 지원 제도가 지방자치단체별로 시행됐다.
- 아울러 '제5회 전국동시지방선거'에서 친환경무상급식이 중요
  한 사회적 의제로 큰 주목을 받았다.
- 이러한 상황에서 전국적으로 학교급식지원센터 운영이 급속하
  게 확산했다.

③ 지역먹거리계획
- 제3시기: 2015년 이후
- 소비자생활협동조합운동, 학교급식운동, 로컬푸드운동이 지역 관계시장에서 복합적으로 관계를 맺으며 상호 영역이 중첩되는 단계이다.

〈그림 2-2〉 대안농업 활동 구분과 제도화 과정

제1시기
- 제도화된 수단 ① → 법률: (친)환경농업육성법, 소비자생활협동조합법
- 제도화된 수단 ② → 조례: 친환경 농업육성 조례
- 제도화된 수단 ③ → 중간지원조직: 생협 연합체
- 행위주체 → 유기농업 생산자 집단, 유기농산물 소비자 집단

제2시기
- 제도화된 수단 ① → 법률: 학교급식법
- 제도화된 수단 ② → 조례: 학교급식 지원조례
- 제도화된 수단 ③ → 중간지원조직: 학교급식 지원센터
- 행위주체 → 학교급식 생산자, 학교급식 소비자(학교, 학생, 학부모), 지방자치단체
  (예산지원), 학교급식 운동 시민 사회단체

제3시기
- 제도화된 수단 ① → 법률: 지역농산물이용촉진 등 농산물 직거래 활성화에 관한 법률,
  푸드플랜지원법률(미제정)
- 제도화된 수단 ② → 조례: 로컬푸드 지원조례, 먹거리 기본조례
- 제도화된 수단 ③ → 중간지원조직: 먹거리통합지원센터
- 행위주체 → 지방자치단체(예산 지원 및 공동 정책수립), 먹거리체계 영역별 민간주체
  (생산-가공-유통-소비-폐기), 민관거버넌스

출처: 송원규, 2020, 「한국 대안농식품 운동의 분기와 진화: 생협에서부터 푸드플랜까지 제도화를 중심으로」, p.135를 참고하여 재구성함.

무엇보다도 이와 같은 각각의 활동은 서로 중첩되어 연대가 강화됨과 더불어 상대적으로 다른 영역을 확보함으로써 시민에게 다양한 혜택을 제공할 수 있는 특징이 있다.[13] 덧붙여, 국내 대안농업 활동의 발

전과정과 시기별 활동에 영향을 미친 다양한 형태의 제도화된 수단, 시기별 행위 주체는 〈그림 2-2〉와 같이 정리할 수 있다.

3. 도시농업의 개념

'도시농업의 육성 및 지원에 관한 법률'(약칭: '도시농업법') 제2조 제1항에 따르면,[14] '도시농업'이란 도시지역에 있는 토지, 건축물 또는 다양한 생활공간을 활용한 농작물을 경작 또는 재배하는 행위, 수목 또는 화초를 재배하는 행위, 곤충을 사육하는 행위 등을 말한다. 아울러, '도시농업법'이 제정된 이후 '도시농업은 도시민이 도시공간에서 행하는 비상업적 농사활동으로 한정'하고 있다.[15]

학술적으로 정립된 도시농업의 개념은 각 연구자의 연구 결과를 바탕으로 다양한 관점에서 접근하고 있으며, 상당수의 연구는 도시농업과 관련된 다양한 주변 요소들, 예를 들면, 도시지역, 도시농업인, 도시환경, 다원적 기능, 공동체 등에 대한 논의와 분석도 함께 수행하고 있다.

도시농업의 개념은 기준과 관점에 따라서 다양하게 정의되고 있는 것은 분명하나, 상당수의 선행연구에서 확인한 사실은 그 개념의 범위

---

13) 윤병선, 2010, 「대안농업운동의 전개과정에 대한 고찰」, 『농촌사회』 제20집 제1호, 한국농촌사회학회, p.135.

14) [시행 2017. 9. 22.] [법률 제14650호, 2017. 3. 21., 일부개정].

15) 김태곤 외, 2012, 『도시농업의 다원적 기능과 활성화 방안 연구』, 서울: 한국농촌경제연구원, p.8.

에는 농업 부문의 시장가치뿐만 아니라 농업 활동으로 파생되는 다원
적 기능과 농업에 대한 인식 전환 및 공동체 유지 수단까지 포함하고
있다는 점이다.

우선, 도시농업의 정의를 5가지 유형으로 구분한 한주형·장동민[16]
의 연구 결과를 바탕으로 도시농업의 정의는 다음과 같이 분류해 볼
수 있다.

① 도시민의 안전한 먹거리를 위한 자급자족 취미활동 및 농업인의
   상업석인 농업형태를 갖는 활동
② 유휴지나 유휴공간을 활용한 소규모 농업활동
③ 도시행정구역에서 이루어지는 모든 농업의 형태로서 지속 가능한
   생태공동체로서의 다원적 활동
④ 도시와 인근지역에서 생태적이고 유기적인 방법으로 농축산물을
   생산하는 활동
⑤ 도시과정에서 농업을 보존하고, 산업화 요소로서 보존하는 활동

또한, 김태곤 외[17]는 도시농업의 개념을 생명농업, 생활농업, 교류직
거래 등 3가지 유형의 6가지 형태로 〈그림 2-3〉과 같이 구분했는데,
이를 요약하면 다음과 같다.

① 도시농업은 공간적으로는 도시지역과 도시근교지역에서 행해지
   는 생명농업과 생활농업을 의미한다.

16) 한주형·장동민, 2014, 「도시농업의 이론, 패러다임 및 유형 분석을 통한 지속가능한
   개발방향에 관한 연구」, 『한국도시설계학회지 도시설계』 제15권 제6호, 한국도시설계
   학회, p.34.
17) 김태곤 외, 2010, 『도시농업의 비전과 과제』, 서울: 한국농촌경제연구원, pp.14-15.

② 도시농업은 환경보전이나 재해방지, 경관형성 등의 다원적 기능
을 발휘한다.
③ 도시농업은 활동주체의 관점에서 보면 생업으로서의 농업인과 생
활농업으로서의 텃밭 농원 이용자, 교류나 직거래에 참가자 등을
포함한다.

〈그림 2-3〉 도시농업의 개념 도식화

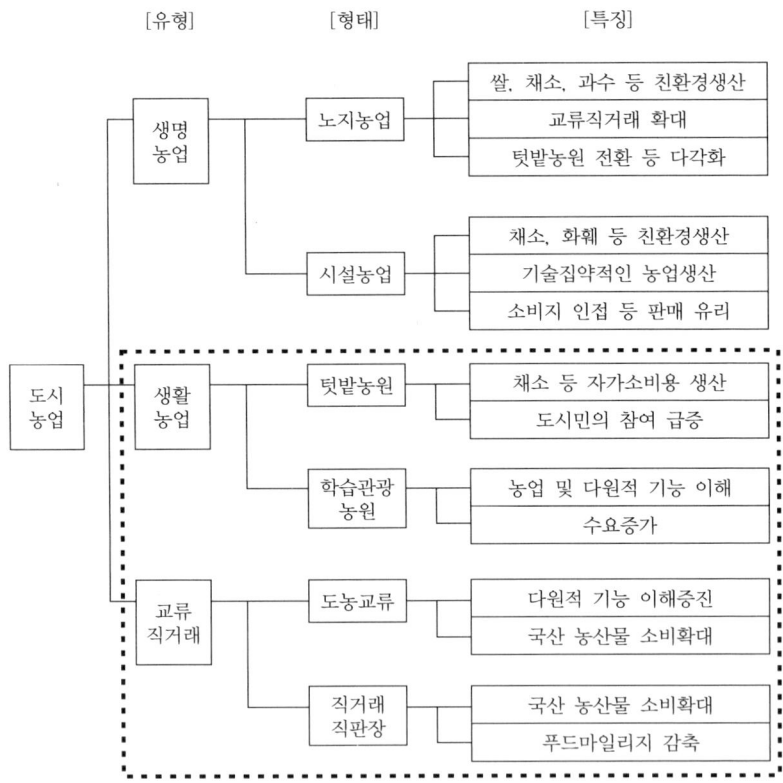

주: 본 장에서는 도시농업의 개념을 점선 부분 안으로 범위를 한정하여 논의함.
출처: 김태곤 외, 2010, 『도시농업의 비전과 과제』, p.15를 참고하여 재구성함.

한편, 농업에 대한 도시민의 관심은 의외로 높은 편이다. 한국농촌경제연구원에서 실시한 '2023년 농업·농촌 국민의식 조사' 결과에 따르면,[18] 우리나라 국민 10명 중 8명은 향후 국가 경제에서 농업의 위상이 더 중요해질 것으로 인식했고, 농업인 78.1%, 도시민 80.5%가 앞으로 농업이 국가 경제에서 중요하다고 응답했다. 또한, 도시민 절반 이상이 농업·농촌의 공익적 기능에 대해 '가치가 많다'는 것에 공감했으며, 특히 도시민 2명 중 1명 이상은 여전히 농업·농촌의 공익적 기능에 대해 '가치가 많다'고 평가하고 있다.

농업에 대한 도시민의 관심이 높아지고 있는 배경에는 소득의 증가, 여가 활동 및 체험에 대한 욕구의 증가, 도시 과밀화에서 비롯된 전형적인 피로 누적 등의 요인이 상당한 영향을 미친 것으로 판단된다. 아울러, 도시농업이 확산하고, 농업과 농촌에 대한 도시민의 긍정적인 인식과 더불어 농업에 관심을 가지고 참여하려는 도시민이 늘어나고 있다는 점은 도시농업의 다원적 기능에 대한 인식 역시 점차 확대되고 있음을 짐작하게 해준다.

농촌진흥청은 이와 같은 도시농업이 갖는 경제적, 사회적, 환경적 가치의 총액이 5조 2,367억 원에 이르는 것으로 추산했는데,[19] 특히, 경제적 가치, 즉 도시농업의 생산, 재배, 공급과 같은 생산활동과 전후방 산업을 포함한 산업적 기능에 따른 가치는 그 규모가 3조 1,090억 원으로 추정됐다. 또한, 건강, 공동체, 문화, 교육 등 기능에 대한 사회

---

18) 김수린 외, 2024, 「2023년 농업·농촌 국민의식 조사」, 『KREI 농정포커스』 제221호, 한국농촌경제연구원, p.3.

19) 농촌진흥청, "도시농업의 가치, 금액으로 환산하면 '5조'", 농촌진흥청, 2022. 8. 23. [보도자료], pp.1-2.

적 가치는 1조 3,416억 원의 가치가 있는 것으로 분석됐으며, 그 외생태, 환경정화, 환경녹화·미화 기능 등 환경적 가치는 총 7,861억 원으로 평가됐다.

이처럼 도시농업의 다원적 기능에 대한 인식의 확대와 도시농업이가지고 있는 가치에서 비롯되는 경제적·비경제적 효과의 파급이 매우중요하게 평가되고 있는 이 시점에서 농업 부분의 다원적 기능을 더욱중요하게 인식하고 받아들여야 하는 핵심적인 이유는 전술했듯이, 그기능을 통해서 다양한 형태의 공익적 가치가 창출되기 때문이다.

제3절 '도농복합형 광역도시' 인천시와 농업

1. 인천시 농업의 현재

1) 생산 및 규모

2023년 기준, 인천시의 농가 수는 11,053가구로, 전국 농가 수의 1.1%에 해당한다.[20] 또한, 농가인구 수는 24,145명으로, 전국 농가인구 수의 1.2%를 차지하고 있다. 인천시의 농가 수나 농가인구 수가 전국에서 차지하는 비율은 매우 낮은 편이나, 그 비율은 6대 광역시와 비교하면 〈표 2-1〉과 같이 거의 유사한 수준이다.

다만, 인천시의 특징이라고 할 수 있는 점은 다른 광역시에 비해서 상대적으로 넓은 면적의 농경지를 보유하고 있다는 사실이다. 인천시의 논과 밭을 포함한 총농경지 면적은 17,343ha로, 전국 농경지 면적의 1.1%에 해당하는 매우 작은 규모이지만, 6대 광역시 가운데에서는 가장 큰 규모의 농경지 면적이다.[21]

---

20) KOSIS 국가통계포털 데이터.
21) 인천시가 다른 광역시보다 농경지 면적의 비율이 높은 이유는 넓은 면적의 농경지를 보유한 강화군이 행정구역상 인천시에 포함되어 있기 때문이다. 인천시를 제외한 나머지 광역시는 전국 농경지 면적의 1%에도 미치지 못하는 매우 작은 규모의 농경지를

〈표 2-1〉 6대 광역시 농가 및 농업인구 (2023년)

(단위: 호, 명, ha, %)

지역		구분				
	농가	농가인구	농경지			
			계	논	밭	
전국	999,022	2,088,781	1,512,145	763,989	748,156	
비율	100	100	100	100	100	
인천시	11,053	24,145	17,343	12,189	5,154	
비율	1.1	1.2	1.1	1.6	0.7	
부산시	10,670	22,942	4,797	2,278	2,519	
비율	1.1	1.1	0.3	0.3	0.3	
대구시	20,882	48,140	6,822	2,949	3,873	
비율	2.1	2.3	0.5	0.4	0.5	
광주시	13,632	30,390	9,145	4,980	4,165	
비율	1.4	1.5	0.6	0.7	0.6	
대전시	10,999	25,179	3,731	1,075	2,656	
비율	1.1	1.2	0.2	0.1	0.4	
울산시	12,303	26,902	8,798	4,076	4,722	
비율	1.2	1.3	0.6	0.5	0.6	

출처: KOSIS 국가통계포털 데이터를 활용하여 작성함.

우선, 인천시의 농업 생산현황은 크게 농작물 생산현황과 축산농장 및 가축 사육 현황으로 구분해 살펴볼 수 있다. 눈에 띄는 것은 인천시의 경우, 〈표 2-2〉와 같이 2023년 기준, 6대 광역시 가운데 식량작물의 생산량이 상대적으로 높다는 점이다. 이는 다른 광역시에 비해서 인천시가 보유하고 있는 식량작물 경작지의 면적이 상대적으로 더 넓기 때문으로, 그 면적의 상당 부분은 연간 5만 톤가량의 벼를 재배하는 강화군에 있다.

확보하고 있다.

〈표 2-2〉 6대 광역시 주요 농작물 생산현황 (2023년)

(단위: 톤, ha)

구분		주요 농작물				
		식량작물	과채류	엽채류	근채류	조미채소
전국	생산량	4,058,563	1,770,302	1,242,408	486,698	1,460,212
	면적	831,067	40,390	13,152	6,207	41,903
인천시	**생산량**	**57,555**	**9,208**	**11,536**	**6,490**	**1,531**
	면적	**11,661**	**189**	**110**	**74**	**65**
부산시	생산량	9,466	36,283	2,099	2,172	976
	면적	1,980	613	36	36	51
대구시	생산량	15,334	19,832	5,083	1,644	66,261
	면적	3,360	386	59	27	1,530
광주시	생산량	28,012	17,378	3,050	12,668	2,180
	면적	6,019	338	28	125	81
대전시	생산량	6,085	5,467	4,719	2,147	990
	면적	1,222	136	49	25	47
울산시	생산량	17,106	3,923	9,644	4,476	3,349
	면적	3,664	132	94	55	128

주 1: 자료공개의 제한으로 과채류는 2022년 기준 데이터를 사용함.
주 2: 식량작물은 미곡, 맥류, 잡곡, 두류, 서류 등을 포함함.
주 3: 과채류는 수박, 참외, 딸기, 오이, 호박, 토마토, 가지 등을 포함함.
주 4: 엽채류는 배추, 시금치, 상추, 양배추 등을 포함함.
주 5: 근채류는 무, 당근 등을 포함함.
주 6: 조미채소는 고추, 건고추, 풋고추, 파, 양파, 생강, 마늘 등을 포함함.
출처: KOSIS 국가통계포털 데이터를 활용하여 작성함.

또한, 인천시는 저장성이 낮아 빠른 소비가 요구되는 엽채류의 생산량이 다른 광역시에 비해서 더 높을 뿐만 아니라 인천시에서 생산되는 다른 작물류의 생산량에 비해서도 상대적으로 높은 편이다. 이는 서울 및 경기도를 비롯한 수도권 주변의 대형 소비시장과 지리적으로 인접하여 소비지로의 접근성이 용이하다는 이점이 크게 영향을 미친 것으로 짐작된다.

그리고 저장성이 높은 과채류, 근채류, 조미채소의 생산량은 다른 농작물의 생산량에 비하면 상대적으로 낮은 편인데, 그 이유 중의 하나는 이러한 농작물은 주산물 중심의 생산보다는 소비지역의 특성이 반영되어 재배 작물의 종류가 결정된다는 점이 생산량과 일부분 관련이 있기 때문으로 해석된다.

한편, 인천시의 축산농장 및 주요 가축 사육 현황은 〈표 2-3〉과 같이 파악된다. 인천시는 소 사육 농장의 수가 돼지 사육 농장과 닭 사육 농장 수 각각에 비해서 현저히 많은 편으로 2023년 4분기 기준, 인천시

〈표 2-3〉 6대 광역시 축산농장 및 주요 가축 사육 현황 (2023년)

(단위: 마리, 농장)

구분		주요 가축					
		소			돼지	닭	
		한우	육우	젖소		산란계	육용계
전국	가축	3,501,450	146,643	386,983	11,089,026	77,202,310	94,115,386
	농장	83,627	6,552	5,533	5,634	944	1,546
인천시	가축	16,822	1,640	2,550	24,637	242,967	515,000
	농장	424	94	63	30	9	8
부산시	가축	1,429	35	189	3,690	0	19,600
	농장	78	9	6	14	0	1
대구시	가축	25,215	835	907	113,075	1,020,000	324,700
	농장	777	37	18	55	7	7
광주시	가축	4,002	73	427	8,053	89,790	41,000
	농장	154	9	8	11	3	1
대전시	가축	4,769	31	0	82	0	0
	농장	161	1	0	1	0	0
울산시	가축	37,939	66	735	37,084	355,064	0
	농장	1,542	17	20	23	10	0

출처 : KOSIS 국가통계포털 데이터를 활용하여 작성함.

의 소 사육 농장의 수는 총 547 농장에 달한다.[22] 이곳에서 사육되는 소는 21,012마리이며, 사육 규모는 다른 광역시 가운데 울산시와 대구시 다음으로 크다. 또한, 돼지와 닭 사육의 경우, 농장 수는 각각 30 농장(24,637마리), 17 농장(757,976마리)으로 이 역시 울산시와 대구시 다음으로 규모가 크다.

2) 경지규모별 농가

인천시의 농가 수 변화는 〈표 2-4〉와 같이 경지 규모별로 구분하여 파악해 보면, 다음과 같은 경향이 확인된다.

① 소농[23]으로 간주할 수 있는 0.5ha 미만의 농가는 그 수가 2012년부터 전반적으로 감소하는 추세를 이어온 뒤, 2020년부터는 급증하기 시작했다. 2021년 기준, 농가 수는 6,409 농가로, 2012년에 비하면 707 농가 증가했다. 이들이 경지 규모별로 구분한 인천시 전체 농가에서 차지하는 비율은 같은 기간 42.1%에서 50.7%로 8.6%P 증가했다.

② 농업소득의 가계비 충족이 가능한 경지 규모[24]인 10.0ha 이상을

---

22) 인천시에서 한우와 육우, 젖소를 사육하는 농가는 총 581 농장이나, 이 수치는 한우와 육우를 동시에 사육하는 34 농장이 중복으로 계산된 것이므로, 그 중복계산분은 제외했다.

23) 2024년 기준, 농림축산식품부는 공익직불제도를 통해 일정 요건을 충족하는 농가에게 130만 원의 소농직불금을 지급하고 있는데, 그 요건 및 수준 가운데 하나를 "농가 내 모든 기본직불금 지급대상자의 지급대상 농지 등의 면적의 합이 0.5ha 이하"로 설정하고 있다.

24) KOSIS 국가통계포털 '농가경제조사'와 윤병선(2010)은 10.0ha 이상의 경지규모를 농업소득의 가계비 충족도가 100% 되는 경지 규모로 구분하고 있다.

보유한 농가의 경우, 2012년부터 2017년까지 점차 감소하는 경향
을 보였으나, 이후 점진적으로 증가한 것이 확인된다. 2021년 기
준, 농가 수는 281 농가로 2012년에 비해서 88 농가 증가했다.
이들이 인천시 전체 농가에서 차지하는 비율은 같은 기간 1.4%에
서 2.2%로 0.8%P 증가했다.

③ 이와 달리, 위의 두 그룹을 제외한 나머지 농가의 경우, 비교 기간
크고 작은 증가 또는 감소가 있었지만, 전반적으로는 농가 수가
감소 또는 유지되는 추세가 확인된다.

〈표 2-4〉 인천시 경지 규모별 농가 수 변화 추이 (2002년~2021년)

(단위: 가구, %)

구분		연도									
		2012	2013	2014	2015	2016	2017	2018	2019	2020	2021
경지 없음		103	91	91	103	21	45	11	11	61	77
	비율	0.8	0.7	0.7	0.8	0.2	0.4	0.1	0.1	0.5	0.6
0.1ha 미만		404	386	264	343	683	308	81	188	149	516
	비율	3.0	3.0	2.0	2.6	5.5	2.6	0.7	1.7	1.1	4.1
0.1ha 이상 0.5ha 미만		5,298	4,971	5,094	5,464	4,742	4,903	4,770	4,346	7,097	5,893
	비율	39.1	38.3	39.4	41.8	38.4	41.0	41.7	38.4	53.6	46.6
0.5ha 이상 1.0ha 미만		2,206	2,335	2,228	2,764	2,755	2,455	2,416	2,555	2,472	2,187
	비율	16.3	18.0	17.2	21.1	22.3	20.5	21.1	22.6	18.7	17.3
1.0ha 이상 1.5ha 미만		1,493	1,321	1,364	1,573	1,324	1,494	1,340	1,266	1,158	1,061
	비율	11.0	10.2	10.6	12.0	10.7	12.5	11.7	11.2	8.7	8.4
1.5ha 이상 2.0ha 미만		808	726	616	882	878	738	883	899	739	854
	비율	6.0	5.6	4.8	6.7	7.1	6.2	7.7	7.9	5.6	6.8
2.0ha 이상 3.0ha 미만		968	1,007	1,055	821	710	729	746	795	615	619
	비율	7.1	7.8	8.2	6.3	5.8	6.1	6.5	7.0	4.6	4.9

(단위: 가구, %)

구분		연도									
		2012	2013	2014	2015	2016	2017	2018	2019	2020	2021
3.0ha 이상 5.0ha 미만		1,174	983	940	579	831	782	701	708	464	575
	비율	8.7	7.6	7.3	4.4	6.7	6.5	6.1	6.3	3.5	4.5
5.0ha 이상 10.0ha 미만		920	986	1,113	439	292	424	376	409	356	584
	비율	6.8	7.6	8.6	3.4	2.4	3.5	3.3	3.6	2.7	4.6
10.0ha 이상		193	178	163	113	111	83	116	145	128	281
	비율	1.4	1.4	1.3	0.9	0.9	0.7	1.0	1.3	1.0	2.2
전체		13,567	12,984	12,928	13,081	12,347	11,961	11,440	11,321	13,239	12,647
	비율	100	100	100	100	100	100	100	100	100	100

출처: KOSIS 국가통계포털 데이터를 활용하여 작성함.

2. 도농복합형 광역도시의 '도시농업'과 '친환경 농업'

인천시는 8개의 구와 2개의 군으로 이루어진 도시로, 도시지역과 농촌지역을 하나의 행정 단위로 통합한 '도농(都農)복합형 광역도시'라는 특징을 가지고 있다.[25] 이러한 특징을 지닌 인천시를 도시지역과 농촌지역으로 구분하여 각각의 농가 수 및 농가인구를 파악해 보면, 〈표 2-5〉와 같이 도시지역보다는 농촌지역에, 특히 강화군에 높은 비율로 집중된 것을 알 수 있다. 다만, 이것은 농업환경이 도시지역에 집중된 비율이 상대적으로 낮다는 것을 보여주지만, 도시지역에서의 비율이

---

25) 도농복합형 광역도시의 형태는 인천시, 부산시, 대구시, 울산시가 있다. 인천시의 경우, 강화군과 옹진군은 농촌지역으로 그리고 부평구, 연수구, 계양구 등의 8개 구는 도시지역으로 각각 분류할 수 있다. 다만, 서구와 남동구의 일부 지역은 여전히 농촌지역이 존재하고 있다.

각각 37.2%와 42.0%를 차지하고 있으므로 도시지역에서의 농업 비중이 절대적으로 낮은 수준에 머물러 있다고 해석되는 것은 아니다. 오히려, 인천시는 광역도시임에도 불구하고, 도시지역에 높은 수준으로 농업환경이 조성된 편이라고 할 수 있다.

〈표 2-5〉 인천시 농가 및 농가인구 (2023년)

(단위: 가구, 명, %)

지역		구분			
		농가		농가인구	
			비율		비율
전체		11,054	100	24,145	100
농촌지역	강화군	5,822	52.7	11,701	48.5
	옹진군	1,118	10.1	2,290	9.5
도시지역	인천시부	4,114	37.2	10,154	42.0

출처: KOSIS 국가통계포털 데이터를 활용하여 작성함.

먼저, 〈표 2-6〉과 같이 인천시 도시농업의 수준을 텃밭의 규모와 참여자 수를 기준으로 구분해 보면, 다음과 같은 점이 확인된다.

① 인천시의 텃밭 면적은 2023년 기준, 312,849㎡로, 전국 텃밭 면적의 3.0%에 해당한다. 이는 부산시를 제외한 나머지 광역시 가운데 가장 넓은 면적이다.

② 같은 기간, 66,571명이 텃밭을 활용하여 도시농업 활동에 참여하고 있다. 이들은 전국 전체 규모인 1,764,645명의 3.8%에 해당하는데, 이는 6대 광역시 가운데 부산시와 광주시 다음으로 높은 비율이다.

③ 또한, 인천시의 텃밭 수는 총 2,324개소로 전국 텃밭 수의 1.4%이고, 이는 6대 광역시 중 3번째로 높은 비율이다.

〈표 2-6〉 6대 광역시 도시농업 텃밭 규모 (2023년)

(단위: 개소, ㎡, 명)

지역	구분					
	텃밭 수		텃밭 면적		참여자 수	
		비율		비율		비율
전국	169,098	100	10,433,152	100	1,764,625	100
인천시	**2,324**	**1.4**	**312,849**	**3.0**	**66,571**	**3.8**
부산시	15,924	9.4	3,789,874	36.3	271,302	15.4
대구시	435	0.3	141,142	1.4	24,182	1.4
광주시	747	0.4	228,464	2.2	93,363	5.3
대전시	12,490	7.4	243,207	2.3	35,579	2.0
울산시	2,138	1.3	53,537	0.5	21,311	1.2

출처: KOSIS 국가통계포털 데이터를 활용하여 작성함.

다음으로, 인천시의 도시농업 수준을 〈표 2-7〉과 같이 농장유형을 기준으로 분류하여 파악하면, 다음과 같은 점을 알 수 있다.

① 2023년 기준, 인천시에는 총 2,324개의 도시농업 텃밭 가운데 주택활용형 텃밭이 1,714개로 가장 많으며, 학교 교육형 텃밭이 296개로 그 뒤를 잇고 있다.

② 도시농업 텃밭에 참여하고 있는 인원은 총 66,571명으로, 이들 중 가장 많은 인원인 40,834명은 학교교육형 텃밭에 참여하고 있다.

한편, 친환경 농업은 매우 다의적인 개념으로 관점에 따라서 그 범주와 분류 기준이 달라질 수 있기 때문에, 명확하게 정의 내리기 어렵다.[26] 하지만, 일반적으로 농업과 환경이 이상적으로 잘 조화되어 환경

---

26) '친환경농어업 육성 및 유기식품 등의 관리·지원에 관한 법률'(약칭: '친환경농어업법')에서는 농업과 어업을 포함하여 친환경농어업을 다음과 같이 규정하고 있다. 제2조 제1항에 따르면, "친환경농어업"이란 생물의 다양성을 증진하고, 토양에서의 생물

친화적인 방향을 가지고 농업생태계를 장기적으로 지속 가능한 방식을 통해 유지해 나가는 농업 형태로 통용된다.

〈표 2-7〉 인천시 도시농업 텃밭 유형별 현황 (2023년)

(단위: 개소, ㎡, 명)

유형		구분		
		텃밭 수	텃밭 면적	참여자 수
전체		2,324	312,849	66,571
	주택활용형	1,714	16,194	4,020
	근린생활형	19	95,282	2,994
	도심형	8	5,392	90
	농장형·공원형(1,500㎡이상)	22	145,500	6,630
	학교교육형(30㎡이상)	296	31,556	40,834
	양봉 및 곤충사육	54	–	61
	기타	211	18,925	11,942

출처: 농림수산식품교육문화정보원 '모두가 도시 농업' 홈페이지를 참고하여 작성함.

우선, 〈표 2-8〉과 같이 인천시의 친환경 농업의 수준을 다른 광역시와 비교해 보면, 다음과 같은 점들을 확인할 수 있다.

① 2023년 기준, 친환경 농가로 구분되는 농가는 총 240가구로 이들은 전국 49,520 친환경 농가 수의 0.5%에 해당하는 낮은 비율이

적 순환과 활동을 촉진하며, 농어업생태계를 건강하게 보전하기 위하여 합성농약, 화학비료, 항생제 및 항균제 등 화학자재를 사용하지 아니하거나 사용을 최소화한 건강한 환경에서 농산물·수산물·축산물·임산물(이하 "농수산물"이라 한다)을 생산하는 산업을 말한다. 제3조에 따르면, 국가는 친환경농어업·유기식품등·무농약농산물·무농약원료가공식품 및 무항생제수산물등에 관한 기본계획과 정책을 세우고 지방자치단체 및 농어업인 등의 자발적 참여를 촉진하는 등 친환경농어업·유기식품등·무농약농산물·무농약원료가공식품 및 무항생제수산물등을 진흥시키기 위한 종합적인 시책을 추진하여야 한다[시행 2023. 1. 1.] [법률 제18445호, 2021. 8. 17., 타법개정].

다. 하지만, 비교군으로 설정한 6대 광역시 가운데 광주시 다음으로 높은 비율이다.

② 친환경 농업과 관련된 면적은 542.5ha로, 전국의 1.1%에 해당한다. 물론, 절대적인 비율은 매우 낮은 편이라 할 수 있으나, 6대 광역시 가운데에서는 그 비율이 가장 높다.

③ 친환경 농업 생산 출하량은 808.24톤으로, 전국 출하량의 6.9%를 차지한다. 이 비율 역시 6대 광역시 가운데 가장 높은 수준이다.

〈표 2-8〉 6대 광역시 친환경 농업 현황 (2023년)

(단위: 가구, ha, 톤)

지역	구분					
	농가 수		면적		출하량	
		비율		비율		비율
전국	49,520	100	69,412	100	473,531.44	100
인천시	**240**	**0.5**	**542.5**	**1.1**	**3,409.23**	**6.9**
부산시	68	0.1	41.09	0.1	808.24	1.6
대구시	149	0.3	67.14	0.1	2,723.67	5.5
광주시	462	0.9	512.75	1.0	3,126.90	6.3
대전시	55	0.1	14.97	0.0	1,168.49	2.4
울산시	173	0.3	102.88	0.2	1,370.44	2.8

출처: 국립농산물품질관리원 친환경인증관리 정보시스템 데이터를 활용하여 작성함.

인천시의 친환경 농업 수준을 농촌지역과 도시지역으로 구분해 보면, 〈표 2-9〉와 같이 농가 수, 면적, 출하량 모두 농촌지역인 강화군에 대부분 집중된 것을 알 수 있다. 즉, 인천시 전체에서 강화군이 친환경 농가의 89.2%, 친환경 농업 관련 면적의 98.2% 그리고 친환경 농업 생산 출하량의 91.9%를 각각 점유하고 있다.

〈표 2-9〉 인천시 친환경 농업 현황 (2023년)

(단위: 가구, ha, 톤)

지역		구분					
		농가 수		면적		출하량	
			비율		비율		비율
전체		240	100	542.5	100	3,409.23	100
농촌지역	강화군	214	89.2	532.87	98.2	3,134.39	91.9
	옹진군	4	1.7	1.63	0.3	25.23	0.7
도시지역	인천시부	22	9.1	8	1.5	249.6	7.4

주: 〈표 2-8〉과 같음.
출처: 국립농산물품질관리원 친환경인증관리 정보시스템 데이터를 활용하여 작성함.

　　인천시의 경우, 친환경 농업과 관련된 농가 수, 면적, 출하량 규모 모두 전국에서 차지하는 각각의 절대적인 비율은 낮은 편이라는 점은 분명한 사실이다. 다만, 도농복합형 광역도시라는 특징을 가진 인천시는 6대 광역시 가운데 각각의 비율이 상대적으로 높은 편이라는 점은 현 상황에서 긍정적으로 받아들일 필요가 있다. 그리고 이러한 점을 적극 활용하여 인천시 농업의 성장을 견인하는 방안을 모색하는 것은 궁극적으로 농산물 생산자와 시민 모두에게 긍정적인 영향을 미칠 수 있을 것으로 판단된다.

　　구체적으로 말해서, 인천시에서 생산된 친환경 농산물이 지역 내에서 충분히 유통되어 공급될 수 있도록 '지역먹거리계획'[27]이라는 큰 틀을 기반으로 '계약재배 체계'[28]를 적용해 보는 것은 하나의 가능성이

---

27) '지역먹거리계획'의 자세한 개념과 내용 등은 다음절에서 서술한다.

28) 미래의 농산물에 대해 생산자와 사업자가 사전에 계약을 맺은 뒤, 생산자가 농산물을 생산 및 수확하여, 그 수확물에 대한 대가를 지불하는 거래방식이다. 구체적으로 가격, 수량, 생산방법, 인도 및 결제방법 등 대해서는 사전에 계약이 이루어지며, 결제는 예정된 시점에서 실행한다(이용선 외, 2015:15).

될 수 있을 것으로 보인다. 즉, 인천 지역 내의 친환경 농산물 공급자가 지역 내 소비자생활협동조합과 단체급식 등 특정 수요자를 사전에 파악, 선정, 협의 후 계약하여 친환경 농산물을 계약재배 체계를 통해 일괄적으로 공급한다면, 사전에 안정적인 수요처가 확보된 상태에서 공급이 이루어질 수 있다는 점에서 농산물 판매가격의 불안정성과 공급량 불규칙성 문제가 완화되어 안정적인 판매소득 확보를 기대해 볼 수 있을 것이다.[29]

---

29) 장원석·이지은(2009), 허남혁(2009), 정은미 외(2011), 신창섭(2013), 김호(2018) 등 다수의 연구는 생협 등 대안유통을 통해 생산자는 계약생산에 의한 생산 규모를 파악할 수 있다는 장점과 생산자기초가격(소득)보장을 통한 농가수취율 제고라는 긍정적인 효과를 강조한다.

제4절 농업의 발전 방향에 대한 고민

1. 대안농업 영역의 적극적인 활용

인천시에는 다른 도시와는 다른 역사적, 문화적, 사회적, 경제적 특징이 있으며, 이것이 인천시에 시간을 가지고 뿌리내려 그들만의 특수성이 형성된다. 물론, 이것은 인천시의 농업에도 예외는 아니다.

이런 까닭에, 향후 인천시의 농업이 가야 할 길을 검토하고, 성장을 견인할 전략을 모색하기 위해서는 인천시의 농업이 가진 그것만의 특수성을 정확히 알아야 한다. 따라서, 선행되어야 할 것은 인천시 농업의 현재와 그 특징을 정확하게 인지하고, 이를 바탕으로 하여 앞으로 인천시 농업의 잠재적 성장동력을 고민하는 것이다.

1) 지역먹거리계획, 공적조달체계로서의 먹거리통합지원센터

전술한 바와 같이, 2021년 기준, 인천시 전체 농가 수의 50.7%는 0.5ha 미만의 소규모 경지에서 농업 활동을 영위하고 있다. 이러한 인천시의 현실을 고려하면, 이들 소규모 농가가 핵심적인 주체가 되는 계약재배 체계를 활용하여 친환경 농산물의 공급 확대를 견인할 수 있

는 구조를 견고하게 구축하는 것은 인천시 농업의 장기적이고 지속적
인 성장에 긍정적인 영향을 미칠 수 있을 것으로 기대된다.

특히, '지역먹거리계획'[30]을 통한 공적조달체계의 구축을 적극 고려
해 볼 필요가 있다. 지역먹거리계획은 "지역단위에서 먹거리의 생산·
유통·소비뿐만 아니라 그를 둘러싼 안전·영양·복지·환경·일자리 등
다양한 먹거리 관련 사안을 통합 관리하는 지역 먹거리 종합전략"이
다.[31] 즉, '외부에서 조달되던 기존 먹거리 유통체계를 지역 내 순환
체계로 전환하는 종합먹거리 전략'이자 '생산, 소비, 안전, 영양, 환경,
식품복지 등 다양한 먹거리 이슈를 통합 관리'하는 정책 계획으로 규정
된다.[32]

이와 같은 지역먹거리계획의 핵심은 크게 다음과 같은 4가지 영역에
주로 집중되어 있다.[33]

① 기획과 생산을 함에 있어, 각 지역의 수요에 부합하는 공급계획을
   연 단위로 수립하고, 계약재배 및 중개를 통해서 지역 생산자에게
   역할을 부여하는 것에 초점을 맞춘다.

② 생산과 소비를 순환시킴에 있어, 지역 농산물이 지역 내의 수요자
   에게 먼저 공급될 수 있는 순환 체계를 구축하는 데 집중한다.

---

30) 지역먹거리계획은 문재인 정부의 '국정운영 5개년 계획'의 100대 국정과제 가운데 하
    나인 '지속 가능한 농식품 산업기반 조성'을 위한 전략의 일환으로, '국가 및 지역단위
    푸드플랜'이라는 정책사업을 통해서 공식화됐다(정은미 외, 2017:37).
31) 농림축산식품부, "농식품부, 지자체에 재정사업을 통합 지원하여 「지역 먹거리 종합전
    략(푸드 플랜)」 실행 가속화", 2018. 12. 17. [보도자료] p.2.
32) 농촌진흥청, "지역 내 먹거리 순환으로 안전 농산물 공급 방안 모색", 농촌진흥청,
    2021. 8. 18. [보도자료], p.4.
33) 농림축산식품부·한국농수산식품유통공사, 「지역먹거리계획 시행효과 분석 연구」,
    2023, p.12.

③ 상품의 품질과 안정성을 보장하기 위해 시민에게 신선하고 안전하며 건강한 먹거리를 공급하는 데 최선을 다한다.

④ 각 지역에 기반한 푸드플랜 추진 및 운영 조직을 통해 지역 농산물의 공급, 유통 안전성 등을 총괄적으로 관리한다.

이와 더불어, 로컬푸드 직매장, 지방자치단체·공기업 구내식당, 학교급식 등을 통해서 신선하고 안전한 지역 농산물이 지역 내에서 공급·소비되게 함으로써 지역 일자리 창출 등 지역경제 활성화를 견인하는 전략을 모색하여 추진한다.

한편, 지역먹거리계획이 일관된 방향성을 유지하며 추진되고, 나아가 지역사회에 다각적으로 긍정적인 영향을 미치기 위해서는 무엇보다도 먹거리의 생산단계부터 유통단계 그리고 소비단계에 이르는 모든 과정의 공적조달체계 구축에 대해서 고민해야 한다. 아울러, 그 체계의 효과적인 작동을 위해서는 지역먹거리계획을 전반적으로 기획 및 관리하고 통제할 수 있는 컨트롤타워, 즉 통합지원센터 구축의 필요성을 매우 중요하게 인식해야 한다.

이러한 인식이 필요한 이유는 지역먹거리계획의 총체적인 임무를 수행하기 위함이며, 구체적으로 그 임무에는 ① 각 지역의 수요에 대응하는 공급을 장기적으로 기획 ② 그 기획에 맞춰 생산을 추진 ③ 지역 농산물을 지역 내의 수요자에게 알맞게 배분 ④ 품질의 안정성 및 신선도 등을 엄격히 관리하여 건강한 먹거리 제공에 집중 등이 포함된다.

현재까지도 먹거리통합지원센터가 부재한 인천시의 경우, 지역먹거리계획이 추구하는 임무를 더욱 효과적으로 수행하기 위해서는 공공형 실행조직을 구성하되, 이것이 구체적인 조직체로서 그 역할과 기능을 배가시킬 수 있도록 먹거리통합지원센터로 정형화하는 것을 모범적인 방안으로 생각해 볼 수 있다.

다만, 이 방안이 직면할 수 있는 문제는 지역 내 생산의 조직화부터 가공, 유통, 물류 등 다양한 사회적 인프라를 서로 결합하는 작업을 특정한 하나의 주체가 핵심이 되어 독단적이고 주도적으로 추진하게 되면, 다방면에서 여러 가지 제약이 따를 수 있다는 점이다. 이러한 까닭에, 지방자치단체 및 공공조직, 시민, 지역사회 등 여러 주체가 참여하는 중간지원조직 형태로 컨트롤타워를 구성할 필요성이 대두된다. 즉, 시민에게 먹거리의 안정성 보장, 지역의 수요에 대응하는 안정적인 공급, 지역 농산물의 공급과 소비를 통한 지역경제의 선순환 등을 실현할 수 있는 공공형 조직으로서의 먹거리통합지원센터의 필요성이 강조된다.

덧붙여, 먹거리통합지원센터에 기대할 수 있는 실질적인 역할로는 〈표 2-10〉과 같이 지역농업 생산 재편(중소 가족농, 고령농 등)을 통한 소량다품목 계약재배 체계 구축, 환경친화적인 농업 촉진, 농민 가공 촉진, 관계시장 창출 등을 고민해 볼 수 있으며, 나아가 이러한 활동을 통해 지역 농가에는 적정한 수준의 안정적인 소득을 보장하고 시민에게는 지역 내 친환경 농산물 공급의 확대가 기대된다.

〈표 2-10〉 먹거리통합지원센터의 역할

구분	주요 추진 내용 예시
지역농업의 생산재편	■소량 다품목 기반 계약재배 체계 강화 ■중소농, 가족농, 고령농, 여성농, 귀농·귀촌자 육성 ■환경친화적인 농업 촉진 지원
농민가공 촉진	■농민 가공 촉진 및 로컬푸드 품목 다각화

구분	주요 추진 내용 예시
	■ 농민가공 종합 인큐베이팅(교육, 시제품, 제조허가 등) 거점가공시설 구축 및 운영
관계시장 창출	■ 학교급식, 공공급식, 단체급식, 직매장 등 ■ 농산물 안전성 및 품질관리
통합적 물류 기능	■ 순회 수집·저장·가공·선별·포장·저온물류 시스템 등
생산-소비 간 소통 및 신뢰 강화	■ 식문화 교육, 공동체 지원농업(CSA: Community Supported Agriculture) ■ 소비자 생산 현장 팸투어 등
민관협력 컨트롤타워	■ 공공기관 및 관련 단체와의 협력 모델 수립. 적용 ■ 정책지원사항 발굴 및 제안

출처: 농림축산식품부·한국농수산식품유통공사, 2018, 「지역 푸드플랜 가이드 라인」, p.33.

2) 인천시 공적조달체계의 현재

지역먹거리계획을 더욱 효과적이고 안정적으로 추진하기 위한 기반은 공적조달체계의 구축에서 시작된다고 볼 수 있으며, 먹거리통합지원센터는 그 중심에 있다. 인천시를 제외한 상당수의 지역에는 이미 먹거리통합지원센터가 구축되어 그 임무를 수행하고 있다. 먹거리통합지원센터를 구축하여 운영하는 대부분 지역의 경우를 보면, 학교급식 제도 및 지원정책은 그 구축의 시발점이고, 이를 통해서 단계적으로 구체화한 것으로 판단된다. 즉, 급식과 관련된 다양한 조례의 제정을 발단으로 구체적인 조직이 설립되어 공적조달체계를 구축할 수 있는 환경이 조성된 것으로 보인다.

이런 점에 비추어 볼 때, 인천시는 급식과 관련된 다양한 조례를 제정하여 이를 지역사회에 적용하는 작업부터 순서대로 진행할 필요가 있다. 〈표 2-11〉은 2023년 기준, 전국 주요 지역의 급식 관련 조례 제

정현황을 보여주는데, 인천시는 다른 지역에 비해서 제정된 조례가 상
대적으로 부족한 편이라는 점이 확인된다. 특히, 인천시 옹진군의 경우
는 학교급식 관련 조례가 아직 제정되지 않은 것으로 파악된다.

〈표 2-11〉 전국 주요 지역 급식 관련 조례 (2023년)

(단위: 건)

지역	급식 관련 조례							
	학교급식	공공급식	먹거리기본	아동급식	노인급식	식생활교육	방사능*	채식급식
서울시	24(1)	13(1)	1(1)	25(1)	2(1)	10(1)	15(1)	2(1)
부산시	16(1)	–	(1)	16	1	12	7(1)	–
대구시	9	–	1	7	1	–	1	–
인천시	9(1)	–	(1)	10	–	7	(1)	–
광주시	5(1)	2	2	5	1	2	3	
대전시	5(1)	2	2	5	–	4	–	–
울산시	5(1)	–	(1)	5	–	4	–	–
세종시	(1)	(1)	(1)	(1)	–	(1)	–	–
경기도	31(1)	8(1)	20(1)	31(1)	4	18(1)	14	1(1)
강원도	18(1)	6	4(1)	16	2	14	1(1)	–
충북도	11(1)	4	7(1)	11	–	7	–	–
충남도	15(1)	10(1)	8(1)	15	1	5	2(1)	–
전북도	14(1)	10	12(1)	14	–	11	4	(1)
전남도	22(1)	9	11(1)	14	1	9	6	(1)
경북도	22(1)	4	3(1)	16	–	6	–	–
경남도	18(1)	10	9(1)	18	4	4	6(1)	–
제주도	(1)	–	(1)	(1)	(1)	(1)	–	–

주 1: 학교급식 관련 조례 미제정 시·군·구는 서울시 강남구, 인천시 옹진군임.
주 2: 제주도와 세종시는 광역 지방자치단체로 포함함.
주 3: ( )는 광역자치단체 수를 나타냄.
주 4: *은 '방사능 등 유해 물질로부터 안전한 식재료 공급에 관한 조례'임.
출처: 김오열, 2024, 『커먼즈 관점의 먹거리 공적조달체계에 관한 연구』, p.57.

한편, 이러한 조례를 기반으로 하여 실제로 공적조달체계가 구축된

전국 주요 지역의 현황은 〈표 2-12〉와 같다. 인천시의 경우, 2022년 기준, 운영되고 있는 급식지원센터가 단 한 곳도 없는 것을 확인할 수 있는데, 총인구수 약 300만 명의 거대 도시임을 고려한다면 이러한 사실은 매우 심각하게 받아들일 필요가 있다.[34]

〈표 2-12〉 전국 주요 지역 급식지원센터 운영 현황 (2022년)

(단위: 개)

지역	급식지원센터 운영 (학교·공공·먹거리통합)				식재료 공급		
	기초자치 단체	운영급식 센터			식재료 공급 센터		
	전체	운영	기초	광역	어린이집 유치원	초중고	기타 (복지 등)
서울시	25	13	10	1	14	1	13
부산시	16	3	3	0	1	3	0
대구시	8	0	0	0	0	0	0
인천시	10	0	0	0	0	0	0
광주시	5	4	4	0	3	4	0
대전시	5	0	0	1	0	1	0
울산시	5	5	2	0	0	2	0
세종시	0	0	0	1	1	1	1
경기도	31	15	12	1	9	13	0
강원도	18	5	5	0	0	5	2
충북도	11	2	2	0	2	2	0
충남도	15	14	13	1	13	13	9
전북도	14	14	14	0	14	14	10
전남도	22	7	7	0	6	7	3
경북도	23	22	44	1	28	44	0
경남도	18	6	6	0	6	6	0
제주도	0	0	0	1	1	1	0
전국	226	110	122	7	98	117	38

34) 인천시는 광역 단위 급식지원센터의 운영을 추진하기 위해 계획 수립을 완료한 상태지만, 구체적인 센터의 모습은 아직 갖추어지지 않은 상황이며, 현재는 행정 기능 중심의 개별 사업을 수행하는 단계에 있다.

주 1: 서울시 도농상생 공공급식 사업은 2023년 12월 8일부로 종료되어 서울친환경유통센터
　　에서 사업을 통합함.
주 2: 지방자치단체 간 공동으로 급식지원센터를 운영하는 곳은 서울시 성북구·강북구·도
　　봉구·노원구, 울산시 북구·동구·울주군·중구·남구, 경기도 안양시·군포시·의왕시
　　·과천시, 충남도 논산시·계룡시 등임.
주 3: 경북도의 경우, 농산물과 축산물을 취급하는 운영 주체를 구분하여 운영 중임.
출처: 농어업·농어촌특별위원회, 2022, 「공공급식활성화를 통한 먹거리 보장 강화 방안 연
　　구」, p.42, 김오열, 2024, 『커먼즈 관점의 먹거리 공적조달체계에 관한 연구』, p.65를
　　참고하여 작성함.

　　지역먹거리계획 등을 효과적으로 추진할 수 있는 공적조달체계의 부
재에 직면해 있는 인천시는 이를 해결하기 위해 사실상 2011년부터 공
적조달체계를 구축하고자 지속적으로 노력해 왔다. 최초 모델로서 학
교급식지원센터 설립을 위한 활동을 그 시작으로 보는 것이 지배적이
며, 인천시는 이를 시발점으로 하여 공적조달체계 구축을 위한 노력을
계속해 오고 있다. 구축을 위해 추진한 시기별 주요 내용은 다음과 같
이 요약할 수 있다.[35]

　① 2010년 전국동시지방선거에서 친환경무상급식이 사회적 의제로
　　　제기된 것이 계기가 되어, 인천시는 학교급식의 공공성 제고와 지
　　　역 내 친환경 농업 육성을 위해 2011년에 학교급식지원센터 설립
　　　을 추진했다.
　② 하지만, 원래 취지와는 다른 방향으로 행정주도 센터 설립이 추진
　　　됨에 따라 결국 2013년에 학교급식지원센터 설립은 무산됐다.

---

35) 송은숙, "급식지원센터 계속 '난항'", 인천in, 2012. 7. 2., 조윤진, "인천시, 6년 만에
　　재추진한 학교급식지원센터 설립 사업 번복", 경기일보, 2020. 12. 10., 이서인, "인천
　　시, 2023년 공공급식 통합지원센터 설치 추진", 인천투데이, 2021. 8. 4.을 참고하여
　　작성했다.

③ 관내 학교에 친환경 식재료 공급을 위한 컨트롤타워의 필요성을 확인한 인천시는 2019년 학교급식지원센터 설립을 재차 추진했다.

④ 이듬해인 2020년 인천시는 인천형 먹거리 종합계획(푸드플랜)안에 공공급식통합지원센터로 폭넓게 포함하여 학교급식지원센터 설립 재추진 계획을 수정했다.

⑤ 이를 반영하여 2023년 센터 설립 추진계획을 수립함에 따라 2021년에는 공공급식통합지원센터 설치가 구체화 됐다.

⑥ 이러한 노력에도 불구하고, 공공급식통합지원센터의 설치는 2023년에 보류되어, 2024년 현재 그 추진계획은 답보상태에 있다.

인천시가 공적조달체계의 구축을 위해 시도한 일련의 추진과정을 보면, 그 중심에는 광역급식지원센터에 대한 개념이 적용된 구체적인 모델이 상정되어 논의된 것으로 파악된다. 실례로, 인천시는 인천형 먹거리 종합계획(푸드플랜)을 이와 같은 논의를 기반으로 체계적으로 추진한 바 있으며, 〈그림 2-4〉와 같이 공공급식통합지원센터 설립 추진방안을 총 3단계, 즉 준비단계, 실행단계, 안정단계에 걸쳐 단계적으로 계획하기도 했다.

한편, 인천시가 구상하는 공공급식통합지원센터의 모델은 〈그림 2-5〉와 같이 도식화할 수 있는데, 이 모델의 핵심은 지역 내 생산자가 생산한 농산물이 공공급식통한지원센터를 통해 지역 내 학교로 안전하고 신선한 경로를 통해 직접 공급되는 시스템을 기반으로 한다는 것이다.

구체적으로 말해서, 이 모델을 기반으로 하면 공공급식통합지원센터를 중심으로 생산자, 공급업체, 납품업체, 학교, 농업기술센터, 인천

〈그림 2-4〉 공공급식통합지원센터 단계별 추진방안

```
┌─ 준비단계 2021~2023년 ─────────────────────────────┐
│            • 먹거리 기본조례 제정                     │
│            • 먹거리 위원회 구성 및 운영               │
│  운영주체  • (재)인천먹거리진흥재단 설치 타당성 분석 연구  │
│  시·교육청 • 학교급식 지역산 쌀(현물) 지원사업 시행     │
│            • 일부 품목 현물 공급체계 운영방안 수립     │
│            • 시 운영 직매장 설치 및 운영계획 수립      │
└──────────────────────────────────────────────────┘

┌─ 실행단계 2023~2024년 ─────────────────────────────┐
│            • (재)인천먹거리진흥재단 설립              │
│            • 공공급식통합지원센터 설치                │
│            • 학교급식 시범사업 실시(일부 품목 현물 공급방식) │
│  운영주체  • 학교급식 운영방안 수립(배송권역, 품목 및 가격결정 기준, │
│  재단법인     안전성 검사방안, 공급 및 납품업체 선정 기준 등) │
│            • 안전성 검사 기반 구축(시설, 인력 등)      │
│            • 직매장 납품 농가 조직화, 기획생산 시스템 및 지역 로컬푸드 직매장 │
│            • 연계사업 실시                           │
│            • NEIS 시스템과 연계한 수발주 시스템 구축   │
└──────────────────────────────────────────────────┘

┌─ 안정단계 2024~2026년 ─────────────────────────────┐
│            • 공공급식통합지원센터 조직 확대           │
│            • 학교급식 식자재 전면 공급 실시           │
│  운영주체  • 공공(취약계층)급식 식자재 공급 시범사업 실시 │
│  재단법인  • 안전성 검사실 안정적 운영               │
│            • 직매장과 연계한 온라인 물류시스템 시범 운영 │
│            • 직매장 사업 확대                        │
└──────────────────────────────────────────────────┘
```

출처: 인천광역시, 2021, 「인천광역시 푸드플랜 수립 연구」, p.355를 참고하여 재구성함.

시, 인천시 교육청, 보건환경연구원, 센터 안전실 등 다양한 지역 주체가 생산, 유통, 소비과정에 참여함으로써 지역 내에서 생산된 농산물이 지역 내에서 유통, 소비됨은 물론이고, 궁극적으로 지역 내에서 자원이 순환하는 지역경제의 선순환 효과를 기대할 수 있게 된다.[36]

---

36) 인천시는 2023년까지 공공급식통합지원센터의 설립을 마무리하고 실질적으로 운영하는 것을 목표로 설정하여, 이를 위해 단계적으로 계획을 추진했다. 그러나 2024년 현재까지 원래의 계획대로 실행되지 못한 채 인천형 공공급식통합지원센터 모델은 사실상 작동되지 않는 실정이다. 덧붙여, 관련 담당부서의 업무 계획에는 명시되어 있으나

〈그림 2-5〉 인천형 공공급식통합지원센터 모델(안)

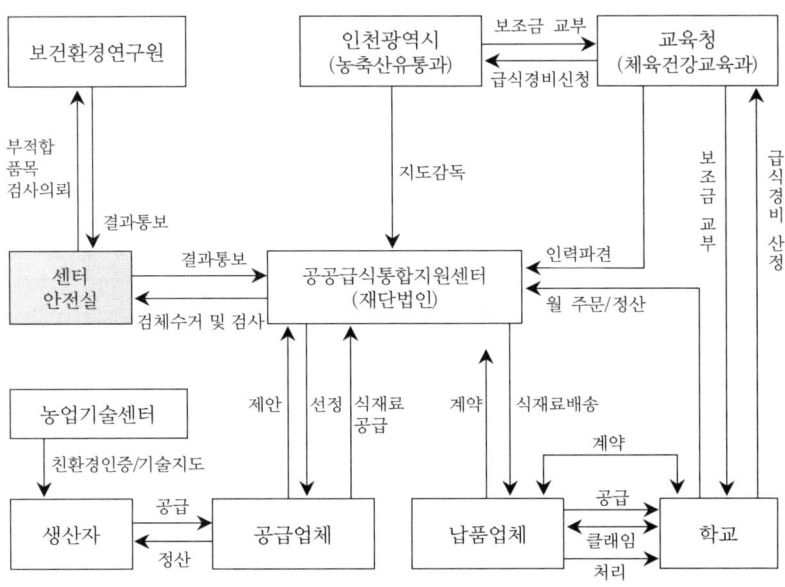

출처: 인천광역시, 2021, 「인천광역시 푸드플랜 수립 연구」, p.356.

2. 인천시 농업의 미래 '공적조달체계'와 '도시농업'

인천시 농업이 직면한 현재 상황을 종합적으로 고려했을 때, 소규모 농가가 핵심적인 주체가 되는 계약재배 체계를 활용하여 친환경 농산물의 공급 확대를 견인할 수 있는 구조를 마련하는 것은 인천시 농업의 장기적이고 지속적인 성장을 유도할 수 있는 하나의 가능성이 될 것으

최근 3개년의 세출 예산서를 검토해 본 결과 관련한 예산 항목을 확인할 수 없었으며, 현재는 행정부문에서 급식과 관련한 사업의 예산을 수립하고 집행하는 상황에 머물러 있는 것으로 파악됐다.

로 기대된다. 나아가, 공공형 조직으로서의 먹거리통합지원센터 구축
은 그 가능성을 높여줄 수 있을 것으로 판단된다.

다만, 현재 인천시에서는 그 가능성을 높여줄 수 있는 실천적 수단인
'인천형 공공급식통합지원센터 모델'이 아직 지역사회에 뿌리내리지
못한 상황이기 때문에, 그 모델을 신속하게 구축하기 위한 실천과 노력
이 요구된다. 아울러, 이러한 종합적인 상황을 인지하고 주어진 환경에
서 인천시의 농업이 나아가야 하나의 방향으로서 도시농업의 활성화
또한 적극 고민해야 한다.

첫째, 도시농업의 확대를 위한 도시 내의 필요 공간 확보에 집중할
필요가 있다.

그 공간이라 함은 물론 절대적인 규모가 크고 면적이 넓으면 도시농
업의 확대에 큰 도움이 되겠지만, 활용이 가능하다면 소규모 공간이라
도 적극적으로 발굴하여 확보하는 것이 중요하다. 다만, 인천시라는
한정된 공간 안에서, 특히 공간의 활용이 이미 최대치에 접근해 있는
도시라는 공간 안에서 도시농업의 성장을 위한 공간을 확보해야 한다
는 제약을 무시할 수 없다. 이런 까닭에, 도시 내 공공의 유휴부지, 즉
현재는 사용되지 않거나 방치된 토지와 공간의 활용을 통해 그 제약을
극복하는 것은 효과적일 수 있다. 실례로, 대전시 서구의 경우, 매각
또는 행정목적 활용계획 등 관리 방안이 결정되지 않아 장기간 미활용
상태인 유휴 공유재산을 청소년 도시농업과 환경 교육의 장으로 활용
한 바 있다.[37)]

---

37) 대전시 서구 구정 백서에는 "도심의 유휴지 및 자투리땅을 활용한 도시텃밭 조성으로
   도시민에게 쾌적한 녹색공간 제공, 생산적 여가활동, 정서 순화 등 도시민 삶의 질
   향상과 가족과 이웃들 간의 생산·소통·나눔의 공간을 제공한다"라고 명시되어 있다

궁극적으로 유휴부지의 사용은 도시농업의 성장을 견인할 수 있는 실천적인 수단으로 고려해 볼 수 있을 뿐만 아니라, 지역 경제라는 큰 틀에서 보면 그 활용을 통해 지역 경제 안에서 사장돼 버릴 수 있었던 자원의 경제적 가치를 다시 찾아주는 긍정적인 결과로 이어질 수도 있다. 더욱이, 유휴부지를 활용하여 지역에 필요한 농산물을 지역에서 생산하는 것은 향후 발생할 수 있는 생산과 소비의 불균형 문제 해결에 직·간접적으로 영향을 미칠 수 있으므로, 지산지소(地産地消)의 실천을 통한 식량자급률을 높일 수 있는 효과 또한 기대해 볼 수 있다.

둘째, 인천시의 도시농업은 본래의 목적으로서 다원적 기능과 이를 통한 공익적 가치 창출이 중요하므로 '푸드테크(Food Tech)'[38]를 지양하는 방향으로 발전해 나갈 필요가 있다.

최근, 정부는 푸드테크를 국정과제로 선정하여 2027년까지 푸드테크 유니콘 30개 육성을 통해 식품산업의 혁신성장을 유도해 내겠다는 비전을 제시하기도 했다.[39] 이에 힘입어 지방자치단체도 푸드테크에 크게 관심을 가지고 미래 먹거리로 주목하고 시장을 선점하기 위해서 적극적으로 관련 사업을 기획 및 추진하는 것을 어렵지 않게 볼 수 있다. 물론, 인천시도 예외는 아니다. 특히, 스마트팜 테스트베드와 식물공장 등을 구축하는 등 푸드테크를 도시농업 영역으로 확대하려는 시도도 나타나고 있다.

(대전광역시 서구, 2023:396).

38) 푸드테크는 식품(Food)과 기술(Technology)의 합성어로, 식품의 생산, 가공, 유통, 소비 등 식품산업에 인공지능, 사물인터넷, 바이오, 혁신기술 등 4차산업과 결합된 신산업을 말한다(농림축산식품부, 2022:1).

39) 농림축산식품부, "푸드테크 거대신생기업 30개 육성 마중물 기대", 2024. 9. 23. [보도자료], p.1.

하지만, 이러한 신산업의 확장은 결코 긍정적인 면만을 가지고 있는 것은 아니다. 푸드테크는 농업과 식품영역에서 높은 기술과 자본이 집약되어야만 실현할 수 있는 영역이기 때문에, 일정 수준 이상의 거대자본이 진입하기에 상대적으로 유리하고, 그 자본이 일단 진입하면 시장의 독점 내지는 과점이 충분히 가능한 산업이다.

이러한 까닭에 소규모 텃밭을 기반으로 다수의 시민이 직접 참여하여 생산하고 이를 공급하는 도시농업의 역할과 그리고 거기에서 창출되는 공익직 가시의 확산과는 부합하지 못할 가능성이 있다는 점을 면밀하게 검토해 볼 필요가 있다. 아울러, 이것은 거대자본의 독점으로 인한 부작용, 즉 도시농업의 다양성이 파괴되고, 대안농업으로서의 도시농업은 관행농업으로서의 도시농업으로 그 방향이 전환되어 역행하는 결과로 이어질 가능성 또한 걱정하지 않을 수 없다.

따라서 적어도 인천시의 도시농업이 본래의 기능과 역할을 다하고, 나아가 농업의 다원적 기능과 여기서 창출되는 공익적 가치를 확대할 수 있는 방향으로 전진하기 위해서는 푸드테크를 지양할 수 있도록 지역의 다양한 주체들은 도시농업을 위한 발전 방향이 엇나가지 않게 의도적으로 노력할 필요가 있다.

셋째, 시민이 도시농업의 핵심적인 주체가 되어 그들이 농업의 다원적 기능에서 비롯되는 다양한 혜택을 누릴 수 있으며, 결과적으로 도시농업을 통해 이들의 삶의 터전인 도시의 지속 가능한 발전이 보장되도록 한다. 나아가, 도시농업의 생산, 유통, 공급, 서비스 등 각각의 단계에 참여하는 주체는 결국 지역의 구성원이고, 도시농업으로부터 기대되는 다원적 기능의 수혜자 역시 지역의 구성원이라는 점을 중요하게 인식하여, 도시농업이 시민을 위한 도시의 지속 가능한 발전을 견인할 수 있는 임무가 무엇인지를 정확히 판단하고 선택해 그것에 한정된 자원의 활용을 집중해야 할 필요가 있다.

넷째, 도시농업에 참여하는 모든 주체는 지역의 자원이 도시농업을 통해 지역 내에 재투자될 수 있는 방향에 대해서 끊임없이 고민해야 한다.

도시농업의 생산에 투입되는 자원, 도시농업을 통해 생산되는 자원, 나아가 도시농업의 다원적 기능에서 창출되는 공익적 가치 등 도시농업과 직·간접적으로 관련된 모든 자원의 순환, 파생 그리고 소멸은 가급적 지역 내에서 이루어지도록 노력해야 한다. 이를 통해서 기대할 수 있는 경제적 파급효과가 지역 내에 최대한 오래 머무를 수 있도록 해야 하며, 아울러 그 파급효과의 장기적 지속성이 연장될 수 있도록 지역 내의 자원은 다시 지역 안으로 재투자될 수 있도록 해야 한다.

본 장은 인천시의 지속적인 성장에 긍정적인 영향을 미칠 수 있는 농업의 방향은 무엇이고, 인천시에 어떠한 방식과 형태로 적용되어야 하는지에 대해 고민에서 시작했다. 인천시가 현재 직면해 있는 농업의 환경에 대해서 다각적으로 검토해 보고, 그 고민에 대한 해답을 대안농업, 즉 지역먹거리계획을 통한 공적조달체계와 도시농업에서 찾아보고자 했다.

물론, 한편으로 인천시의 농업이 지역의 지속 가능한 발전을 견인하는 임무를 충실히 수행하기 위해서는 공적조달체계의 조속한 구축 등 해결해야 할 문제도 아직 많이 남아있다는 점도 분명하게 인식했다. 하지만, 다른 한편으로 지역 구성원이 중심이 되는 농업이어야 한다는 점, 지역 내에서 가급적 모든 단계가 실행되어야 하는 농업이어야 한다는 점, 지역에서 생산된 자원이 지역에서 소비되고 재투자될 수 있도록 유도하는 농업이어야 한다는 점 등은 앞으로 인천시의 농업이 나아가야 할 방향을 설정하는데 핵심적인 기준이 되어야 할 것이라는 큰 교훈을 얻었다.

덧붙여, 다양한 산업이 공존하는 인천시 경제에 있어 지역먹거리계획을 통한 공적조달체계와 도시농업이 다른 산업과 연결되어 인천시의 경제를 견인해 나갈 하나의 성장동력으로서 어떠한 역할을 해야 할지에 대한 적극적인 고민도 그 시기를 늦춰서는 안 된다는 점 또한 강력하게 인식한다.

제3장

지역경제의 잠재적 성장동력
'히든챔피언'

김우진

본 장은 다음의 논문에서 일부분을 발췌하여 수정 및 가필했다. ① 김우진, 2023a, 「시장 지배력을 보유한 인천 지역 기업: 시장 1위 중소·중견기업으로부터의 교훈」, 『인천학연구』 제38권, 인천학연구원, pp.195-236. ② 김우진, 2023b, 「인천 지역 히든챔피언의 지속 가능한 성장을 위한 경영방식 고찰: 전자산업 중소·중견기업에 대한 교토식 경영 방식의 적용」, 『인천학연구』 제39권, 인천학연구원, pp.157-203. ③ 김우진, 2024, 「인천 지역 히든챔피언의 내재적 위험 요인」, 『아시아연구』 제27권 제1호, 한국아시아학회, pp.369-388.

제1절 왜 '히든챔피언'인가?

1. 지역경제의 잠재적 성장동력에 대한 인식

'대기업 중심의 경제성장 전략'은 지난 수십 년 동안 한국경제의 성장과 발전에 있어서 그 핵심의 한 축을 담당해왔다. 낙수효과[1]를 기대하며, 한국 정부가 오랫동안 지속해온 이 전략으로 인해 한국경제 전반에 걸쳐 대기업 중심의 경제성장 패턴이 고착됐다. 아울러, 점차 한국경제의 영향력 있는 주체로 자리매김한 소수의 대규모 기업집단이 주도하는 기업 생태계 또한 점진적으로 조성됐다.

소수의 대규모 기업집단이 핵심적인 주역이 되어 경제성장을 주도하고, 이들을 중심으로 산업 발전의 기본방향이 수립되어 나가는 전략은 한편으로 한국경제의 양적인 성장을 비교적 단기간에 견인했다는 긍정적인 평가를 받고 있다. 하지만, 다른 한편으로는 오히려 대기업과 중소·중견기업 간의 성장 양극화를 가속한 시발점이 되어 중소·중견기

---

1) 국제통화기금(IMF)은 낙수효과가 미치는 영향에 대한 부정적 논의의 보고서를 발간한 바 있으며(Dabla-Norris et al, 2015), OECD 역시 고도 성장기를 거쳐 계속해서 이어지고 있는 대기업 위주의 수출정책과 이를 통한 낙수효과가 이제 한계에 도달했다고 지적했다(OECD, 2015:1).

업의 자생력과 경쟁력이 상대적으로 악화되는 결과를 초래했다는 부정
적인 평가도 적지 않다.

대기업 중심의 경제성장 전략, 구체적으로 말해서, '극소수의 대규모
기업집단이 주도하는 획일화된 수출 품목 중심의 경제성장 전략'은 거
시적인 측면에서 볼 때, 한국경제의 근간을 지지하는 각 지역 경제가
구조적 안정성과 성장의 지속성을 견고하게 유지하는 데 다소 불완전
한 부분도 있다.[2] 특히, 이러한 경제성장 전략이 오랜 기간 뿌리내린
환경하에서 극소수의 대규모 기업집단이 회복하기 힘든 경제적 위기에
직면하거나, 심각한 수출실적 부진을 경험하게 된다면, 거기서 시작되
는 총체적 위기는 직접적이고 연쇄적으로 지역경제는 물론 한국경제
전반까지 단기간에 확산할 가능성은 충분하므로, 그 한계점을 많이 내
포한 불완전한 경제성장 전략이라고 판단된다.

따라서, 획일적이고 편향적인 성격이 매우 강한 한국의 경제 성장구
조에 장기간 뿌리내린 근본적인 약점, 다시 말해 극소수의 대규모 기업
집단의 성장 또는 정체에 크게 좌우되어 한국의 지역경제도 직접적으
로 영향을 받는 불안정한 경제구조라는 치명적인 결점을 극복하기 위
해서는, 각 지역의 경제를 견인하는 다수의 중소·중견기업의 양적 성
장을 넘어 질적 성장에도 큰 관심을 가질 필요가 있다. 그리고 무엇보
다도 중요한 것은 이제는 대기업 중심의 경제성장에 의존하는 전통적
인 경제성장 전략을 재고하고, 대규모 기업집단이 아닌 지역의 중소
·중견기업이 미래의 지역경제 성장을 주도적으로 견인해 나갈 핵심적

---

2) 한국경제의 대기업 의존성은 경제 변동성 대응구조의 취약 문제로 귀착하며, 대기업
중심의 성장 패러다임은 한국경제의 지속 발전 가능성 측면에서도 구조적 한계를 보인
다(조영삼 외, 2017:53).

인 주체로서 그 역할을 충분히 감당해 낼 수 있는 잠재적인 성장동력으로 인식될 필요가 있다.

　이러한 인식의 연장선상에서, 한국의 수많은 우량 중소·중견기업 가운데, 특히 '히든챔피언(Hidden Champions)'으로 분류되는 기업은 그들의 높은 성장잠재력과 독보적인 시장경쟁력을 기반으로 향후 한국경제는 물론이고, 각 지역의 경제에 있어도 핵심적인 임무 수행의 가능성과 그 역량이 긍정적으로 기대되는 경제주체인 동시에 집단적 성장동력으로 충분하다고 판단된다. 더욱이, 다양한 지역을 기반으로 하여 꾸준히 성장하고 있는 히든챔피언이 끊임없이 출현하고 있다는 점에서 그들은 지역경제의 핵심적인 주체를 넘어서 각 지역의 경제를 더욱 활력 있게 견인할 잠재적이고 중추적인 성장동력으로 역할을 할 것으로 기대된다.

　특히, 인천시는 특화산업을 포함한 대부분의 제조업은 중간투입률이 높아 지역에 많은 부가가치를 창출하지 못한다는 약점이 있음에도 불구하고,[3] 제조업은 여전히 인천 지역경제의 주요 생산 주체라는 점에서 히든챔피언은 인천 지역경제의 지속적인 성장을 견인할 수 있는 하나의 잠재적 성장동력으로 고려될 수 있다.

　본 장은 지역에 기반하고 있는 히든챔피언이 향후 지역경제 견인의 핵심적인 주체로 인식될 필요성을 염두에 두고, 인천 지역경제의 잠재적 성장동력으로서 그 가능성이 충분한 인천지역 히든챔피언에 주목한다. 먼저, 이후의 1절에서는 히든챔피언에 대한 개념과 학술적 논의 및 그동안 진행된 히든챔피언에 관한 연구의 한계점을 검토한다. 제2절에서는 한국과 인천지역 히든챔피언의 현황과 규모를 간략히 살펴본다.

---

3) 자세한 논의는 본서 제1장 제2절과 제3절을 참고 바란다.

그리고 제3절과 제4절에서는 인천지역 히든챔피언이 시장 우위를 확보하고 유지해 나갈 수 있는 환경이 그들의 기업 시스템에 어떻게 뿌리내리고 있는지를 '필요 자금 조달 및 기업 성장'과 '경쟁력 축적'에 주안점을 두고 이를 실증적으로 분석한다. 마지막으로 제5절에서는 인천지역 히든챔피언의 기업환경 조성 메커니즘을 총체적으로 파악하고, 아울러 그들에게 내재된 위험 요인에 대해서 고찰한다.

2. 히든챔피언

'히든챔피언(Hidden Champions)'이라는 개념은 독일의 경영학자 Hermann Simon이 처음으로 사용했으며,[4] 그는 시장지배력, 매출액 규모, 기업 인지도에 근거하여 다음과 같은 3가지 기준[5]을 모두 충족시키는 기업을 히든챔피언으로 규정했다.[6]

① 세계시장에서 1위, 2위, 3위 또는 자국 시장에서 1위인 기업

② 매출액이 40억 달러 이하인 기업

③ 대중에게 잘 알려지지 않은 기업

---

[4] Simon, H., 1990, "Hidden Champions: Speerspitze der deutschen Wirtschaft", *Zeitschrift für Betriebswirtschaft*, Vol.60, No.9, p.876.

[5] Hermann Simon은 그의 저서 'Hidden Champions: Lessons from 500 of the World's Best Unknown Companies'에서 시장점유율이 세계시장에서 1위, 2위 또는 유럽 시장에서 1위이면서 매출액이 10억 달러 이하인 대중에게 잘 알려지지 않은 기업을 히든챔피언으로 정의했으나(Simon, 1996a:6), 이후 그 기준을 수정했다.

[6] Simon, H., 2009, *Hidden Champions of the 21st Century: Success Strategies of Unknown World Market Leaders*, London: Springer, p.15.

이 같은 히든챔피언은 사실상 동질적인 일체라기보다는 광범위하고 다양한 요소와 서로 간의 구별되는 특징을 갖는 이질적이고 개별적이며 다원적인 기업군에 가깝다고 할 수 있지만, 그럼에도 불구하고 그들이 일체성을 가질 수 있는 이유는 위의 3가지 기준을 만족한다는 공통점이 있기 때문이다.

일부 연구에서는 독보적인 시장경쟁력을 보유한 작지만 강한 기업을 명확한 기준 없이 히든챔피언으로 정의하여 논의하기도 하지만, 대부분의 연구에서는 Hermann Simon이 제시한 3가지 기준을 모두 충족시키는 기업을 히든챔피언으로 구분하고 있다. 아울러, 그 3가지 기준을 근간으로 하되, 각 연구자의 학술적 논의와 연구 결과를 바탕으로 확장된 다양한 기준을 추가 적용해서 히든챔피언을 확대하여 정의하기도 한다.[7]

히든챔피언에 관한 초기의 연구는 주로 독일의 히든챔피언을 분석하는 작업에 집중했으나, 점차 프랑스, 스위스, 영국 등 주변 유럽 국가에서도 그 기준을 만족하는 기업이 출현함에 따라 이들 국가를 근거지로 한 기업을 모델로 연구의 대상이 확장되고 있다.[8] 그리고 최근에는 한국, 미국, 일본, 대만 등 여러 국가에서 출현하고 있는 다양한 형태의 히든챔피언에 관한 연구도 광범위하게 진행되고 있다.

세계 여러 국가에서 출현한 히든챔피언을 분석한 연구의 상당수는 각 기업에서 발견되는 독특한 특성, 경쟁사와 구별되는 기업전략, 그들

---

7) 다양한 기준이 확대 적용되고 있지만, 큰 틀에서 보면 히든챔피언으로 정의되는 기업은 '1위의 시장경쟁력을 보유한 작지만 경쟁우위에 있는 우량기업'으로 통용되고 있다.
8) Simon, H., 1996b, "You Don't Have to be German to be a Hidden Champion", *Business Strategy Review*, Vol.7, No.2, pp.1-13.

의 성공에 영향을 미친 요인 등을 파악하는 데 초점이 맞추어져 있다.[9] 그리고 이러한 연구의 대부분은 성공적인 히든챔피언의 사례를 찾아 다각적으로 분석하여 다른 기업에도 적용할 수 있는 성공 요인, 독창적인 경영전략, 기업환경 등을 밝혀내는 데 집중했다.

대부분의 선행연구와 미처 언급하지 못한 다수의 선행연구는 다양한 히든챔피언의 성공 요인과 그들의 내·외적인 특성을 주로 경영학적인 관점과 방법론에 기초하여 접근했다는 공통점이 있다.[10] 이 같은 관점과 방법론에 기초한 연구는 히든챔피언이 구축한 차별화된 기업전략을 이해하고 그들의 독특한 특성을 파악하는 데는 큰 공헌을 한 것은 틀림이 없다. 하지만, 그 연구의 대부분은 총체적인 기업구조를 구성하고 이를 뒷받침하는 여러 가지 하위구조에 관한 논의가 비중 있게 다루어지지 않았다는 한계점이 있다. 이에 히든챔피언을 다각도로 더욱 정확하게 이해하고 다양한 관점에서 분석하기 위해서는 기업 시스템의 구조적인 측면도 충분히 검토해야 할 필요성이 요구된다.

또한, 상당수의 선행연구는 일국의 특정 지역에 군집하고 있는 다양한 히든챔피언을 하나의 분석집단으로 특정하여 연구의 대상으로 설정하기보다는, 주로 특정 국가 내의 다수의 불특정 지역에 분포된 여러 히든챔피언을 하나의 분석집단으로 특정하여 연구의 대상으로 설정한 뒤, 분석과 논의를 확장하는 작업을 시도하고 있다. 이러한 시도는 히든챔피언을 국가라는 거시적인 카테고리로 묶어서 논의하려는 경향이

---

9) 이 같은 초점에 기반하여 분석한 연구는 Voudouris et al.(2000), McKiernan et al.(2013), Munoz et al.(2017), Simon(2022) 등이 대표적이다.

10) 대표적으로 Lehmann et al.(2019), Rammer and Spielkamp(2019), Quan and Qi(2020) 등이 있다.

강하기 때문에, 일국의 특정 지역 내에 군집하고 있는 히든챔피언이 가지고 있는 지역경제에 대한 성장동력으로서의 가능성을 고찰하는 데 분명 한계가 있다.

따라서, 히든챔피언을 지역경제의 성장동력으로, 나아가 지역경제를 안정적으로 이끌어갈 주요 경제주체로 인식하고 탐구하기 위해서 지역 단위 관점에서의 접근을 기반으로 하는 히든챔피언에 관한 논의에도 적극적이어야 할 필요가 있다.

제2절 경쟁시장을 점유한 인천시의 히든챔피언

1. 히든챔피언의 규모

Hermann Simon이 제시한 히든챔피언의 기준에 부합하는 기업이 한국의 어느 지역에 얼마나 존재하는지, 정확한 규모는 사실상 파악하기 어렵다.[11] 히든챔피언의 특성상, 그 분류에 부합하는 기준을 충족하고 있으나, 아직 드러나지 않고, 말 그대로 숨어 있는 히든챔피언이 존재하고 꾸준히 출현하기 때문이다. 이런 까닭에, 히든챔피언 스스로가 그들 본체를 드러내는 것에 적극적이지 않다면, 그들의 정확한 규모와 분포는 더욱 파악하기 힘들다.

한국에서는 2008년을 전후로 히든챔피언에 관한 관심이 점차 높아지기 시작해 이들을 적극적으로 발굴하고 체계적으로 육성하기 위한 노력이 다방면에서 본격화됐다. 특히, 정부 및 관련기관, 지방자치단체 등의 지원이 활성화됐고, 이를 계기로 히든챔피언 선정 기준을 만족하는 기업도 점차 그 모습이 드러났다. 하지만, 정부 및 관련기관, 지방자

---

11) 정부 및 관련기관, 지방자치단체 등의 차원에서 정의하여 파악하고 있는 히든챔피언은 제각기 그 선정 기준이 다르기 때문에, 학술적으로 정확한 히든챔피언의 규모는 개별 학자들이 발굴하여 추정하고 있는 것이 현실이다.

치단체 등이 발굴하고 육성을 시도한 기업의 상당수는 학술적으로 정의를 내린 히든챔피언이라기보다는 향후 긍정적인 성장 가능성이 있는 우량 강소기업을 각각 나름의 기준으로 선정하여, 히든챔피언이라고 명명한 것이라고 볼 수 있다.[12] 엄밀하게 말해서, 히든챔피언으로 정의될 수는 없는 기업도 다수 히든챔피언으로 분류되기도 했기 때문에, 사실상 이들이 포함된 한국의 히든챔피언 규모는 정확한 규모라고 보기에는 분명 한계가 있다.

Hermann Simon의 히든챔피언 기준을 만족하는 한국 히든챔피언의 정확한 규모와 그들의 분포지역을 파악하여 제시한 선행연구는 아직 없으나, 논문, 학술자료, 서적, 보고서, 각종 매체 등을 통해서 수집한 자료를 바탕으로 파악해 본 2023년 기준 히든챔피언의 규모 및 분포지역은 〈그림 3-1〉과 같다.

구체적으로, 한국의 히든챔피언 규모는 다음과 같이 파악된다.

① Hermann Simon의 기준을 만족하는 히든챔피언은 총 221개사다.

② 이들 가운데 세계시장 1위~3위의 시장지배력을 보유한 히든챔피언은 62개사다.

③ 그리고 자국 시장 1위의 시장지배력을 확보한 히든챔피언은 135개사다.

④ 아울러, 양쪽의 시장에서 시장지배력을 모두 점유한 히든챔피언은 24개사다.

---

12) 2009년 당시 한국거래소는 주력 제품의 세계시장 점유율이 3위 이내로 세계적인 기술력과 경쟁력을 갖추고 있으며, 코스닥 시장의 활성화를 기대할 수 있는 기업을 히든챔피언으로 규정하고, 한국형 히든챔피언 사업을 추진한 바 있다.

또한, 한국의 히든챔피언 지역별 분포는 다음과 같이 요약된다.

① 가장 많은 수의 히든챔피언은 서울시에 존재하는 것으로 확인됐으며, 그 수는 총 35개사에 이른다.

② 그 뒤를 이어 대구시(22개사), 인천시(18개사), 경기도 화성시(16개사), 부산시(15개사), 경기도 성남시(14개사) 등의 순으로 많이 분포됐다.

〈그림 3-1〉 한국의 히든챔피언 규모 및 지역별 분포(2023년)

(단위: 개사)

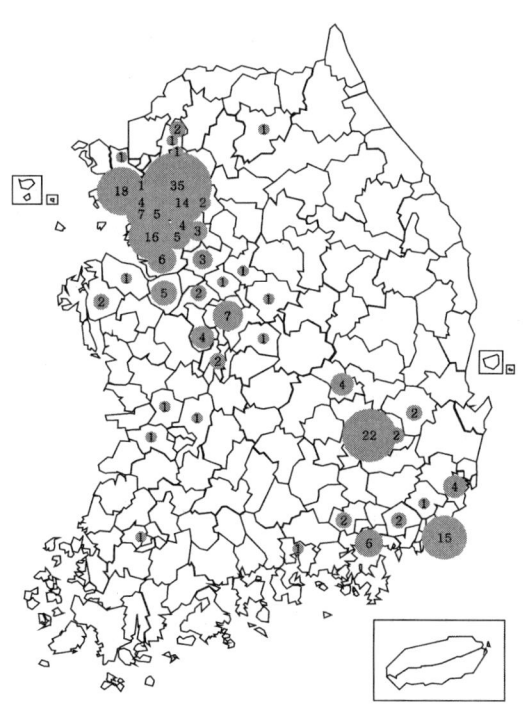

출처: 필자가 직접 작성함.

③ 전라도와 강원도에는 다른 지역에 비해서 상대적으로 적은 수의 히든챔피언이 존재한다. 구체적으로는 광주시, 김제시, 익산시, 완주군, 춘천시에 각각 1개사의 히든챔피언이 있는 것으로 드러났다.

덧붙여, 이들을 지역별로 구분해 보면, 다음과 같은 점이 확인된다.
① 한국의 히든챔피언 221개사 가운데 57.9%는 서울시, 경기도, 인천시를 중심으로 한 수도권 지역에 집중되어 있다.
② 전체의 27.6%는 대구시, 부산시, 울산시를 중심으로 한 경상도권 지역에 존재한다.
③ 대전시와 청주시를 중심으로 한 충청도권 지역에 12.2%의 히든챔피언이 있다.
④ 그리고 위의 지역을 제외한 나머지 지역에 1.8%의 히든챔피언이 분포되어 있다.

2. 인천지역 히든챔피언

인천시에 존재하는 것으로 파악된 히든챔피언 18개사는 〈표 3-1〉에 정리된 바와 같이 모두 제조업으로 분류되는 기업으로, 그들은 전자부품, 제어장치, 무선 통신장비, 자동차부품, 영상기기, 금속가공제품, 플라스틱 제품, 전동기기 등 다양한 제품영역에서 각각의 사업을 영위하고 있다.

이들 18개사를 2023년 매출실적과 수출실적을 기준으로 구분해 보면, 다음과 같은 점이 확인된다.

① 5,000억 원을 초과하는 매출 규모를 가진 기업이 3개사, 3,000억
~5,000억 원의 매출을 실현한 기업이 6개사, 1,000억~3,000억
원의 매출을 달성한 기업이 8개사 그리고 1,000억 원 미만의 매출
액을 기록한 기업은 1개사다.

② 매출액 중 1,000억 원 미만의 수출실적을 기록한 기업은 7개사,
3,000억 원 미만은 5개사, 5,000억 원 미만은 5개사, 5,000억 원
이상의 수출액을 달성한 기업은 1개사다.

③ 매출액 대비 수출액 비율이 50% 이상인 기업은 총 10개사이며,
이들 가운데 7개사는 그 비율이 70%를 넘는다.

〈표 3-1〉 인천지역 히든챔피언 (2023년)

(단위: 억 원, 명, 개사)

| 기업 | 구분 | | | 시장지배력 |
	주요 제품	매출액 [수출액]	직원 수 [종속기업]	
A	EMC 컴포넌트, 안테나, BLDC 모터	1,868 [1,314]	626 [4] ■*	세계 1위 자국 1위
B	볼베어링 슬라이드 레일	1,213 [532]	247 [2] ▫	
C	5G/LTE 기지국 안테나, 기지국 라디오 시스템	1,400 [1,325]	117 [9] ■*	
D	게임용 모니터, 의료용 모니터, 교육용 모니터	3,271 [3,148]	374 [2] ■*	
E	절삭공구 (엔드밀, 드릴, 텝, 인서트)	5,531 [4,627]	1,552 [32] ■*	세계 1위
F	산업용 모니터, 전장용 디스플레이, 터치패널	4,473 [3,569]	399 [7] ■*	
G	CMP PAD Conditioner, ARIX Saw Blade	1,158 [665]	446 [2] ▫	
H	화장품 포장재 (펌프, 튜브)	2,359 [972]	1,261 [2] ■*	자국 1위
I	정밀제어용 소형 기어드 모터 및 제어기	3,937 [3,070]	398 [5] ■*	

(단위: 억 원, 명, 개사)

기업	구분			시장지배력
	주요 제품	매출액 [수출액]	직원 수 [종속기업]	
J	초소형 전기차, 카메라 모듈, 지문인식모듈	5,005 [4,977]	123 [4] ■*	
K	화학, 염료, 전자재료	3,454 [323]	512 [8] ■**	
L	Plate Spring, Snap Ring, Drive Plate	1,978 [1,027]	429 [5] □	
M	블리스터 포장 기계, 카톤 포장 기계	788 [302]	158 [1] □	
N	차량용 멀티미디어, 텔레매틱스, ITS	3,022 [1,092]	572 □	자국 1위
O	자동차용 커넥터, PRA, ICB, 퓨즈, 인렛	12,969 [5,177]	1,058 [14] ■**	
P	Balance Shaft Module, Fuel Rail	4,250 [2,512]	911 ●	
Q	알루미늄 창호, PVC 창호	1,113 [2.4]	248 ●	
R	Mold Release Film, ePTFE Membrane	1,835 [722]	470 [8] ■*	

주 1: □는 중소기업, ■는 중견기업, ●는 대기업, *는 코스닥시장 상장사, **는 유가증권시
　　장 상장사를 나타냄.
주 2: 'B' 사와 'M' 사의 수출액은 2020년 기준임.
주 3: 'H' 사는 2023년 12월 말 기준, 코스닥시장 상장사로 분류되지만, 모회사의 포괄적
　　주식 교환에 따라 2024년 3월 6일 상장 폐지됨.
출처: 금융감독원 전자공시시스템 데이터를 활용하여 작성함.

또한, 고용 규모 및 평균 기업 수명은 다음과 같다.

① 3개사는 1,000명 이상의 고용 규모를, 나머지 15개사는 1,000명
미만의 고용 규모를 보인다. 2023년 기준, 가장 작은 고용 규모를
가진 기업은 전체 직원 수가 117명이고, 가장 큰 고용 규모를 유지
하고 있는 기업은 그 수가 1,552명에 달한다.

② 평균 기업 수명은 42.8년으로, 가장 오래된 기업은 1966년에, 가

장 신생 기업은 2005년에 각각 설립됐다.

③ 9개사는 코스닥시장에, 2개사는 유가증권시장에 상장돼 있으며, 각 시장에 상장되기까지는 기업 설립 이후 평균적으로 약 20년이 소요됐다.

덧붙여, '중소기업기본법'[13] 제2조 및 '중소기업기본법 시행령'[14] 제3조에 의거한 기업 구분과 계열회사 규모는 다음과 같다.

① 5개사는 **중소기업**으로 분류되지만, '중소기업기본법'상 중소기업의 범위를 벗어나는 11개사는 중견기업, 2개사는 대기업으로 구분된다.

② 15개사는 적어도 1개 이상의 종속기업, 즉 수직적 자본 관계를 맺고 있는 기업을 보유하고 있다. 적게는 1개, 많게는 32개의 종속기업을 운영하고 있으나, 2개사를 제외하면 대부분 10개 미만의 종속기업과 연결돼 있다.

③ 아울러, 일부 히든챔피언은 계열회사도 함께 거느리고 있다.

무엇보다도 인천지역 히든챔피언 18개사는 Hermann Simon이 제시한 히든챔피언의 기준을 분명하게 만족한다. 시장지배력에 있어서, 5개사는 각 사업 분야의 세계시장에서 1위의 시장점유율을, 11개사는 자국시장에서 1위의 시장점유율을 각각 확보했으며, 나머지 2개사는 양쪽시장 모두에서 1위의 시장지배력을 보유하고 있다. 또한, 매출액 규모

---

13) [시행 2024. 8. 28.] [법률 제20362호, 2024. 2. 27., 일부개정]
14) [시행 2024. 8. 28.] [대통령령 제34850호, 2024. 8. 20., 일부개정]

에 있어서, 이들은 2023년 기준, 40억 달러를 넘지 않는 매출액을 각각 달성했으며, 아울러 기업 인지도에서도 이들은 특정 소비 고객과 수요자층에게만 알려져 있을 뿐 대중에게는 그리 많이 알려지지 않은 기업이 대부분이다.

다만, 인천지역 히든챔피언 18개사는 적어도 Hermann Simon이 제시한 히든챔피언의 기준을 만족한다는 외형적인 특징을 분명히 보이고 있지만, 이들이 장기적으로 계속해서 히든챔피언으로서의 역량을 유지한다고는 장담할 수 없다. 그렇다고 한다면, 궁극적으로 이들에게는 지역경제의 잠재적 성장동력으로서 충분한 역할 또한 기대할 수 없게 된다. 따라서, 이들이 지역경제의 잠재적 성장동력으로서 그 임무를 수행하고, 나아가 장기적으로 지속할 수 있도록 그 가능성을 높여줄 수 있는 어떠한 선순환 과정이 뒷받침되는 기업환경의 조성 내지는 기업 시스템의 구축이 전제되어야 하고, 이것이 그들 내부에 단단하게 뿌리내릴 필요가 크다.

제3절 필요 자금의 조달과 기업 성장

1. 외부자금보다는 내부자금

기업이 경영활동을 지속하는 데 필요한 자금을 조달하는 방식은 크게 '자기금융'과 '외부금융'으로 구분된다. 자기금융은 기업이 경영활동을 통해서 꾸준히 확보한 이윤의 일부를 준비금의 형태로 기업 내에 유보해 두었다가 필요시 신속하게 자본으로 전환하여 사용하는 방식을 말한다. 즉, 기업이 지속적인 경영활동을 추진해 나가는 데 있어서 필요한 자금의 조달을 기업 외부의 주체에게 의존하는 것이 아닌 기업 자신에게 의존하는 금융방식이다. 이와 대조적으로, 직접금융과 간접금융의 결합이라고 볼 수 있는 외부금융은 필요 자금을 타인의 자본이나 주식발행 등과 같이 기업 외부에서의 차입을 통해 조달하는 금융방식이다.

기업이 필요한 자금을 조달하는 각각의 금융방식에는 장단점이 공존하는 것은 분명하나, 통상적으로 기업이 외부의 주체에 의존하여 자금을 확보하게 되면, 그 기업은 미래의 어느 시점에 도달해서는 반드시 과거에 조달한 그 자금을 상환해야만 하는 실질적인 부담과 마주하게 된다. 이런 까닭에, 기업이 외부금융에 큰 비중으로 의존하게 될 경우,

기업은 자금을 공급했던 주체의 직·간접적인 영향으로부터 결코 자유로울 수 없게 되고, 궁극적으로 그 영향은 기업이 독자적으로 경영활동을 추진하는 데 잠재적인 제약요인으로 다가올 가능성도 있다.[15)

이와 같은 이유에서 기업이 경영활동을 지속하기 위해 꼭 필요한 자금을 조달할 때, 외부금융보다 자기금융에 더 큰 비중으로 의존하면, 기업은 독단적으로 추진하고자 하는 방향으로 경영노선을 전략적으로 설정하고 그들이 계획하는 경영활동을 연속적이고 일관되게 수행할 수 있는 환경을 견고하게 조성할 수 있다.

한편, 기업이 경영활동을 영위하는 데 필요한 자금을 조달하는 방식을 파악하고, 실제로 기업이 어떠한 금융방식에 더 큰 수준으로 의존하는지 그 크기를 측정하는 것은 '금융의존도'[16) 산출을 통해서 가능하다. 소위 말해서, 금융의존도는 기업이 경영활동의 지속을 위한 필요 자금 조달 시 간접금융, 직접금융, 자기금융에 어느 정도의 수준으로 의존하는가를 파악하고 비교할 수 있는 객관적인 지표로, 각각의 의존도를 0과 1 사이의 수치로 지수화함으로써 기업의 금융의존 경향을 더욱 명확하게 확인할 수 있다.

---

15) Kim, W. J., 2017, *Corporate System, Structural Diversity, and Transformation: A New Approach to Automobile Specialized Groups in Japan and Korea*, Kyoto: Koyo Shobo Publisher, p.119.

16) 금융의존도는 1에 근접할수록 그 의존도가 강력함을 의미한다. 각각의 의존도 산출식은 다음과 같으며, *SD*: 단기차입금, *LD*: 장기차입금, *CD*: 유동성장기부채, *CB*: 회사채, *CS*: 자본금, *ES*: 이익잉여금, *CR*: 자본잉여금, *t*: 시간을 나타낸다. 또한, 각 기업이 간접금융, 직접금융, 자기금융을 통해 조달한 자금의 원천(*F*)은 *SD*+*LD*+*CD*+*CB*+*CS*+*ES*+*CR*이다.

$$I_t = \frac{SD_t + LD_t + CD_t}{F_t}, \qquad D_t = \frac{CB_t + CS_t}{F_t}, \qquad S_t = \frac{ES_t + CR_t}{F_t}$$

이와 같은 접근방식에 착안하여 금융의존도를 산출한 〈그림 3-2〉는 2011년부터 2023년까지 인천지역 히든챔피언의 간접금융의존도, 직접금융의존도, 자기금융의존도 각각의 수준 및 변화 구간을 보여준다. 우선, 비교 기간 인천지역 히든챔피언의 금융의존도 분석에서 명확하게 드러난 경향은 다음과 같이 3가지로 요약할 수 있다.

첫째, 간접금융의존도, 직접금융의존도, 자기금융의존도 가운데 자기금융의존도가 가장 높다.

① 비교 기간, 인천지역 히든챔피언의 자기금융의존도는 0.574~0.658 구간이 유지됐다.

② 간접금융의존도는 0.270~0.345 구간에, 직접금융의존도는 이보다도 훨씬 낮은 수준인 0.063~0.104 구간에 각각 머물렀다.

둘째, 인천지역 히든챔피언의 자기금융의존도는 제조업 분야 중소기업의 수준보다 월등히 높으나, 대기업의 수준보다는 약간 낮은 편이다.[17]

① 중소기업의 자기금융의존도는 0.344~0.462 구간에 머물렀다.

② 대기업은 0.627~0.741 구간을 유지했다.

셋째, 인천지역 히든챔피언의 자기금융의존도는 0.500을 초과하는 높은 수준을 지속적으로 유지하는 경향을 보인다.

① 비교 기간, 그들의 자기금융의존도는 여러 차례 크고 작은 감소세를 보였다.

---

[17] 동일한 산출 방법으로 한국은행, 각 년도, 「기업경영분석」 데이터를 활용하여 비교 기간 제조업 분야 중소기업과 대기업의 자기금융의존도를 산출했다.

② 하지만, 각각의 감소는 단기적인 감소에 머물렀고, 전반적으로 높
은 수준을 유지하는 경향을 꾸준히 이어가고 있다.

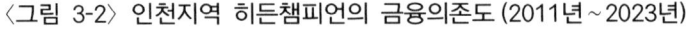

〈그림 3-2〉 인천지역 히든챔피언의 금융의존도 (2011년～2023년)

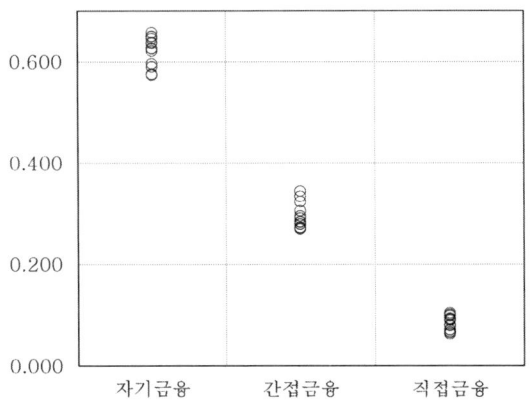

출처: 금융감독원 전자공시시스템 데이터를 활용하여 필자가 직접 산출함.

위의 3가지 경향으로 미루어 볼 때, 인천지역 히든챔피언은 대부분
이 중소·중견기업임에도 불구하고, 적어도 경영활동에 필요한 자금을
조달하는 방식, 즉 기업의 금융방식에 있어서는 대기업적인 금융의존
경향이 있는 것으로 판단된다.[18] 그리고 그들은 자기금융의존도를 외
부금융의존도보다 더 높은 수준으로 유지하고 있다는 사실을 근거로,
자금 상환의 필연적 의무가 동반되지 않는 내부자금을 통한 자금조달
경로를 안정적으로 확보한 것으로 추단할 수 있다.

---

18) 현대자동차와 도요타자동차 같은 대기업은 자기금융에 의존하는 수준이 상당히 높게
유지되거나 점차 증가하는 경향을 보인다(Kim, 2015:70).

2. 부채 증감과 무관한 성장

기업의 외적인 성장뿐만 아니라 내적인 성장은 그 성장을 견인하는 '자금의 원천'과 큰 관련이 있다. 기업에 대한 투자 자금의 원천이 뒷받침된다는 전제하에서 기업은 성장을 위한 지속적인 투자 활동을 이어갈 수 있고, 나아가 생산 증대를 위한 자금의 원천이 확보되어야 기업은 생산 활동을 확장할 수 있다. 따라서, 한 기업의 성장을 파악하는데 기업의 성장과 그 성장을 견인하는 자금의 원천 간의 관계를 파악하는 것은 중요하다. 특히, 중소기업은 외부자금에 대한 의존도가 내부자금에 대한 의존도보다는 더 높은 것이 일반적인 경향이므로, 중소기업의 성장은 그들이 외부의 자금 공급자로부터 차입한 부채와 밀접한 관계가 있다고 볼 수 있다.

기업의 성장과 부채와의 연관성은 우원석·최형석[19]의 연구에서 이미 상당 부분 밝혀진 바 있다. 이들은 1982년부터 2013년까지의 기간을 분석범위로 설정하고, 유가증권시장 상장기업 933개사와 코스닥시장 등록기업 1,413개사를 대상으로 성장기업의 자본구조에 영향을 미치는 요인과 성과에 관하여 분석한 결과, 유가증권시장 상장기업과 코스닥시장 등록기업 모두 성장성이 높을수록 부채비율이 높다는 점을 입증했다. 즉, 한국 기업의 경우, 기업의 성장성과 부채비율은 전반적으로 양의 상관관계를 보이고 있기 때문에, 부채비율이 높아지면 성장성도 함께 높아지고, 이와 반대로 부채비율이 낮아지면 동시에 성장성도 낮아지는 경향이 매우 일반적이다.

---

19) 우원석·최형석, 2015, 「성장기업의 자금조달에 관한 연구」, 『한국증권학회지』 제44권 제3호, 한국증권학회, pp.595-614.

한편, '부채주도 성장'은 기업의 규모와 상관없이 다수의 한국 기업에서 흔하게 볼 수 있는 경향이지만, 사실 인천지역 히든챔피언은 이러한 성장 경향과는 다소 거리가 있다. 일반적으로 기업의 외형적 신장세는 매출액 증가율 추이를 기준으로, 기업의 수익성은 매출총이익 증가율 추이를 기준으로 판단할 수 있는데, 이들 각각의 추이와 부채 증가율 추이 간의 상관관계를 분석해 보면, 인천지역 히든챔피언에게는 부채주도 성장과는 다른 경향이 확인된다.

〈그림 3-3〉에서 'Ⅰ사분면'과 'Ⅲ사분면'에 분포된 점들은 성장과 부채 사이의 양(+)의 상관관계를 보이는 시기를, 'Ⅱ사분면'과 'Ⅳ사분면'에 분포된 점들은 음(−)의 상관관계가 존재한 시기를 나타낸다. 성장과 부채 사이에 양의 상관관계가 존재할 경우, 매출액 증가율 또는 매출총이익 증가율이 양의 값으로 증가한 시기에는 부채비율도 양의 값으로 증가해야 하고, 이와 반대로 매출액 증가율 또는 매출총이익 증가율이 음의 값으로 감소한 시기에는 부채비율도 음의 값으로 감소해야 한다.

〈그림 3-3〉 인천지역 히든챔피언의 성장과 부채 (2011년 ~ 2023년)

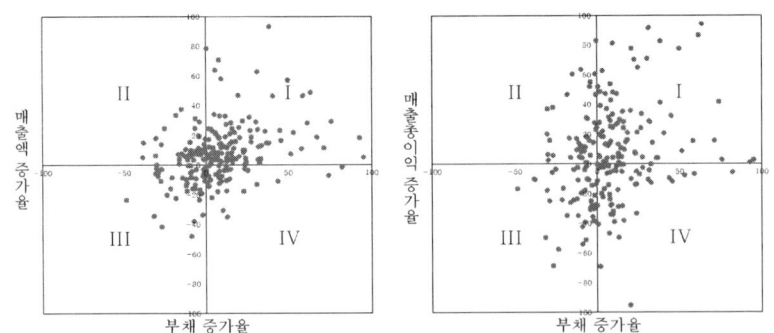

출처: 금융감독원 전자공시시스템 데이터를 활용하여 필자가 직접 산출함.

하지만, 2011년부터 2023년까지, 인천지역 히든챔피언에게는 '매출액 증가율 또는 매출총이익 증가율이 증가했지만, 부채 증가율은 감소했던 시기' 그리고 '매출액 증가율 또는 매출총이익 증가율이 감소했지만, 부채 증가율은 증가했던 시기'가 의외로 다수 존재한다. 이에 대한 자세한 설명은 다음과 같다.

① 227개의 매출액 증가율 데이터와 227개의 부채 증가율 데이터 조합 가운데, 35.7%인 81개의 데이터 조합은 음의 상관관계에 있다.

② 또한, 같은 수의 매출총이익 증가율 및 부채 증가율 데이터 조합 가운데 99개의 데이터 조합, 즉 43.6%는 음의 상관관계를 보인다.[20]

③ 양의 상관관계를 보인 시기 못지않게 음의 상관관계를 보인 시기가 상당수 존재한다는 점은 부채주도 성장을 보이는 기업의 성장 성향과는 구별되는 성장 성향임을 의미한다.

기업이 부채에 거의 의존하지 않고 성장하는 것은 현실적으로 어려운 일이지만, 기업의 성장이 부채에 크게 영향을 받는 것을 긍정적으로만 볼 수 없다. 부채는 외부자금의 원천으로부터 조달되는 자금이므로, 기업의 성장을 외부적인 요소에 많이 의존하면 의존할수록, 그 성장은 외부적인 요소의 변화에 더 많은 영향을 받게 될 수밖에 없다. 장기적인 관점에서, 부채에 크게 의존하여 성장한다는 것 그 자체가 기업의 안정적인 성장에 있어서 잠재적인 걸림돌이 되는 요인으로 작용할 가능성을 배제할 수 없기 때문에, 부채주도 성장의 성향이 강한 기업은

---

20) 전체 데이터 수가 234개 아닌 227개인 이유는 18개 히든챔피언 가운데, 1개사는 2017년에 설립되어 그 이전의 데이터는 존재하지 않기 때문이다.

그러한 성향이 약한 기업에 비해 상대적으로 덜 안정적인 기업 성장 환경에 노출돼 있다고 판단할 수 있다. 이러한 점을 고려하면, 부채비율의 증가와는 다소 무관한 성장 성향을 보이는 인천지역 히든챔피언은 상대적으로 안정적인 기업 성장의 조건을 갖추고 있다고 추단된다.

제4절 경쟁력 축적

1. 적극적인 연구개발 활동

연구개발 활동은 기업의 장기적이고 지속적인 성장을 견인하는 중요한 밑거름이다. 특히, 제조업 분야의 기업에 있어서 연구개발 활동은 미래의 기업 경쟁력을 높이고 경쟁시장에서의 우위를 선점하는 데 없어서는 안 될 필수적인 요소이다. 하지만, 연구개발 활동의 가시적인 효과와 그것이 가져오는 결과는 확실하게 보장받을 수 없고, 또한 단기간 내에 나타나지 않을뿐더러 많은 금전적 투자와 지속적인 노력이 필요하다. 이런 까닭에, 기업은 그 중요성을 충분히 인식하고 있음에도 불구하고 연구개발 활동에 기업의 전력을 온전히 집중할 수 있는 환경을 쉽게 조성하지 못하는 것이 현실이다.

그렇지만, 분명한 점은 연구개발 활동은 기업의 잠재적인 경쟁력 확보와 직결되므로 각 기업이 몰두하고 있는 사업 분야에서 우세한 시장적 지위를 점유하고, 나아가 그 지위를 장기적으로 유지하기 위해서는 반드시 기업 역량의 많은 부분을 연구개발 활동에 집중해야만 한다. 기업이 연구개발 활동에 어느 정도의 수준으로 몰두해야 하는지에 대한 공통적인 기준이 있는 것은 아니지만, 각 기업이 속해 있는 사업 분야의 특성에 따라서 연구개발 활동의 수준에는 분명한 차이가 존재한다. 일반적으로, 기업의 규모나 자금력 등 다양한 조건에서 유리한 대기업은 상대적으로 그렇지 못한 중소·중견기업에 비해서 연구개발 활동에 더욱 적극적으로 그들의 역량을 집중하는 편이다.

한편, 기업의 연구개발 활동 역량은 신제품이나 신기술 개발 등과 같은 연구개발 활동에 지출한 비용을 근거로 'R&D 집약도'[21]를 산출하여 비교할 수 있다. 제조업 분야 대기업의 경우, R&D 집약도는 〈그림 3-4〉와 같이 제조업 분야 중소기업의 그것보다 높다는 점은 명확하다. 이에 대한 구체적인 설명은 다음과 같다.

① 2011년부터 2023년까지, R&D 집약도는 제조업 분야 대기업의 경우 1.74~3.15 구간에서, 제조업 분야 중소기업의 경우 1.09~1.52 구간에서 각각 유지됐다.

② 아울러, 비교 기간 인천지역 히든챔피언의 R&D 집약도는 이보다 훨씬 높은 구간에서 변화를 보였는데, 그 수치는 3.61~4.73에 도달했다.

또한, 대부분의 인천지역 히든챔피언은 〈표 3-2〉와 같이 동종업계의 경쟁기업에 비해 높은 수준의 R&D 집약도를 보인다. 이에 대한 자세한 설명은 다음과 같다.

① 비교 기간, 히든챔피언 18개사 가운데 16개사의 평균 R&D 집약도는 그들 각각과 같은 사업 분야에 있는 기업보다 높은 수준을

---

21) R&D 집약도 산출식(R)은 다음과 같으며, OR: 경상개발연구비, OD: 경상개발비, SR: 매출액, t: 시간을 나타낸다.

$$R_t = \frac{OR_t + OD_t}{SR_t}$$

보인다.

② 그리고 나머지 2개사는 동종업계의 평균 수준에 상당히 근접해 있다.

〈그림 3-4〉 R&D 집약도 비교 I (2011년 ~ 2023년)

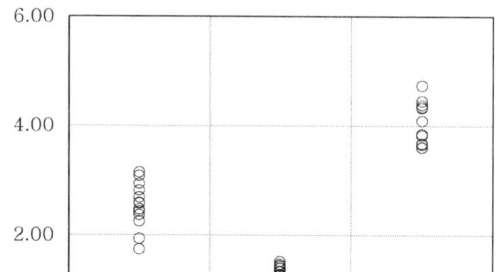

출처: 금융감독원 전자공시시스템 데이터와 한국은행, 각 년도, 「기업경영분석」 데이터를 활용하여 필자가 직접 산출함.

덧붙여, 상대적으로 높은 수준의 R&D 집약도를 보인 16개사는 그 수준에 따라서 다음과 같이 3가지 그룹으로 분류된다.

① 첫 번째 그룹으로 분류되는 히든챔피언은 그들과 동일한 사업 분야에 있는 기업의 R&D 집약도 보다 그 수준이 3.00 이상 높으며, 총 4개사가 여기에 속한다.

② 그리고 두 번째 그룹에는 1.00보다 높지만 3.00보다 낮은 수준에서 R&D 집약도가 높은 6개사가 해당된다.

③ 마지막으로 세 번째 그룹에는 1.00보다 낮은 수준에서 R&D 집약도가 높은 6개사가 포함된다.

〈표 3-2〉 R&D 집약도 비교 II (2011년~2023년)

기업	구분					
	인천지역 히든챔피언			각 히든챔피언의 동종업계		
	최소	최대	평균	최소	최대	평균
A	5.11	11.63	8.24	2.41	5.27	3.94
B	1.06	4.28	2.19	0.59	0.87	0.75
C	7.57	20.74	12.79	3.70	13.40	8.60
D	3.74	7.87	4.96	2.26	3.89	3.73
E	2.23	5.01	3.54	1.75	2.79	2.24
F	2.32	6.99	4.61	2.26	3.89	3.73
G	1.31	2.47	2.05	0.59	0.87	0.75
H	0.07	1.79	1.13	0.69	1.05	0.90
I	1.77	3.67	2.52	1.45	2.87	2.27
J	1.05	4.63	2.41	2.41	5.27	3.94
K	3.43	4.95	4.19	0.33	0.68	0.51
L	0.78	1.60	1.25	0.79	1.15	1.03
M	2.83	6.12	3.87	1.75	2.79	2.24
N	1.72	12.72	6.60	3.70	13.40	8.60
O	4.05	6.18	5.10	1.45	2.87	2.27
P	0.27	2.50	1.07	0.79	1.15	1.03
Q	1.07	1.94	1.50	0.58	0.79	0.67
R	3.39	7.28	5.42	0.69	1.05	0.90

출처: 금융감독원 전자공시시스템 데이터와 한국은행, 각 년도, 「기업경영분석」 데이터를 활용하여 필자가 직접 산출함.

아울러, 인천지역 히든챔피언은 연구개발 관련 지출의 규모가 지난 13년간 전반적으로 증가하는 경향을 보이는 기업이 대부분이라는 점이 눈에 띈다. 이것은 인천지역 히든챔피언이 높은 수준의 R&D 집약도를 장기간 꾸준하게 유지함과 동시에 연구개발 관련 지출의 규모를 늘려 나감으로써, 그들의 제품에 대한 내실 있는 연구와 적극적인 개발 활동을 장기간 지속하고 있음을 의미한다. 즉, 안정적인 기업 성장의 기회를 계속해서 포착할 수 있는 기반을 견고히 다져 나가고 있음을 단적으로 보여준다.

이러한 적극적인 연구개발 활동은 결국 경쟁기업보다 더 강하고 우세한 시장적 지위를 확보할 수 있는 잠재적인 능력을 향상시키는 매우 중요한 요인으로 작용하는 것으로 판단된다. 다시 말해서, 인천지역 히든챔피언과 같이 연구개발 활동에 기업의 역량을 높은 수준으로 집중할수록 시장지배력을 높일 수 있는 독자적인 기술과 제품을 개발할 잠재력을 더욱 끌어낼 수 있기 때문에, 이를 토대로 시장에서 경쟁기업을 제지고 시장적 우위를 점유할 기회는 사실상 더 많아질 수밖에 없다.

2. 확실하게 지배할 수 있는 시장에 집중

한 기업이 특정 사업 분야에서 수많은 경쟁기업을 제치고 1위의 시장지배력을 확보한다는 것은 쉬운 일이 아니다. 그리고 이것은 기업이 장기간 꾸준하게 축적한 차별화된 기술력을 바탕으로 개발하고 생산한 그들의 제품을 어느 시장에 집중적으로 공급할 것인가를 전략적으로 선택한 결과와도 무관하지 않다.

일반적으로 설립 초기의 기업은 재정 능력과 경영 능력이 충분히 성숙하지 못하기 때문에, 제품에 대한 월등한 기술력 또는 충분한 가격 경쟁력을 확보한 경우가 아니라면, 상대적으로 정보의 접근이 쉬운 지역과 그 주변 시장을 중심으로 사업을 영위해 나가는 경향이 매우 크다. 하지만, 기업이 다방면에서 점차 성숙해지고, 사업 규모가 꾸준히 확장됨에 따라, 그들은 공급시장을 다양화하고 새로운 수요처를 찾기 위해 해외시장으로 역량을 단계적으로 분산하기 시작한다. 즉, 기업이 국내

시장으로의 진출을 우선 모색한 뒤, 점차 해외시장으로 공급선의 다변화를 추진하는 것이 매우 일반적이다.

하지만, 인천지역 히든챔피언의 경우, 시장적 우위를 점유할 수 있는 월등하고 차별화된 기술력을 보유한 기업이 대부분이기 때문에, 이와 같은 일반적인 경향이 나타나지 않는 기업도 다수 있다. 일례로, 'O' 사의 경우, 설립된 지 약 50년이 지난 다방면에서 성숙하고 사업 규모도 꾸준하게 확장된 기업임에도 불구하고, 해외시장으로의 집중보다는 줄곧 국내시장에 매진한 결과, 3가지 사업 분야에서 국내 1위의 시장점유율을 확보했다.

또한, 기업이 설립된 지 이제 막 20년이 조금 지난 'F' 사는 국내시장에서 해외시장으로의 단계적인 진출에 몰두하기보다는 차별화된 기술력을 바탕으로 해외시장에 집중한 결과, 2023년 매출액의 약 80%를 해외시장에서 기록하는 것은 물론이고, 나아가 1위의 시장지배력까지 보유하게 됐다.

한편, 한 기업이 어느 시장에 어느 정도의 수준으로 몰두하고 있는지 이를 객관적인 수치를 통해서 지표화하는 것은 그들의 시장특화 성향을 확인하고, 기업 간의 시장특화 수준을 비교할 수 있는 기준이 된다. 또한, 그 지표를 통해서 세계시장 또는 자국 시장에 어느 정도 수준의 역량을 집중하는 기업인가를 파악할 수 있다.

'시장특화도'[22]는 한 기업의 시장집중 성향을 파악할 수 있는 지표로

---

22) 시장특화도 산출식(M)은 다음과 같으며, SD: 내수액, EX: 수출액, t: 시간을 나타낸다.

$$M_t = \frac{DS_t - EX_t}{DS_t + EX_t}$$

서, -1과 +1 사이의 범위 안에서 그 수치가 +1에 근접할수록 '자국시장 집중형' 기업으로, -1에 근접할수록 '세계시장집중형' 기업으로 구분된 다. 2011년부터 2023년까지 시장특화도의 변화를 기준으로 보면, 인천 지역 히든챔피언은 〈그림 3-5〉와 같이 크게 두 그룹으로 분류되는 것 이 확인된다. 이에 대한 자세한 설명은 다음과 같다.

첫 번째 그룹에 속하는 히든챔피언 14개사는 비교 기간 특정 수준의 시장특화도를 계속해서 유지하고 있다.

① 11개사는 세계시장집중형 기업, 3개사는 자국시장집중형 기업이다.

② 가장 높은 수준의 시장특화도를 보인 세계시장집중형 기업과 자국 시장집중형 기업은 -0.914~-0.982 구간에서, +0.931~+0.996 구간에서 시장특화도를 각각 기록했다.

〈그림 3-5〉 인천지역 히든챔피언의 시장특화도 (2011년 ~ 2023년)

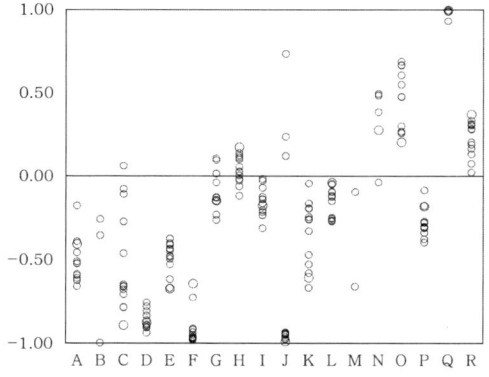

주: 데이터를 전부 공개하지 않은 3개사는 공개된 데이터를 바탕으로 산출함.
출처: 금융감독원 전자공시시스템 데이터를 활용하여 필자가 직접 산출함.

두 번째 그룹으로 분류되는 히든챔피언 4개사는 비교 기간 시장특화도에 큰 변화가 있었다는 공통점이 있다.

① 2개사는 자국시장집중형 기업에서 세계시장집중형 기업으로 전
환됐다.

② 반면, 2개사는 세계시장집중형 기업에서 자국시장집중형 기업으
로 전환됐다.

아울러, 시장특화도가 0에 인접한 구간에 집중된 일부 히든챔피언이
있다.

① 이들은 주로 세계시장과 자국 시장, 즉 양쪽 시장 모두에서 1위의
시장지배력을 확보한 기업이다.

② 또는 한 쪽의 시장에서는 1위의 점유율을 그리고 또 다른 한쪽의
시장에서는 1위는 아니지만, 상당히 높은 수준의 시장점유율을 동
시에 보유한 기업이다.

인천지역 히든챔피언은 강력한 시장지배력을 확보하지 못한 채 세계
시장과 자국 시장 양쪽으로의 공급을 비슷한 수준으로 분산시키는 성
향보다는, 오히려 독보적인 시장지배력을 확보할 수 있는 특정 시장에
주로 집중하는 성향이 더 강하다는 공통점이 있다. 물론, 세계시장에
집중한 뒤, 다시 역으로 자국 시장에 몰두하는 기업도 있고, 그 반대의
경우를 보인 기업도 일부 있다. 하지만, 이들 역시 막강한 시장지배력
을 확보할 수 있는 특정 시장으로 그들의 역량을 집중하는 성향이 강한
편이다. 즉, 인천지역 히든챔피언은 그들이 집중하려는 시장에 우선순
위를 미리 정해 놓고, 시간이 지남에 따라 그 시장을 단계적으로 변화
시킨다기보다는 각각이 보유한 독자적인 기술력을 바탕으로 세계시장,

자국 시장을 구분하지 않고 확실한 시장지배력을 확보할 수 있는 시장이라고 판단되면, 그 시장에 전적으로 몰두해서 기업의 역량을 최대한 집중한다.

3. 단일 사업 분야에 집중할 수 있는 기업구조

'다각화 전략'은 다수의 기업이 보편석으로 추진하는 경영전략 가운데 하나다. 다각화는 한 가지 사업 분야에만 기업의 역량을 집중하여 개발하고 투자하기보다는 주력 사업 분야 이외의 분야로 진출해서 사업의 영역을 확장하는 전략이다. 즉, 기업이 그동안 집중해 오던 사업과는 전혀 관련이 없는 새로운 사업 분야로 진출하는 전략 또는 기존의 산업 분야와는 다른 분야의 제품을 생산하는 경우[23]이다.

기업은 다양한 목적을 가지고 다각화를 추진하지만, 무엇보다도 미래의 위험에 대비하고 그 위험을 분산하기 위한 목적이 크다. 기업이 한 가지 사업 분야에만 전적으로 몰두하게 되면, 그 사업 분야에서 예상되는 위험 요소를 분산시키기 어렵게 된다. 또한, 단일 사업 분야에만 의존함으로써 동반되는 위험에 쉽게 노출될 가능성도 커진다.

하지만, 기업이 다각화를 추진하게 되면, 그들이 선택하고 집중해 왔던 사업 분야에서 더욱 특화되고 전문화될 수 있는 환경으로부터는 점점 멀어지게 된다. 이런 이유에서, 적어도 특화된 기술력을 바탕으로

---

23) Kamien, M. I. and Schwarts, N. L., 1975, "Market Structure and Innovation: A Survey", *Journal of Economic Literature*, Vol.13, No.1, p.13.

시장 우위를 점유해야 하는 기업, 특히, 인천지역 히든챔피언에게는 다각화된 기업구조보다는 특화되고 전문화된 기업구조를 구축해 나가는 것이 오히려 더 유리하다고 할 수 있다.

한편, 인천지역 히든챔피언의 기업구조는 〈그림 3-6〉과 같이 총 6개의 유형으로 구분할 수 있는데, 외형상으로는 서로 다른 형태의 기업구조처럼 보이지만, 각각의 히든챔피언이 구축한 기업구조는 '단일 사업분야에 특화된 기업구조'로, 사실상 서로 매우 유사한 구조이다. 각 유형에 대한 구체적인 설명은 다음과 같다.

〈그림 3-6〉 인천지역 히든챔피언의 기업구조

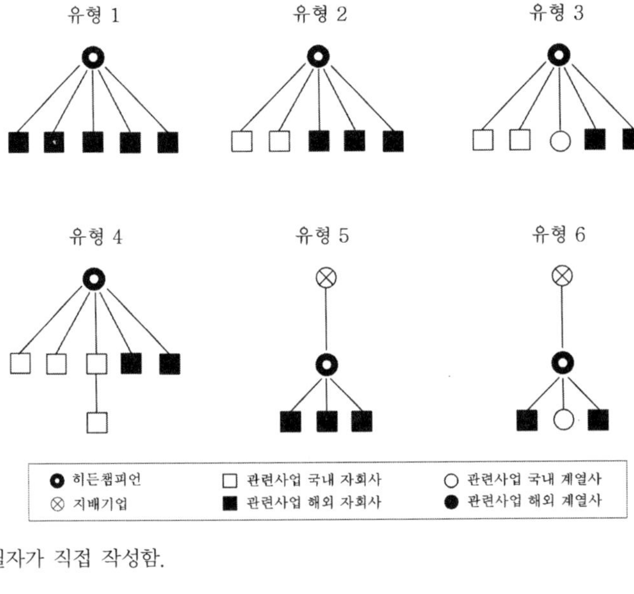

출처: 필자가 직접 작성함.

① 가장 많은 수의 인천지역 히든챔피언이 구축하고 있는 기업구조인 '유형 1'은 지배기업인 히든챔피언과 다수의 해외 자회사가 수

직적인 자본 관계로 연결된 구조로, 각각의 자회사는 히든챔피언
과 동일한 사업 분야에 집중하고 있다.

② '유형 2'와 '유형 3'은 지배기업인 히든챔피언을 중심으로 지배기
업과 동일한 사업 분야에 있는 국내 자회사와 해외 자회사가 각각
수직적으로 연결된 기업구조이다.

③ '유형 3'은 '유형 2'와 구조적으로는 매우 유사하지만, 히든챔피언
의 사업과 관련이 있는 국내 계열사도 지배기업과 수직적인 자본
관계를 맺고 있다는 차이점이 있다.

④ '유형 4' 역시 '유형 2'와 근본적으로 동일한 기업구조로 볼 수 있
으나, 일부 국내 자회사가 또 다른 국내 자회사를 수직적으로 연
결하고 있는 구조라는 점이 다르다.

⑤ '유형 5'와 다른 유형 간의 가장 큰 차이는 히든챔피언이 지배기업
이 아닌 종속기업으로서 그들의 모기업과 수직적인 자본 관계로
연결된 기업구조라는 점이다. 하지만, 히든챔피언과 해외 자회사
의 관계는 '유형 1'의 경우와 동일하다.

⑤ 마지막으로, '유형 6'은 구조적인 측면에서 '유형 5'와 거의 유사하
지만, 히든챔피언의 사업과 관련된 해외 자회사뿐만 아니라 국내
계열사 역시 히든챔피언과 수직적으로 연결된 기업구조라는 점에
차이가 있다.

모든 유형은 히든챔피언을 중심으로 그들과 동일한 사업 분야에 있
는 다수의 자회사 및 계열사가 수직적인 자본 관계로 연결된 기업구조
라는 공통점이 있다. 이 같은 기업구조는 인천지역 히든챔피언 각각이
선택하고 집중하는 특정 사업 분야에 최대한 특화되고 전문화될 수 있

도록 구축된 구조, 즉 '특화형 기업구조'로 정의할 수 있다.

　다만, 인천지역 히든챔피언 각각의 기업구조에는 미세한 구조적 차이가 있지만, 근본적으로는 히든챔피언 그리고 그들과 동일한 사업 분야에 있는 다수의 자회사 및 계열사가 마치 하나의 구조처럼 연결된 기업구조라는 공통점에 특히 주목할 필요가 있다. 왜냐하면 인천지역 히든챔피언과 그들의 자회사 및 계열사가 동일한 사업 분야에 그들 모두의 역량을 최대한 집중시키는 특화형 기업구조는 궁극적으로 히든챔피언이 하나의 특정 사업 분야에서 다른 경쟁기업보다 더욱 특화되고 전문화된 기업으로 성장할 수 있는 가능성을 높이는 구조이기 때문이다.

　특화형 기업구조를 기반으로 각각의 히든챔피언은 그들의 자회사 및 계열사의 사업 분야를 새로운 분야로 다각화하기보다는 그들이 선택하고 집중하고 있는 사업 분야 안에서 그들 자신을 점진적으로 특화시킨다. 장기적인 관점에서 보면, 결국 인천지역 히든챔피언에게 그들이 가장 확실하게 우위를 점할 수 있는 사업 분야에 점차 전문화된 기업으로 발전해 나갈 기회는 더욱 많아진다. 나아가, 이들이 특정 사업 분야에 특화되고 전문화되면 될수록 더욱 확고한 경쟁우위를 확보하게 되고, 이로써 세계시장, 자국 시장 구분 없이 진출하여 그곳에서 다른 경쟁기업보다 더 월등한 시장 우위를 계속해서 점유해 나가게 된다.

제5절 기업환경 조성 메커니즘과 내재적 위험 요인

1. 기업환경 조성 메커니즘

'기업이 추구하는 경영노선을 일관적으로 유지하면서 계획하는 경영 활동을 적극적으로 수행해 나갈 수 있는 기업환경'은 인천지역 히든챔 피언이 각각의 사업 분야에서 독보적이고 우세한 시장 지위를 확보하 고, 이를 유지함에 있어 매우 중요한 요인으로 작용한다. 이와 같은 기업환경을 조성하는 메커니즘은 〈그림 3-7〉과 같이 도식화할 수 있으 며, 구체적으로 이하의 설명과 같이 작동한다.

우선, 인천지역 히든챔피언은 필요 자금을 조달하는 데 있어서 간접 금융과 직접금융보다는 자기금융에 더 높은 수준으로 의존한다. 이들 은 직접금융의존도와 간접금융의존도를 낮추고 자기금융의존도를 상 대적으로 높게 유지함에 따라, 외부자금의 원천에 의존할 경우에 필연 적으로 동반될 수밖에 없는 자금 공급자의 직·간접적인 영향과 자금 상환의 부담을 낮출 수 있다. 기업의 자금조달 방식이 소위 '자기금융 주도형' 방식으로 진화하게 되면, 외부적인 요소가 기업에 미칠 수 있 는 영향력은 상대적으로 감소하게 되므로, 기업으로서는 더욱 안정적인 자금조달 환경을 갖추게 된다.

〈그림 3-7〉 인천지역 히든챔피언의 기업환경 조성 메커니즘

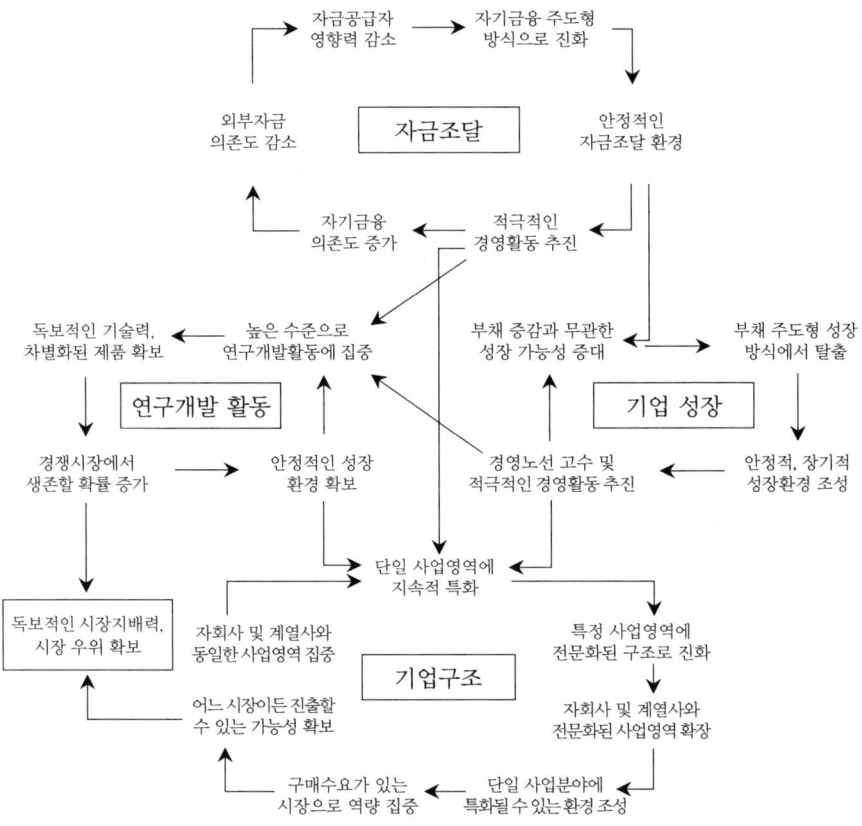

출처: 필자가 직접 작성함.

나아가, 이러한 환경이 기업 내에 강력하게 뿌리내릴수록 기업은 경영활동에 대한 외부 주체의 영향력으로부터 더욱 자유로워질 수 있기 때문에, 기업이 추구하는 경영노선을 일관적으로 유지하면서 그들이

계획하는 경영활동을 더욱 적극적으로 수행해 나갈 수 있는 환경을 보장받게 된다.

자기금융의존도를 높게 유지함으로써 외부자금의 원천에 대한 의존도가 상대적으로 낮은 자금 조달 환경을 갖추게 된 인천지역 히든챔피언은 부채의 증가와 연동되는 기업 성장 환경에서 점차 벗어나게 된다. 즉, 부채에 의해서 견인되는 기업 성장 환경이 아닌, 부채의 증가와는 다소 무관한 기업 성장 환경이 기업 내에 자리 잡게 됨에 따라 부채주도 성상 방식으로부터 점차 멀어지는 결과를 초래한다.

이와 같은 성장 방식을 보이는 기업은 그렇지 않은 기업에 비해 부채와 같은 외부적인 요소에 의해서 기업의 성장이 영향을 받을 수 있는 가능성은 상대적으로 낮으므로, 장기적이고 안정적인 성장에 더 유리한 조건을 갖추게 된다. 이런 까닭에, 안정적인 성장 환경이 기업 시스템에 뿌리내리고 있는 인천지역 히든챔피언은 그들이 추구하는 경영노선을 고수함과 동시에 계획을 세우고 추진하는 사업에 최대한 전념할 수 있다.

'높은 수준의 자기금융의존도' 그리고 '부채주도 성장에서 멀어지는 성장 방식'은 결과적으로 기업 구성원이 계획하는 방향으로 기업 활동에 집중할 수 있는 안정적인 기업환경을 제공한다. 우월한 기술력의 확보가 시장 우위를 점유할 수 있는 가장 핵심적인 원동력이라는 것을 그 어떤 기업보다도 확고하게 인식하고 있는 인천지역 히든챔피언은 이 같은 기업환경 속에서 연구개발 활동에 더 석극석으로 투자하고, 그들의 역량을 더욱 집중해 나간다. 그 결과로써 경쟁력 있고 차별화된 제품을 개발하고 독보적인 기술력을 꾸준하게 축적함에 따라 시장지배력을 확대하고, 나아가 지속적이고 장기적으로 성장할 수 있는 환경은 점차 견고해진다.

다시 말해서, 경쟁기업과는 차별화된 기술력이 축적된 제품에서 비롯된 시장경쟁력이 뒷받침되는 성장 환경은 각각의 히든챔피언이 시장에서 다른 기업과 경쟁하여 생존할 수 있는 근본적인 밑바탕이 된다. 그리고 이것은 시장의 공간적 경계와는 상관없이 어느 시장이든 그들의 역량을 바로 집중할 수 있는 확실한 기회를 제공해 주기 때문에, 경쟁기업보다 더욱 우세한 시장 지위를 차지하게 됨은 물론이고, 그 지위를 오랜 기간 꾸준히 유지하게 된다.

이렇게 조성된 기업환경과 더불어, 인천지역 히든챔피언은 그들 각각의 자회사 및 계열사와 함께 공통된 사업 분야에 역량을 집중할 수 있는 '특화형 기업구조'를 통해 그들이 선택한 사업 분야에서 다른 경쟁기업보다 더욱 특화되고 전문화된 기업으로 계속해서 진화하면서 끊임없이 경쟁력을 높여 나간다.

궁극적으로 이러한 모든 일련의 과정은 톱니바퀴처럼 맞물려 마치 하나의 거대한 기계와 같이 작동한다. 요약하자면, 자금조달 방식, 기업 성장 방식, 연구개발 활동 수준, 시장특화 수준, 기업구조 등 기업활동과 관련된 각 영역이 서로 크고 작은 영향을 주고받는 선순환 과정을 거치며 기업 시스템 전체가 작동하게 되고, 이 과정이 거듭되면서 인천지역 히든챔피언은 각 사업 분야의 경쟁시장에서 1위의 독보적인 시장 지위를 점유한 우량기업으로 계속해서 성장하며 발전해 간다. 나아가, 이와 같은 작동 메커니즘은 다른 기업과는 구별되는 인천지역 히든챔피언 그들만의 기업 시스템으로 온전히 자리매김하게 된다.[24]

---

24) 기업 시스템은 시간이 지남에 따라 수많은 진화 과정을 필연적으로 거침으로써 기존의

2. 내재적 위험 요인에 관한 고찰

전술한 바와 같이, 인천지역 히든챔피언은 자기금융의존도가 외부금융의존도보다 전반적으로 높은 경향을 보이기 때문에, 각 기업이 추구하는 경영노선을 고수하며 계획하는 경영활동을 일관적으로 추진할 수 있는 환경에 근접해 있다고 평가할 수 있다. 하지만, 이러한 경향은 경영자 그룹의 경영행태와 기업의 경영활동이 기업의 외부 주체에 의해 체계적이고 객관적으로 모니터링되는 환경에서 점차 멀어질 수 있는 위험 요인이 함께 존재하고 있음을 의미한다. 외부금융보다는 자기금융에 더 높은 수준으로 의존함으로써 금융기관과 같은 외부 주체의 감독 기능이 약화되고, 아울러 내부자 중심의 기업 소유구조를 구축함으로써 기업 모니터링에 대한 외부 주체의 영향력이 저하되는 기업환경이 조성된다.

한편으로 생각해 보면, 기업이 외부 주체의 직·간접적인 영향을 적게 받으면서 기업이 추진하고자 하는 방향으로 경영노선을 적극적으로 설정하고, 그들이 계획하는 경영활동을 되도록 일관되게 수행할 수 있는 환경을 조성하는 것은 인천지역 히든챔피언과 같이 독보적인 시장 지배력을 확보한 우량기업에게는 매우 중요하다.

하지만, 기업이라는 조직은 태생적으로 경로의존성에 젖어 들고 조직의 경직화를 마주할 위험성을 항상 내포하고 있으므로, 현재의 성장이 장기적으로도 계속될 수 있는 성장의 지속성을 무한히 기대할 수

형태와는 전혀 다른 형태의 기업 시스템으로 전환하기도 한다. 즉, 기업 시스템은 공간적으로 다양성이 존재할 뿐만 아니라, 시간적으로 그 다양성을 보이면서 진화한다 (Kim, 2013:56).

없다는 것은 당연하다. 그뿐 아니라 비효율적인 기업 경영의 늪에 언제 든지 빠질 가능성 또한 배제할 수 없다. 이런 까닭에, 지역경제의 성장 동력으로서 인천지역 히든챔피언이 성장의 지속성을 유지하기 위해서 라도 체계적이고 객관적으로 모니터링 기능을 수행할 수 있는 적절한 능력을 갖춘 기업 외부의 주체가 경영자 그룹의 독단적인 경영행태와 거기서 비롯되는 기업의 비효율적인 경영활동에 문제를 적극적으로 제 기하고, 필요시 그들이 실천적인 행동을 보여줄 수 있는 능동적인 수단 의 확보가 요구된다.

이러한 관점에서 보면, 외부 주체에 의한 기업 모니터링 기능이 상대 적으로 약한 환경을 조성하고 있는 인천지역 히든챔피언에게 그들의 이사회는 더욱 중요하게 기능해야 할 필요가 있다. 나아가, 기업 경쟁 력의 강화와 지속 가능한 성장을 실현하기 위해서 적어도 외부 주체가 포함된 이사회의 기능과 사외이사에게 부여된 기업 모니터링 역할이 올바르고 효율적으로 작동해야 하는 것은 당연시되어야 한다.

인천지역 히든챔피언은 대부분 사외이사제도를 도입하여 운영하고 있다. 사외이사는 사내이사와 마찬가지로 이사회를 구성하는 핵심적인 주체로서 통상적으로 이들은 기업의 경영자 그룹으로부터 완전히 독립 적인 지위를 보장받으며, 기업의 다양한 업무 집행과 관련된 의사결정 에 객관적이고 능동적으로 관여하고, 나아가 경영자 그룹의 업무 집행 을 감시·감독하는 역할도 수행한다. 무엇보다도, 사외이사는 관련 분 야의 전문적인 지식과 능력을 갖추고 해당 기업의 상무에 종사하지 않 으며, 사내이사와 동등한 권한과 책임을 부여받고 있다는 점에서 경영 자 그룹의 경영행태 및 기업 경영활동에 대한 객관적인 모니터링을 이 들로부터 기대할 수 있다.

이와 같은 사외이사의 역할이 충분히 반영되어 이사회가 작동하고, 그 결과 경영의 투명성 향상과 경쟁력 강화가 기업의 지속적인 성장을 견인하는 데 중대한 영향을 미친다면, 기업으로서는 다방면에서 매우 긍정적일 수 있겠지만, 만일 그렇지 않다면 이것은 오히려 기업의 지속적인 성장을 가로막는 큰 걸림돌 가운데 하나가 될 수 있다. 이런 까닭에, 독보적인 시장지배력을 유지해 나가면서 동시에 지역경제의 잠재적 성장동력으로서 그 임무를 수행해 나가야 하는 인천지역 히든챔피언의 입장에서는 사외이사에게 부여된 역할이 더욱 중요할 수 있다. 더욱이, 외부 주체에 의한 기업 모니터링 기능이 상대적으로 저하된 그들의 경영환경을 고려한다면, 사외이사에 의한 체계적이고 객관적인 모니터링 기능은 반드시 올바르게 작동해야만 한다.

현재의 인천지역 히든챔피언은 각 영역의 수많은 경쟁사를 제치고 시장 우위를 점유한 채 세계시장 또는 자국 시장을 지배하며 성장 가도를 달리고 있는 것은 확실해 보인다. 그러나, 기업 조직으로서의 인천지역 히든챔피언에게도 태생적으로 내재된 경로의존성의 함정과 조직의 경직화에 직면할 위험성이 항상 존재하기 때문에, 이 요소들이 지역경제의 성장동력으로 건실한 역할을 다함에 있어 그들에게 부정적인 영향을 미칠 수 있는 요인으로 작용할 수도 있다. 이러한 이유에서 기업의 외부 주체에 의한 객관적인 모니터링을 통해 기업의 지속 가능한 성장을 방해하는 요인들을 적극적으로 찾아내고 제거하는 작업을 인천지역 히든챔피언 역시 매우 중요하게 인식해야 한다. 나아가, 그 위험 요인을 과감하고 분명하게 제거함으로써 인천지역 히든챔피언이 지역경제의 핵심적인 주체로서 지역에 단단하게 뿌리내리고 그 역할을 할 수 있는 그들의 무한한 가능성을 계속해서 확장할 필요가 있다.

　덧붙여, 히든챔피언이 인천시 경제의 지속 가능한 성장동력이 되기 위해서는 현재 발굴된 히든챔피언이 계속적으로 성장할 수 있도록 역할을 하는 제도적 장치에 대한 고민, 나아가 또 다른 히든챔피언을 육성할 수 있는 플랫폼과 인큐베이터 구축에 대한 고민을 지방자치단체 차원에서 숙고하여 해결한다면, 이것은 매우 긍정적일 것이다. 다만, 인천시의 총예산 가운데 경제개발비 규모의 증가 폭이 다른 부문의 예산, 특히 사회개발비 규모의 증가 폭에 비해서 상대적으로 완만하다는 현재 상황을 고려한다면,[25] 이 모든 것에 선행되어야 하는 것은 정확한 기준에 근거한 재정 지원과 일회성이 아닌 지속성을 담보한 재정의 올바른 역할 수행이라는 점을 중요하게 인식할 필요가 있다.

---

25) 자세한 논의는 본서 제6장을 참고 바란다.

제4장

지역 문화산업의 새로운 가능성 '콘텐츠 투어리즘'

강철구

본 장은 다음의 논문 및 발표문에서 일부분을 발췌하여 수정 및 가필했다. ① 강철구·김태훈, 2023, 「지역경제 활성화로서 콘텐츠 투어리즘의 성과와 한계: 일본의 누마즈시, 구키시, 가스카베시, 토요사토 마을 사례를 중심으로」, 『아시아연구』 제26권 제3호, 한국아시아학회, pp.185-204. ② 강철구, 「인천의 콘텐츠 투어리즘과 지역경제 활성화: 일본 사례와의 비교를 통해서」, 『제21차 한국지역학포럼』, 2024년 상반기 학술대회 구두 발표. 인천, 한국, 2024. 5, pp.7-22.

제1절 문화산업 그리고 콘텐츠 및 미디어

전통적인 경제학에서는 재화와 서비스를 생산하여 소비하는 경제주체들의 경제행위와 이것이 반영된 시장의 작동 메커니즘을 분석의 대상으로 설정하고 집중한다. 이런 까닭에, 비시장적 영역으로 간주하는 '문화'라는 영역의 분석에는 상대적으로 큰 관심을 두지 않을뿐더러 분석의 대상에서 사실상 제외하는 것이 일반적이다. 하지만, '경제'라는 영역을 하나의 사회조직 시스템으로 관찰하고, 이를 문화적인 관점에서 접근해 보면, 결국 문화적 환경은 개인 소비자, 기업 또는 거시경제 수준에서 경제주체들의 선호 형성과 행동의 규범에 영향을 주고 있다는 것을 우리의 삶 속에서 체감하게 된다.[1]

'문화'라는 것은 명확하게 정의하기 어려운 다의적인 개념이라고 할 수 있지만, 통상적으로 다음과 같은 3가지 의미로 사용되고 있다.[2]

① 특정 사람들의 삶의 방식이라는 개념이다. 즉, 기업문화, 인디언 문화 등의 경우처럼 특정 사람들이 공통적으로 가지고 있는 행동과 습관, 서로에 대한 태도, 도덕적·종교적 신념 등을 의미한다.

---

1) Throsby, C. D., 2001, *Economics and Culture*, Cambridge: Cambridge University Press, pp.1–208.

2) 고정민, 2021, 『문화콘텐츠산업의 이해』, 경기: 이다북스, p.22.

② 문화예술로서의 개념으로 사용되기도 한다. 즉, 특정 사람들이나
   그룹의 전통 및 삶의 방식을 묘사하고 보여주는 공연예술을 지칭
   한다.

③ 재배, 경작, 배양과 같은 '기르다'라는 원어에서 나오는 의미로 농
   업이나 생물학에서 주로 사용된다.

경제학적인 관점에서 접근한다면, 문화는 위의 3가지 의미 가운데
두 번째 의미로 사용된다고 볼 수 있다. 즉, '문화'라는 생산요소를 상품
화여 시장에서 거래 행위가 발생하게 되면 문화시장이 형성되며, 이것
이 산업으로까지 확대되면 이를 문화산업으로 정의할 수 있다. 구체적
으로 말해서, 문화산업은 '전통과 현대를 아우르는 문화와 예술 분야에
서 창작되거나 유통되는 모든 단계의 산업'을 포괄하며, 아울러 이윤
추구를 목적으로 문화와 예술을 상품화하고 생산하여 시장에서 거래하
는 것을 의미한다.[3]

한편, '콘텐츠'와 '미디어'에 대한 개념 역시 상당히 다의적으로 정의
될 뿐만 아니라 다양한 기준에 의해 분류될 수 있다. 그 가운데 여러
차례의 개정 과정을 거침에 따라 가장 보편적인 분류기준이라고 평가
되고 있는 UN의 국제표준산업분류 4차 개정판(ISIC Rev.4: The Inter-
national Standard Industrial Classifications, Rev.4)에서는 〈표 4-1〉과
같이 콘텐츠 및 미디어산업을 세분화하여 규정하고 있다.

UN의 국제표준산업분류에서는 콘텐츠 부문과 미디어 부문을 하나
의 산업활동으로 그 범위를 지정하여 범주화하고 있으며, 콘텐츠 및

---

3) 김평수 외, 2007, 『문화콘텐츠산업론』, 서울: 커뮤니케이션북스, p.4.

미디어 부문을 다른 부문과 구분함에 있어서는 다음과 같은 정의를 사용한다고 언급하고 있다. [4)]

<표 4-1〉 ISIC Rev.4에서 규정하는 콘텐츠 및 미디어산업

분류	항목명
581	Publishing of books, periodicals and other publishing activities
5811	Book publishing
5812	Publishing of directories and mailing lists
5813	Publishing of newspapers, journals and periodicals
5819	Other publishing activities
591	Motion picture, video and television programme activities
5911	Motion picture, video and television programme production activities
5912	Motion picture, video and television programme post-production activities
5913	Motion picture, video and television programme distribution activities
5914	Motion picture projection activities
592	Sound recording and music publishing activities
60	Programming and broadcasting activities
6010	Radio broadcasting
6020	Television programming and broadcasting activities
639	Other information service activities
6391	News agency activities
6399	Other information service activities n.e.c.

출처: United Nations, 2008, *International Standard Industrial Classification of All Economic Activities Revision 4*, New York: United Nations Publication, p.279.

① 콘텐츠 부문과 미디어 부분에서 생산되는 재화와 서비스는 대중 매체를 통해 사람들에게 정보를 제공하고, 사람들을 교육하고, 그

---

4) United Nations, 2008, *International Standard Industrial Classification of All Economic Activities Revision 4*, New York: United Nations Publication, p.279.

리고 사람들을 즐겁게 하기 위한 것이어야 한다.

② 콘텐츠 및 미디어산업은 정보, 문화, 오락 등 사람을 위한 조직화
된 메시지인 콘텐츠의 생산, 출판, 유통 등과 같은 활동에 관여하
고 있다.

아울러, 국립국어원 표준국어대사전에서는 콘텐츠와 미디어를 다음
과 같이 정의하고 있다.

① 콘텐츠는 "정보·통신 인터넷이나 컴퓨터 통신 등을 통하여 제공되
는 각종 정보나 그 내용물, 유·무선 전기 통신망에서 사용하기
위하여 문자·부호·음성·음향·이미지·영상 등을 디지털 방식으
로 제작해 처리·유통하는 각종 정보 또는 그 내용물"로 통칭한다.[5]

② 미디어는 "어떤 작용을 한쪽에서 다른 쪽으로 전달하는 역할을 하
는 것"을 뜻한다.

또한, 한국정보통신기술협회(TTA) 정보통신용어사전의 정보통신단
체표준 내 정의된 용어를 보면, 콘텐츠와 미디어는 다음과 같이 정의되
고 있다.

① 콘텐츠는 "영화, 게임, 방송프로그램, 라디오 프로그램 등과 같이
시청자가 접근 및 소비하기를 원하는 대상"이다.

② 미디어는 "정보를 저장하거나 전달할 수 있도록 하는 매개체"이다.

---

5) '콘텐츠산업 진흥법'(약칭: '콘텐츠산업법')에서도 이와 유사하게 정의하고 있는데, 제
2조에 따르면, '콘텐츠'란 부호·문자·도형·색채·음성·음향·이미지 및 영상 등(이들
의 복합체를 포함한다)의 자료 또는 정보를 말한다[시행 2023. 8. 8.] [법률 제19592
호, 2023. 8. 8., 타법개정].

다양한 관점에서 정의 내린 콘텐츠와 미디어에 대한 개념을 종합해 보면, 콘텐츠와 미디어는 소비자가 원하는 대상 및 각종 정보를 여러 가지 방식으로 제작 후, 그 결과물(콘텐츠) 또는 창작물을 다양한 매체를 통해 대중에게 전달하는 것을 의미한다고 판단된다. 즉, 우리가 일상생활에서 접하고 있는 서적, 영화, 음악, 방송, 연극, 애니메이션 등을 콘텐츠이자 미디어라고 할 수 있을 것이다.

한편, 문화산업과 직·간접적으로 연계된 다양한 산업 분야 간에는 다각적인 상호작용이 필연적으로 동반된다. 이것은 문화가 포괄하고 있는 그 개념적 특성상 문화라는 넓은 범주 안에는 한국 사회 내에 깊숙하게 뿌리내린 우리의 집단적 특질과 정체성을 대변하는 수많은 문화가 광범위하게 포함되어 있기 때문으로 생각된다. 일례로, 한국의 대중문화적인 요소가 한국이 아닌 다른 국가에서 관심과 인기를 얻는 현상, 이른바 '한류(韓流)' 현상을 통해서 한국 문화라는 넓은 범주 안에 포함된 한국의 음식문화, 한국의 패션문화, 한국의 게임문화 등 다양한 문화가 함께 전 지구적으로 확산하고 있다. 그리고 한국의 문화산업이 한류 현상을 통한 글로벌 확산 과정에서 음식산업, 패션산업, 게임산업 등 문화산업과 직·간접적으로 연계된 다양한 산업 분야는 크고 작은 상호작용을 하며, 어떠한 식으로든 서로 영향을 주고받게 된다.

아울러, 문화산업과 연계된 산업 분야에도 폭넓고 다양한 종류의 콘텐츠가 상당 부분 포함되어 있으며, 그 콘텐츠라는 매개를 통해서 각각의 산업 분야는 성장하거나 역성장하기도 한다. 특히, 위에서 언급한 '한류' 현상은 장기간에 걸쳐 하나의 문화 콘텐츠로 자리매김함에 따라 한국의 문화 콘텐츠가 해외에서 소비되고, 그 과정에서 문화산업과 연계된 다양한 산업 분야도 동반 성장하게 된다.

  나아가, 문화산업 그리고 그것과 연계된 산업 분야의 다양한 콘텐츠에 관한 관심과 인기가 점차 확산함에 따라, 그 콘텐츠와 연관된 지역 또는 그 콘텐츠의 배경이 된 장소를 다수의 사람이 자발적으로 방문하게 되는 행위로 이어지면, 거기서 파생되는 영향은 관광산업으로 급속하게 파급되기도 한다. 관광객 규모의 증가가 동반된 이러한 파급의 효과는 해당 지역의 관광산업 및 여러 연관 산업의 발전과 활성화로 이어지고, 이것은 궁극적으로 해당 지역의 경제에 어떠한 방식과 형태로든 영향을 미침으로써 지역 경제 활성화를 촉진하는 결과로 연결될 수 있을 것이다.

  이러한 관점에서, 본 장은 인천시의 문화산업이 다른 산업과 더불어 향후 인천지역 경제의 활성화를 촉진할 수 있는 중추적인 동력으로서 가능성이 충분하다는 점을 인식하고, 그 가능성을 '콘텐츠 투어리즘(Contents Tourism)'의 적용에서 검토해보고자 한다. 구체적으로, 콘텐츠 투어리즘이 지역 경제의 활성화 촉진을 위해서 지역과 어떻게 연결되어야 하는지, 콘텐츠 투어리즘에서 시작되는 지역경제로의 파급효과가 최대화되기 위해서는 어떠한 전략을 모색해야 하는지 등을 고민하고자 한다.

  이를 위해, 이어지는 제2절에서는 한국 콘텐츠 산업 및 관광산업의 현황을 다각적으로 파악하고, 콘텐츠 투어리즘의 개념을 이해하는 데 주안점을 둔다. 그리고 제3절에서는 콘텐츠 투어리즘의 발원지라고 할 수 있는 일본의 사례를 바탕으로 콘텐츠 투어리즘을 통한 지역경제의 활성화에 대한 교훈을 학습하고, 인천시에 적용할 수 있는 부분이 무엇인지 파악한다. 마지막으로, 제4절에서는 '스토리텔링(Storytelling)'이 가미된 콘텐츠 투어리즘을 인천시에 적용하고 확대하는 데 검토하고 해결해야 할 부분이 무엇인지 인식하고, 인천지역 경제에 긍정적인 영향을 미칠 수 있는 방향을 끊임없이 연구하고 고민해야 할 필요성을 확인한다.

제2절 콘텐츠 산업과 관광산업의 현재

1. 한국 콘텐츠 산업 '서울시로의 쏠림현상'

한국 콘텐츠 산업[6]의 지역별 매출액 규모와 그 매출액이 전국에서 차지하는 비율은 〈표 4-2〉와 같이 파악된다. 무엇보다도, 가장 큰 특징은 비교 기간 콘텐츠 산업의 규모가 전국적으로 크게 확장됐다는 점이다. 2013년 기준, 콘텐츠 산업의 전국 매출액은 91조 1,000억 원에 불과했으나, 그 규모는 매년 점진적으로 증가하여 2022년 1.7배 증가한 151조 원에 달했다. 전체적으로, 콘텐츠 산업은 지난 10년 동안 괄목할 만한 성장세를 보인 것으로 파악되나, 그 성장을 지역별로 구분하여 살펴보면 다소 다른 성장 양상을 확인할 수 있다. 성장 양상의 차이는 다음과 같이 크게 2가지로 요약된다.

① 비교 기간, 다른 지역과는 달리 서울시와 경기도의 콘텐츠 산업 매출액의 규모는 폭발적으로 증가했다.

② 전체 매출액 가운데 지역별 비율은 서울시와 경기도에 상당한 수

---

6) '콘텐츠산업법' 제2조에 따르면, '콘텐츠산업'이란 경제적 부가가치를 창출하는 콘텐츠 또는 이를 제공하는 서비스(이들의 복합체를 포함한다)의 제작·유통·이용 등과 관련한 산업을 말한다[시행 2023. 8. 8.] [법률 제19592호, 2023. 8. 8., 타법개정].

준으로 집중되어 있다.

〈표 4-2〉 지역별 콘텐츠 산업 매출액 (2013년 ~ 2022년)

(단위: 조 원, %)

지역	연도									
	2013	2014	2015	2016	2017	2018	2019	2020	2021	2022
전체	91.1	94.8	100.3	105.3	113	119.5	126.6	128.3	137.4	151
비율	100	100	100	100	100	100	100	100	100	100
서울시	62.2	65	64.3	69.3	72.4	77.4	81.1	80.7	85.8	95.7
비율	68.3	68.6	64.1	65.8	64.1	64.8	64.1	62.9	62.4	63.4
부산시	2.1	2.2	2.4	2.5	2.9	2.4	2.8	2.3	2.8	2.5
비율	2.3	2.3	2.4	2.4	2.5	2	2.2	1.8	2.1	1.7
대구시	1.6	1.6	1.8	1.9	2	1.9	2.1	1.8	2	2
비율	1.7	1.7	1.8	1.8	1.7	1.6	1.6	1.4	1.5	1.3
인천시	1.4	1.3	1.4	1.5	1.6	1.7	1.7	1.7	1.7	1.9
비율	1.6	1.4	1.4	1.5	1.4	1.4	1.4	1.3	1.3	1.3
광주시	0.9	0.9	0.9	1	1	1	1.1	1	1.2	1.3
비율	1	0.9	0.9	0.9	0.9	0.9	0.9	0.8	0.9	0.9
대전시	1.4	1.1	1.1	1.2	1.4	1.3	1.5	1.3	1.6	1.7
비율	1.5	1.2	1.1	1.2	1.2	1.1	1.2	1	1.2	1.1
울산시	0.5	0.5	0.5	0.5	0.6	0.6	0.6	0.5	0.7	0.7
비율	0.6	0.5	0.5	0.5	0.5	0.5	0.5	0.4	0.5	0.5
경기도	15.5	16.8	21.7	20.9	23.7	25.5	27.8	32.9	32.8	35.6
비율	17	17.8	21.6	19.9	20.9	21.3	21.9	25.6	23.9	23.6
강원도	0.5	0.5	0.5	0.6	0.6	0.6	0.6	0.6	0.8	1
비율	0.6	0.5	0.5	0.5	0.5	0.5	0.5	0.4	0.6	0.6
충북도	0.7	0.8	0.7	0.8	0.9	0.9	0.9	0.8	0.7	0.8
비율	0.8	0.8	0.7	0.8	0.8	0.7	0.7	0.6	0.5	0.6
충남도	0.8	0.8	0.8	0.8	0.9	0.9	0.9	0.9	1	1
비율	0.9	0.7	0.7	0.8	0.8	0.8	0.7	0.7	0.7	0.7
전북도	0.5	0.5	0.5	0.6	0.7	0.7	0.7	0.6	1.2	1
비율	0.6	0.6	0.5	0.6	0.6	0.6	0.6	0.5	0.8	0.7
전남도	0.4	0.4	0.4	0.4	0.5	0.5	0.5	0.5	0.7	0.8
비율	0.4	0.4	0.4	0.3	0.4	0.4	0.4	0.4	0.5	0.6

(단위: 조 원, %)

지역	연도									
	2013	2014	2015	2016	2017	2018	2019	2020	2021	2022
경북도	1.1	1.1	1.2	0.9	1	1.1	1.1	0.9	1.1	1.1
비율	1.3	1.1	1.2	0.9	0.9	0.9	0.9	0.7	0.8	0.8
경남도	1.3	1.3	1.3	1.4	1.5	1.6	1.7	1.4	1.4	1.5
비율	1.4	1.3	1.3	1.3	1.3	1.3	1.3	1.1	1	1
제주도	0.2	0.2	0.8	1	1.3	1.5	1.4	0.3	1.6	2
비율	0.2	0.2	0.8	0.9	1.2	1.2	1.1	0.2	1.2	1.3
세종시	–	–	–	–	0.1	0.1	0.1	0.1	0.2	0.2
비율	–			–	0.1	0.1	0.1	0.1	0.1	0.1

주: 출판, 만화, 음악, 영화, 게임, 애니메이션, 방송, 광고, 캐릭터, 지식정보, 콘텐츠솔루션을 포함함.
출처: KOSIS 국가통계포털 데이터와 문화체육관광부·한국콘텐츠진흥원, 각 년도, 「콘텐츠산업조사」 데이터를 활용하여 작성함.

즉, 서울시와 경기도는 성장 양상에 있어서 다른 지역과는 분명한 차이를 보인다. 서울시의 경우, 2013년 기준 매출액 규모는 62조 2,000억 원으로, 전국 매출액의 68.3%에 해당한다. 이후 지속적인 성장세를 이어감에 따라, 2022년 그 규모는 95조 7,000억 원으로 1.5배 증가했으나, 비율은 전국 매출액의 63.4%로 오히려 4.9%P 감소했다. 경기도의 경우, 같은 기간 그 비율은 전국 매출액의 17.0%에서 23.6%로 6.6%P 증가했고, 매출액의 규모 역시 15조 5,000억 원에서 35조 6,000억 원으로 2.3배 증가한 것이 확인된다.

반면에, 서울시와 경기도를 제외한 다른 지역에서는 비교 기간 매출액의 규모가 점진적으로 증가하는 경향을 확인할 수 있으나, 전국 매출액에서 차지하는 비율은 계속해서 감소한 경향이 나타났다. 대표적으로 부산시의 경우, 2008년 기준, 매출액 규모는 2조 1,000억 원에서 2022년 2조 5,000억 원으로 4,000억 원 증가했지만, 전국 매출액에서 차지하는 비율은 오히려 2.3%에서 1.7%로 감소했다. 아울러, 대전시의 경우 역시 비교 기간, 매출액의 규모는 1조 4,000억 원에서 1조 7,000억 원으로 증가했음에도 불구하고, 전국 매출액에서 차지하는 비율은 오히려 1.5%에서 1.1%로 감소한 것이 확인된다.

물론, 이와 같은 경향에 있어서 인천시도 예외는 아니다. 2013년 기준, 인천시의 콘텐츠 산업 매출액은 1조 4,000억 원이었으나, 그 규모가 5,000억 원 증가하여 2022년 1조 9,000억 원을 기록했다. 하지만, 전국 매출액에서 차지한 비율은 1.6%에서 1.3%로 오히려 0.4%P 감소한 것으로 나타났다.

종합하자면, 비교 기간 콘텐츠 산업은 그 규모를 기준으로 보면, 대부분 지역에서 성장하는 양상을 확인할 수 있지만, 전국 매출액에서 차지하는 비율을 보면 그 성장이 주로 서울시와 경기도에만 집중된 양상이라는 것을 알 수 있다. 물론, 이러한 양상을 보이는 배경에는 다양한 원인이 있겠으나, 가장 큰 원인은 미디어 매체와 같은 콘텐츠 산업 인프라가 서울시와 경기도에 집중된 것에서 기인한다고 판단된다.

한편, 매출액의 집중 수준을 공간적인 범위로 구분해 보면, 2022년 기준, 서울시와 경기도에서 창출된 콘텐츠 산업의 매출액은 전국 매출액의 87.0%를 차지하고 있는 것을 알 수 있다. 여기에 수도권으로 분류되는 인천시의 매출액 규모를 포함하면 그 비율은 88.3%로 소폭 상승한다. 물론, 그 상승 폭은 작은 수준이라고 볼 수 있지만, 전체적으로 볼 때 콘텐츠 산업의 매출액은 주로 서울시와 경기도 그리고 인천시를 포함한 수도권 지역에 상당 부분 집중되어 있으며, 특히 서울시로의 '쏠림현상'이 분명하게 나타난다.

다음으로, 다양한 분야의 콘텐츠 산업 가운데, 현재 어느 분야의 산업이 성장, 정체 또는 역성장하고 있는지를 각 산업 분야별 매출액 비율의 변화를 통해 파악해 본 결과, 〈그림 4-1〉과 같은 변화 양상이 확인된다. 2022년 기준, 전체 매출액 가운데 차지하는 비율이 가장 높은 산업은 방송산업으로 17.3%를 기록했다. 그 뒤를 이어서 출판산업(16.7%), 게임산업(14.7%), 지식정보산업(14.2%), 광고산업(13.0%)의 순이며, 그 외의 나머지 분야는 각각 10.0% 미만의 비율을 차지하고 있다.

〈그림 4-1〉 콘텐츠 산업별 매출액 비율 (2013년 ~ 2022년)

(단위: %)

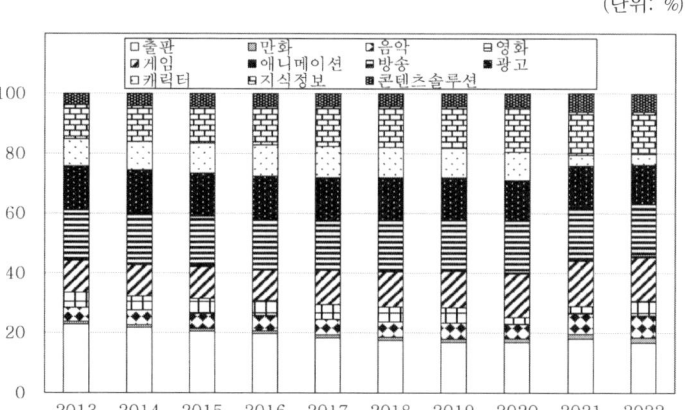

출처: KOSIS 국가통계포털 데이터와 문화체육관광부·한국콘텐츠진흥원, 각 년도, 「콘텐츠 산업조사」 데이터를 활용하여 작성함.

특히, 눈에 띄는 점은 비교 기간 출판산업의 매출액이 전체 콘텐츠 산업의 매출액에서 차지하는 비율은 가파르게 감소하고 있다는 사실이다. 여러 요인 가운데 그 감소에 영향을 미친 주요 요인은 전반적인 독서량의 감소와 기술 발전에 따른 인쇄물의 감소에서 비롯된 것으로 추정된다. 반면 방송산업의 경우, 전체 매출액에서 차지하는 비율은 장기간 높은 수준으로 꾸준히 유지됐고, 그 결과 2022년 기준 가장 높은 비율을 차지하고 있다. 이와 같은 방송산업의 성장 원인에는 소위 '한류(韓流)' 현상이 확산하면서, 세계시장에서의 큰 성과가 지속적인 성장으로 이어졌다는 점이 주요했던 것으로 판단된다.

덧붙여, 2022년 기준, 방송영상산업 수출액은 9억 4,805만 달러로 전년도에 비해서 32.0% 증가했으며, 최근 3년간 수출액이 지속적으로 증가한 결과 연평균 17.0%의 성장세를 유지했다.[7] 특히, 전체 수출액의 87.1%는 드라마 부분에서 비롯되었는데, 그 규모는 3억 8,563만 달러로 전년 대비 31.6%P 증가했다. 아울러, 같은 기간 아시아 지역으로의 수출액은 1억 7,679만 달러를 기록했으며, 이는 전체 수출국 가운데 가장 높은 규모로 전체 수출액의 39.9%에 달한다.

2. 한국 관광산업 '수도권으로의 쏠림현상'

한국 관광사업체의 지역별 매출액 규모와 그 매출액이 전국에서 차지하는 비율은 〈표 4-3〉과 같이 요약할 수 있다. 전체적으로 보면, 가장 큰 특징은 비교 기간 관광산업의 규모가 일정한 수준으로 유지되다, 2020년 이후 급격히 감소했다는 점이다. 2013년 기준, 관광사업체의 전국 매출액은 23조 2,900억 원을 기록했고, 이와 유사한 수준으로 매출액 규모가 2018년까지 유지됐다. 하지만, 2020년 이후, 그 규모는 8조 2,000억 원으로 급격히 감소한 뒤 점차 회복세를 지속한 결과,

---

7) 문화체육관광부·한국콘텐츠진흥원, 2024, 「2023 방송영상산업백서」, pp.108-117.

2022년 기준, 17조 3,600억 원까지 회복됐다. 이와 같은 경향은 전국의 주요 시도에서도 비슷하게 나타나며, 이러한 경향 속에서 확인된 지역별 변화 추이는 다음과 같이 요약할 수 있다.

〈표 4-3〉 지역별 관광사업체 연간 총매출액 (2013년~2022년)

(단위: 조 원, %)

지역		연도								
		2013	2014	2015	2016	2017	2018	2020	2021	2022
전체		23.29	22.57	22.36	25.04	25.74	25.43	8.20	10.50	17.30
	비율	100	100	100	100	100	100	100	100	100
서울시		10.90	9.35	9.68	11.41	11.66	10.93	2.66	3.14	5.66
	비율	46.8	41.4	43.3	45.6	45.3	43.0	32.5	29.9	32.6
부산시		1.41	1.04	0.90	1.12	1.43	1.31	0.54	0.58	1.06
	비율	6.1	4.6	4.0	4.5	5.5	5.1	6.6	5.6	6.1
대구시		0.45	0.52	0.30	0.39	0.51	0.57	0.15	0.23	0.38
	비율	1.9	2.3	1.3	1.6	2.0	2.3	1.8	2.2	2.2
인천시		1.63	0.96	0.48	0.51	0.81	0.89	0.38	0.45	0.71
	비율	7.0	4.2	2.2	2.0	3.2	3.5	4.6	4.3	4.1
광주시		0.21	0.21	0.21	0.24	0.24	0.33	0.06	0.06	0.10
	비율	0.9	0.9	0.9	1.0	0.9	1.3	0.7	0.6	0.6
대전시		0.20	0.24	0.23	0.31	0.29	0.38	0.11	0.14	0.19
	비율	0.9	1.1	1.0	1.3	1.1	1.5	1.3	1.3	1.1
울산시		0.14	0.13	0.15	0.11	0.17	0.14	0.07	0.07	0.12
	비율	0.6	0.6	0.7	0.5	0.7	0.5	0.8	0.6	0.7
경기도		1.63	2.17	2.29	2.43	2.11	2.34	0.90	1.06	1.94
	비율	7.0	9.6	10.2	9.7	8.2	9.2	11.0	10.1	11.1
강원도		3.21	4.10	4.00	3.95	3.64	3.51	1.26	1.86	2.79
	비율	13.8	18.2	17.9	15.8	14.1	13.8	15.4	17.7	16.1
충북도		0.23	0.24	0.24	0.28	0.33	0.24	0.17	0.22	0.39
	비율	1.0	1.1	1.1	1.1	1.3	0.9	2.0	2.1	2.2
충남도		0.30	0.43	0.40	0.43	0.37	0.47	0.20	0.33	0.58
	비율	1.3	1.9	1.8	1.7	1.5	1.9	2.5	3.1	3.3
전북도		0.28	0.26	0.31	0.36	0.39	0.43	0.18	0.18	0.31
	비율	1.2	1.1	1.4	1.5	1.5	1.7	2.2	1.7	1.8

(단위: 조 원, %)

지역		연도								
		2013	2014	2015	2016	2017	2018	2020	2021	2022
전남도		0.27	0.32	0.26	0.32	0.45	0.39	0.23	0.35	0.47
	비율	1.2	1.4	1.2	1.3	1.7	1.5	2.8	3.3	2.7
경북도		0.47	0.64	0.53	0.64	0.74	0.60	0.26	0.33	0.58
	비율	2.0	2.8	2.4	2.5	2.9	2.4	3.2	3.1	3.4
경남도		0.45	0.58	0.68	0.49	0.62	0.56	0.22	0.39	0.49
	비율	1.9	2.6	3.0	1.9	2.4	2.2	2.7	3.7	2.8
제주도		1.50	1.38	1.69	2.03	1.95	2.30	0.80	1.11	1.60
	비율	6.4	6.1	7.6	8.1	7.6	9.0	9.8	10.5	9.2
세종시		0.00	0.00	0.00	0.00	0.02	0.03	0.01	0.01	0.01
	비율	0.01	0.01	0.01	0.02	0.1	0.1	0.1	0.1	0.1

주 1: 여행업, 관광숙박업, 관광객이용시설업, 국제회의업, 카지노업, 유원시설업, 관광편의
　　시설업을 포함함.
주 2: 2019년도 연간 총매출은 통계청에서 공개하지 않음.
출처: KOSIS 국가통계포털 데이터와 문화체육관광부, 각 년도, 「관광산업조사」 데이터를
　　활용하여 작성함.

① 비교 기간, 가장 많은 매출액을 기록한 지역은 서울시이다. 2022
년 기준 매출액 규모는 5조 6,600억 원으로, 전국 매출액의 32.6%
에 해당한다. 2013년부터 2018년까지 전국 매출액의 40.0%를 상
회하는 높은 수준을 계속해서 유지했으나, 이후 매출액의 규모가
급격히 감소한 뒤 다시 회복세를 지속하고 있다.

② 두 번째로 많은 매출액을 기록한 지역은 강원도이다. 매출액의 규
모는 2022년 2조 7,900억 원으로, 전국 매출액의 16.1%에 해당한
다. 그리고 2013년, 2017년, 2018년을 제외한 나머지 기간에는
전국 매출액의 15.8~18.2%를 유지했다.

③ 비교 대상 가운데, 매출액의 규모와 비율이 3번째로 큰 경기도의
경우, 2022년 기준 매출액의 규모는 1조 9,400억 원으로, 전국

매출액의 11.1%에 해당한다. 2018년까지는 매출액의 규모가 전반적으로 증가하는 경향을 유지했으나, 이후 급격한 감소를 경험하고 점차 회복하는 경향을 지속하고 있다.

④ 인천시는 2022년 기준 매출액 규모가 7,100억 원으로, 전국 매출액의 4.1%를 차지한다. 비교 기간, 매출액 규모는 2013년 1조 6,300억 원에서 2015년 4,800억 원까지 감소했으나, 이후 전반전으로 증가하는 경향을 보인다. 전국 매출액에서 차지하는 비율은 7.0%에서 2.0%까지 하락했으나, 다시 회복세를 유지하고 있다.

⑤ 부산시와 제주도를 제외한 나머지 시도의 경우, 비교 기간 매출액의 규모는 각각 1조 원 이하로 유지되었으며, 전국 매출액의 3.5%를 넘지 못하고 있다.

⑤ 비교 기간, 대부분 지역에서는 2020년 이후 매출액의 규모와 전국에서 차지하는 매출액의 비율이 급감하는 경향이 공통적으로 확인되는데, 이것은 여러 요인 가운데 'COVID-19 팬데믹'이 가장 큰 영향을 미친 것으로 짐작된다.

⑤ 상당수 지역에서 COVID-19 팬데믹의 충격으로 인해 감소한 매출액의 규모는 점차 회복되고 있으나, 아직 그 충격 이전의 수준으로는 회복되지 못하고 있다.

종합하자면, 관광산업의 경우 콘텐츠 산업에서 확인된 서울시로의 '쏠림현상'이 심각하게 나타나고 있다고 단정하기는 어렵지만, 수도권으로의 '쏠림현상'은 상당한 수준에 도달해 있음을 확인할 수 있다. 2022년 기준 서울시와 경기도, 인천시가 포함된 수도권 지역의 관광사업체 매출액은 8조 3,100억 원으로, 전국 매출액의 47.8%에 해당하는 매우 높은 비율이다. 물론, 이 비율은 60.8%였던 2013년에 비하면 13.0%P 감소한 것이지만, 그래도 여전히 관광산업의 큰 비중은 수도권에 집중되어 있음을 확인하기에는 충분하다고 판단된다.

다음으로, 관광산업 가운데 현재 어느 분야의 업종이 성장, 정체 또는 역성장하고 있는지를 업종별 매출액 비율의 변화를 통해 파악해 본 결과, 〈그림 4-2〉와 같은 변화 양상이 확인된다. 2022년 기준, 전체 매출액 가운데 차지하는 비율이 가장 높은 업종은 관광숙박업(50.6%)이며, 카지노업(11.2%), 관광편의시설업(9.3%), 유원시설업(9.1%), 여행업(7.8%), 관광객이용시설업(6.9%), 국제회의업(5.1%)의 순서로 그 뒤를 잇고 있다.

특히, 눈에 띄는 점은 비교 기간 여행업과 관광숙박업의 변화 양상이 극명하게 상반됐다는 사실이다. 2014년, 관광산업 전체 매출액 가운데 두 업종이 차지하는 비율은 여행업이 24.9%, 관광숙박업이 30.4%로 거의 비슷한 수준을 기록했으나, 이후 여행업은 전반적인 증가세를 이어온 뒤 2020년부터 그 비율이 급감한 것과는 달리 관광숙박업은 같은 기간 전반적인 감소세를 이어온 뒤 2020년부터 그 비율이 급증한 것이 확인된다.

이러한 비율의 급감과 급증에 영향을 미친 요인은 여러 분야에서 다양하게 존재하고 있으나, 가장 핵심적인 요인은 COVID-19 팬데믹의 직·간접적인 여파로 추정된다. 특히, 이 기간 여행업 매출액 비율의 급감은 COVID-19의 확산을 방지하기 위한 정부의 집합금지명령과 전국적인 봉쇄 조치가 크게 영향을 미친 것으로 짐작된다. 반면에, 같은 기간 관광숙박업 매출액 비율이 급증할 수 있었던 요인은 COVID-19 발생 초기 단계에서 단행되었던 엄격한 봉쇄 조치가 시간이 경과함에 따라 점차 완화됐음에 불구하고, 여전히 해외로 자유롭게 여행할 수 없었던 여행 소비자들의 행태 변화와 관련이 있을 것으로 추정된다. 즉, 이러한 상황에서 여행 소비자들이 해외여행을 대신해서 차선책으로 선택할 수 있었던 행태가 국내 여행이었고, 제한된 상황에서 개인적으로 여행지를 방문하고 숙박하는 등 소극적인 관광 활동이 주를 이루면서, 다양한 국내외 관광지 관련 여행 상품과 프로그램의 생산이 사실상 불필요해짐에 따라 여행업이 급격하게 위축할 수밖에 없었던 환경에 직면한 것이 주요하게 작용했을 것으로 추단된다.

〈그림 4-2〉 업종별 관광사업체 연간 총매출액 비율 (2013년 ~ 2022년)

(단위: %)

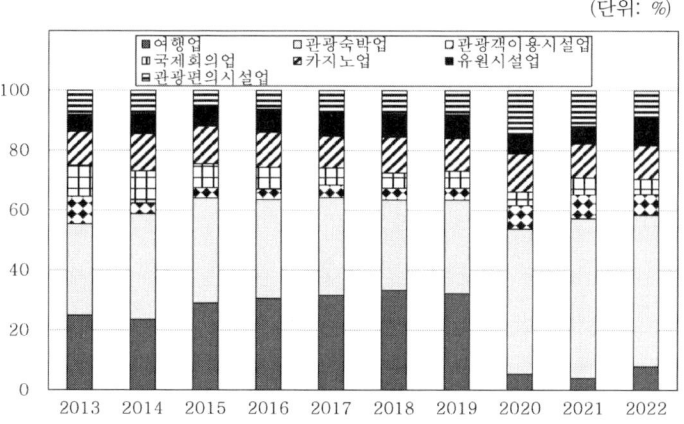

출처: KOSIS 국가통계포털 데이터와 문화체육관광부, 각 년도, 「관광산업조사」 데이터를 활용하여 작성함.

제3절 일본으로부터의 교훈
'콘텐츠 투어리즘과 지역경제의 활성화'

1. 콘텐츠 투어리즘

한국에서는 2023년 1월에 개봉한 '더 퍼스트 슬램덩크(The First Slam Dunk)'가 엄청난 흥행을 거둔 바 있다. 이러한 흥행은 단순히 영화의 흥행에 그치지 않고, 서점가에서도 '슬램덩크 신장재편판'의 출판이 큰 관심과 주목을 받는 현상으로 이어졌다. 여기에 더해 부산의 어촌마을인 청사포가 슬램덩크의 배경지인 일본의 가나가와현(神奈川県)의 가마쿠라시(鎌倉市)와 유사한 풍광을 닮았다는 이유로 인기 관광명소로 급부상하여 온라인 커뮤니티 등을 통해 급속하게 퍼지면서 국내외 관광객들의 방문 급증으로 큰 특수를 누리는 기현상으로 연결됐다.[8]

슬램덩크의 사례를 통해서 짐작할 수 있듯이, 성공적인 콘텐츠로부터 기대할 수 있는 파급효과는 사회, 경제, 지역 등 다방면으로 영향을 미칠 정도로 그 파급력이 상당한 수준이라고 할 수 있으며, 건실한 콘

---

[8] 최승희, "열차 너머 북청색 바다…슬램덩크 속 그 곳 빼다박았네", 국제신문, 2023. 3. 8.

텐츠가 뒷받침된 문화산업과 관광산업은 일개 국가 또는 일개 지역의 성장동력의 한 부분으로서 중요한 역할을 할 가능성을 기대해 볼 수 있다.

선진 자본주의 국가들이 견인했던 제조업 기반의 초기 산업이 후발 국가로 순차적으로 이전됨에 따라, 새로운 경제성장 동력으로서 또 다른 산업의 잠재력을 고민할 수밖에 없던 선진 자본주의 국가들은 그 방안의 하나로 문화산업과 관광산업에 관한 관심을 높여가고 있다. 그들의 상당수는 점차 문화산업, 관광산업을 활용하여 지역경제의 성장동력을 찾기 위한 시도를 끊임없이 하고 있으며, 일본도 이러한 국가 가운데 하나이다.

하지만, 서비스가 중심이 되는 3차 산업의 특성상, 이러한 시도 이면에는 부작용도 예상된다. 즉, 그 서비스를 소비할 수 있는 인구가 많은 수도권 또는 대도시를 중심으로 문화산업과 관광산업이 집중됨에 따라 주변 지역의 경제구조가 매우 취약해질 가능성을 배제하기 어렵다. 일본 정부에서는 이에 대한 심각성을 인지하고 지역경제 부흥을 위해 지방자치단체마다 다양한 시도를 해왔는데, 그중 하나가 지역이 가진 자원인 문화, 관광 등을 접목한 콘텐츠 개발을 통해 지역경제를 활성화하는 정책이다.

사실상 이러한 정책은 '콘텐츠 투어리즘(Contents Tourism)'을 근간으로 하고 있다. 콘텐츠 투어리즘은 각 지역과 연관된 다양한 콘텐츠, 즉 만화, 드라마, 영화, 게임, 애니메이션, 음악 등의 접목과 활용을 통해 그 지역의 관광산업 및 여러 연관 산업의 발전과 활성화를 도모하는 관광으로 통용된다.[9]

이 같은 콘텐츠 투어리즘은 향후 인천시 지역경제의 성장동력의 한

부분으로서 역할을 할 가능성이 다분하다고 판단된다. 한국 경제가 충분히 성숙하고 1인당 소득이 늘어남에 따라 문화, 여가, 여행 등에 관한 시민들의 관심도 점차 높아지고, 더욱이 세계에서 바라보는 한국의 'K-콘텐츠'에 대한 위상 또한 날로 높아지고 있다는 점은 그 가능성에 설득력을 더해준다. 아울러, 한국의 드라마가 해외에서 큰 관심과 주목을 받으면서 해당 드라마에서 노출된 배경지를 자발적으로 찾아 방문하는 관광객이 점차 증가하고 있다는 점 또한 그 가능성에 힘을 실어준다.

이런 상황에서 인천시도 콘텐츠 투어리즘을 활용한 성장동력 발굴에 적극적일 필요가 크다. 다만, 이에 앞서서 콘텐츠 투어리즘의 발원지라고 할 수 있는 일본의 사례를 바탕으로 콘텐츠 투어리즘을 통한 지역경제의 활성화에 대한 교훈을 학습하여, 인천시도 주어진 상황에 맞도록 적용해 인천시만의 콘텐츠 투어리즘의 로드맵을 고민하는 것이 중요하다.

2. 일본의 콘텐츠 투어리즘 전개 과정

2005년 '영상 등 콘텐츠 제작·활용을 통한 지역진흥 방법에 관한 조사' 보고서가 공개되면서 '콘텐츠 투어리즘'의 구체적인 내용이 언급되기 시작했다. 〈표 4-4〉는 콘텐츠 투어리즘의 전개 과정 및 주요 내용을 요약한 것으로, 특히 2005년 이전과 이후의 주요 내용을 비교하며 살펴볼 필요가 있다.

---

9) 이러한 용어가 일반적으로 사용된 것은 일본의 2005년 '영상 등 콘텐츠 제작·활용을 통한 지역진흥 방법에 관한 조사' 보고서가 공개되면서부터라고 볼 수 있다.

〈표 4-4〉 콘텐츠 투어리즘 전개 과정 및 주요 내용

구분	정책	주요 내용
2002. 02	지적재산입국	■ 지적재산전략회의 설치
2002. 07	지적재산 전략대강 발표	■ 창조전략, 보호 및 활용에 대한 지적재산권의 기본전략으로 설정 ■ 지적재산 보호 강화 및 활용 촉진 등 구체적인 행동 계획
2002. 12	'지적재산기본법' 공포	■ 지적재산의 창조, 보호 및 활용에 관한 추진계획의 작성에 대해서 정하는 것과 농시에 관련 시책을 집중적이고 계획적으로 추진하는 것을 목표로 명시 ■ 지적재산본부 설치
2005. 03	'영상 등 콘텐츠 제작·활용을 통한 지역진흥 방법에 관한 조사' 보고서	■ 콘텐츠 투어리즘 개념 제시 및 콘텐츠를 활용한 지역진흥 방향성 검토
2005. 05	'지적재산입국 조기실현: 지적재산 추진계획 2005' 자민당 지적재산 합동회의	■ 서두에서 "지적재산입국의 실현은 우리나라의 명운을 좌우하는 중요한 국가전략이다"라고 언급 ■ 7가지 제언 가운데 첫 번째 제언인 문화창조국가를 향한 개혁을 언급
2006. 12	'관광입국추진기본법'	■ 기존 '관광기본법' 전면 개정 ■ 매력적인 관광지 형성을 통한 광산업의 국제 경쟁력 강화 ■ 지역 특성 및 자원을 연계한 광지 형성 ■ 외국인 관광객 방문 촉진 ■ 관광통계 정비
2008. 10	관광청 설립	■ 관광입국 추진체제 강화 목적 ■ 범정부적 대응강화
2010. 06	쿨 재팬실 설치(경제산업성)	■ 브랜드 전략, 판로 개척, 마케팅, 프로모션 지원
2013. 11	'주식회사 해외수요개척 지원기구법'(쿨 재팬 기구)	■ 일본 생활 문화의 특색을 살린 상품과 용역의 해외 수요 개척을 수행하는 사업 활동 및 해당 사업 활동을 지원하는 사업 활동

출처: 필자가 직접 작성함.

2002년 2월, 고이즈미 준이치로(小泉純一郎) 전 내각총리대신은 시정연설에서 '지적재산입국(知的財産立国)'을 국정 주요 과제의 하나로 선언한 이후 '지적재산전략회의'를 설치했다. 이 회의를 통해 2002년 7월에는 창조전략, 보호 및 활용을 골자로 한 지적재산권을 기본전략으로 설정하고, 지적재산 보호 강화 및 활용 촉진을 구체적인 행동 계획으로 삼겠다는 '지적재산전략대강'을 발표했다.[10] 그리고 이를 기초로 일본 정부는 2003년 '지적재산기본법'을 시행한 이후 여러 차례에 걸쳐 지적재산 추진계획을 수립했다.

나아가, 2005년 3월에 발표한 '영상 등 콘텐츠 제작·활용을 통한 지역진흥 방법에 관한 조사' 보고서 이후, 같은 해 5월에 일본 자민당(自民党) 내 지적재산 합동회의에서 '지적재산입국 조기실현: 지적재산 추진 계획 2005의 책정에 있어서 제언'을 발표했다.[11] 구체적으로, 발표문 서두에서 "지적재산입국의 실현은 우리나라의 명운을 좌우하는 중요한 국가전략이다"라고 언급할 정도로 지적재산에 대한 중요성을 강조했으며, 총 7가지 제언[12] 중에 첫 번째 제언으로 문화창조국가를 향한 개혁을 언급했다.

문화창조국가를 향한 개혁의 주요 내용은 콘텐츠 비즈니스, 음식, 지역 브랜드, 패션 등에 적극적으로 대처하고 심지어 외교와의 전략적

---

10) 허대원, 2010, 「일본 지적재산기본법에 대한 개관」, 『최신외국법제정보』 제5호, 한국 법제연구원, p.27.

11) 自由民主党, 2005, 「知的財産立国の早期実現:知的財産推進計画2005の策定に当たっての提言」, 『知的財産戦略本部会合(第11回)議事次第』, 首相官邸.

12) ① 문화창조국가를 향한 개혁, ② 모방품·해적판 대책의 근본적 강화, ③ 기술 유출 방지 ④ 세계 특허의 실현, ⑤ 중소·벤처기업의 지적재산 보호, ⑥ 지적재산 인재 육성 종합전략 실시, ⑦ 지적재산권 침해에 대한 형벌 강화 등의 내용을 포함하고 있다(自由民主党, 2005:1-3).

제휴를 통해 '일본'이라는 브랜드를 확립하자는 것이다. 또한, 라이브 엔터테인먼트 부문도 관광 진흥 또는 지역 활성화로 이어지기 때문에 정부 차원에서 관광과 연계 및 관련 시설의 집적화 등 민간 주체의 대응 지원을 제안했다.

이들이 문화창조 부분을 강조한 이유는 디지털과의 융합이 다른 산업에 비해 상대적으로 용이하고 기술이 발전함에 따라 과거와 달리 빠르게 확산하는 시대적 흐름을 반영한 것이라고 볼 수 있다. 아울러, 이러한 조류에 내응하기 위해서 콘텐츠의 빠른 확장을 위한 유통 부문의 구조개혁, 나아가 계약 관행 등의 개선을 통해 관련 산업의 근대화를 지원하자는 요구까지도 고려한 것으로 보인다.

한편, 2006년에는 기존 '관광기본법'을 전면 개정하여 '관광입국추진기본법'을 공포했다. 여기에는 매력적인 관광지 형성을 통한 관광산업의 국제 경쟁력 강화, 지역 특성 및 자원을 연계한 관광지 형성, 외국인 관광객 방문 촉진, 관광통계 정비 등을 주요 내용으로 포함하고 있다. 또한, 2008년에는 관광입국 추진체계 강화 목적으로 범정부적 대응강화를 위하여 관광청을 설립했으며, 2010년에는 브랜드 전략, 판로 개척, 마케팅, 프로모션 지원 등을 목적으로 경제산업성 내 '쿨 재팬(COOL JAPAN)'실을 발족하고 공식적으로 쿨 재팬 전략[13]을 추진하기 시작했다. 나아가, 2013년에는 일본의 독자적인 영상사업과 일식 레스토랑 등 일본 문화를 해외시장으로 확대하는 산업으로 육성·지원하기 위해 '주식회사 해외수요개척지원기구법(쿨 재팬 기구)'을 신설했나.

---

13) '쿨 재팬' 전략에 관한 자세한 내용은 内閣府(2019)를 참고 바란다.

종합해 보면, 일련의 과정에서 일본은 소위 '소프트 파워'라고 불리는 '콘텐츠'를 기반으로 전 세계로 일본의 문화 콘텐츠를 확장하고 여기에 더해 경제적 성과까지 실현하는 등 콘텐츠를 21세기 새로운 성장동력으로 설정한 것으로 판단된다. 아울러, 이러한 흐름 속에 일본의 문화 콘텐츠와 관광을 결합한 콘텐츠 투어리즘을 통해 '지역경제 활성화'라는 소기의 목적까지도 고려한 것으로 해석된다.

3. 콘텐츠 투어리즘 활용의 일본 사례

1) 시즈오카현 누마즈시

2016년부터 2018년까지 방영된 '러브라이브 선샤인(ラブライブ·サンシャイン)'은 시즈오카현(静岡県) 누마즈시(沼津市)의 작은 어촌마을인 우치우라무라(内浦村)를 주요 배경으로 한 TV 애니메이션이다. 방영 이후 작품의 인기와 더불어 해당 작품의 성우들이 결성한 아이돌 유닛인 '뮤즈(μ's)'가 일본 내에서 큰 반향을 일으키면서 누마즈시에 관한 관심 또한 증폭되었으며, 나아가 배경이 된 해당 지역이 큰 주목을 받으면서 콘텐츠 투어리즘의 대표적인 성공사례로 언급되기 시작했다. 아울러, 누마즈시는 해당 콘텐츠의 성공에 힘입어 폭발적인 관광수요가 창출됨에 따라 지역에도 큰 활력을 불어넣었다고 평가하고 있다.

먼저, 누마즈시의 관광수요를 대변하는 연간 관광객 수는 〈표 4-5〉와 같다. 구체적으로 그 변화추이를 해당 콘텐츠의 방영 기간 전후로 구분하여 살펴보면, 다음과 같은 점을 확인할 수 있다.

[해당 콘텐츠 방영 전]

① 2000년~2011년의 기간, 총관광객 수는 2차례 소폭 증가가 있었으나, 이를 제외한 기간에는 감소세가 지속되어 2011년에는 300만 명 이하의 규모로 감소했다.

② 이후, 총관광객 수는 증가세로 전환되어, 2014년까지는 300만 명대 규모로 유지된 뒤, 2015년에 다시 400만 명을 넘어섰다.

〈표 4-5〉 누바스시 연간 관광객 수 (2000년~2023년)

(단위: 명, %)

| 연도 | 관광객 수 | | | | |
| | 숙박(A) | | 비숙박(B) | | (A)+(B) |
		비율		비율	
2000	580,893	14.2	3,504,494	85.8	4,085,387
2001	604,490	15.5	3,287,712	84.5	3,892,202
2002	591,596	15.2	3,292,810	84.8	3,884,406
2003	565,991	15.2	3,149,984	84.8	3,715,975
2004	579,010	15.6	3,141,575	84.4	3,720,585
2005	804,396	19.3	3,356,671	80.7	4,161,067
2006	633,475	16.6	3,188,576	83.4	3,822,051
2007	834,134	21.1	3,124,828	78.9	3,958,962
2008	729,624	18.9	3,127,283	81.1	3,856,907
2009	649,038	18.0	2,951,080	82.0	3,600,118
2010	656,666	19.0	2,793,869	81.0	3,450,535
2011	602,897	20.7	2,313,681	79.3	2,916,578
2012	709,233	21.9	2,535,512	78.1	3,244,745
2013	745,191	20.2	2,952,711	79.8	3,697,902
2014	721,375	18.9	3,093,892	81.1	3,815,267
2015	809,258	20.2	3,206,359	79.8	4,015,617
2016	811,135	19.6	3,335,133	80.4	4,146,268
2017	871,569	18.9	3,752,007	81.1	4,623,576
2018	858,226	19.1	3,642,544	80.9	4,500,770
2019	835,128	19.1	3,528,050	80.9	4,363,178

(단위: 명, %)

연도	관광객 수				
	숙박(A)		비숙박(B)		(A)+(B)
		비율		비율	
2020	472,136	23.4	1,546,447	76.6	2,018,583
2021	557,835	23.0	1,871,856	77.0	2,429,691
2022	766,451	23.4	2,508,283	76.6	3,274,734
2023	783,725	21.4	2,878,869	78.6	3,662,594

출처: 静岡県, 2023, 『令和5年観光交流の動向』 데이터를 활용하여 작성함.

[해당 콘텐츠 방영 후]

① 2016년~2019년의 기간, 증가세가 연속됨에 따라 총관광객 수는 400만 명대의 규모로 유지됐다.

② 해당 콘텐츠의 첫 방영 후 1년이 지난 시점인 2017년에는 총관광객 수가 460만 명을 넘었고, 방영 마지막 해인 2018년에는 그 수가 450만 명을 상회했다.

③ 숙박 관광객의 규모와 비숙박 관광객의 규모 모두 동일한 증감 패턴을 보였다.

④ COVID-19 팬데믹이 주요한 원인으로 작용하여 2020년 총관광객 수는 급감했으나, 이후부터 2023년까지 다시 증가세를 이어가고 있다.

다만, 해당 콘텐츠의 방영 기간, 누마즈시로 유입되었던 관광객의 규모가 그 콘텐츠의 절대적인 영향 그것 하나로 인해 증가세를 보였다고 단정할 수는 없으나, 그 영향이 작지 않았다는 것은 부정하기 어렵다. 누마즈시로의 관광객 유입 증가는 궁극적으로 지역경제의 활성화, 구체적으로 말해서 지역 내의 소비 증가에 어떤 식으로든 영향을 미치

게 마련이다.[14] 특히, 그 기간 누마즈시 총관광객 수의 증가세는 누마
즈시에서의 숙박을 계획하고 방문한 관광객과 숙박을 고려하지 않은
채 방문한 관광객 모두에서 비롯되었다는 점은 지역경제의 활성화에
큰 의미가 있다고 할 수 있다.

다시 말해서, 관광객을 그 지역에 얼마나 오랫동안 머물도록 유인하
느냐는 그들이 지역 내에서 가능한 한 많은 소비활동을 하도록 유도하
는 것에 영향을 미치기 때문에, 결과적으로 지역 경제의 활성화에 큰
도움이 될 수 있다고 판단된다. 이러한 점에서 해당 콘텐츠의 방영 기
간, 총관광객 수의 증가가 비숙박 관광객에 의해서만 견인된 것이 아니
라는 점, 달리 말해서 누마즈시에서의 숙박을 계획한 관광객의 규모도
함께 증가했다는 점은 지역 경제 활성화에 긍정적인 요인으로 작용했
을 것으로 추정할 수 있다.

2) 사이타마현 구키시, 가스카베시

2007년 4월 9일부터 약 5개월에 걸쳐서 방영된 '러키스타(らきすた)'
는 만화만으로 상상이 쉽지 않은 댄스라는 주제를 TV 애니메이션을
통해 창의적으로 표현하여 많은 주목과 관심을 받았다. 해당 콘텐츠의
주요 배경지는 사이타마현(埼玉県)의 가스카베시(春日部市)와 와시미야
마을(鷲宮町)로, 와시미야마을은 2010년 3월 23일 구키시(久喜市)로 합
병됐다.[15] 특히, 이 두 지역은 도쿄도(東京都) 북쪽에 있는 사이타마현

---

14) 『令和5年観光交流の動向』은 관광방문객 수와 소비단가의 증가로 인해 여행 소비지출
이 많이 증가했다고 언급하고 있다(静岡県, 2023:21).
15) 総務省, 『市町村合併資料集』 2010年 3月 5日.

의 지리적 특성으로 인해 도쿄에 경제적 기반을 둔 인구가 많아 베드타
운, 즉 주택도시의 성격이 강한 특성을 보이는 곳이다. 이러한 특성으
로 인해 사이타마현은 지치부시(秩父市)와 가와고에시(川越市) 등 일부
지역을 제외하면, 통상적으로 관광산업이 크지 않은 지역으로 인식되
어왔다.[16)]

　먼저, 구키시와 가스카베시의 관광수요를 대변하는 연간 관광객 수
는 〈표 4-6〉과 같이 정리할 수 있다. 그리고 그 변화추이를 해당 콘텐
츠의 방영 기간 전후로 구분하여 살펴보면, 다음과 같은 점을 확인할
수 있다.

[해당 콘텐츠 방영 전]
① 2008년 이전의 경우, 사이타마현은 관광객 수를 시별로 집계하지
　 않고, 광역권별로 집계한 까닭에 구키시와 가스카베시 각각의 정
　 확한 관광객 수는 확인하기 어렵다.
② 대신, 광역권별로 집계한 숙박 관광객 수를 확인해 본 결과, 구키
　 시가 포함된 광역권에서는 그 수가 2004년 약 82,000명에서 증가
　 없이 매년 계속 감소하여 2007년 약 14,000명까지 급감한 것으로
　 나타났다.[17)]
③ 데이터 부재로 인해 가스카베시가 포함된 광역권에서는 숙박 관광
　 객 수의 증감 경향을 정확히 확인할 수 없었으나, 그 규모는 2004
　 년 약 5,800명, 2005년 약 5,100명 정도인 것으로 파악됐다.[18)]

---

16) 조규현, 2017, 「아니메 투어리즘에 의한 지역문화콘텐츠의 가능성: 사이타마현의 사
　 례를 중심으로」, 『한림일본학』 제31호, 한림대학교 일본학연구소, pp.120-138.
17) 埼玉県, 각 년도, 『入込観光客「推計」調査』.

〈표 4-6〉 구키시와 가스카베시 연간 관광객 수 (2008년 ~ 2023년)

(단위: 명)

연도	관광객 수		
	구키시(A)	가스카베시(B)	(A)+(B)
2008	1,650,200	1,892,400	3,542,600
2009	1,877,200	1,907,900	3,785,100
2010	1,934,900	2,090,800	4,025,700
2011	2,547,253	1,793,677	4,340,930
2012	2,522,750	1,774,899	4,297,649
2013	2,422,518	1,850,203	4,272,721
2014	2,418,340	1,806,553	4,224,893
2015	2,594,679	1,824,638	4,419,317
2016	2,554,165	1,849,999	4,404,164
2017	2,529,156	1,782,653	4,311,809
2018	2,490,656	1,726,984	4,217,640
2019	2,391,118	1,888,816	4,279,934
2020	1,525,339	766,691	2,292,030
2021	1,362,206	729,789	2,091,995
2022	1,769,541	650,494	2,420,035
2023	1,893,402	1,412,213	3,305,615

주: 2008년과 2009년의 구키시 관광객 수에는 합병 이전의 와시미야마을 관광객 수
1,166,200명과 1,380,400명이 각각 포함됨.
출처: 埼玉県, 각 년도, 『入込観光客「推計」調査』 데이터를 활용하여 작성함.

[해당 콘텐츠 방영 후]

① 와시미야마을의 관광객 수가 포함된 구키시의 총관광객 수는 2008
년 1,650,200명에 매년 폭발적으로 증가하여 2011년 2,547,253명
까지 증가했다.

② 이후, 크고 작은 증가와 감소가 있었으나 2019년까지, 즉 COVID

---
18) 埼玉県, 각 년도, 위의 자료.

-19 팬데믹 위기 전까지 230만 명 이상의 관광객 규모는 계속해
서 유지됐다.

③ 가스카베시의 경우, 총관광객 수는 2008년 1,892,400명에서 점
차 증가하여 2010년 200만 명을 초과했다.

④ 이후, 총관광객 수는 소폭 감소하였으나 COVID-19 팬데믹 위기
전인 2019년까지 170만 명 이상의 관광객 규모는 꾸준히 유지됐다.

⑤ COVID-19 팬데믹이 주요한 원인으로 작용하여 두 도시 모두
2020년 총관광객 수는 급감했으나, 이후부터 2023년까지 다시
증가세를 이어가고 있다.

다만, 전술했듯이 구키시와 가스카베시는 수도 도쿄와 매우 근접해
있어 도쿄로의 접근성이 용이한 지역이기 때문에, 이 지역에서의 숙박
을 계획하고 방문하는 관광객의 규모는 절대적으로 작을 뿐만 아니라
숙박을 고려하지 않은 채 방문한 관광객의 규모에 비해서도 상대적으
로 작을 것으로 추정된다. 본 장에서는 직접 언급하지 않았으나 관련
데이터를 확인해 본 결과, 구키시를 포함하고 있는 광역권과 가스카베
시를 포함하는 광역권의 숙박 관광객 규모는 대체로 10만 명을 넘지
않을 것으로 짐작된다.[19]

이 두 지역 각각의 총관광객 수에 비하면, 이 같은 숙박 관광객 규모

---

19) 埼玉県, 각 년도, 『入込観光客「推計」調査』에 따르면, 구키시를 포함하고 있는 광역권
의 숙박 관광객 수는 2004년 82,000명, 2005년 46,000명, 2006년 25,000명, 2007년
14,000명, 2008년 35,000명, 2009년 20,000명, 2010년 7,000명으로 집계됐다. 아울
러, 가스카베시를 포함하고 있는 광역권의 숙박 관광객 수는 2004년 5,800명, 2005년
5,100명으로 파악됐다.

는 상대적으로 매우 작은 수준이라고 볼 수 있는데, 이것을 통해서 추정할 수 있는 것은 해당 지역 내에서 관광객들의 소비활동을 최대한 많이 유도할 가능성이 작아진다는 점이다. 즉, 도쿄와의 인접성으로 인해 관광객이 해당 지역에서 숙박을 계획하면서까지 머물 유인이 크지 않으므로, 결과적으로 상당수의 관광객이 각 지역을 방문한 뒤, 다양한 인프라가 집적된 도쿄로 빠져나갔을 가능성을 배제하기 어렵다. 따라서 관광객에게 기대되었던 지역 내에서의 소비활동의 많은 부분이 시역 외, 즉 도쿄 및 인근 지역에서 이루어질 높은 가능성이 존재하기 때문에, 관광객들의 소비활동이 사실상 지역 경제 활성화에 기대 수준 이하의 영향을 미칠 수도 있을 것으로 추단된다.

4. 콘텐츠 투어리즘이 지역경제에 미치는 파급효과

관광산업은 다른 어떤 산업보다도 외부요인의 영향에 상당히 민감하게 반응하는 산업 가운데 하나이다. 특히, 여행업으로부터의 직·간접적인 영향과 매우 밀접하게 연결되어 있다. 이러한 특성은 최근 관광산업에 상당한 충격을 준 COVID-19 팬데믹의 여파가 증명해 준다. 앞서 언급한 누마즈시, 구키시, 가스카베시의 실증데이터를 통해서 확인했듯이, COVID-19 팬데믹의 충격으로 인해 2020년 이후 각 도시의 관광객 규모는 COVID-19 팬데믹 이전 관광객 규모의 절반 이하로 급감했다. 물론, 이러한 결과는 위의 세 도시에서만 나타난 것이 아닌 한국을 포함한 전 세계 관광산업에서 공통적으로 발생했다고 할 수 있다.

이것이 의미하는 바는 관광산업을 일개 국가 또는 일개 지역의 성장

을 전적으로 책임질 수 있는 핵심 성장동력으로 설정하여 큰 비중을
두고 의지하는 것은 상당한 위험이 따를 가능성이 매우 높다는 점이다.
외부적 요인에 민감하게 반응하는 산업에 역량을 집중하여 그것을 성
장 동력화한다는 것은 국가 경제는 물론 지역경제에도 큰 위험성이 뿌
리내리게 된다는 것을 고려하지 않을 수 없다.

그렇다고, 관광산업을 포기하고 다른 산업 분야에만 국가와 지역의
역량을 집중해야 함을 의미하는 것은 아니다. 일본의 세 도시사례에서
확인한 바와 같이, 콘텐츠 투어리즘은 지역 관광산업의 활성화를 유도
하는데 상당한 수준의 영향을 미치는 것은 분명하다고 판단된다. 해당
콘텐츠 방영 전후의 관광객 규모 변화는 이러한 판단을 뒷받침해 주는
근거로, 각 콘텐츠의 방영 후에는 관광객 규모의 증가가 명확히 확인됐
다. 그리고 관광객 규모의 증가는 직·간접적으로 각 지역의 경제에 어
떠한 형태와 방식으로든 파급효과를 발생시킴으로써 지역 경제의 활성
화에 영향을 미쳤을 것으로 추정할 수 있다.

다만, 일본의 사례를 통해서 콘텐츠 투어리즘이 지역 경제에 미치는
파급효과에 대해 학습함에 있어 주안점을 두어야 할 것은 어떻게 하면
관광객을 그 지역에 최대한 오랫동안 머물도록 유인하고, 그 과정에서
그들이 지역 내에서 가능한 한 많은 소비활동을 하도록 유도하는가이다.

누마즈시의 사례에서는 해당 콘텐츠의 방영 이후, 숙박을 고려하지
않은 채 방문한 관광객 규모의 증가세 못지않게, 누마즈시에서의 숙박
을 계획하고 방문한 관광객 규모에도 큰 증가세가 있었다는 사실이 확
인되었다. 그리고 이러한 사실을 통해서 상당한 규모의 관광객이 누마
즈시에서 하루 이상을 머물려 지역 내에서 소비활동을 이어가 결과적
으로 지역경제에 긍정적인 파급효과를 미쳤을 것으로 추정할 수 있다.

하지만, 구키시와 가스카베시의 사례에서는 해당 콘텐츠 방영 이후에도 숙박 관광객의 규모는 그 이전부터 지속해 오던 감소세가 계속되어 오히려 더 작아졌다는 사실이 확인됐다. 이러한 사실을 통해서 관광객에게 기대됐던 지역 내에서의 소비활동의 많은 부분이 지역 외에서 이루어져 관광객들의 소비활동은 사실상 지역 경제 활성화에 기대 수준 이하의 영향을 미쳤을 것으로 추단된다.

따라서, 일본의 사례를 통해서 인천시가 교훈으로 삼아야 할 부분은 콘덴츠 투어리즘을 통해 새로운 관광수요를 창출하기 위한 콘텐츠 투어리즘 그 자체에 대한 고민 못지않게, 창출된 관광객이 최대한 인천시에 오래 머물면서 가능한 한 많은 소비활동을 유도하여 그것이 지역 경제에 긍정적인 파급효과로 나타나게 할 수 있는 전략을 찾는 것이 중요하다는 점이다. 즉, 콘텐츠 투어리즘을 통한 관광산업의 양적인 성장을 목표로 하는 것이 아닌, 지역 경제를 견인할 수 있는 관광산업의 질적인 성장을 목표로 설정해야 함을 인식할 필요가 있다. 특히, 인천시는 서울시와의 인접성으로 인해 인천시를 방문한 관광객이 인천시에 숙박을 계획하면서까지 머물 유인이 크지 않으므로, 상당수의 관광객이 인천시를 방문한 뒤, 서울시와 경기도로 빠져나갈 가능성이 크다는 점을 중요하게 인식한다면, 구키시와 가카베시의 사례가 인천시에 시사하는 바는 매우 크다고 할 수 있다.

하지만, 중요하게 인식해야 할 것은 성공한 콘텐츠의 영향으로 인해 해당 지역에서 기대되는 경제적 파급효과가 장기간 지속적으로 유지된다고는 절대 보장할 수 없다는 점이다. 오히려 그 효과는 단기간의 일회성 관광에서 더 이상 확장하지 못하고 머물 가능성이 더 크기 때문에, 콘텐츠 투어리즘의 지속가능성을 확보해 낼 필요성이 요구된다. 이를

위해서는 결국, 관광객이 그 지역에 최대한 오래 머물 유인이 보장되어
야 하는데, 이것은 콘텐츠 투어리즘의 지속가능성을 확보하는 시발점
이 될 수 있다. 특히, 지역과 관련된 활동, 지역과 관련된 자원 등을
총체적으로 연계하여 관광객의 관심과 흥미를 유도할 수 있는 스토리
텔링(Storytelling)[20]을 생산하여 하나의 콘텐츠에 문화와 산업을 융합
한 관광자원으로 발전시키는 것은 그 지속성 확보를 위한 하나의 방안
으로 고민해 볼 수 있다.

---

20) 콘텐츠 투어리즘에 있어 스토리텔링은 단순히 한 지역의 관광지를 소개하는 것 이상으
   로, 그 지역의 역사, 문화, 산업 등이 총체적으로 융합되어 지역의 특수성이 드러난
   감성적인 요소가 내포된 콘텐츠를 관광객에게 전달하는 일련의 과정이라고 할 수 있다.

제4절 '이야깃거리'가 있는 콘텐츠 투어리즘

1. '인천시'의 스토리텔링화

인천시는 서울시와 거리상으로 매우 인접해 있다는 지정학적 특성이 있는 도시일 뿐만 아니라 산업화 과정을 겪으며 단기간에 급속하게 도시화를 이루며 성장한 도시이기도 하다. 급속한 성장이 진전됨에 따라 외형적으로는 대도시로서 갖추어야 할 다양한 인프라가 충분히 구축되었지만, 이러한 외형적 성장과는 달리 서울시와의 인접성으로 인해 문화적인 측면에서는 '문화 불모지'라는 평가가 늘 뒤따르고 있다.

2024년 현재, 본예산 기준 인천시의 문화·예술 분야의 세출예산은 전체 예산액 15조 368억 가운데 1.1%에 해당하는 1,706억 원에 불과하다.[21] 이 비율은 부산시 1.8%, 대구시 1.4%, 광주시 2.9%, 대전시 1.5%, 울산시 1.5%에 비하면 6대 광역시 가운데 가장 낮은 수준이다.[22]

이와 같은 낮은 재정지출 수준임에도 불구하고, 인천시는 주어진 여

---

21) 2024년도 인천광역시 세출총괄표 본예산 기준으로 일반회계, 기타특별회계, 공기업특별회계를 포함한다.
22) 2024년도 각 광역시 세출총괄표 본예산 기준으로 일반회계, 기타특별회계, 공기업특별회계를 포함한다.

건 속에서 인천시를 다양한 문화자원이 최대한 충분히 공존할 수 있는 지역으로 조성하기 위해서 국립세계문자박물관, 국립인천해양박물관, 인천뮤지엄파크 등을 중심으로 지역경제 활성화와 관광산업 육성을 촉진할 수 있는 전략을 세워 추진하고 있다.[23] 물론, 이 같은 전략은 한편으로 문화시설 건립을 통해 그동안 다양한 문화 혜택을 누릴 기회가 상대적으로 부족했던 인천 시민들에게 새로운 기회를 제공한다는 점에서는 긍정적으로 평가할 수 있으나, 다른 한편으로 단순히 문화시설 건립 그 자체가 관광산업 증진을 통한 지역경제 활성화에 얼마나 실효적으로 작용할지는 불분명하다. 따라서, 그 실효적 작용의 가능성을 높이기 위해서는 문화시설 건립과 같은 외형적인 자원의 확장을 넘어, 그 자원에 인천시의 역사적, 사회적, 문화적 배경 등 다양한 요소들이 총체적으로 녹아들 수 있도록 스토리텔링화하여 하나의 스토리, 즉 이야깃거리가 뿌리내리고 있는 콘텐츠를 생산해 내는 전략이 더 유효할 수 있다고 판단된다.

　한편, 인천시에도 콘텐츠를 전략적으로 활용하여 관광객 유입에 성공한 사례로 평가받는 관광명소가 전혀 없는 것은 아니다. 인천시가 실시한 '인천관광 실태조사'에 따르면, 2021년 기준, 관광객들이 인천시를 방문할 때, 가장 많이 찾는 지역 또는 찾을 지역은 차이나타운이 위치한 개항장 일대이고, 그 뒤를 이어 월미도 일대인 것으로 나타났다. 아울러, 그 외의 주요 방문지 순위는 〈표 4-7〉과 같으며, 실태조사 결과는 다음과 같이 해석해 볼 수 있다.

　① 최근에 '소셜 미디어(Social Media)'의 파급과 더불어 '레트로(Ret-

---

23) 장현일, "불모지는 옛말…'문화 메카' 도약하는 인천", 서울경제, 2023. 1. 15.

rospect)'열풍, 즉 과거의 전통, 추억, 유행 등에 대한 그리움 또는
회상을 현재 시점에서 재현하려는 경향이 젊은 세대를 중심으로
우리 사회의 하나의 대중적인 트렌드로 자리 잡은 영향이 미친것
으로 판단된다.

② 이러한 영향으로 인해, 인천지역에서 근대 건축물이 상대적으로
잘 보존된 개항장 일대를 중심으로 많은 관광객이 유입됐고, 그
일대와 인접한 신포시장, 월미도 일대까지 관광객 유입의 효과가
던게직으로 나타나면서 해낭 시역이 인전지역의 대표적인 관광지
로 관광객들에게 점차 인식되었을 것으로 추측된다.

③ 그 외 관광지 순위는 실태조사 시기마다 크고 작은 변동이 있지
만, 통상적으로 상위 10곳의 관광지 가운데 4~5곳의 관광지는 바
다와 연관된 지역이 선정된다.

〈표 4-7〉 관광객들이 방문한(할) 인천시의 관광지 상위 10곳 (2016년~2021년)

순위	연도		
	2016	2019	2021
1	차이나타운	차이나타운	차이나타운
2	월미문화의거리/ 월미공원	월미문화의거리	월미문화의거리/ 월미테마파크
3	소래포구	송월동 동화마을	조양방직
4	왕산해수욕장/ 을왕리해수욕장	소래포구	소래포구/소래철교
5	강화평화전망대(DMZ)	현대아울렛	동막해변
6	인천대공원	조양방직	센트럴파크
7	부평지하상가	영종도 파라다이스시티	교동도 대룡시장
8	경인아라뱃길	아라뱃길/인천터미널	아라뱃길/인천터미널
9	송월동 동화마을	강화역사박물과	용유도
10	전등사	인천시립박물관	정서진일원

출처: 인천광역시, 2022, 「2021 인천관광 실태조사: 분석편」, p.20.

이러한 설문조사 결과를 고려해 볼 때, 인천시는 '개항장', '바다', '섬' 등과 관련된 키워드를 중심으로 한 이미지가 관광객들에게 많이 인식되어있을 것으로 짐작된다. 따라서 이러한 키워드를 주축으로 인천시의 역사적인 배경, 사회적인 배경, 문화적인 배경 등 여러 요소를 전략적으로 융합하여 스토리텔링화함으로써 인천시만의 특수성이 드러나는 콘텐츠를 생산해 내는 것은 큰 경쟁력이 될 수 있다고 판단된다.

개항장 일대 가운데 '차이나타운'은 스토리텔링 전략을 적용해 인천시만의 특수성을 가장 잘 반영한 경쟁력 있는 관광명소로 평가받을 수 있다. 특히, 역사적 서사의 스토리텔링이 개항장 지역에 관한 관심을 유도하는 데 충분한 역할을 함과 동시에 이를 기반으로 쇠락하던 공간이 새롭게 창조되면서 현재까지도 스토리텔링 전략은 차이나타운이 관광명소로서의 경쟁력을 유지할 수 있도록 하는 핵심적인 요인으로 작용하고 있다고 사료된다.

이와 같은 사례가 시사하는 바는 스토리텔링을 통해 차이나타운이 관광명소로서의 경쟁력을 구축하기까지 그 과정에는 인천시가 가진 지정학적 배경 등 여러 요인이 복합적으로 얽혀 있을 뿐 아니라 필연과 우연 그리고 역사적 사실과 함께 오랜 기간 이어지면서 가미된 내용도 섞여 있겠지만, 결국 그 지역의 특수성을 충분히 반영하여 전략적으로 만들어진 '스토리텔링'의 힘은 장기간 지속된다는 점이고, 나아가 이것이 궁극적으로 지역 경제 활성화에 긍정적으로 작용할 가능성이 농후하다는 점이다.

2. 콘텐츠 투어리즘과 인천 지역경제의 활성화

한국관광공사 한국관광데이터랩 데이터에 따르면, 이동통신 데이터 기반 인천시의 방문자(외지인+외국인) 수는 2023년 기준 180,685,207명으로, 2022년 156,568,623명에 비해 15.4% 증가했다. 또한, 2023년 한 해 동안 그 방문자들이 인천시에서 소비한 금액은 신용카드 데이터 기준, 2조 5,273억 원(내국인: 2조 139억 원, 외국인: 5,134억 원)으로, 이 규모는 전국 관광소비액 49조 9,478억 원의 5.1%에 해당한다.

관광산업은 그 특성상 어떤 지역에 관광객 수가 증가하면, 이는 자연스럽게 관광산업과 연계된 다양한 전방산업과 후방산업의 직·간접적인 매출액의 증가로 이어지는 것이 매우 일반적이다. 일례로, 한 지역의 관광객 수 증가는 궁극적으로 생산자로서의 그 지역 소상공인과 소비자로의 관광객 간의 직접적인 거래 행위를 확대하기 때문에 숙박업, 음식업 등의 매출 증가로 이어진다. 따라서, 전술했듯이, 관광객을 그 지역에 오랫동안 머물도록 유인하는 것은 그들이 그 지역 내에서 가능한 한 많은 소비활동을 하도록 유도하는 것이므로, 관광객이 그 지역에 오래 머물수록 관광객의 소비활동은 자연스럽게 증가할 수밖에 없다. 이러한 점은 고려한다면, 결국 관광산업을 통한 지역경제의 활성화를 기대할 수 있는 것은 관광객이 지역 내에서 그들의 체류시간을 최대한 연장하도록 하는 유인을 제공해주는 전략에서 시작된다고 해도 과언이 아니다.

하지만, 인천시의 경우, 이러한 전략이 성공적으로 작동하고 있는 것으로 보이지는 않는다. 〈그림 4-3〉은 인천시 전체 방문자 수 가운데 숙박 방문자가 차지하는 비율을 보여주는데, 2023년 기준, 그 비율은

14.2%인 것으로 나타났다. 이것은 역으로 말해서 인천시에서 숙박하지 않고 '당일 여행'을 목적으로 방문한 관광객의 비율이 85.8%이라는 것을 의미한다. 덧붙여, 인천시의 평균 숙박일 수는 2.81일로, 전국 광역지방자치단체 평균에 비하면 0.07일 적은 수준이다.

〈그림 4-3〉 인천시 숙박 방문자 비율 및 평균 숙박일 (2019년~2023년)

(단위: %, 일)

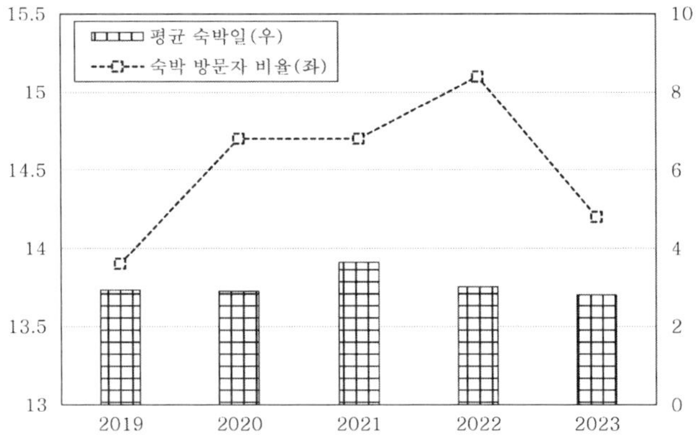

주: 이동통신 데이터 기반, 외지인과 외국인을 포함한 데이터임.
출처: 한국관광공사 한국관광데이터랩 데이터를 활용하여 작성함.

또한, 〈그림 4-4〉와 같이 인천시 방문자의 평균 체류시간 역시 점차 줄어들고 있는 경향이 나타난다. 이러한 경향은 최근 5년간 지속되어 2023년 기준, 인천시 방문자의 평균 체류시간은 2,073분(34시간 33분)까지 많이 감소했다. 이는 같은 기간 전국 광역지방자치단체별 방문자의 평균 체류시간인 2,526분(42시간 6분)보다 453분(7시간 33분)이나 감소한 체류시간이다. 물론, 다양한 요인이 있겠지만, 인천시 방문객의 평균 체류시간이 점차 감소한다는 것은 무엇보다도 인천시 방문자의

숙박일 수가 전반적으로 감소하는 경향에 있다는 점이 한 요인으로서
영향을 미쳤다고 추정된다.

〈그림 4-4〉 인천시 방문자 평균 체류시간 추이 (2019년 ~ 2023년)

(단위: 분)

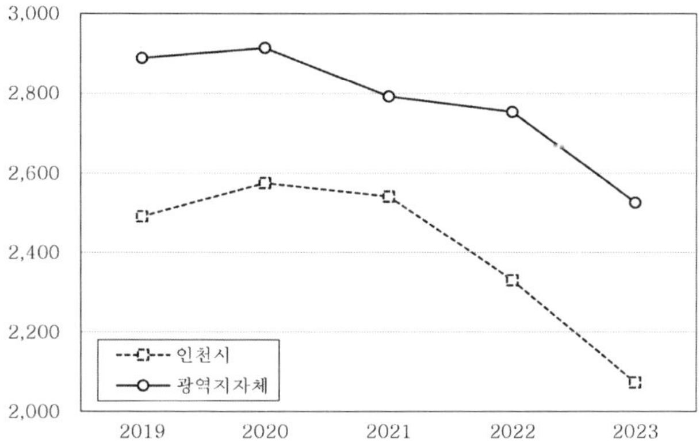

주: 〈그림 4-3〉과 같음.
출처: 한국관광공사 한국관광데이터랩 데이터를 활용하여 작성함.

한편, 인천시 방문자의 숙박일 수를 세분화해서 비교해 보면, 〈그림
4-5〉와 같이 2일 이하로 숙박하는 단기 숙박자의 비율은 점진적으로
증가하는 반면 3일 이상 숙박하는 장기 숙박자의 비율은 서서히 감소하
는 것을 확인할 수 있다. 2023년 기준 2일 이하의 단기 숙박자 비율은
83.2%로, 80.7%의 비율을 보였던 2019년에 비해 2.5%P 증가했다. 달
리 말해서, 비교 기간 인천시에서 3박 이상 숙박하는 숙박자의 비율이
19.3%에서 점차 하락하여 16.8%까지 하락했음을 의미한다.

물론 이러한 하락에 영향을 미친 요인은 다양한 관점에서 해석할 수
있다. 다만, 중요하게 영향을 미쳤을 것으로 추측되는 요인은 크게 2가

〈그림 4-5〉 인천시 방문자의 숙박 유형 (2019년 ~ 2023년)

(단위: %)

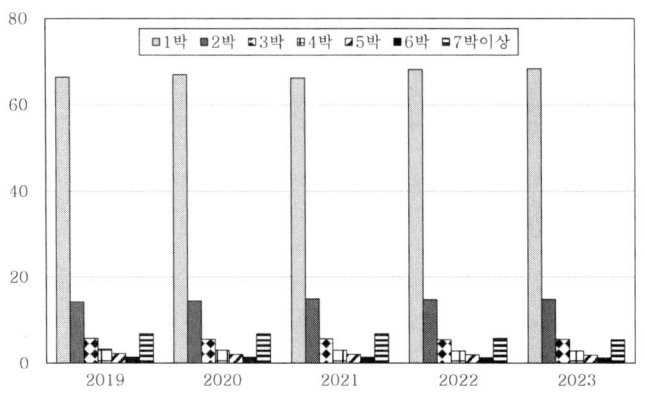

주: 〈그림 4-3〉과 같음.
출처: 한국관광공사 한국관광데이터랩 데이터를 활용하여 작성함.

지로 추정해볼 수 있다. 첫 번째는 인천시에서 장기간 숙박을 하면서까지 방문해볼 만한 관광지, 즉 관광객들이 그들의 체류 기간을 늘리면서까지 방문해볼 만한 콘텐츠가 있는 장소가 인천시에는 충분치 못해 관광객의 체류 기간 연장을 유도하지 못했다는 점을 생각해 볼 수 있다. 두 번째는 서울시 및 경기도 인근 지역과의 인접성으로 인해 관광객이 인천시에서 숙박을 계획하면서까지 머물 유인이 크지 않으므로, 상당수의 관광객이 인천시를 짧은 여행 일정으로 방문한 뒤, 또 다른 콘텐츠가 많이 집적된 서울시 및 경기도 등의 인근 지역으로 이동해 나갔을 것이라는 점이 짐작된다.

이전 절에서 확인했듯이, 일본의 사례를 통해서 얻은 교훈은 애니메이션의 성공으로 인해, 그 콘텐츠의 배경이 되었던 지역이 관심과 주목을 받아 관광객들이 그 배경지를 찾아 방문하지만, 단순히 배경지만을 둘러본 뒤, 그 지역에서 숙박하지 않고 인근 지역으로 쉽게 빠져나가는 것은 결국, 그 지역 관광산업의 활성화로 연결되기 어렵다는 점이다. 즉, 해당 지역을 방문한 관광객에게 그들의 체류시간을 자연스럽게 늘리도록 할 유인을 분명하게 제공할 수 있는 콘텐츠가 부재하면 지역 관광산업 및 관련 산업의 활성화는 더욱 기대하기 어려워질 것이다.

덧붙여, 2023년 기준 인천시를 방문한 내외국인들이 인천지역에서 소비한 금액의 규모는 2조 5,273억 원으로, 표면상으로는 COVID-19 팬데믹의 영향으로부터 상당히 회복된 것으로 추정된다. 인천시의 관광소비액은 〈그림 4-6〉과 같이 구성되어 있는데, 그 비율의 대부분은 식음료업(46.6%)과 쇼핑업(35.6%)이 차지하고 있는 것으로 확인된다.

〈그림 4-6〉 인천시 방문자의 소비액 구성 비율 (2019년~2023년)

(단위: %, 억 원)

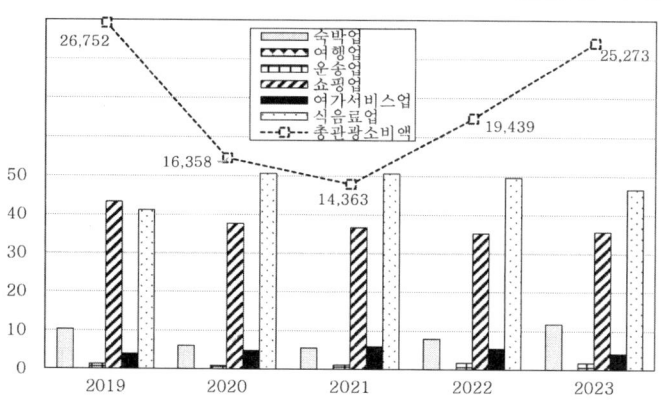

주: 신용카드 데이터 기반, 외지인과 외국인을 포함한 데이터임.
출처: 한국관광공사 한국관광데이터랩 데이터를 활용하여 작성함.

비교 기간 쇼핑업의 경우, 그 비율이 점차 감소하는 경향을 보이는 것과는 달리 식음료업은 소폭 증가 후, 그 수준이 계속 유지되고 있다. 지난 5년간 관광객들의 소비 유형이 쇼핑 중심에서 먹거리 중심으로 서서히 변화가 나타난 것으로 보인다.

아울러, 숙박업의 경우, COVID-19 팬데믹 여파 이후 그 비율이 2023년 11.8%까지 다시 상승하는 모습을 보이고 있으나, 소비 규모 그 자체만으로 보면 쇼핑업과 식음료업에서 소비한 금액의 규모에 비해서 여전히 작은 편이다.

종합하자면, 16개 주요 광역지방자치단체의 경우에 비해서 인천시를 방문하는 관광객은 〈그림 4-7〉과 같이 전반적으로 체류하는 평균 시간은 적고, 숙박하는 평균 기간도 짧다는 체류 특성을 보이는 것으로 요약할 수 있다. 다만, 문제는 이러한 체류 특성을 보이는 관광객을 통해서 기대할 수 있는 지역 경제의 활성화는 예상 이상의 충분한 수준에 도달하지 못할 수도 있다는 점을 지적할 수 있다.

전술했듯이, 관광객의 유입에 힘입은 지역 경제 활성화는 근본적으로 그 지역을 방문하는 관광객 수와 관광객의 해당 지역 내 체류시간과 매우 밀접한 관련이 있다고 판단된다. 따라서 지역경제의 활성화를 가능한 한 최대화하기 위해서는 당일 여행을 목적으로 온 단기 방문자의 절대적인 규모가 확대될 수 있도록 하거나, 아니면 장기 체류를 계획한 방문자의 체류시간이 늘어날 수 있도록 유인하는 전략을 구상하는 것이 중요하다.

단기 방문자의 절대적인 규모가 확대됨으로써 그들로부터 기대되는 쇼핑과 먹거리를 통한 소비액의 증가는 지역 경제 활성화에 일정 수준 큰 도움이 될 수 있을 것이다. 하지만, 문제는 이러한 전략은 인천시라는 이 특정한 공간에서 쇼핑과 먹거리를 통해 그들이 소비해야만 하는 특별한 이유가 사라진다면 그 지속성을 보장할 수 없다. 결국, 인천시를 방문하는 관광객들에게 소비의 지속성을 최대한 늘리도록 유인하는 가장 확실한 방법은 지역 내에 가능한 한 오래 머물면서 숙박, 쇼핑, 먹거리 등 다양한 분야로 소비의 확장과 그 지속성을 유도하는 것이라고 할 수 있다.

〈그림 4-7〉 인천시 방문자 체류 특성

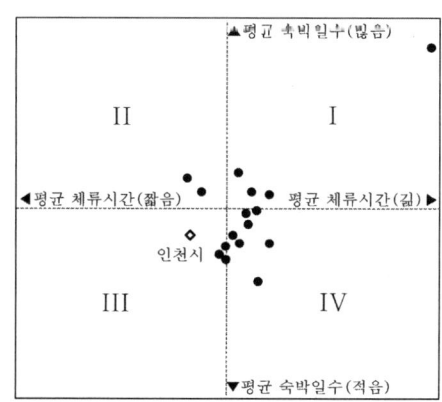

주 1: 〈그림 4-3〉과 같음.
주 2: 비교군은 서울시, 부산시, 대구시, 광주시, 대전시, 울산시, 경기도, 강원도, 충북도, 충남도, 전북도, 전남도, 경북도, 경남도, 제주도, 세종시 등 총 16개 주요 광역지방자치단체임.
출처: 한국관광공사 한국관광데이터랩 데이터를 활용하여 작성함.

체류시간이 늘어난다는 것은 숙박영역과 먹거리 영역을 넘어서 다양한 영역으로의 소비 가능성 확대를 기대할 수 있고, 궁극적으로 소비 가능성의 확대는 지역 경제 활성화로 귀결될 가능성이 다분하기 때문에, 체류시간의 증가와 연동된 소비의 증가를 관광객에게 유도하는 것이 지역 경제 활성화의 지속성을 효과적으로 높일 수 있는 하나의 답이

될 수 있다. 그렇다고 한다면, 인천시는 그 답을 인천시의 특징이 잘
반영된 '스토리텔링'을 기반으로 하는 '콘텐츠 투어리즘'을 전략적으로
생산 및 구축하여 인천시를 방문한 관광객이 인천지역 내에서 최대한
오래 머물며 가능한 한 많은 소비활동을 지속하게 할 수 있는 방안에서
찾는 것이 효과적일 것이다.

3. 지역경제의 또 다른 잠재적 동력 '콘텐츠 투어리즘'

　본 장은 인천시의 문화산업이 다른 산업과 더불어 향후 인천지역 경
제의 활성화를 촉진할 수 있는 하나의 중추적인 동력으로서 가능성이
충분하다는 점을 인식하고, 그 가능성을 콘텐츠 투어리즘의 적용에서
검토해보고자 했다. 콘텐츠 투어리즘의 발원지라고 할 수 있는 일본의
사례를 통해서 인천시가 학습해야 할 부분은 무엇이고, 콘텐츠 투어리
즘이 지역 경제의 활성화 촉진을 위해서 지역과 어떻게 연결되어야 하
는지, 또한 콘텐츠 투어리즘에서 시작되는 지역경제로의 파급효과가
최대화되기 위해서는 어떠한 전략을 모색해야 하는지 등을 고민했다.
나아가, 일본으로부터의 교훈을 인천시도 주어진 환경과 상황에 맞도
록 효과적으로 적용하여 인천시만의 콘텐츠 투어리즘 로드맵을 구상할
필요성을 확고하게 인지했다. 다만, 콘텐츠 투어리즘을 인천시에 적용
하고 확대함에 있어 다음과 같은 점들을 충분히 검토하고, 이를 해결하
여 인천지역 경제에 긍정적인 영향을 미칠 수 있는 방향을 끊임없이
연구하고 고민해야 할 필요성이 매우 크다.
　첫째, 콘텐츠 투어리즘을 통한 지역 경제의 활성화는 단기성이 아닌

지속성이 유지될 수 있어야 한다. 영화, 드라마, 애니메이션, 방송 등과 같은 특정 콘텐츠의 성공에서 비롯된 폭발성 인기와 관심에 힘입어 갑작스럽게 형성된 콘텐츠 투어리즘은 그 인기와 관심이 지속되지 않는 한 지역 경제의 단기적 활성화에 머물 가능성이 매우 높다.

둘째, 콘텐츠 투어리즘을 통한 지역 경제의 장기적 활성화를 기대하기 위해서는 그 지역과 관련된 다양한 요소를 총체적으로 연계하여 관광객의 관심과 흥미를 지속적으로 유도할 수 있는 스토리텔링을 장기적인 관점에서 선략석으로 생산해야 한다. 특정 콘텐츠의 성공에 힘입은 특정 지역에 관한 갑작스러운 관심과 인기는 결국 단기성일 가능성을 배제할 수 없으므로, 스토리텔링이 뿌리내리지 않은 콘텐츠 투어리즘을 지역 경제의 활성화 촉진을 위한 중추적인 동력으로 설정하는 것은 결과적으로 그것을 단기성 동력으로 설정하는 것에 불과할 가능성이 작지 않다.

셋째, 스토리텔링이 전제된 콘텐츠 투어리즘이 지속성을 유지하기 위해서는 해당 지역을 방문하는 관광객의 수요에 충분히 대응할 수 있는 수준의 인프라가 구축되어야 한다. 전략적으로 잘 구성된 스토리텔링이 뿌리내리고 있는 콘텐츠를 성공적으로 생산하는 것은 사실상 콘텐츠 투어리즘을 통한 지역 경제 활성화의 시작 단계에 불과하다. 이것이 지역 경제의 장기적인 활성화로 연결되기 위해서는 늘어나는 관광객의 소비 욕구에 대응할 수 있는 숙박시설, 지역 특화 콘텐츠 등의 다양한 인프라가 함께 구축되어야 하며, 이를 통해서 해당 지역을 방문한 관광객에 의한 소비활동의 지속적인 순환이 가능한 구조, 이른바 '지속 가능한 선순환 구조'가 유연하게 작동되어야 함이 매우 중요하다.

넷째, 새로운 스토리텔링의 계속적인 생산과 이를 위한 다양한 소재 확보를 위해 지역 특화 산업과의 다각적 연계를 모색하고 이들에 대한 적극적인 투자를 확대해 나갈 필요성이 있다. 관광산업의 활성화는 지역을 방문하는 관광객의 수요와 매우 민감하게 연동되어 그 산업과 관련된 전·후방산업의 활성화에도 적지 않은 영향을 미친다. 이런 까닭에, 콘텐츠 투어리즘의 침체 또는 역성장의 가능성을 항상 염두에 두고, 이미 생산한 콘텐츠를 유지하고 발전시키기 위한 노력 못지않게 스토리텔링을 기반으로 하는 새로운 콘텐츠의 발굴 및 생산에 역량을 집중할 수 있도록 콘텐츠 투어리즘에 직·간접적으로 영향을 미치는 지역 특화 산업도 동반 성장할 수 있는 환경이 조성될 필요성이 있다.

다섯째, 오직 지역 자원에 대한 현재의 경제적 이익 극대화만을 고려하면, 지역의 문화, 역사, 산업 등이 융합된 귀중한 관광자원이 사장될 수 있음을 중요하게 인식해야 한다. 지역의 자원을 스토리텔링화하여 관광자원으로 재탄생시키는 것으로부터 기대되는 현재의 경제적 이익이 그 자원을 다른 방향으로 개발하여 활용하는 것으로부터 기대되는 경제적 이익보다 작을 수도 있으나, 장기적인 관점에서는 관광자원으로부터 파생되는 경제적인 효과가 지역 경제를 활성화할 수 있는 근원이 될 수도 있다는 점을 고려해야 한다.

본 장은 콘텐츠 투어리즘이 인천지역 경제를 활성화할 수 있는 유일한 수단이라고 강조하지 않는다. 또한, 그것이 유일한 수단이 될 수도 없을 것이다. 다만, 스토리텔링의 생산을 통해 구축된 콘텐츠 투어리즘도 향후 인천지역 문화산업의 활성화를 촉진할 하나의 잠재적 가능성으로서 고민해볼 만한 가치가 있음을 강조한다.

물론, 스토리텔링이 가미된 콘텐츠 투어리즘이 그 하나의 잠재적 가능성이 되기 위해서는 인천시가 직면해 있는 환경과 상황을 정확하고

냉철하게 인식하고, 거기에서 비롯되는 문제를 효과적으로 해결해야
한다는 점을 명확히 학습했다. 아울러, 관광객들이 그들의 체류 기간을
늘리면서까지 방문해볼 만한 가치를 느낄 수 있는 콘텐츠를 충분히 생
산하여 관광객의 지역 내 체류 기간을 늘리도록 유도해야 한다는 점,
인천시를 짧은 여행 일정으로 방문한 뒤, 서울시 및 경기도 등의 인근
지역으로 관광객이 최소한으로 유출되도록 전략을 모색해야 한다는 점
등은 인천시 문화산업이 직면한 문제 해결의 시발점이 되어야 할 것이
라는 귀중한 교훈을 얻었다.

덧붙여, 콘텐츠 투어리즘이 인천시의 다양한 산업과 공존하면서 서
로 직·간접적으로 영향을 주고받는 선순환 과정의 확산이 인천지역 경
제에 견고하게 뿌리내리기 위해서는 어떠한 부분에 역량을 집중해야
할지에 대한 적극적인 고민도 그 시기를 늦춰서는 안 될 것이라는 점
또한 강력하게 인식한다.

제5장

대안적 '지역금융시스템' 모색

강철구

본 장은 강철구, 2021, 『한국 지역금융의 현황과 대안적 금융시스템에 관한 연구』, 인천 대학교 대학원 박사학위논문에서 일부분을 발췌하여 수정 및 가필했다.

제1절 외환위기 이후의 국내 금융시스템

1997년 외환위기 이후 금융 부문에 대한 대대적인 구조조정을 통해 금융기관의 건전성과 금융시장의 효율성은 일정 부분 개선됐지만, 지역의 중소기업, 소상공인, 서민 등에 대한 금융지원 기능이 크게 위축됐다. 시중은행은 대형화로 몸집을 키웠지만, 새마을금고, 신용협동조합 등 지역의 서민금융을 담당하는 지역밀착형 금융기관의 역할이 축소되어 지역금융의 피폐화로 이어졌다.

이는 외환위기 당시 금융건전성 강화를 위한 일련의 조치에 기인하는데, 자산건전성 분류 기준 강화 및 BIS 비율(자기자본 비율) 규제로 인해 시중은행은 기업 대출보다 상대적으로 안전한 가계대출을 선호하게 됐고, 자연스럽게 수익성 추구와 결합하게 됐다. 그리고 기업에 대한 대출 평가 기준도 정성적 측면을 고려한 장기적인 관점보다는 기업의 정량적 측면을 고려하는 방향으로 선회했다.

지역적으로는 금융 부문이 서울시로 집중되어 지역 간 금융 격차가 심화했다. 홍순영·이종욱[1]에 따르면, 실물경제는 서울시가 전국 대비

---

1) 홍순영·이종욱, 2005, 『지역금융의 현황과 활성화 방안』, 서울: 중소기업연구원, p.34.

약 20% 수준을 차지한 것에 비해, 금융 부문은 약 50%를 차지하여 금융 부문이 실물경제에 비해 비대하게 서울로 집중됐다. 이 밖에도 여러 연구에서 수도권의 경제력 집중과 더불어 금융 부문에서도 수도권의 집중 현상이 심화하고 있다고 지적하고 있으며, 이러한 금융 부문의 수도권 집중화 현상과 그에 따른 지역금융기관의 감소는 지역금융이 크게 위축되는 결과를 가져왔다.

이렇듯, 금융 부문의 구조조정은 금융기관의 대형화를 통한 금융시상 제실 개선 능의 성과도 있었지만, 그 이면에는 과도한 수익성 추구로 인해 지역 금융시스템의 안정성과 지역경제의 효율적 운용을 저해하는 원인으로 작용했다.[2] 한편, 우리나라의 지방은행은 1967년부터 1971년까지 '1도(道) 1행(行) 원칙'에 따라 10개[3]가 설립되어 지역경제 활성화에 크게 기여해 왔다. 그러나, 외환위기 이후의 구조조정과 부실 은행들에 대한 퇴출·합병이 이루어진 결과, 현재는 6개의 지방은행만이 남아있다.[4]

지역금융의 약화는 결국 지역경제 성장을 위한 핵심적인 투자 주체인 중소기업과 소상공인 그리고 서민에 대한 금융지원의 축소로 이어

---

2) 김효명, 2004, 「지역금융 활성화 방안에 관한 연구」, 『중소기업연구』 제26호 제3권, 한국중소기업학회, pp.32-33.

3) 1967년에 대구은행, 부산은행, 1968년에 충청은행, 광주은행, 1969년에 인천은행 (1972년 경기은행으로 행명 변경), 전북은행, 제주은행, 1970년에 경남은행, 강원은행 이 각각 설립됐다.

4) 충청은행과 경기은행은 각각 하나은행과 한미은행(현, 씨티은행)에 합병(1998년)됐고, 충북은행과 강원은행은 조흥은행(현, 신한은행)에 합병(1999년)됐다. 남은 6개 지방은행 중 광주은행과 경남은행은 우리금융지주에 편입(2001년)된 뒤, 각각 JB금융지주와 BS금융지주에 매각(2014년)됐다. 한편, 제주은행은 신한금융지주에 편입(2002년)됐다. 이로써, 독립적으로 경영되는 지방은행은 부산은행, 대구은행, 전북은행 등 총 3개만 남아 있다.

진다. 특히, 외환위기 이후 대기업과 중소기업 간의 금융 격차가 더욱
심화했는데, 이는 한국은행이 발표하는 '금융기관 대출행태조사(대출태
도)'[5] 결과를 정리한 〈표 5-1〉에서 확인할 수 있다.

〈표 5-1〉 국내은행의 대기업·중소기업에 대한 대출태도 (2000년~2022년)

연도	대기업				중소기업			
	1/4	2/4	3/4	4/4	1/4	2/4	3/4	4/4
2000	6	3	0	−12	28	25	17	12
2001	−6	−25	−6	−12	−9	−29	−15	−12
2002	−13	−3	−3	0	−12	0	−18	3
2003	9	6	3	9	12	15	15	21
2004	12	19	3	6	32	31	16	22
2005	0	0	−3	−13	25	13	−13	−28
2006	−6	−13	−19	−38	−22	−22	−34	−28
2007	−22	−9	0	0	6	16	9	0
2008	3	6	3	6	9	0	9	22
2009	9	13	6	3	22	22	19	9
2010	3	6	3	0	13	9	6	0
2011	6	0	−3	−6	9	13	9	6
2012	−9	−3	−3	−9	9	9	9	13
2013	−6	−6	−6	−13	6	9	6	−3
2014	−16	−19	−20	−17	−6	−19	−17	−30
2015	−10	−7	−3	3	−17	−10	−3	3
2016	−7	−3	−3	3	−3	7	7	−3

---

5) 대출행태란, 금융기관의 대출 확대 또는 축소 의지를 의미하며, 대출태도의 강화는
대출기준을 엄격히 운용하거나 대출조건(이자율, 만기, 상환방식 등)을 채무자에게 불
리하게 적용함을, 완화는 그 반대를 의미한다. 지수 산출 방식은 대출태도를 차주별
구분하여 5개 응답 항목(①크게 완화[증가] ②다소 완화[증가] ③변화 없음 ④다소 강화
[감소] ⑤크게 강화[감소])으로 조사한 결과를 수치화하여 나타낸다. 또한, 지수의 크
기는 −100과 100 사이에 분포하며 지수가 양(+)의 값이면 '완화(증가)'라고 응답한
금융기관의 수가 '강화(감소)'라고 응답한 금융기관의 수보다 많음을, 음(−)의 값이면
그 반대를 의미한다.

연도	대기업				중소기업			
	1/4	2/4	3/4	4/4	1/4	2/4	3/4	4/4
2017	0	0	10	−3	17	23	27	3
2018	0	−10	−3	−3	23	7	12	3
2019	0	−3	−9	0	18	9	−3	0
2020	0	3	−6	−6	0	6	−3	6
2021	6	3	3	−6	3	0	−6	0
2022	6	3	0	−11	6	−3	3	−17
변동성 지수	8.9				14.6			

주 1: 국내은행은 일반은행과 특수은행으로 구성됨.
주 2: 변동성 지수는 전 기간에 걸친 표준편차로 필자가 직접 산출함.
출처: 한국은행 금융기관 대출행태 조사(대출태도) 데이터를 활용하여 작성함.

은행의 대출태도에 영향을 미치는 요인은 경기와 기준금리, 실제 대출수요, 수요자의 신용도 등 매우 다양하지만, 여기에서는 대기업과 중소기업 간에 나타나는 대출태도의 '변동성'에 주목할 필요가 있다.

표에서도 알 수 있듯이, 외환위기 이후 대규모 구조조정이 마무리되고 국내 경제가 어느 정도 안정화에 접어든 2002년 이후, 국내은행의 대기업과 중소기업에 대한 대출태도는 큰 차이를 보인다. '서브프라임 모기지 사태(Subprime Mortgage Crisis)'로 인한 금융위기가 있었던 2008년을 제외하면, 국내은행의 대기업에 대한 대출태도지수는 −25~19를 추이하는 한편, 중소기업에 대한 대출태도지수는 −30~32를 추이한다. 이를 전 기간에 걸친 변동성 지수로 계산하면, 대기업은 8.9 그리고 중소기업은 14.6으로, 중소기업은 대출에 있어 대기업에 비해 큰 변동성에 노출되어 있다고 할 수 있다.[6]

---

6) 외환위기 전후의 변화를 논의하기 위해서는 외환위기 이전의 자료가 필요하지만, 한국은행이 처음 조사를 시작한 1999년 이래로 공개한 결과는 2002년부터라는 점에서 정

또한, 〈표 5-2〉는 대기업과 중소기업의 자금조달 방식에 따른 자금조달액 및 비율을 나타낸 것으로, 대기업의 직접금융을 통한 자금조달 규모는 2000년 25조 원에서 2011년 72조 2,000억 원까지 증가한 것을 알 수 있다. 이후 감소 추세로 전환했지만, 2023년까지 대기업은 연평균 47조 8,000억 원을 직접금융으로 조달했다. 아울러, 2000년부터 2023년까지 이들의 자금조달 총액에서 직접금융이 차지하는 비율은 연평균 28%로 나타났다. 이와는 대조적으로 중소기업은 자금조달에 있어서 전적으로 은행 대출에 의존하고 있는데, 중소기업이 은행을 통해 조달한 자금의 규모는 2000년 이후 꾸준히 증가하여 2023년에 999조 9,000억 원으로 6.9배 증가했지만, 2000년부터 2023년까지 이들의 자금조달 총액에서 직접금융이 차지하는 비율은 연평균 0.67%에 불과하다.

이처럼, 대기업은 주식, 회사채, 발행어음, 내부유보 등 직접금융을 통해 자금을 조달할 수 있지만, 중소기업은 이러한 직접금융을 통한 자금조달이 제한적이므로 은행의 대출태도에 민감할 수밖에 없다.

〈표 5-2〉 대기업·중소기업의 은행 대출 및 직접금융 규모
(2000년 ~ 2023년)

(단위: 조 원, %)

연도	대기업				중소기업			
	은행대출 (A)	직접금융 (B)	A+B (C)	비율 (B/C)	은행대출 (A)	직접금융 (B)	A+B (C)	비율 (B/C)
2000	44.0	25.0	69.0	36.2	145.6	7.0	152.6	4.59
2001	32.0	49.0	81.0	60.5	157.0	3.0	160.0	1.88
2002	32.1	30.0	62.1	48.3	194.0	3.0	197.0	1.52
2003	27.8	27.0	54.8	49.3	228.7	2.0	230.7	0.87

확한 비교에 상당 부분 제한이 따른다는 것을 미리 밝힌다.

(단위: 조 원, %)

연도	대기업				중소기업			
	은행대출 (A)	직접금융 (B)	A+B (C)	비율 (B/C)	은행대출 (A)	직접금융 (B)	A+B (C)	비율 (B/C)
2004	24.7	33.0	57.7	57.2	235.6	2.0	237.6	0.84
2005	28.7	26.0	54.7	47.5	246.7	3.0	249.7	1.20
2006	27.3	21.0	48.3	43.5	290.2	3.0	293.2	1.02
2007	35.7	34.0	69.7	48.8	355.3	5.0	360.3	1.39
2008	59.4	30.0	89.4	33.6	400.3	3.0	403.3	0.74
2009	75.5	53.9	129.4	41.7	430.6	5.4	436.0	1.24
2010	87.3	52.4	139.7	37.5	429.7	3.7	433.4	0.85
2011	115.1	72.2	187.3	38.5	441.1	2.5	443.6	0.56
2012	142.2	58.8	201.0	29.3	446.8	0.7	447.5	0.16
2013	150.4	45.9	196.3	23.4	473.4	0.8	474.2	0.17
2014	168.9	46.5	215.4	21.6	506.9	1.6	508.5	0.31
2015	164.4	46.4	210.8	22.0	559.6	2.6	562.2	0.46
2016	154.7	31.2	185.9	16.8	590.2	3.4	593.6	0.57
2017	149.6	39.4	189.0	20.8	631.8	3.2	635.0	0.50
2018	154.7	41.5	196.2	21.2	669.4	3.1	672.5	0.46
2019	152.3	47.6	199.9	23.8	716.7	3.1	719.8	0.43
2020	171.8	48.3	220.1	21.9	804.6	4.7	809.3	0.58
2021	179.3	70.6	249.9	28.3	886.4	5.2	891.6	0.58
2022	216.9	47.3	264.2	17.9	953.4	5.0	958.4	0.52
2023	247.8	49.7	297.5	16.7	999.9	3.5	1003.4	0.35

주 1: 은행 대출은 월말 잔액 기준이며, 대기업·중소기업 구분 변경으로 2000년 이후의 데이터를 활용하여 산출함.
주 2: 직접금융의 기업규모별(대기업·중소기업) 자금조달 현황은 금융채 및 ABS를 제외한 금액임.
출처: 한국은행, 각 년도, 「금융시장 동향」데이터와 금융감독원, 각 년도, 「금융감독정보」 데이터를 활용하여 작성함.

따라서, 국내은행의 중소기업에 대한 대출태도가 높은 변동성을 보인다는 것은 자금조달을 전적으로 간접금융에 의존하는 중소기업에 큰 부담이 될 수밖에 없다고 해석할 수 있다. 즉, 중소기업의 자금조달

능력은 대기업에 비해 경직될 수밖에 없으며, 만약 경기침체 시 자금조달에 어려움을 겪게 되면, 이를 버텨낼 여력이 상대적으로 약하다는 것을 의미한다. 더욱이, 전술한 바와 같이 외환위기 이후 수익성 추구 기조 강화로 인해 은행은 장기적인 대출 관계보다는 수익성이 높은 단기적인 대출 관계에 치중할 가능성이 크므로 이는 중소기업의 자금조달을 더욱 압박하는 요인으로 작용할 수 있다.

〈표 5-2〉에서 알 수 있듯이, 2023년 은행 대출을 통한 자금조달액은 대기업이 247조 8,000억 원, 중소기업은 999조 9,000억 원으로 대기업에 비해 4배나 많다. 이 수치만 보면, 언뜻 중소기업의 간접금융을 통한 자금조달이 원활한 것처럼 보이지만 반드시 그렇다고 단정할 수 없는 이유는 중소기업의 수가 절대적으로 많기 때문이다.

중소벤처기업부 '중소기업기본통계'에 따르면,[7] 2022년 기준 우리나라의 중소기업 수는 804만 2,726개로 전체 기업 수의 99.9%를, 종사자 수는 1,895만 6,294명으로 전체 고용자의 81.0%를 각각 차지한다. 2015년에 중소기업에 대한 기준이 '종사자 수'에서 '3년 평균 매출액'으로 변경됐지만, 이를 고려하더라도 우리나 경제에서 중소기업이 차지하는 위치가 절대적이라는 점에는 큰 변함이 없다.

또한, 기업의 부가가치율을 살펴보면 왜 중소기업에 대한 안정적인 자금조달이 필요한지를 다시 한번 확인할 수 있다. 〈그림 5-1〉은 2011년부터 2023년까지 기업 규모별 부가가치율 추이를 보여준다. 먼저 전체 산업의 경우, 전체 부가가치율은 2011년 24.6%에서 2017년 31.5%까지 상승한 뒤, 그 이후 2023년까지 전반적으로 하락하는 양상을 보인

---

7) 중소기업벤처기업부, 2024, 「2022년 기준 중소기업 기본통계」, p.4.

다. 대기업의 부가가치율은 그 추이가 전체 부가가치율 추이와 비슷하지만, 중소기업의 부가가치율보다는 낮은 수준에 머물러 있다. 이와 달리, 중소기업은 2011년 30.3%, 2023년 34.3%로 전 기간에 걸쳐 부가가치율이 상대적으로 높게 유지된 것을 알 수 있다. 물론, 일부 기간에는 정체 및 감소도 나타났으나, 비교 기간 대기업의 부가가치율 그리고 전체 산업의 부가가치율보다는 높은 것으로 확인된다.

나아가, 전체 산업을 다시 제조업과 비제조업으로 구분해 보면, 전반석으로 비제조업 부분의 부가가치율이 제조업 부문의 부가가치율보다 높은 것을 알 수 있다. 이를 기업 규모별로 살펴보면 다음과 같은 점이 확인된다.

① 제조업 전체의 경우, 부가가치율은 2011년 19.7%에서 2016년 25.6%까지 상승한 뒤, 이를 기점으로 2023년까지 증감을 반복하며 비슷한 수준을 유지하고 있다.

- 대기업의 부가가치율은 그 추이가 전체 부가가치율 추이와 비슷하지만, 전체 부가가치율보다는 그 수준이 낮은 편으로 2021년을 기점으로 급격하게 하락했다.

- 반면, 중소기업의 부가가치율은 대기업의 부가가치율과 전체 부가가치율의 수준을 상회하고 있다. 대기업과의 부가가치율 격차가 줄어든 시기도 일부 있었지만, 2021년 이후 그 격차가 다시 확대되는 양상이 보인다.

② 비제조업의 부가가치율은 그 추이가 전체 산업과 제조업의 경우와는 다소 차이를 보이지만, 공통적인 점은 전체 산업과 제조업의 경우와 마찬가지로 중소기업의 부가가치율이 대기업의 부가가치율과 전체 부가가치율의 수준을 상회하고 있다는 사실이다.

〈그림 5-1〉 기업 규모별 부가가치율 추이 (2011년~2023년)

(단위: %)

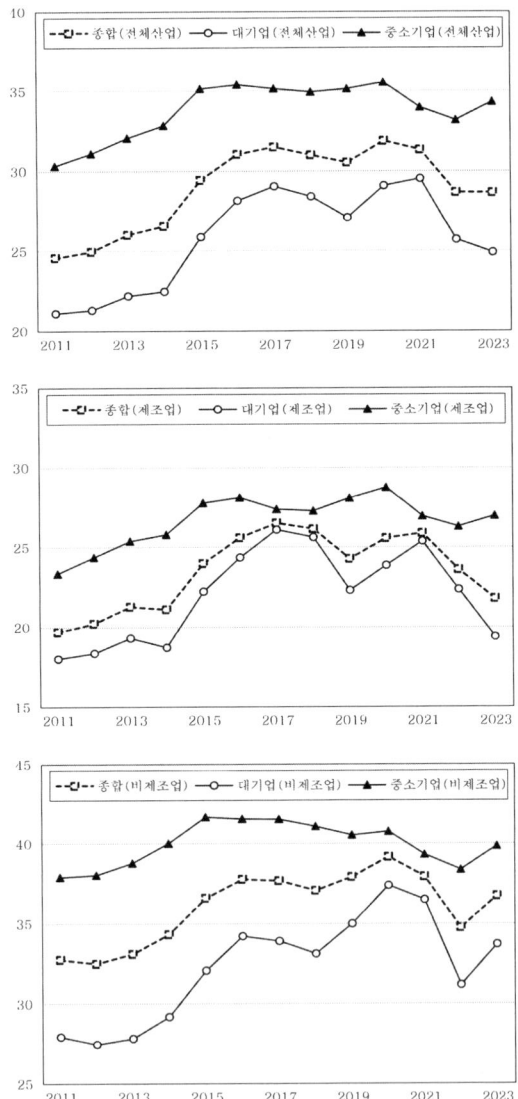

출처: 한국은행, 각 년도, 「기업경영분석」 데이터를 활용하여 작성함.

이처럼, 부가가치율을 기준으로 비교해 봐도 중소기업은 대기업 못
지않게, 때로는 그 이상으로 국내 경제에 기여하는 바가 크다고 할 수
있다. 지역의 금융시스템이 대기업보다는 지역을 기반으로 지역경제를
떠받치는 중소기업을 중심으로 한 구조로, 중소기업의 간접금융을 통
한 자금조달 환경이 지금보다 안정적으로 변해야 할 이유가 바로 여기
에 있다고 판단된다. 더욱이, 지역경제는 '자본(기업)의 활동 영역'이기
이전에 '주민의 생활영역'이기도 하다. 중소기업은 '자본'의 한 종류이
지만, 절대적인 기업 수와 고용 인원을 바탕으로 지역 수민의 생활을
책임지는 주체이기도 하다는 점도 간과해서는 안 된다. 제3장에서 논
의한 인천지역의 히든챔피언은 상당수가 미래의 발전 잠재력을 갖춘
중소기업으로 이들의 자금조달이 좀 더 안정적이고 원활하다면, 우수
한 기술력을 보유하고 있음에도 일시적 자금흐름의 악화로 도산하는
중소기업을 보호할 수 있다. 나아가, 이들의 성장잠재력을 끌어낼 수
있는 기회를 충분히 제공한다면, 향후 더 큰 부가가치를 창출해낼 수
있는 가능성은 분명 더 높아질 수 있다.

　본 장에서는 이와 같은 문제의식을 바탕으로 대안적인 지역금융시스
템에 대해 고민하고 있다. 이어지는 제2절에서는 자료의 한계는 있지
만, 인천시 지역금융의 현황을 살펴보고 자금 유·출입의 검토를 통해
서 인천시에 내포된 문제점을 지적한다. 그리고 제3절에서는 대안적
지역금융시스템 모색에 대한 단서를 얻기 위해, 금융의 공공성을 강조
하는 독일의 지역금융기관인 저축은행과 협동조합은행의 역할에 대해
객관적인 통계자료를 활용해 분석한다. 이를 토대로, 제4절에서는 하
나의 대안으로 '지역 공공은행' 설립에 대해 고찰한다.

제2절 인천시 지역금융의 현주소

1. 낮은 금융기여도

외환위기 이전 인천지역에서 중소기업과 소상공인 등을 위한 서민금융의 역할을 담당했던 주체는 경기은행을 중심으로 한 이른바 지역밀착형 금융기관이었다. 그러나, 외환위기 이후 경기은행은 한미은행(현, 시티은행)에 합병됐고, 그 밖에 다른 지역밀착형 금융기관도 도산되는 등 그 수가 급격하게 감소했다.[8] 궁극적으로 이것은 지역금융의 역할이 축소되는 결과를 초래했으며, 그 역할을 대신하게 된 시중은행이 상대적으로 위험부담이 큰 중소기업 대출을 기피하면서 중소기업은 자금확보에 점차 어려움을 겪게 됐다. 소상공인과 서민들도 마찬가지로 금융 접근성이 낮아졌고, 나아가 지역 간 금융 격차가 심화하면서 지역기반 경제주체들의 부담이 더욱 가중됐다. 이러한 상황은 대기업, 중소기업, 소상공인, 서민 등 경제주체 간의 격차뿐만 아니라 지역 간 격차

---

8) 한국은행 인천본부에 발표하는 '인천지역 금융기관 점포 현황'에 따르면, 인천지역의 예금은행 점포 수는 1997년을 기점으로 2002년까지 점차 감소한 이후, 2013년 331개까지 증가하여 1997년의 점포 수를 넘어서기도 했지만, 2022년 268개로 1997년에 비해 약 14% 감소했다. 지역밀착형 금융기관 점포 수는 1997년과 비교했을 때 약 38% 감소하여, 예금은행에 비해 큰 폭으로 점포 수가 줄어든 것으로 나타났다.

로도 나타나고 있어, 결과적으로 지역 금융은 점점 더 위축되고 있다.

　이와 같은 인천시 지역금융 축소의 결과는 〈표 5-3〉과 같이 금융연관비율에도 잘 나타난다. 금융연관비율이란, 금융산업의 상대적 발전 정도를 나타내는 지표 가운데 하나로, 이 지표를 통해 지역의 경제성장에 대한 금융의 기여도를 파악할 수 있다. 금융연관비율이 높을수록 해당 지역의 금융구조가 고도화되어 있다고 판단할 수 있는데, 표에서 알 수 있듯이, 2012년부터 2022년까지 그 비율은 비교 집단 모든 지역에서 대체로 높아지고 있다. 이것은 일반적으로 경제가 성장할수록 경제주체의 자금 수요는 더 많아지기 때문으로 해석된다.

　그렇지만, 금융연관비율을 지역별로 구분해서 보면 큰 차이가 확인된다. 2022년 기준, 그 비율은 서울시(8.2)가 가장 높고, 울산시(1.4)와 충남도(1.6)가 가장 낮은 수준을 보인다. 광역시 중에서는 대구시(4.8)와 부산시(4.0)가 높게 나타났으며, 인천시는 울산시 다음으로 낮은 2.8을 기록했다. 지역의 산업구조가 중공업 중심인 울산시를 제외하면, 인천시는 7대 특별·광역시 중에서 금융 부문의 발달 정도가 가장 낮은 것을 알 수 있다.

　무엇보다도 눈에 띄는 것은 서울시의 경우를 제외하면, 지방은행이 존재하는 지역의 금융연관비율이 그렇지 않은 지역의 금융연관비율에 비해 그 수준이 높은 경향을 보인다는 점이다. 비록, 광주은행[9], 경남은행[10], 제주은행[11]은 다른 금융기관으로 편입되어 현재 독립적인 지배구조를 구축하고 있는 지방은행은 부산은행, 대구은행[12], 전북은행 등

---

9) 2001년 우리금융지주로 편입되어, 2014년 JB금융지주에 매각됐다.
10) 2001년 우리금융지주로 편입되어, 2014년 BS금융지주에 매각됐다.
11) 2002년 신한금융지주회사에 편입됐다.

단 3곳뿐이지만, 이들 지방은행 소재 지역의 금융연관비율은 경남도 (2.7)를 제외하면 모두 인천시(2.8)보다 높은 수준을 보인다.

〈표 5-3〉 지역별 금융연관비율 추이 (2012년 ~ 2022년)

(단위: 배)

지역	연도										
	2012	2013	2014	2015	2016	2017	2018	2019	2020	2021	2022
전국	2.7	2.7	2.8	2.9	3.0	3.0	3.2	3.4	3.7	3.8	3.8
서울시	5.4	5.5	5.8	5.9	6.1	6.2	6.5	6.9	7.5	8.1	8.2
부산시*	3.1	3.2	3.4	3.4	3.6	3.7	3.7	3.8	4.2	4.1	4.0
대구시*	3.2	3.3	3.5	3.7	3.8	3.9	4.0	4.1	4.5	4.6	4.8
인천시	**2.2**	**2.2**	**2.2**	**2.1**	**2.2**	**2.3**	**2.4**	**2.6**	**2.8**	**2.8**	**2.8**
광주시*	2.7	2.7	2.8	2.9	3.0	3.1	3.0	3.1	3.4	3.5	3.6
대전시	2.6	2.7	2.8	2.9	2.9	3.0	3.0	3.1	3.3	3.3	3.4
울산시	1.0	1.0	1.1	1.1	1.2	1.2	1.3	1.3	1.5	1.4	1.4
경기도	2.0	2.0	2.0	2.0	2.0	2.0	2.0	2.2	2.4	2.4	2.5
강원도	1.9	1.9	1.9	1.9	2.1	2.1	2.2	2.3	2.3	2.4	2.6
충북도	1.6	1.6	1.7	1.6	1.6	1.6	1.6	1.7	1.8	1.8	1.9
충남도	1.1	1.1	1.2	1.2	1.2	1.2	1.3	1.4	1.5	1.5	1.6
전북도*	2.2	2.2	2.3	2.3	2.4	2.5	2.7	2.9	3.1	3.1	3.2
전남도	1.4	1.4	1.5	1.6	1.6	1.7	1.7	1.8	1.9	1.8	1.9
경북도	1.3	1.4	1.4	1.6	1.6	1.7	1.8	1.9	2.0	2.0	2.1
경남도*	1.8	1.9	2.0	2.1	2.2	2.3	2.4	2.4	2.6	2.7	2.7
제주도*	2.4	2.5	2.5	2.6	2.7	2.8	3.1	3.3	3.6	3.7	3.9
세종시	–	1.2	1.2	1.4	1.9	2.1	2.6	2.5	2.8	2.8	2.9

주 1: 금융연관비율 = 금융자산(예금+대출)/GRDP
주 2: 금융자산에는 예금은행, 비예금은행, 생명보험 여·수신이 포함됨.
주 3: *는 지방은행이 있는 지역을 의미함.
출처: 한국은행, 각 년도, 「지역경제통계」 데이터와 KOSIS 국가통계포털 데이터를 활용하여 작성함.

---

12) 2024년 시중은행으로 전환하면서, 대구은행에서 iM뱅크로 행명을 변경했다.

금융 부문이 실물 부문에 후행하여 발전하는지 아니면 실물 부문 발전을 선도하는지에 대한 논의는 차치하더라도, 지역금융 기능의 낙후가 지역경제 발전의 낙후로 이어질 수밖에 없음을 부인하기는 어렵다.[13] 즉, 금융연관비율로 본 인천지역의 금융산업의 발전 정도는 상대적으로 낮다고 할 수 있으며, 지역경제의 성장에 금융 부문이 크게 기여하지 못하고 있다는 점 또한 지적하지 않을 수 없다.

2. 자금의 비정상적인 유입

그렇다면, 그러한 원인은 어디에서 찾을 수 있을까? 여기에서는 인천지역의 금융 부문을 통해 이동하는 자금의 역내·외 유출 정도[14]를 금융연관비율이 가장 높은 서울시와 같은 수도권역에 위치하는 경기도와 함께 비교하여 살펴봄으로써, 그 단서를 찾아보고자 한다.

---

13) 홍완표, 2005, 「연관비율로 본 금융의 지역 간 격차: 6대 광역시를 중심으로」, 『지역사회연구』 제13권 제2호, 지역사회학회, pp.26-27.

14) 은행을 통한 자금의 '역외 유출률'을 계산하는 방식은 (여신액-수신액)/수신액 혹은 (수신액-여신액)/수신액 등 2가지이다. 전자의 경우, (여신액-수신액)이 양(+)의 값이면 자금 유입, 음(-)의 값이면 자금 유출로 해석하고, 후자의 경우, (수신액-여신액)으로 계산하여, 양(+)의 값이면 역외 유출, 음(-)의 값이면 역외 유입으로 해석한다. 이는 수신액이 여신액보다 크면 수신자금 중에서 대출로 운영되지 않은 자금을 주식, 채권 등 유가증권 투자로 활용한다고 전제한다. 한편, '역외 유출률' 분석의 한계도 있다. 예를 들어, A 지역에서 대출받은 자금이 B 지역으로 이동했을 경우, 대출액은 A 지역으로 분류된다. 따라서, 단순 수식으로 특정 지역에서 발생하는 자금의 역외 유출을 해석하면 실제 지역경제 상황이 제대로 반영할 수 없다는 한계가 존재한다. 이런 까닭에, 주변 지역 간 비교와 예대율 등을 종합적으로 고려해야 할 필요가 있다. 본 장은 이와 같은 한계를 충분히 염두에 두고, 금융위원회(2010), 한국은행 강원본부(2007)에서 활용한 후자의 방식을 활용하고 있다.

〈그림 5-2〉는 서울시, 인천시, 경기도 소재 예금은행과 비예금은행 자금의 '역외 유출률'을 산출한 결과를 나타내는 그래프로, 그 추이를 확인해 보면 다음과 같은 점들이 먼저 눈에 보인다.

① 예금은행을 통한 자금이동

- 서울시에서는 2007년과 2008년을 제외한 모든 기간에서 자금의 역외 유출이 발생했다.

- 반면에, 인천시와 경기도에서는 2002년부터 자금의 역내 유입이 시작됐다. 역내 유입률은 2011년까지 꾸준히 상승하여 2023년 기준 각각 50%, 40% 수준이다.

③ 비예금은행을 통한 자금이동

- 2004년부터 2023년까지 모든 지역에서 역외 유출이 발생하는 것으로 나타났다. 특히, 서울시가 인천시와 경기도에 비해 큰 유출률을 보인다.

- 비은행금융기관에서 역외 유출이 발생한다는 것은 지역 내 경제 주체에 대출 후 남은 자금을 주식, 채권, 발행어음 등과 같은 유가증권 투자를 통해 지역 외부로 흘러 나갔기 때문으로 해석할 수 있다.

④ 예금은행·비예금은행 모두를 통한 자금이동

- 2004년부터 2023년까지 예금은행과 비예금은행의 예금액과 대출액을 합산하여 지역 소재 금융기관을 통한 자금의 역외 유출률을 살펴본 결과, 서울시는 자금이 유출되고, 인천시는 경기도보다 많은 자금이 유입되는 것으로 나타났다.

- 즉, 인천시는 은행을 통한 자금 유·출입에 있어 '순유입' 지역으로 판단된다.

〈그림 5-2〉 서울시·인천시·경기도: 예금은행(1995년~2023년) 및
비예금은행(2004년~2023년) 자금의 역외 유출률

(단위: %)

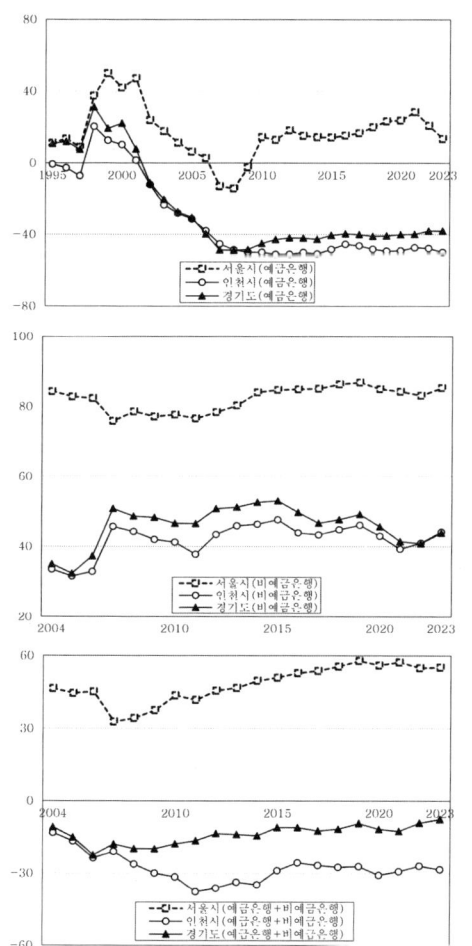

주 1: 예금은행은 일반은행(시중은행, 지방은행, 외국은행 국내 지점) 및 특수은행(산업은
행, 중소기업은행, 수출입은행, 농협중앙회, 수협중앙회)을 포함함.
주 2: 비예금은행은 상호저축은행, 신용협동기구(새마을금고, 신용협동조합, 상호금융), 우
체국 금융을 포함함.
출처: 한국은행 경제통계시스템 데이터를 활용하여 작성함.

한편, 〈그림 5-3〉은 예금은행과 비예금은행의 예대율을 나타낸 것으로, 다음과 같은 점이 확인된다.

〈그림 5-3〉 서울시·인천시·경기도: 예금은행(1995년~2023년) 및
비예금은행(2004년~2023년) 예대율

(단위: %)

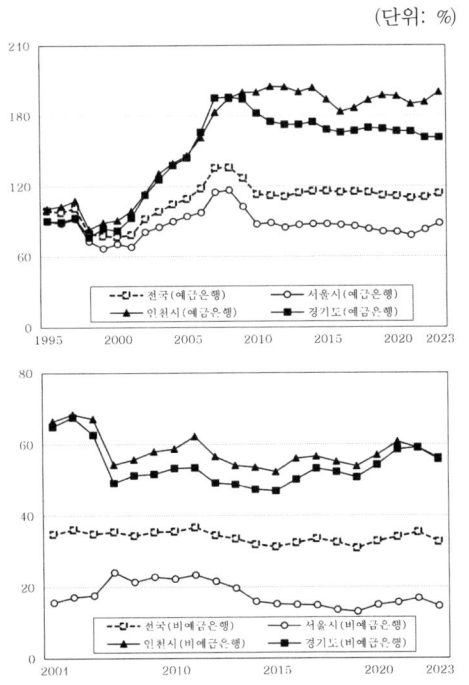

주: 〈그림 5-2〉와 같음.
출처: 한국은행 경제통계시스템 데이터를 활용하여 작성함.

① 인천지역 예금은행의 예대율
- 외환위기 이후 가파르게 상승하여 2002년에 100%, 2011년에는 200%를 넘어섰고, 2023년에도 비슷한 수준인 199.8%를 유지하고 있다.

- 이것은 88.1%인 서울시와 161.3%인 경기도뿐만 아니라 113.7%
  를 보인 전국을 상회하는 수준이다.
② 인천지역 비예금은행의 예대율
- 2004년 66.5%를 보였던 그 수준은 불규칙적인 증감을 반복하
  며 2023년에는 55.8%까지 축소됐다.
- 이것은 56.2%를 보인 경기도와는 비슷한 수준이지만, 14.7%를
  기록한 서울시와 32.6%를 유지한 전국 수준에 비하면 상대적으
  로 높은 수치이다.

여기에서 주목해야 할 점은 예금은행과 비예금은행 사이의 예대율에
매우 큰 차이를 보인다는 사실이다. 일반적으로 특정 지역의 예대율은
지역에서 조성된 예금이 지역의 경제주체에 대출의 형태로 흘러가므로
100%를 넘지 않는 것이 정상이다. 〈그림 5-2〉, 〈그림 5-3〉을 종합해
서 봤을 때, 인천지역에서는 특정 기간을 제외하고 예금은행을 통해
역내로 유입된 자금이 대출되어 200%에 가까운 예대율을 만든 반면,
비예금은행에서는 유가증권을 통한 자금의 역외 유출이 발생하고 있
어, 예대율은 예금은행에 비해 상당이 낮다고 할 수 있다.
막대한 자금이 지역으로 유입되어 각 경제주체로 흘러간다는 것은
한편으로 지역경제의 성장에 긍정적인 영향을 미친다고 할 수 있다.
그러나, 다른 한편으로는 지역 내의 금융 수요를 지역의 금융기관이
감당하지 못하고 외부에 의존해 왔다는 것을 의미하기도 하며, 이러한
구조적인 문제가 인천지역의 낮은 금융연관비율로 나타나는 원인이 됐
다고 할 수 있다. 더욱이, 제1장에서 확인한 것처럼, 외환위기 이후 수
도권 개발붐으로 인천시에서는 송도, 청라, 영종을 중심으로 한 경제자

유구역과 신도시 개발로 인해 대규모 주택 건설이 이루어졌다. 이러한 지역개발은 2008년 금융위기 이후에도 계속되고 있으며, 이는 외부에서 과도하게 유입된 차입금과 주택담보대출을 바탕으로 이루어져 왔음을 미루어 짐작할 수 있다.

〈그림 5-4〉는 예금은행과 비예금은행의 가계대출에서 주택담보대출이 차지하는 비율을 나타낸 것으로, 다음과 같은 점이 확인된다.

〈그림 5-4〉 서울시·인천시·경기도: 예금은행(2006년~2023년) 및 비예금은행(2007년~2023년) 가계대출 대비 주택담보대출

(단위: %)

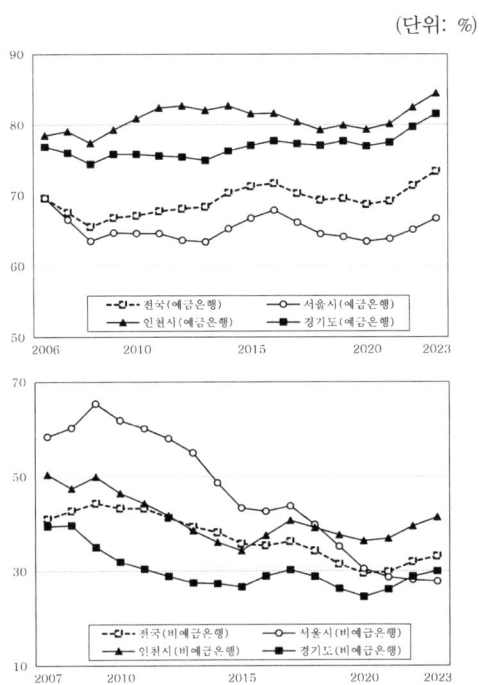

주: 〈그림 5-2〉와 같음.
출처: 한국은행 경제통계시스템 데이터를 활용하여 필자가 직접 산출함.

① 예금은행의 가계대출 대비 주택담보대출 비율

- 2006년부터 2023년까지 그 비율은 77.4%~84.4%를 기록했다.
- 이것은 73.4%인 서울시, 81.5%인 경기도, 66.7%인 전국의 수준을 모두 상회하는 높은 수준이다. [15]

② 비예금은행의 가계대출 대비 주택담보대출 비율

- 2006년부터 2023년까지 그 비율은 34.4%~50.4%를 기록했는데, 이것은 예금은행의 경우보다는 낮은 수준이다.
- 다만, 서울시와 경기노에서는 2008년 이후 주택담보대출 비율이 큰 폭으로 감소했지만, 인천시는 소폭 감소하는 데 그쳤고 2015년 이후로 그 비율이 경기도와 전국의 수준 이상으로 크게 높아졌다.

이러한 배경에는 앞서 언급한 대규모 신도시 개발과 더불어 인천시 각 지역에서 추진됐던 재개발 사업이 큰 영향을 미친 것으로 판단된다. 한국부동산원에서 발표하는 지역별 공동주택 입주 예정 물량을 살펴보면, 〈표 5-4〉와 같이 2024년 3/4분기 이후 향후 2년간 공동주택 입주 예정 물량은 전국 17개 시도에서 총 599,823세대임이 확인되는데, 이 가운데 인천지역의 예정 물량은 전체 예정 물량의 8.1%인 48,869세대로, 26.7%인 경기도, 14.9%인 서울시 다음으로 많은 물량인 것을 알 수 있다. [16]

---

15) 예금은행의 가계대출 중 주택담보대출 비율이 이렇게 높다는 점은, 예금은행은 위험성이 큰 신용대출보다는 주택담보대출을 통해 위험을 상쇄하려는 행태를 보인다는 것을 간접적으로 보여준다.

16) 2022년 인천시에서 배포한 보도자료에 따르면, 2022년은 2021년 대비 신규 아파트

〈표 5-4〉 공동주택 입주 예정 물량 (2024년 3/4분기 ~ 2026년 2/4분기)

(단위: 세대, %)

구분	세대 수		구분	세대 수	
		비율			비율
전국	599,823	100	강원도	20,096	3.4
서울시	89,188	14.9	충북도	31,159	5.2
부산시	27,972	4.7	충남도	28,007	4.7
대구시	30,448	5.1	전북도	20,500	3.4
인천시	**48,869**	**8.1**	전남도	15,283	2.5
광주시	18,273	3.0	경북도	28,081	4.7
대전시	30,805	5.1	경남도	32,698	5.5
울산시	12,449	2.1	제주도	1,694	0.3
경기도	160,433	26.7	세종시	3,868	0.6

출처: DATA 공공데이터포털 데이터를 활용하여 작성함.

　　지금까지 살펴본 인천지역에서 발생한 자금 유·출입에 관한 일련의 과정을 요약하면, 지역 내부로 대규모 자금이 유입되고 있다는 점에서 지역금융이 지역경제 성장을 뒷받침하는 역할을 하고 있다고 볼 수 있다. 그렇지만, 그 구체적인 내용은 예금은행을 통해 유입된 자금은 주택건설로, 비예금은행의 유가증권 투자로 흘러 나가는 모순적인 상황이 계속되고 있고, 이는 인천시 지역금융의 낮은 금융연관비율을 통해 명확하게 확인할 수 있다.

입주 물량이 209% 증가했으며, 당시 기준으로 최근 5년간 최대치가 될 것으로 전망했다. 인천시의 신규 아파트 입주 물량은 2017년 19,686호에서 2018년 20,720호로 늘었으며, 2019년 13,679호에서 2020년 11,429호로 감소했다가 2021년에 다시 20,088호로 증가했다. 또한, 2022년에는 41,943호 2023년은 38단지 45,000호, 2024년은 33단지 28,000호, 2025년은 53단지 70,000호 등, 2025년까지 185,000호 이상 주택을 공급할 예정이며, 2030년까지 인천시의 주택 수 1,520,000호를 목표로 405,000호를 꾸준히 공급할 계획이라고 밝혔다(인천광역시, 2022:1-2).

3. 좀처럼 늘어나지 않는 중소기업 대출

이러한 모순의 결과는 지역경제에 어떠한 양상으로 나타났을까? 〈그림 5-5〉는 예금은행의 총대출에서 중소기업 대출 비율과 GRDP 대비 중소기업 대출 비율을 나타낸 것으로 다음과 같이 요약된다.

① 인천지역 예금은행의 총대출에서 중소기업 대출 비율
- 전반적으로 서울시와 전국의 경우보다는 낮고 경기도의 경우와 는 비슷한 수준으로, 2007년부터 2023년까지 46.9%에서 51.9%로 서서히 늘어나고는 있지만 의미 있는 증가라고 보기는 어렵다.

② 인천지역 GRDP 대비 중소기업 대출 비율
- 같은 기간 34.1%에서 55.7%로 증가했는데, 그동안의 인천 지역 경제가 꾸준히 양적으로 성장해 왔다는 점을 고려하면, 이 또한 큰 의미를 갖는 수치라 보기 어렵다.
- 특히, 2023년 기준 서울시와의 격차가 크게 나타나는데, 서울지 역 GRDP에서 차지하는 예금은행의 중소기업 대출 비율은 인천 시보다 48.7%P, 경기도보다 60.8%P 높다.

지역경제의 지속 가능한 성장을 위해, '중소기업에 대한 안정적이고 적극적인 대출'이 지역금융이 담당해야 할 가장 기본적이면서 중요한 역할이라는 것은 아무리 강조해도 지나치지 않는다. 다만, 그 적정 수준을 판단하기 위해서는 각 지역의 경제 규모와 산업구조, 기술력과 같은 중소기업의 역량과 신용도, 실제 자금 수요의 규모 등 다양한 방면에서의 논의가 필요하다. 왜냐하면, 적정 수준을 벗어난 과도한 대출

은 자칫 '좀비기업'을 양산하는 결과로 이어져 지역경제 전체에 오히려
악영향을 미칠 수 있기 때문이다.

〈그림 5-5〉 서울시·인천시·경기도 예금은행: 총대출 대비(2007년~2023년)
및 GRDP 대비(2007년~2022년) 중소기업대출

(단위: %)

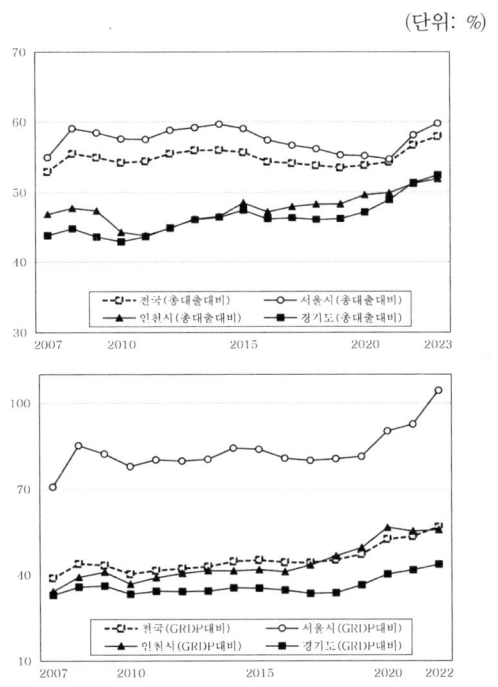

주: 〈그림 5-2〉와 같음.
출처: 한국은행 경제통계시스템 데이터를 활용하여 필자가 직접 산출함.

　　여기에서는 그동안 예금은행의 중소기업 대출 비율이 줄곧 비슷한
수준을 유지해 온 것에 대해, 한국은행의 중소기업 지원 정책 가운데
하나인 '중소기업대출의무비율제도(이하, 중기비율제)' 이행에 초점을
맞춰 논의해 보고자 한다.

중기비율제는 신용도와 담보력이 대기업에 비해서 상대적으로 취약한 중소기업에게 자금 이용 기회를 늘려주어 중소기업의 육성과 발전을 지원한다는 취지로 1965년 4월부터 도입됐다. 도입 초기에는 그 비율이 30%로 같았으나, 1976년 12월부터 지방은행을 지역금융에 특화하도록 유도하기 위해 높게 적용하고 있으며, 외국은행 국내 지점에 대해서는 1985년 3월부터 적용하고 있다. 이후, 금융환경 변화에 따라 몇 차례 조정을 거쳤고, 1997년 7월 이후에는 시중은행은 원화 금융자금 내출증가액의 45%, 지방은행은 60%, 외국은행 국내 지점은 35% 이상을 각각 중소기업에 지원하도록 의무화했다.[17] 그리고 2023년 7월부터는 시중은행과 지방은행에 대해 차등 적용되고 있는 의무 비율이 50%로 일원화됐으며, 외국은행 국내 지점은 현행 그대로 유지하고 있다.[18]

모든 정책이 그러하지만, '중기비율제'에 대한 평가도 크게 둘로 나뉜다. 먼저, 긍정적인 효과로는 중소기업의 금융 접근성 개선을 통해 지역경제를 활성화하며 산업구조의 균형을 도모하는 데 기여할 수 있다. 또한, 중소기업의 자금조달이 원활해짐으로써 경제 전반에 긍정적인 영향을 줄 수 있다. 그러나 한편으로 금융기관의 대출 자율성을 제한하여 비효율적인 대출이 발생할 가능성이 있고, 시장 왜곡이나 부실 대출의 위험이 증가할 수 있다는 단점도 있다.

다만, 현재 인천지역에서 예금은행을 통해 발생한 중소기업 대출이 과도한 상태인지 아닌지에 대해서는 조금 더 따져볼 필요가 있는데, 〈표 5-5〉에서 확인할 수 있듯이 인천지역 예금은행에서 발생한 중소기

---

17) 류덕위, 2014, 「지방은행의 지역중소벤처기업지원과 지역금융정책」, 『벤처창업연구』 제8권 제4호, 한국벤처창업학회, p.41.
18) 한국은행, "중소기업대출비율제도 개편", 2023. 4. 11. [보도자료], p.1.

업 대출 연체율은 매우 낮은 수준으로 서울시와 경기도의 수준보다도 낮다. 즉, 이 제도가 더욱 실질적인 효과를 발휘하기 위해서는 중소기업의 필요와 금융기관의 안정성을 균형 있게 고려한 보완 장치가 필요하겠지만, 마치 '최저임금제도' 하에서 일정 금액 이상의 임금을 지급하지 않아도 되는 것처럼, '중기비율제'가 지역 내에 상당한 중소기업의 대출 수요가 존재함에도 불구하고, 예금은행이 비교적 위험성이 높은 중소기업 대출 비율을 일정 수준 이상으로 늘리지 않을 수 있도록 보장하는 역설적인 요인이 될 수도 있다.

〈표 5-5〉 예금은행의 기업 대출 연체율 (2019년 ~ 2023년)

(단위: %)

구분		연도				
		2019	2020	2021	2022	2023
기업 대출 (전체)	서울시	0.66	0.52	0.42	0.31	0.46
	인천시	**0.14**	**0.11**	**0.07**	**0.15**	**0.22**
	경기도	0.22	0.12	0.08	0.17	0.27
대기업 대출	서울시	0.63	0.37	0.34	0.06	0.16
	인천시	**0**	**0**	**0**	**0**	**0**
	경기도	0.42	0	0	0.06	0.01
중소기업 대출	서울시	0.67	0.6	0.45	0.43	0.63
	인천시	**0.15**	**0.12**	**0.08**	**0.17**	**0.25**
	경기도	0.21	0.13	0.09	0.18	0.3

주 1: 국내은행의 연체율(전국 기준)은 금융감독원이 매월 발표(해당 월은 잠정치)하고 있으며, 지역별 연체율 집계 과정에서 금융감독원 자료와 일부 차이가 발생할 수 있음.
주 2: 국내은행은 외국은행 국내지점을 제외하고, 수출입은행을 포함함.
출처: 한국은행 경제통계시스템 데이터를 활용하여 작성함.

한편, 〈그림 5-6〉은 비예금은행의 총대출 및 GRDP 대비 중소기업 대출 비율을 보여준다. 통계 작성이 시작된 2013년부터 2023년까지 인

천지역 비예금은행의 총대출에서 중소기업 대출이 차지하는 비율은
18.2%에서 56.9%로 3.1배 증가했고, 서울시, 경기도, 전국 수준도 이
와 유사하다.

〈그림 5-6〉 서울시·인천시·경기도 비예금은행: 총대출 대비
(2013년~2023년) 및 GRDP 대비(2013년~2022년) 중소기업 대출

(단위: %)

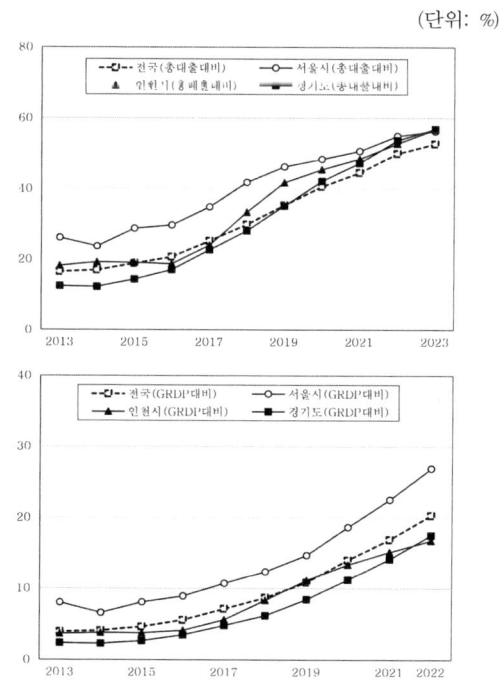

주: 〈그림 5-2〉와 같음.
출처: 한국은행 경제통계시스템 데이터를 활용하여 필자가 직접 산출함.

또한, 인천지역 GRDP 대비 중소기업 대출 비율은 같은 기간 3.7%에
서 17.5%로 4.7배 늘어났다는 점이 확인되는데, 이러한 점을 앞의 〈그
림 5-5〉를 통한 분석과 종합해서 보면, 인천시 지역금융에서 차지하는

비예금은행의 자금 규모가 예금은행보다 현저히 작다고는 하지만, 지역에서 발생하는 중소기업 금융 수요의 상당 부분을 예금은행이 아닌 비예금은행이 감당해 왔다는 점을 지적할 수 있다.

외환위기 이후 시중은행의 대형화와 금융업무 다각화로 인해 지역금융의 영역에서도 경쟁이 심화했고, 전통적으로 지역을 기반으로 활동하는 비예금은행의 영업이 크게 위축됐다. 그 결과, 비예금은행의 예대율이 서서히 감소하는 추세에 있다고는 하지만, 지역금융의 역할과 기능에 있어 이들이 '중기비율제의 역설'을 보완하는 매우 중요한 역할을 하고 있다는 점을 간과해서는 안 된다.

이어지는 제3절에서는 '지역금융의 공공성'이라는 관점에서 독일의 저축은행과 협동조합은행 사례를 통해 인천시 지역금융의 현 상황과는 어떠한 차이가 있는지 확인함으로써, 대안적 지역금융시스템 모색을 위한 단서를 얻고자 한다.

제3절 공공성에 초점을 맞춘 독일의 지역금융

1. 독일 지역금융의 공공성

독일의 은행시스템은 최상위기관인 독일연방은행과 그 하위기관인 일반은행과 특수은행으로 이루어져 있다. 일반은행은 다시 법률적 성격과 존재 의의에 따라 영리 추구를 목적으로 하는 상업은행 그룹과 지역경제 활성화, 일자리 창출, 서민의 이익 증진과 같은 공공성 실현을 목적으로 하는 저축은행(Sparkassen) 그룹 그리고 조합원의 이익 극대화를 목적으로 하는 협동조합은행(Kreditgenossenschaften)[19] 등 세 가지 유형으로 나뉜다.[20][21]

이 중에서 저축은행 그룹과 협동조합은행은 독일의 지역금융을 담당

---

[19] 독일의 '협동조합은행'이라는 명칭은 신용협동조합(Credit Union)과 같은 의미지만 여러 문헌에서 Cooperative Bank를 사용하기도 하며, 독일연방은행 통계자료에는 독일어 표기인 Kreditgenossenschaften을 영어로 Credit Cooperatives로 표기하고 있는데, 본 장에서는 '협동조합은행'으로 명칭을 통일하여 사용한다.

[20] 채희율, 2014, 「독일 금융시스템의 특징과 시사점」, 『KIF Working Paper』 제2014-02호, 한국금융연구원, pp.14-15.

[21] 19세기 후반 독일 은행업의 발전은 동일한 속도의 공업화 과정에서 나타난 가장 뚜렷한 성과이며, 20세기 초 독일의 은행제도는 아마도 세계에서 가장 효율적인 시스템이라 평가할 수 있다(Cameron and Neal, 2003:276-284).

하는 두 축이다. 저축은행은 지역 내 서민과 중소기업을 대상으로 수익성보다는 공익 실현을 목적으로 하고, 협동조합은행은 조합원의 이익을 최우선으로 추구한다는 점에서 다소 차이가 있지만, 특정 지역이라는 공간적인 범주에서 금융서비스를 제공하고 있다는 점에서 그 궤를 같이한다.

단순히 지역금융의 공공성에 초점을 맞춘다면 저축은행만을 논의의 대상으로 해야겠지만, 협동조합은행도 지역의 주민과 상공업자 등으로 구성된 조합원의 이익 증진을 위해 활발한 금융 활동을 하고 있다는 점에서 지역금융의 한 축을 담당한다는 것에는 차이가 없다고 판단되므로 여기에서는 두 금융기관을 함께 살펴보기로 한다. 또한, 우리나라의 지역금융기관인 신용협동조합과 새마을금고는 독일의 저축은행과 협동조합은행의 특성을 동시에 갖고 있기 때문에 이들 두 주체에 대해 살펴보는 것은 논리적으로도 타당하다고 판단된다.

1) 저축은행

독일의 저축은행은 지역 주민의 저축의식과 재산 형성 장려, 저소득층에 대한 금융서비스 제공, 지방자치단체의 자금수요 충족을 주된 임무로 설정하고 있고, 일반 상업은행과 달리 이익 추구가 아닌 공적인 가치 실현에 초점을 맞추고 있다.

우선, 독일의 은행 유형별(저축은행, 주립은행, 협동조합은행, 대형은행, 상업은행) 총자산(부채 포함) 비율부터 살펴보면, 〈그림 5-7〉과 같은 추이를 확인할 수 있다. 1958년만 하더라도 저축은행 부문(주립은행, 저축은행)이 독일 금융기관 총자산의 32.1%를, 협동조합은행이 4.9%를, 그리고 상업은행 부문[22]이 33.7%를 각각 차지했다. 지역금융의 역할을 하는 두 축인 저축은행 부문과 협동조합은행의 비율을 합해서 보면 전체의 37.0%로, 이들은 1958년 당시 독일 내 금융에서 커다란 영향력을 가졌다고 볼 수 있는데, 특히 19세기 후반부터 20세기 초반까지 독일산업의 발전에 크게 기여했다고 평가된다.[23]

〈그림 5-7〉 독일의 은행별 총자산 비율 추이 (1958년 ~ 2024년)

(단위: %)

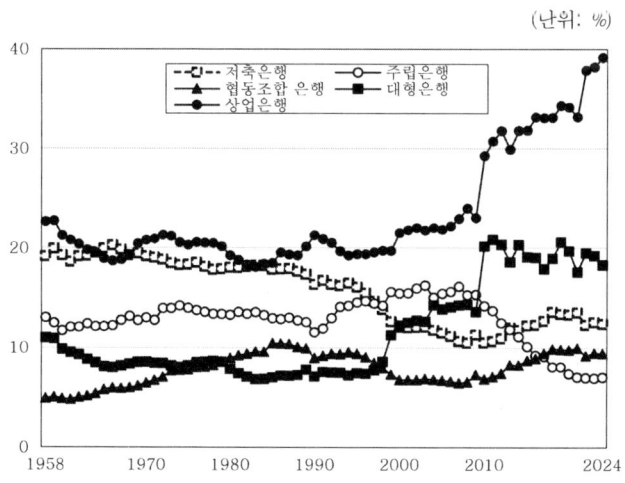

주 1: 2024년 데이터는 11월 기준, 그 외 연도는 12월 기준임.
주 2: 독일 전체 금융기관 중 저축은행, 주립은행, 협동조합은행, 대형은행, 상업은행의 비율을 산출한 것으로, 5개 기관의 비율 합산은 100%가 되지 않음.
출처: Deutsche Bundesbank Eurosystem 데이터를 활용하여 필자가 직접 산출함.

---

22) Deutsche Bundesbank Eurosystem(2025)에서는 상업은행 부문을 대형은행, 지방은행, 기타 상업은행, 외국은행 지점으로 분류하고 있다.
23) 독일의 산업 발전에는 은행업 이외에 다른 많은 요소가 이바지했기 때문에 전적으로 금융의 역할만으로 단정 지을 수 없지만, 은행업이 그들의 산업 발전에 있어서 중요한 임무를 수행했다는 점은 분명하다(Cameron and Neal, 2003:279-284).

한편, 이들 지역금융기관의 총자산 비율은 1983년에 41.4%를 차지하기도 했다. 그러나, 이후 상업은행 부문의 총자산 비율은 점차 증가한 것에 반해, 지역금융기관의 총자산 비율은 점차 감소 양상을 보였다. 2001년 상업은행 부문(34.3%)과 지역금융기관(34.2%)의 총자산 비율이 처음으로 역전됐고, 2024년 기준, 상업은행 부문(57.5%)의 총자산 비율이 지역금융기관(28.7%) 총자산 비율의 2배에 근접했다. 전반적으로 상업은행 부문의 총자산 비율이 증가함에 따라 1983년에 비해 지역금융기관의 영향력은 줄었지만, 2024년 기준, 저축은행 그룹의 총자산 비율은 19.4%로 독일 금융시스템 전체에서 적지 않은 부분을 차지하고 있다는 점에서 현재까지도 독일의 금융산업에서 상당한 영향을 미치고 있다고 볼 수 있다.

〈그림 5-8〉은 1948년부터 2024년까지의 독일 내 저축은행 수와 1958년부터 2024년까지의 총자산 추이를 보여준다. 1948년 887개였던 저축은행은 2024년 349개로 60.1% 감소했지만, 오히려 총자산은 1958년 206억 유로에서 2024년 1조 5,829억 유로로 76.8배 증가했다.

1990년대 이후 저축은행의 수가 급격하게 감소한 원인은 금융기관 간의 경쟁 심화로 인한 합병과 구조조정, 2000년대 이후 지속된 저금리 환경, 디지털화 등에서 찾을 수 있다. 그럼에도 저축은행의 총자산 규모는 꾸준히 증가했는데, 이는 재정건전성이 취약한 은행 간 합병과 구조조정을 통해 경쟁력과 효율성 제고에 총력을 기울인 결과로 볼 수 있다. 2024년 기준, 독일 금융 부문 전체 자산은 12조 7,986억 유로이며, 주립은행을 포함한 저축은행 그룹은 2조 4,770억 유로(19.4%)로 상업은행 다음으로 최대 비율을 차지하고 있다.

〈그림 5-8〉 독일의 저축은행 수 (1948년 ~ 2024년) 및
총자산 (1958년 ~ 2024년) 추이

(단위: 개, 십억 유로)

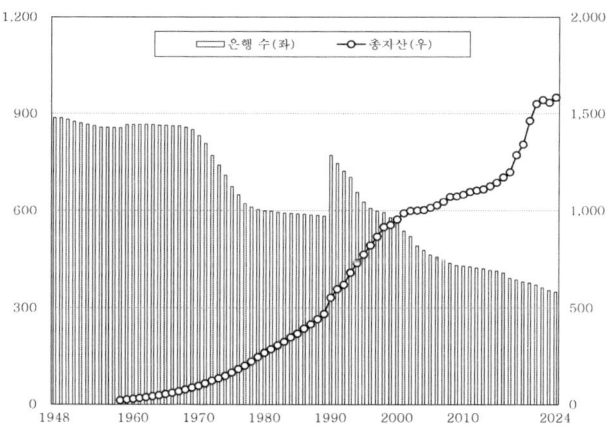

주: 2024년 데이터는 11월 기준, 그 외 연도는 12월 기준임.
출처: Deutsche Bundesbank Eurosystem 데이터를 활용하여 작성함.

한편, 주립은행(Landesbanken), 개발은행(Förderbanken)과 함께 저축은행은 공영은행 그룹으로 분류된다. 이들 공영은행은 독일의 금융시스템에서 매우 중요한 역할을 차지한다. 특히, 지역경제와 중소기업 지원, 서민금융 서비스 제공 등 연방 주(Bundesland) 내의 경제 진흥 지원과 같은 '공공성 강화'를 목적으로 하는데, 이런 까닭에 독일의 저축은행은 공적 금융기관으로 볼 수 있다. 또한, 이들은 지역에서 조달한 저축과 예금을 중소기업이나 지방자치단체에 융자하고 개인에게는 주택자금을 공급할 뿐만 아니라, 리스회사, 팩토링회사, 공적보험회사, 벤처캐피탈회사 등을 산하에 두고 폭넓은 금융서비스를 제공하고 있다.[24]

주립은행은 연방의 주정부를 비롯하여 해당 지역의 저축은행연합회

(Sparkassenverband)등이 출자하여 설립된 공영은행으로, 현재 독일 내 6개가 있다. 1개 또는 복수의 주에서 은행 업무를 수행하고 지역경제 활성화를 위해 연방과 주를 지원하는 공적 임무를 부여받고 있는데, 이러한 의미에서 주립은행은 각 연방 주에서 공적 금융을 담당하는 중앙은행(Haus Bank)으로서의 기능을 가진다.

아울러, 주립은행은 동일한 저축은행 간 결제 업무를 위한 대체중앙은행(Girozentralen)의 기능도 가지고 있어 저축은행 그룹의 최상위기관의 역할도 한다.[25]

2) 협동조합은행

독일에는 한국과 같은 신용협동조합법이 존재하지 않는다. 독일의 협동조합은행은 모든 유형의 협동조합에 적용되는 일반협동조합법에 따라 조직되고, 은행법에 따른 은행업 라이선스 인가를 받아 금융업을 영위하기 때문에 협동조합은행으로 불린다.[26]

과거 독일에는 크게 2가지 유형의 협동조합은행이 존재했는데, 하나는 농촌을 기반으로 농민들을 위한 구매·판매업을 겸업하는 라이파이젠 금고이며, 다른 하나는 국민은행으로 알려진 도시를 기반으로 한 저축·신용사업을 경영하는 것으로 슐체-델리취 모델의 대부·신용조

---

24) 안성포·강주영, 2007, 『국가재정과 주택금융제도(Ⅲ): 독일의 주택금융정책 관련 법제를 중심으로』, 서울: 한국법제연구원, p.44.

25) 안성포·강주영, 2007, 위의 책, p.44.

26) 구정옥, 2020, 「독일과 미국의 금융협동조합네트워크 비교 연구」, 『상업교육연구』 제34권 제2호, 한국상업교육학회, p.102.

합이다.

두 유형의 협동조합은행은 1972년에 전국협동조합은행연합회(BVR: der Deutschen Volksbanken und Raiffeisenbanken e.V.)로 합병하면서 하나의 조직으로 개편됐는데, 이들 은행은 모두 협동조합법(GenG)에 따라 등기를 마치고 독일금융법(KWG)의 규제를 받았다.[27]

이들의 합병은 1970년대와 1980년대, 특히 1976년~1978년 그리고 1984년~1986년, 전국 200여 개의 협동조합은행에서 발생한 건전성 위기와 제2차 세계내전 이후 서독의 급속한 경제성장과 산업구조 및 사회구조의 변화 그리고 도시화가 독일 내 협동조합의 구조변화에 큰 영향을 미친 것에 기인한다.

농업의 비중이 크게 줄어들면서, 도시로 출퇴근하는 인구가 증가함에 따라 주거 공간과 경제활동 공간이 이원화되어 라이파이젠계 농촌 협동조합은행과 슐체-델리취계 도시 협동조합은행의 구분이 모호해졌다. 이런 상황 속에서 재정건전성이 약해진 협동조합은행을 파산으로부터 구제할 방안 중 하나가 합병이었다.[28]

〈그림 5-9〉는 1948년부터 2024년까지의 독일 내 협동조합은행 수, 1958년부터 2024년까지 그들의 총자산 추이를 나타낸다. 1958년 당시 협동조합은행 수는 2,193개 그리고 그들의 총자산은 53억 유로에 달했다. 이후 1972년에 두 유형의 협동조합은행이 전국협동조합은행연합회로 합병을 거쳐, 협동조합은행은 1985년 3,655개까지 증가했다가 이를 정점으로 점차 감소하여 2024년 기준, 699개가 남아있다.

---

27) 한스 뮌크너, 2010, 「독일 협동조합은행의 경험과 시사점」, 『신협연구』 제55호, 신협중앙회, p.95.
28) 구정옥, 앞의 논문, p.108.

〈그림 5-9〉 독일의 협동조합은행 수 (1948년 ~ 2024년) 및
총자산 (1958년 ~ 2024년) 추이

(단위: 개, 십억 유로)

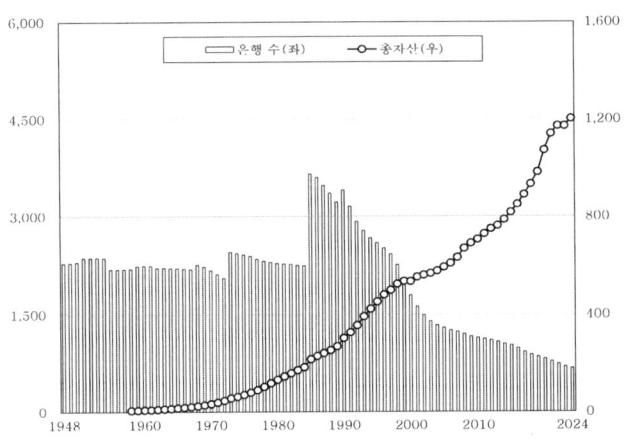

주: 〈그림 5-8〉과 같음.
출처: Deutsche Bundesbank Eurosystem 데이터를 활용하여 작성함.

한편, 협동조합은행의 총자산은 저축은행의 경우와 마찬가지로 꾸준하게 늘어났는데, 협동조합은행 1개당 평균 총자산은 1958년 240만 유로에서 2024년 12억 200만 유로로 증가했다. 이러한 증가는 앞에서 살펴본 저축은행과 마찬가지로 재정건전성이 취약한 협동조합은행을 구제하는 차원에서 인수합병을 통해 경쟁력을 강화한 결과라 볼 수 있다.

2. 지역경제 활성화를 위한 저축은행과 협동조합은행의 노력

독일 내 은행의 전체 총자산에서 저축은행과 협동조합은행의 자산이 차지하는 비율이 감소함에 따라 과거에 비해 지역금융기관으로서의 영

향력은 다소 약화했다고 볼 수 있다. 그렇지만, 독일의 지역금융시스템
의 한 축을 담당하는 이들의 지역경제 활성화를 위한 노력마저도 줄어
들었다고 섣부르게 판단할 수는 없다. 물론, 자료수집의 한계는 있지
만, 대형은행, 상업은행, 저축은행, 협동조합은행의 총자산[29]과 총대출
그리고 총자산 대비 대출 비율을 살펴봄으로써 지역금융이 담당해야
할 본연의 역할에 대해 생각해 보고자 한다.

〈그림 5-10〉, 〈그림 5-11〉은 1958년부터 2024년까지 독일의 대형
은행과 상업은행의 총자산, 종대줄, 총자산 대비 대출 비율을 나타낸
것이다. 그림에서 알 수 있듯이, 대형은행과 상업은행 모두 총자산과

〈그림 5-10〉 독일의 대형은행 총자산 및 총대출 추이 (1958년~2024년)

(단위: 십억 유로, %)

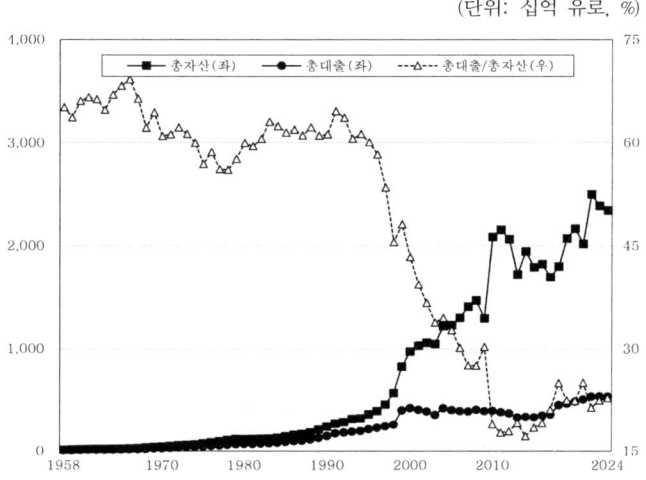

주: 〈그림 5-8〉과 같음.
출처: Deutsche Bundesbank Eurosystem 데이터를 활용하여 작성함.

---

29) 총자산에는 부채가 포함되어 있다.

총대출이 증가했지만, 여기에서는 총자산과 총대출 사이의 갭, 즉 총자산 대비 대출 비율에 주목해 볼 필요가 있다.

특히, 1990년대 이후 총자산과 총대출 간 격차가 점차 벌어지기기지 시작했는데, 이러한 경향은 1998년 이후 급격하게 심화했다. 즉, 1990년대 이전까지는 총자산과 총대출이 함께 완만하게 증가하는 경향을 보인 것에 반해, 1990년대 이후에는 총자산만 급격하게 증가하고 있다. 대형은행의 총자산 대비 대출 비율은 1966년에 69.2%에서 2024년 22.8%로 46.4%P 감소했고, 같은 기간 상업은행의 총자산 대비 대출 비율은 67.4%에서 22.7%로 44.7%P 축소됐다.

〈그림 5-11〉 독일의 상업은행 총자산 및 총대출 추이 (1958년~2024년)

(단위: 십억 유로, %)

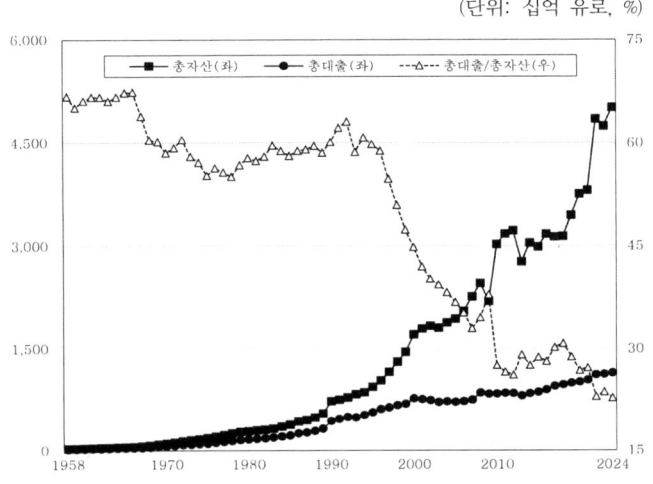

주: 〈그림 5-8〉과 같음.
출처: Deutsche Bundesbank Eurosystem 데이터를 활용하여 작성함.

어느 나라에서도 대형은행과 상업은행은 민간기업과 마찬가지로 공공성보다는 수익성을 우선하는 것이 일반적이다. 따라서 독일의 대형 은행과 상업은행도 거래비용이 큰 대출에 소극적인 태도를 보이면서 상대적으로 수익성이 높은 주식이나 안전성이 담보된 채권, 혹은 파생 상품과 같은 유가증권에 공격적으로 투자함으로써 총자산을 늘려 왔다 고 할 수 있다.

이와는 대조적으로 지역을 기반으로 하는 저축은행과 협동조합은행 은 다른 양상을 보인다. 〈그림 5-12〉, 〈그림 5-13〉은 1958년부터 2024년까지 저축은행과 협동조합은행의 총자산과 총대출 그리고 총자 산 대비 대출 비율 추이는 나타낸 것이다. 그림에서도 알 수 있듯이, 비교 기간 저축은행과 협동조합은행 모두 대형은행, 상업은행과 마찬 가지로 총자산과 총대출이 증가했다. 그러나, 이들의 총자산과 총대출 사이의 갭, 즉 총자산 대비 대출 비율은 대형은행과 상업은행의 경우와 는 사뭇 다름을 보여준다.

저축은행의 총자산 대비 대출 비율은 1958년 66.7%를 시작으로 1990년 최저치인 58.9%까지 전반적으로 유지 또는 완만한 감소 양상을 보였다. 이후 1996년까지 그 비율은 다시 증가했고, 2004년까지 비슷 한 수준을 유지했다. 2004년을 기점으로 2009년까지 소폭 하락하는 양상을 보인 이후 다시 증가하여 2012년 70%를 넘어섰고, 2018년 76.1%로 최고치를 기록한 이후 2024년 74.7%를 기록했다. 특히, 2004 년 이후 감소 추세를 보이다가 2009년부터 다시 증가세를 보인 이유는 바젤 Ⅱ의 시행으로 소극적인 대출행태를 유지하던 저축은행에게 서민 금융기관의 기능을 강화해달라는 사회적인 요구가 관철됨에 따라 그 영향으로 인해 다시 증가세로 돌아선 것 때문으로 보인다.[30]

또한, 협동조합은행도 저축은행의 경우와 상당히 유사한 양상을 보인다. 1958년 총자산 대비 대출 비율은 69.2%를 시작으로 1959년부터 1966년까지 70%대를 유지한 뒤, 1967년부터 1978년까지 감소세를 보였으나, 1979년부터 1981년까지 다시 증가했다. 그리고 1982년부터 2009년까지 증감을 반복했지만, 이후 다시 증가세를 보이며 그 비율은 2018년에 70%를 넘어선 뒤, 2024년에는 72.2%를 기록했다. 덧붙여, 2009년 이후의 증가세 역시 주요한 이유는 저축은행의 경우와 같은 것으로 보인다.

〈그림 5-12〉 독일의 저축은행 총자산 및 총대출 추이 (1958년~2024년)

(단위: 십억 유로, %)

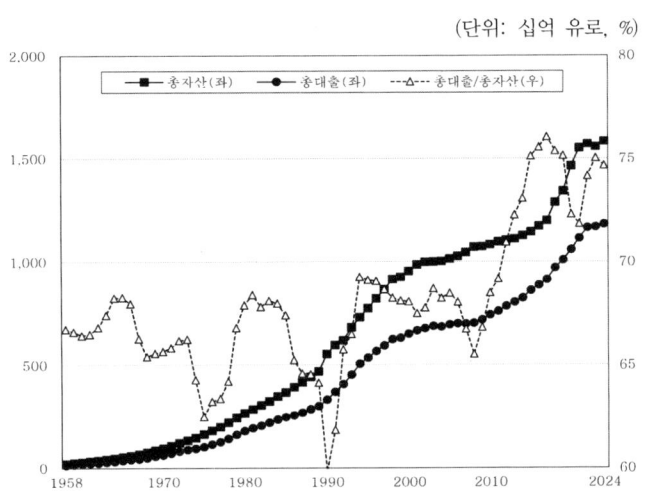

주: 〈그림 5-8〉과 같음.
출처: Deutsche Bundesbank Eurosystem 데이터를 활용하여 작성함.

협동조합은행은 조합원의 이익 실현을 최우선 목표로 설정하고 있기

---

30) 정남기, 2014, 「독일 저축은행의 발전과정 및 시사점」, 『경상논총』 제32권 제1호, 한독경상학회, p.56.

때문에 공적 목적을 실현하는 저축은행과는 그 성격이 다르지만, 지역 보다는 글로벌 또는 해당 국가의 전체를 대상으로 하는 대형은행과 상 업은행의 공간적 범위와는 다르게 이들 기관의 영업 범위는 지역으로 제한되어 있다. 이런 까닭에 지역 조합원을 위한 자금 공급에는 적극적 인 행태를 유지하게 되고, 이러한 행태는 궁극적으로 지역금융기관으 로서 역할을 충실하게 수행할 수 있는 핵심적인 요인으로 작용한다고 볼 수 있다.

〈그림 5-13〉 독일의 협동조합은행 총자산 및 총대출 추이 (1958년~2024년)

(단위: 십억 유로, %)

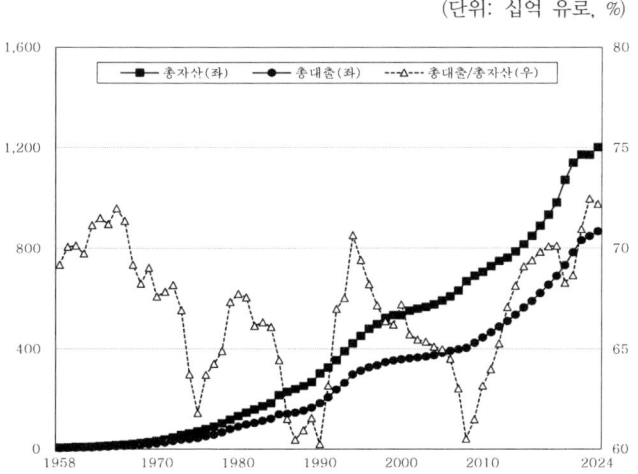

주: 〈그림 5-8〉과 같음.
출처: Deutsche Bundesbank Eurosystem 데이터를 활용하여 작성함.

종합해 보면, 독일의 저축은행과 협동조합은행은 지역 내 중소기업 과 소상공인 등에게 필요한 자금을 적절하게 공급함으로써 지역경제의 피폐화를 차단하고 나아가 지역경제의 활성화를 적극적으로 도모하기

위한 지역의 자금 조달처로 그 역할과 기능을 꾸준히 유지해 나가고
있는 것으로 보인다.

3. 독일 사례의 교훈

독일의 금융시스템은 3가지 유형의 은행그룹으로 구성된 은행 부문
이 전체 금융시스템에서 핵심적 역할을 하는 전형적인 은행 중심 구조
라는 특징이 있다. 자본시장과 펀드산업의 크게 발달하지 않아 가계의
자산 관리나 창업 기업의 자금조달 기회가 제한된다는 약점은 있으나
은행, 특히 비영리 목적의 은행들에 의한 관계형 금융을 통해 다른 어
느 나라보다도 '실물 부문 지원'이라는 금융의 가장 기본적 기능을 충
실하게 제공하고 있다. 또한, 경직적으로 분화된 은행구조와 특이한
은행 소유 및 지배구조 등으로 인해 은행 산업의 수익성이 전반적으로
낮다는 단점을 가지고 있지만, 반대로 경기침체 시 지역 내 자금 공급
을 통한 뛰어난 복원력과 경기 역행적 은행 서비스 제공이라는 장점이
있다.[31]

특히, 전술한 바와 같이 독일의 지역금융기관인 저축은행과 협동조
합은행은 대형은행과 상업은행에 비해 상대적으로 적극적인 대출태도
를 유지하고 있다. 그들은 다소 위험부담이 있더라도 정량적 측면을
고려한 대출보다는 지역금융기관으로서 대출자의 정성적 측면을 활용
하여 정보의 비대칭성을 최소화한다. 다시 말해, 정량적 정보의 취약성

---

31) 채희율, 앞의 보고서, pp.18-28.

을 보완하고 위험부담을 상쇄하여 자산 건전성을 유지한다.

그리고 각 지역에 분포한 저축은행과 이들을 뒷받침하는 주립은행과의 관계와 각기 설정된 지역에서만의 대출 활동을 통해 자금조달의 불안정성을 최소화하여 지역에 안정적인 자금 공급을 위해 적극적으로 노력하고 있다는 점도 시사하는 바가 크다. 또한, 지역 나아가 중앙정부와의 합의를 통해 대출행태가 조정되고 있다는 점도 큰 의미가 있다. 바젤 Ⅱ의 시행 이후 2004년부터 소극적인 대출행태가 나타나자, 서민금융기관의 기능을 강화해달라는 사회적인 요구가 있었고 이를 수용하여 대출이 다시 증가한 것은 국민과의 사회적 합의가 있었기에 가능했다고 할 수 있다.

협동조합은행도 지역을 기반으로 활동하며, 은행 간 암묵적인 합의를 통해 다른 지역에 대한 영업활동을 제한하고 있다. 정해진 영업 대상 지역에서의 금융 활동을 통해 저축은행과 함께 지역의 안정적인 자금 공급처로서의 한 축을 담당하고 있으며, 저축은행과 마찬가지로 대형은행과 상업은행보다는 상대적으로 적극적인 대출을 하고 있다. 저축은행과 달리 조합원의 이익 실현이라는 목적을 최우선으로 설정하고 있지만, 각각의 목적에 맞춰 설립된 독일 전역의 수많은 협동조합은행이 지역에 자금을 공급함으로써 지역금융기관으로서의 역할을 충실히 하고 있다는 점은 저축은행과 다르지 않다. 더욱이, 협동조합 운동을 통해 지역에서 발생하는 자금조달 문제를 일정 부분 해소하고 있는 측면에서 간접적으로 지역을 위한 공공적 성격을 부여할 수 있다.[32]

---

32) 협동조합 운동에 관한 구체적인 논의는 강철구(2021:108-115)를 참고 바란다.

제4절 이제는 '지역 공공은행' 설립을 논의할 때

1997년 외환위기 이후 금융 부문의 대대적인 구조조정을 통해 각 금융기관의 건전성과 금융시장의 효율성은 일정 부분 개선됐다. 그러나, 지역의 중소기업, 소상공인, 서민 등에 대한 금융지원 기능이 크게 위축됐다. 특히, 은행들의 대출행태는 위험부담이 적은 담보대출 위주로 변화했고, 수익성에 더욱 초점을 맞추게 됐다. 동시에, 자금수요자의 잠재력과 같은 정성적인 측면보다는 정량적인 측면을 강조한 대출로 인해, 대기업과 달리 자금조달에 어려움을 겪는 지역 내 중소기업과 소상공인들은 더욱더 어려운 상황으로 내몰리게 됐다. 과거 지역밀착형 금융기관이 조금이나마 이러한 문제를 해소해 줬지만, 외환위기 이후 시중은행과의 경쟁이 격화함에 따라 이들의 경영환경도 점차 수익성에 치중하도록 변화하는 상황이다.

제1절에서 검토한 은행의 대출태도를 통해서도 알 수 있듯이, 중소기업은 대출에 있어 대기업에 비해 큰 변동성에 노출되어 있다는 점은 위와 같은 상황을 잘 보여준다. 또한, 부가가치율을 기반으로 하는 생산성 지표를 분석해 본 결과, 전체 산업, 제조업 부문, 비제조업 부문 모두 중소기업의 생산성이 대기업보다 높게 나타난 것을 확인했다. 이러한 객관적인 사실을 고려해 볼 때, 우리나라 전체 기업 수의 99.9%,

그리고 전체 고용의 81.0%를 차지하는 중소기업의 자금조달에 대한 안정성을 높이고, 나아가 성장잠재력을 갖춘 중소기업에 대해 더욱 과감하고 적극적인 대출을 할 수 있는 새로운 시스템이 필요한 시점이다.

'지역금융의 피폐화'라는 문제는 우리나라 금융시스템 전반에 걸친 해결과제로, 인천시도 이러한 문제로부터 자유롭다고 할 수는 없다. 더욱이, 인천시는 과거 경기은행의 퇴출로 지방은행이 사라지면서 7대 특별·광역시 가운데 금융 부문의 발달 정도가 가장 낮아 지역경제 성장에 금융 부분이 크게 기여하지 못하는 상황이다.

중앙정부에서는 지역에 대한 산업정책, 주거정책, 도시재생 등 다양한 지역정책을 계획하여 발표하고 있고, 각 지방자치단체에서도 지역경제 활성화를 통한 고용 확대, 인구 유출 최소화, 소비의 안정성 확보를 위한 여러 가지 방안과 정책에 대해서 논의해 왔다. 중앙정부와 각 지방자치단체가 계획하고 추진하는 지역정책의 공통점은 지역의 자금을 어떻게 지역 내에서 순환시킬 것인지에 대한 고민과 그 해결책을 찾기 위한 것으로, 결국 핵심은 '자금의 지역 내 순환으로 연결 짓는 방식', 즉 지역금융의 역할을 재구축하는 것이다. 다행히 인천시는 서울시에 인접한 수도권이라는 이점을 가지고 있지만, 지역금융의 피폐화가 계속된다면, 지역 내 경제활동이 위축돼 고용과 소비에 영향을 미쳐 결국 지역경제의 후퇴와 인구 유출이 동시에 발생하는 악순환에 빠질 위험에 직면할 수 있다. 이러한 잠재적 위기의 고리를 끊어내고, 지역경제의 선순환 구조를 구축하기 위한 중요한 한 축이 바로 '지역 공공은행'의 설립이라는 점을 강조한다.

우리나라에서도 지역밀착형 관계금융의 확대, 중소기업에 대한 의무대출비율 조정, 공공성에 기반한 지방은행 설립 및 지방은행에 대한

입찰 기준 완화 등을 통한 지역 내 자금 순환시스템 구축에 관한 논의
가 꾸준히 제기됐지만, 그 성과는 아직 지극히 미미하다.[33] 일례로, 지
역에서 발생한 이익을 다시 지역으로 재투자하는 미국의 '지역재투자
법(CRA: Commnity Reinvestment Act)'과 '지역개발금융기관기금(CDFI
Fund: Community Development Financial Institutions Fund)'의 방식[34]
을 적용하여 우리나라에 지역재투자기금 설치를 명시한 '지역경제활성
화를 위한 지역재투자기금법안'을 2011년 국회에서 의안으로 제출한
바 있으나, 의원 임기 만료로 폐기되면서[35] 결국 지역경제의 선순환 구
조를 통한 지속가능한 대안적 금융정책의 모색은 아직도 제자리에 머
물고 있다.

   미국의 지역재투자법을 우리나라에 맞게 적용하고 지역재투자기금
조성을 추진하는 방안이 현실적으로 실현 불가능하다면, 독일의 저축
은행처럼 금융의 공공성을 강조한 '지역 공공은행'을 설립하는 방안을
진지하게 고민해 볼 시점이다. 지역 공공은행 설립을 위해 해결해야
할 법적 쟁점[36] 등 여러 난관이 있을 수 있지만[37], 지역 공공은행 설립
은 특히 인천시와 같이 지역금융의 피폐화가 상대적으로 심각한 지역

---

33) 강기성, "지방은행-시중은행 공정경쟁 '룰' 있어야…은행 없는 지역, 정부지원 필요",
   시사포커스, 2018. 4. 2.
34) 미국의 지역재투자법과 지역개발금융기관기금에 관한 구체적인 내용은 강철구(2021:
   56~97)를 참고 바란다.
35) 지역경제활성화를 위한 지역재투자기금법안(민형배 의원 등 11인), [의안번호 2111855].
36) 공공은행 설립에 관한 법률적인 쟁점에 관한 논의는 김용재(2020)를 참고 바란다.
37) 지역공공은행 설립에 대해 '지역공공은행 설립 및 운영에 관한 특별법안'(강성희 의원
   등 12인, [의안번호 2126145], 2023)과 '지역공공은행 설립에 관한 특별법안'(배진교
   의원 등 10인, [의안번호 2126145], 2024)이 국회에 상정됐지만, 국회의원 임기 만료
   로 폐기됐으며, '지역 공공은행 설립 및 운영에 관한 특별법안'(송재봉 의원 등 28인,
   [의안번호 2126145], 2025)은 현재 위원회 심사 단계에 있다.

에서는 매우 훌륭한 하나의 대안이 될 수 있다고 판단된다.

현재, 우리나라에서는 신용보증재단이 일정 부분 이러한 역할을 수행하고 있다. 신용보증재단은 간접금융에 의존할 수밖에 없는 중소기업이 제도권 금융을 이용한다고 하더라도 짧은 만기, 고금리 등 불리한 대출 조건으로 대기업에 비해 차별받는 현실에서 신용보증재단을 통해 더욱 쉽게 대출받을 수 있도록 고안한 사회·경제정책 기능의 한 수단으로 도입됐다.[38] 이후 신용보증을 통한 대기업과 중소기업 간 차별 완화와 동반성장 지원 그리고 경제침체기에 중소기업에 자금을 공급함으로써 신용경색을 완화하는 등 긍정적으로 역할을 한 부분도 많지만, 운용상에 문제로 적지 않은 문제점을 노출한 점도 고려하지 않을 수 없다. 또한, 신용보증기금의 소관 부처가 금융위원회와 중소벤처기업부로 이원화되어 정책집행의 적시성과 효율성 확보가 어렵다는 문제도 제기되고 있다.[39]

이러한 현실에서 중소기업, 소상공인 그리고 서민의 원활한 자금조달을 위한 전방위적 금융기관인 지역 공공은행 설립은 더욱 큰 설득력과 당위성을 갖는다. 독일의 사례를 통해 확인했듯이, 2012년 이후 저축은행의 총자산 대비 대출 비율은 70%가 넘는다. 지역을 기반으로 하는 저축은행을 통해 지역 내 성장잠재력을 가진 경제주체가 안정적으로 자금을 조달하고 있으며, 이는 지역 내 자금순환을 원활히 하여 지역의 산업과 고용을 유지하고 지역경제가 후퇴하는 것을 막는 수단이

---

38) 홍순영, 2006, 「신용보증기금의 대·중소기업 양극화 해소와 동반성장 지원에 대한 평가와 향후 과제」, 『신보리서치』 2006 여름호, 신용보증기금, p.8.

39) 김지효, "신용보증기금 소관부처 누가 좋은가, 금융위 중소기업부 놓고 표류", 비즈니스포스트, 2020. 12. 28.

된다.

이뿐만 아니라, 지역 공공은행은 지역 내 저신용자에 대한 금융 배제 현상을 억제하고 이들에게 회생의 기회를 제공하는 역할도 수행할 수 있다. 우리나라 금융시스템의 문제 중 하나로 신용대출의 등급 간 차별이 심각하다는 점이 자주 지적된다. 제1금융권을 이용하지 못하는 저신용자들은 결국 고금리를 전제로 하는 제2금융권으로 밀려나면서 사실상 그들의 능력으로 대출이자를 감당하지 못하는 문제가 매우 빈번하게 발생하고 있다. 이러한 문제로 중금리 대출에 대한 논의가 있었고, 일부 제1금융권에서 중금리 대출을 하고는 있지만 그 비율은 계속해서 줄어드는 상황이다. 그렇다면, 저신용자들을 위한 합리적이면서 이들의 회생을 위한 적정금리의 신용대출을 지역 공공은행에서 담당하는 것은 합당하다. 또한, 지역 공공은행 간 네트워크 조직을 구성하고 연대를 통해 일정 부분 적립금을 출자함으로써 부실 위험에 대한 안전장치를 사전에 마련한다면, 건전성 위험을 마주할 가능성도 상당히 낮출 수 있다.

마지막으로 국가나 시장에서 해결할 수 없는 지역의 사회문제를 사회적 가치를 가지고 비즈니스 방식으로 해결하려는 사회적경제조직에 대한 지원도 공공성을 중시하는 지역 공공은행이 담당한다면 더욱 효율적일 것이다. 제8장에서 논의하겠지만, 사회적경제조직은 사회적 가치 실현뿐만 아니라, 기업으로서의 존속이라는 과제도 동시에 해결해야 하므로 민간기업에 비해 자금조달에 관한 문제가 늘 있기 마련이다. 정부나 지방자치단체에서도 사회적경제조직의 가치를 중요하게 인식하고 이들이 생산하는 물품을 구매하거나 사회적기업진흥원과 같은 중간지원조직을 통해 지원하고 있지만, 경영상의 어려움이 여전히 존재한다.

경기도가 2020년에 신용협동조합과 손잡고 '경기도 사회가치벤처 펀드(사회적경제기업 특별융자)' 협약[40]을 통해 5년간 지원을 시작했다는 사실은 긍정적이지만, 정권의 변화에 따른 지속 가능 여부는 불투명하다. 이에 반해, 지역 공공은행은 사회적경제조직에 대한 지속적인 자금 지원을 가능케 하므로 이들의 지속가능성을 더 높일 수 있는 계기를 마련할 수 있다.

'금융'은 잠재력 있는 기업과 일시적 어려움에 직면한 경제주체에 자금을 융통하여 숨통을 트여주고, 이들의 성장 가능성을 높여주는 '촉매제' 역할을 하는 것이 본연의 기능이라 할 수 있다. 이러한 본연의 기능을 가장 잘 활용할 수 있는 방안이 바로 '지역 공공은행'이고, 지금 인천시의 지역금융시스템을 재구축하는 데 꼭 필요한 대안의 중심임을 강조한다.

---

40) 김경태, "경기도·신협, 사회적경제기업 금융 지원…5년간 1천억 저리융자", 연합뉴스, 2020. 11. 16.

제6장

지방재정, 그 올바른 역할의 중심 '경제개발비'

임조순

제1절 재정의 기능과 지방재정의 구조

1. 재정과 지역경제

재정은 학술적 관점과 포괄범위에 따라서 다양하게 정의되고 있으나, 통상적으로 정부가 공공의 목적을 달성하기 위해 수행하는 회계적, 재무적 그리고 정책적 활동으로 정의된다. 나아가, 그 정의를 정부의 역할에 초점을 맞추어 한정하면, 중앙정부와 지방정부[1]가 행정 활동 및 공공정책 등을 시행하는 데 필요한 자금을 획득하고 관리하며, 이를 사용하는 총체적인 경제적 활동이라고 할 수 있다.

이와 같은 재정은 일반적으로 다음과 같은 3가지의 경제적 기능을 수행하고 있다.

---

1) 본서에는 중앙정부와 구별되는 '지역의 자치 정부' 또는 '지방정부'를 중앙정부의 하위 기관이 아닌, 국가로부터 자치권을 부여받은 자주적이고 독립적이며 재량과 자율성이 보장된 정치 주체인 '지방자치단체'로 그 용어를 통일하여 사용하고 있다. 다만, 원칙적으로 우리나라는 재정 지표, 재정구조, 재원, 예산, 결산 등 재정과 관련된 자료 및 데이터가 중앙정부와 지방정부로 구분되어 공표되기 때문에, 제6장에서는 '지방자치단체'라는 용어가 '지방정부'라는 용어를 대신하여 사용된다. 따라서, 본 장에서 지방정부는 지방자치단체를 의미하며, 지방재정은 지방자치단체의 재정을 뜻한다.

① 소득재분배기능
- 재정은 해당 지역주민의 최소한의 기본수요를 충족시키기 위하여 중앙정부의 국고보조금과 함께 지방정부의 부담으로 주민의 기초생활을 보장한다.

② 자원배분기능
- 재정은 소방, 교육, 의료 보건위생, 상하수도, 운수 교통, 항만, 도로, 치산치수, 공원 문화시설 등의 공공재 및 공공서비스를 제공한다.

③ 경제안정화기능
- 재정은 물가 안정 대책, 지역전략산업 및 첨단산업육성 그리고 산업구조고도화를 통한 지역산업진흥을 촉진하고 유인함으로써 경제환경의 변화로 인한 국민 경제의 충격을 완화한다.

이 밖에도 재정은 다양한 이해관계를 조정하는 정치적인 측면에서의 기능뿐만 아니라 예산의 계획, 통제, 관리와 관련된 행정적인 측면에서의 기능도 수행하고 있다.

이처럼 포괄적인 기능을 수행하는 재정은 크게 중앙정부가 운용하는 국가재정과 지방정부가 운용하는 지방재정으로 구분되는데, 특히 지방재정은 중앙정부 총지출 규모의 70% 이상을 차지할 정도로, 그 규모가 큰 만큼 지역주민들에게도 상당한 영향을 미치고 있다.[2] 인천시의 경우, 2023년 잠정치 기준, 명목 지역내총생산액(GRDP)이 약 116조 8,627

---

[2] 지방재정365 지방재정통합공개시스템과 e-나라지표 국정모니터링시스템 데에터에 따르면, 2024년 기준, 지방재정 세출총계는 486조 6,633억 원으로, 이는 중앙정부 총지출 규모인 656조 6,000억 원의 74.1%에 해당한다.

억 원[3]이라는 사실을 고려하면, 10개 군·구와 인천시 교육청을 포함한 지방재정의 지출 규모가 2023년 기준 약 26조 5,914억 원에 도달했다는 점을 통해 지방재정이 인천시 지역경제에 적지 않은 영향을 미치고 있음을 짐작할 수 있다.[4]

지방재정의 규모가 점점 확대됨에 따라, 지방재정의 역할과 중요성 또한 더욱 강조되는 시점에서 재정의 다양한 기능 가운데, 특히 재정의 경제적 기능과 그 중요성은 크게 인식되고 있다. 아울러, 지방재정의 올바른 역할은 향후 지역경제에 있어서 상당히 중요할 뿐만 아니라, 더욱이 그 역할이 올바르게 수행되었는지에 따라서 지역경제에 미치는 직·간접적인 파급효과의 결과는 상반될 수 있다.

이러한 인식의 연장선상에서, 본 장은 재정의 경제적 기능 가운데 특히, 경제안정화 기능에 주목하여 인천시 지방재정의 구조와 규모 그리고 세입과 세출의 흐름에 대해 총체적으로 검토하고자 한다. 구체적으로, 인천시의 지방재정이 그 임무를 다하고 있는 영역과 각 영역에서의 재정 규모를 면밀하게 파악하여, 지방재정이 지역에 있어 그 본연의 역할을 효과적으로 수행하고 있는지 확인한다.

먼저, 이후의 1절에서는 인천시 지방재정에 대한 분석에 앞서, 우리나라 지방재정 구조의 전반을 이해하고, 재정수입 경로와 재정지출 경로를 파악하는데 주안점을 둔다. 그리고 제2절과 제3절에서는 재원별 세입예산과 기능별 세출예산의 흐름을 확인하여 인천시 지방재정의 구조와 규모를 파악함과 동시에 재정수입 경로와 재정지출 경로를 구체

---

3) KOSIS 국가통계포털 데이터.

4) 2023년 기준, 인천시 본청과 강화군 등 10개 군·구의 예산은 약 21조 4,468억 원이고, 인천시 교육청의 예산은 약 5조 1,446억 원이다(인천광역시, 2023:1).

적으로 분석하는 작업에 집중한다. 나아가, 제4절에서는 사회개발비와
경제개발비에 초점을 맞추어 인천시 재정지출의 변화 양상을 확인한
다. 마지막으로, 제5절에서는 향후 인천시의 지역경제를 견인하는데
핵심적인 재원인 '경제개발비'의 올바른 역할과 이를 위한 정책적 방향
에 대해 고민한다.

2. 지방재정의 구조

우리나라 재정의 구조는 〈그림 6-1〉과 같이 중앙정부 재정과 지방정
부 재정으로 구성되어 있다. 중앙정부 재정구조는 다시 예산과 기금으
로 분류될 수 있는데, 매년 수립되는 예산은 일반회계와 특별회계로
나뉘어 집행하고, 기금은 국가가 특별한 목적을 위하여 특정한 자금을
신축적으로 운영할 필요가 있을 때, 개별 법률로써 설치하여 운용한다.
또한, 지방정부 재정은 일반재정과 교육재정으로 구분하여 운용되는
데,[5] 일반재정은 일반회계, 특별회계, 기금으로 분류되고, 교육재정은
교육비특별회계와 기금으로 나뉜다.

우선, 본 절의 논의에 앞서서 지방재정과 관련한 용어를 명확하게
구분할 필요가 있는데, 각각의 기준과 사용은 다음과 같다.[6]

① 지방정부의 수입은 조세(지방세)와 세외수입(수수료, 사용료 등)을

---

5) 우리나라의 지방자치제도가 지방자치와 지방교육자치로 구분하여 운용되고 있기 때
   문에, 지방정부 재정을 일반재정과 교육재정으로 구분하여 설치·운용한다.
6) 본 장에서는 각각의 사용 기준에 맞추어 수입과 세입, 지출과 세출이라는 용어를 사용
   한다.

포함한 개념이고, 세입은 회계연도라는 기간을 고려한 조세에 기
반한 수입을 의미한다.

② 지방정부의 지출 또는 세출은 공적인 목적을 위해 필요한 물적
자원을 사용하는 것으로 엄격하게 구분하자면, 지출은 일정한 기
간의 개념이 포함되어 있지 않은 것을 의미하고, 세출은 회계연도
라는 기간을 고려할 경우에 사용된다.

〈그림 6-1〉 우리나라 재정의 구조

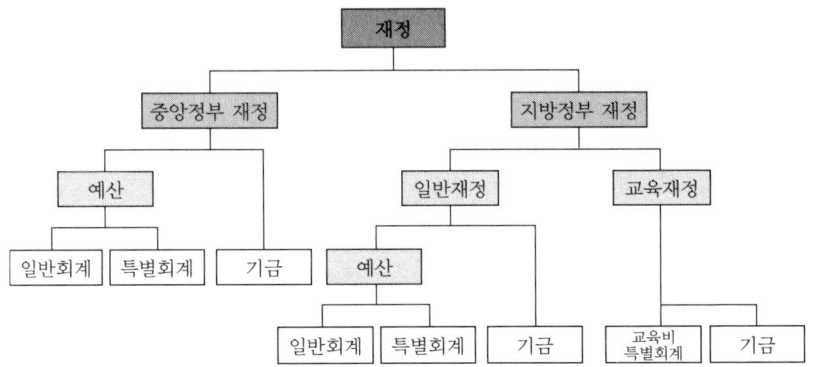

출처: 국회예산정책처, 2023, 「2023 대한민국 지방재정」, p.19.

1) 지방정부의 재정수입 경로

지방정부의 수입은 〈표 6-1〉과 같이 크게 자체수입(지방세와 세외수
입), 이전수입(지방교부세, 국고보조금), 지방채 발행수입, 보전수입 및
내부거래로 구성되어 있다.

① 지방세는 법령에 근거하여 지역주민에게 개별적 반대급부 없이
부과 및 징수하는 세금으로, 2024년 현재 총 11개의 세목으로 구

성되어 있다.

- 보통세로 구분되는 취득세, 등록면허세, 지방소비세 등이 있으며, 목적세로 분류되는 지방교육세 등이 대표적이다.
- 덧붙여, 징수 주체별로 구분하면 도세, 시·군세, 광역시세, 자치구세 등으로 나눌 수 있다.

② 세외수입은 지방세 이외의 자체수입을 의미하는데, 구체적으로 다음의 것들을 포함한다.

- 재산임대수입, 사용료수입, 수수료수입, 사업수입, 이자수입 등의 경상적 세외수입
- 재산매각수입, 자치단체간 부담금, 기타수입 등의 임시적 세외수입
- 과징금, 변상금, 과태료, 이행강제금 등의 지방행정제재·부과금

③ 이전수입은 지방정부의 수입 중에서 중앙정부나 시·도 등으로부터 지원받는 것으로, 지방교부세와 보조금으로 구성된다.

- 2024년 기준, 지방교부세의 재원은 해당 연도 내국세 총액의 19.24%에 해당하며, 특히 지방교부세의 97%를 차지하는 보통교부세는 용도가 지정되지 않아 지방정부가 그 재원의 사용처를 자유롭게 결정해서 사용할 수 있다.[7]
- 이에 비해 국고보조금은 중앙정부가 지방정부로 하여금 특정한 사업을 수행하도록 유도하는데 주안점을 두고 있기 때문에, 사

---

7) 구체적으로, 지방교부세는 보통교부세와 특별교부세, 부동산교부세, 소방안전교부세 등으로 분류된다. 지방교부세는 국세의 일부를 지방정부의 행정운영에 필요한 재원으로 교부하여 재원의 부족을 보충해주고, 지방정부 간 재정의 불균형을 시정하는 중요한 역할을 한다.

〈표 6-1〉 지방정부의 재정수입 구조

장(대분류)	관(중분류)		항	목
지방세수입	지방세		보통세	취득세 등록면허세 주민세 자동차세 레저세 담배소비세 지방소비세 지방소득세 재산세 (시·군·구세)
			목적세	지역자원시설세 지방교육세
			지난년도수입	지난년도수입
자치단체 세외수입	경상적 세외수입		재산임대수입, 사용료수입, 수수료수입, 사업수입 등 6개항	25개목
	임시적 세외수입		재산매각수입, 자치단체간부담금, 보조금반환수입 등 5개항	17개목
	지방행정제재 ·부과금 등		과징금, 이행강제금, 변상금, 과태료 부담금 등 6개항	7개목
국세 중 국가가 지자체에 지급	지방 교부세	지방교부세	지방교부세	보통교부세 특별교부세 부동산교부세 소방안전교부세
	보조금	국고보조금 등	국고보조금 등	국고보조금 지역균형발전 특별회계보조금 기금
지방채	국내차입금		차입금 등 3개항	8개목
보전수입 등 내부거래	보전수입 등		잉여금, 전년도이월금 등 5개항	12개목
	내부거래		전입금, 예탁금 및 예수금 2개항	9개목

출처: 행정안전부, 2024, 「2025년 지방자치단체 예산편성 운영기준 및 기금운용계획 수립기준」, pp.57-64를 참고하여 작성함.

업별로 용도와 조건을 지정하여 특정한 목적 달성을 위해 집행한다.[8]

④ 한편, 지방채는 지방정부가 발행하는 채권으로, 다음과 같이 차입금과 지방채증권으로 구분된다.

- 차입금은 지방정부가 정부, 공공기관, 및 금융기관과 대차 계약을 맺고 차입증서를 제출하는 기채(起債)로, 정부자금채, 공공자금채, 민간자금채 등이 있다.

- 지방채증권은 일정한 인수선에 대하여 증권을 발행하여 교부하는 기채로, 모집공채, 매출공채, 교부공채 등으로 구분된다.

⑤ 또한, 지방정부의 수입 가운데 보존수입 및 내부거래는 다음의 것들을 포함한다.[9]

- 순세계잉여금, 민간융자금회수, 예치금회수 등의 보존수입

- 공기업특별회계전입금, 공사공단전입금, 교육비특별회계전입금, 예수금수입, 예탁금원금회수수입, 예탁금 이자 수입 등의 내부거래

다음으로, 지방재정의 또 다른 한 축을 구성하는 지방교육재정은 크게 중앙정부 이전수입, 지방정부 이전수입, 자체수입, 지방채를 주요 재원으로 한다.

---

8) 사업 수행에 드는 경비의 전부 혹은 일부를 중앙정부가 보조해주므로, 경우에 따라서 지방정부는 일정한 규모 또는 비율의 지방비를 부담하게 된다.

9) 내부거래는 사실상 중복으로 계상된 예산으로 볼 수 있으며, 또한 보전수입 내에는 국비와 지방비가 혼재되어 있기 때문에, 중앙정부 이전재원과 지방정부 자체재원의 구분이 사실상 불가능하다.

① 중앙정부 이전수입은 구체적으로 다음의 것들을 포함한다.

- 지방교육재정교부금은 내국세 총액의 20.79%와 교육세 중 유아교육지원특별회계와 고등평생교육지원특별회계 편입분을 제외한 금액의 96.2%로 구성된다.
- 특별교부금은 내국세 총액의 20.79%와 교육세 중 유아교육지원특별회계와 고등평생교육지원특별회계 편입분을 제외한 금액의 3.8%가 해당된다.

② 지방정부 이전수입은 과세 권한이 없는 지방교육청을 대신해서 각 지방정부가 조세를 거둬들여 해당 지방교육청에 이전하는 재원으로, 다음의 것들을 포함한다.

- 담배소비세 전입금과 시도세 전입금은 각각 '지방교육재정교부금법'(약칭: '지방교육교부금법')10) 제11조 제2항에 의한 특별시, 광역시 담배소비세 전입금과 시도세 전입금을 말한다.
- 학교용지매입비 시도부담금은 시도 지방자치단체의 일반회계 및 학교용지부담금특별회계 부담금을 이전받은 재원이다.
- 교육급여보조금은 '국민기초생활보장법'(약칭: '기초생활보장법')11) 제43조와 제43조의2에 따라 지방정부가 지원하는 보조금이다.

③ 자체수입은 수업료, 사용료, 수수료 등 지방정부가 스스로 벌어들이는 수입을 말한다.

④ 각 지방교육청도 지방정부와 마찬가지로 '지방재정법' 제11조1항에 따라 지방채를 발행하여 재원으로 사용할 수 있다.

---

10) [시행 2024. 1. 1.] [법률 제19938호, 2023. 12. 31., 일부개정].
11) [시행 2023. 11. 17.] [법률 제19646호, 2023. 8. 16., 일부개정]

2) 지방정부의 재정지출 경로

지방정부의 지출은 일반회계, 특별회계, 기금으로 구분하여 집행된다. 구체적으로 말해서, 지방재정지출은 행정안전부의 훈령에 근거한 지방자치단체 예산편성 운영기준 및 기금운용계획 수립기준에 따라 총 13개 분야로 구분해서 집행된다.

일반회계는 지방정부의 기본적인 재정활동을 포괄하는 기본회계로서 지방정부의 고유기능, 즉 일반적인 행정서비스를 제공하기 위해 설치된 회계이다. 아울러, 특정 세출을 위하여 그 용도가 정해지는 것은 금지되어 있다.

이와 달리 특별회계는 지방정부의 특정한 목적을 달성하기 위해, 즉 특정한 사업의 시행을 위해 필요한 세출의 충당을 목적으로 하여 설치한다. 지방자치단체가 직접 경영하거나, 법인을 설립하여 경영하는 기업의 운영을 위해 법률과 조례를 근거로 설치하는 지방공기업특별회계 등이 대표적이다.

또한, 기금은 특정한 행정목적을 수행하고 달성하기 위해 예산 외로 특정 자금을 보유하고 운용할 목적으로 설치하는데, 이를 통해 지방재정법령의 일반적인 제약에서 벗어나 특정 사업을 좀 더 탄력적으로 추진할 수 있다.

통상적으로 지방정부의 재정지출은 위와 같은 일반회계, 특별회계, 기금을 기본 바탕으로 〈표 6-2〉와 같이 기능별로 총 13개 분야 54개 부문으로 세분화하여 집행된다. 그리고 각 지방정부는 이 분류 기준에 따라 세출을 계획하고 예산을 편성한다.

〈표 6-2〉 지방정부 세출예산의 기능별 분류(2024년)

분야별 세출 목록	부문별 세출 목록
일반공공행정	입법 및 선거관리, 지방행정·재정지원, 재정·금융, 일반행정
공공질서 및 안전	경찰, 재난방재, 민방위, 소방
교육	유아 및 초중등교육, 고등교육, 평생·직업교육
문화 및 관광	문화예술, 관광, 체육, 문화재, 문화 및 관광일반
환경	상하수도·수질, 폐기물, 대기, 자연, 해양, 환경보호일반
사회복지	기초생활보장, 취약계층지원, 노동, 보훈, 주택, 사회복지일반, 보육, 가족·여성, 노인, 청소년
보건	보건의료, 식품의약안전
농림해양수산	농업·농촌, 임업·산촌, 해양수산·어촌
산업·중소기업 및 에너지	산업금융지원, 산업기술지원, 무역 및 투자유치, 산업진흥·고도화, 에너지 및 자원개발, 산업·중소기업일반
교통 및 물류	도로, 도시철도, 해운·항만, 대중교통·물류 등 기타
국토 및 지역개발	수자원, 지역 및 도시, 산업단지
과학기술	기술개발, 과학기술연구지원, 과학기술일반
예비비	예비비

출처: 행정안전부, 2024, 「2025년 지방자치단체 예산편성 운영기준 및 기금운용계획 수립기준」, pp.65-74를 참고하여 작성함.

한편, 지방교육자치단체의 수요를 충족시키기 위한 지방교육재정의 세출 항목은 크게 3가지 분야, 즉 교육, 예비비, 기타로 구성되어 있다. 이 가운데 가장 많은 항목으로 구성된 교육 분야의 경우, 그 분류가 유아 및 초중등교육, 평생교육, 교육일반 등 총 3개 부문으로 편성되는데 자세한 분류는 〈표 6-3〉과 같다.

〈표 6-3〉 **지방교육재정 세출 항목 (2024년)**

분야	부문	정책사업
교육	유아 및 초중등교육	인적자원운용
		교수학습활동지원
		교육복지
		보건급식
		학교재정지원관리
		학교시설여건개선
	평생교육	평생교육
		직업교육
	교육일반	교육일반행정
		기관운영
		재무활동
		예비비 및 기타
예비비	예비비	예비비 및 기타
기타	인건비	인건비

출처: 인천광역시의회, 2024, 『지방재정 분석보고 2024 통권 제1호』, pp.164-165를 참고하여 작성함.

제2절 인천시의 재정구조와 규모

1. 재정구조의 현재

1) 일반재정 운용

2024년 현재, 인천시의 일반재정은[12] 〈표 6-4〉에 정리된 바와 같이 크게 일반회계의 세입·세출, 특별회계의 세입·세출, 기금으로 이루어져 있으며, 세부적으로 다음과 같이 구성되어 있다.

① 일반회계의 경우, 지방세수입, 세외수입, 지방교부세 등 총 6개 항목으로부터 세입 재원을 조달하여 일반공공행정, 공공질서 및 안전, 교육 등 총 13개 항목의 기능별 세출분야로 나누어서 편성·운용된다.

② 아울러, 총 18개의 특별회계는 수도사업특별회계 등 총 3개의 공기업특별회계와 학교용지부담금특별회계, 소방특별회계, 의료급여기금특별회계 등 총 15개의 기타 특별회계가 운용되고 있다.[13]

---

[12] 인천시 교육청의 정책사업별 예산 비율을 보면, 인건비가 대부분을 차지하는 인적자원 운용비의 비율이 교육재정의 50~60%에 이르고 있는 것을 확인할 수 있다. 이에, 재정이 지역경제 활성화에 미치는 영향에 집중하고자 하는 본 장에서는 인적자원 운용비의 비중이 큰 교육재정을 논외로 하고 일반재정에 집중하여 논의한다.

③ 기금은 남북교류협력, 지역개발, 중소기업육성, 사회복지, 양성
평등 등 총 17개의 기금이 편성·운용되고 있다.

〈표 6-4〉 인천시 일반재정 운용 현황 (2024년)

일반재정		
일반회계	특별회계	기금
■ 세입	■ 공기업특별회계	남북교류협력
지방세수입	수도사업	통합관리
세외수입	하수도사업	지방채상환
지방교부세	경제자유구역사업	지역개발
보조금	■ 기타특별회계	고향사랑
지방채	학교용지부담금	재난관리
보전수입 등 내부거래	소방	재해구호
■ 세출	의료급여기금	악취관리
일반공공행정	수도권매립지 주변지역환경개선	분뇨처리시설 주변지역지원
공공질서 및 안전	수질개선	중소기업육성
교육	공공폐수처리시설	농어촌진흥
문화 및 관광	오류지구토지구획	에너지사업
환경	마전지구토지구획	도시 및 주거환경정비
사회복지	불로지구토지구획	사회복지
보건	도시교통사업	식품진흥
농림해양수산	광역교통시설	양성평등

---

13) 타 시도와는 달리 인천시에서 차별적으로 운용되는 일부 특별회계가 있는데, 공기업특
별회계로 분류된 '경제자유구역사업특별회계'가 대표적이다. 이 특별회계는 인천경제
자유구역에 대한 외국인투자기업의 경영환경 개선 등 외국인투자를 촉진하고, 나아가
국가 경쟁력의 강화와 지역 간의 균형발전을 도모하기 위해 2012년에 설치되어 운용하
고 있다. 또한, 기타특별회계 중 '수도권매립지 주변지역 환경개선 특별회계'는 인천시
서구와 계양구 등에 위치한 수도권매립지 주변 지역의 환경개선 및 주민 편익 사업을
추진하기 위해 2014년에 설치되어 운용해온 특별회계이다. 덧붙여, '지하도상가특별
회계'는 지하도상가 활성화와 효율적인 운영을 위해 2007년에 설치된 특별회계로, 운
영관리비, 상가의 사업비 등에 지출할 수 있다.

일반재정		
일반회계	특별회계	기금
산업·중소기업 및 에너지	도시철도사업	화장시설주변지역 주민지원
교통 및 물류 국토 및 지역개발 과학기술 예비비	도시개발 지하도상가 원도심활성화	

출처: 인천광역시의회, 2023a, 「2024년도 인천광역시 일반 및 특별회계 세입·세출 예산안 및 기금운용계획안 검토보고서」, pp.17-140를 참고하여 작성함.

2) 일반회계 및 특별회계의 세입세출

2023회계연도 결산액 기준 인천시의 세입은 총 15조 7,193억 원으로, 〈표 6-5〉에서 확인할 수 있듯이 그 규모는 예산 현액[14]에 비해서 930조 원 증가했다. 세부적으로 보면, 일반회계 세입은 결산액 기준 10조 9,161억 원, 특별회계 세입은 4조 8,032억 원으로, 일반회계 세원의 비중이 특별회계 세원의 비중에 비해서 월등히 높은 것을 알 수 있다.

또한, 결산액 기준 세출 총계는 14조 2,942억 원으로, 예산 현액에 비해서 1조 3,321억 원 감소했는데, 일반회계의 세출에서 4,654억 원, 특별회계의 세출에서 8,667억 원 감소한 것이 확인된다.

아울러, 결산액 기준 세입 총계와 세출 총계를 비교해 보면, 세입이 세출을 초과한 것이 분명히 드러난다. 즉, 세입 총계에서 세출 총계를 차감해 보면, 세입이 세출에 비해서 1조 4,251억 원 더 많은 것을 확인

---

14) '예산현액'이란 예산에 변경을 가한 후의 각 과목의 예산액을 말하며, 이것이 실제로 각 과목의 경비를 지출할 수 있는 한도를 가리킨다는 점에서 중요한 의미를 지닌다.

할 수 있는데, 표면상으로 봐서 인천시의 2023회계연도 재정운용은 비교적 안정적인 것으로 판단된다.

〈표 6-5〉 인천시 일반회계 및 특별회계 세입세출 결산 (2023년)

(단위: 억 원)

구분	2023회계연도				
	본예산	최종 예산	예산현액 (B)	결산액 (A)	(A-B)
세입총계	139,157	145,464	156,263	157,193	930
일반회계	100,425	104,355	108,077	109,161	1,084
특별회계	38,732	41,109	48,186	48,032	△154
세출총계	139,157	145,464	156,263	142,942	△13,321
일반회계	100,425	104,355	108,077	103,423	△4,654
특별회계	38,732	41,109	48,186	39,519	△8,667

출처: 인천광역시의회. 2023b, 「2023회계연도 인천광역시 일반 및 특별회계 결산(기금 포함) 및 예비비지출 승인 검토보고서」, p.3를 참고하여 작성함.

3) 기금운용

인천시는 〈표 6-6〉과 같이 남북교류협력기금, 통합관리기금 등 총 17개 기금을 조성하여 운용하고 있다. 2023년 기준, 기금조성액은 2조 4,753억 원으로, 2022년에 비하면 그 규모가 2,180억 원 증가했다. 가장 큰 규모의 기금이 조성된 지역개발기금은 1조 853억 원으로 전체 조성액의 43.8%를 차지하고 있으며, 그 뒤를 이어 통합관리기금이 39.4%를 차지하고 있는 등 지역경제 개발 및 활성화를 위한 기금의 규모가 상대적으로 큰 편인 것으로 확인된다.

〈표 6-6〉 인천시 기금운용 결산 (2023년)

(단위: 백만 원)

구 분	당해연도 증감액			당해연도말 조성액
	계	조성액	사용액	
합계	217,955	623,583	405,628	2,475,275
남북교류협력기금	38	218	181	7,970
통합관리기금	172,088	211,441	39,352	977,624
지방채상환기금	△5,521	63,164	68,684	1,612
지역개발기금	34,559	168,134	133,574	1,085,307
고향사랑기금	80	80	–	80
재난관리기금	△19,126	44,552	63,678	104,783
재해구호기금	2,929	23,716	20,787	48,255
악취관리기금	1,230	1,408	178	51,719
분뇨처리시설주변지역지원기금	△284	1,063	1,347	1,123
중소기업육성기금	18,164	51,252	33,088	80,987
농어촌진흥기금	441	1,072	631	12,305
에너지사업기금	854	4,924	4,070	17,621
도시및주거환경정비기금	12,405	49,525	37,120	61,711
사회복지기금	21	457	437	11,821
식품진흥기금	△98	1,588	1,686	5,657
양성평등기금	△70	123	194	4,766
화장시설주변지역주민지원기금	245	866	621	1,934

출처: 인천광역시의회. 2023b, 「2023회계연도 인천광역시 일반 및 특별회계 결산(기금 포함) 및 예비비지출 승인 검토보고서」 p.99를 참고하여 작성함.

2. 재정규모의 지속적인 확대

인천시 예산의 규모는 지난 23년간 큰 폭으로 확대됐다. 2024년 기준, 인천시의 총예산은 15조 368억 원으로, 2조 7,677억 원의 예산 규모를 달성했던 2002년과 비교하면, 그 규모가 5.4배 확대됐다. 특히, 비교 기간 인천시의 예산 증가액은 부산시를 비롯한 주요 광역시 각각의 예산 증가액과 비교하면, 더 큰 폭으로 증가했다. 〈그림 6-2〉에서 분명하게 확인할 수 있듯이, 인천시의 경우, 비교 기간 다른 광역시에 비해서 예산 규모의 증가 폭이 가장 가파르게 변화했다.

〈그림 6-2〉 6대 광역시 예산 규모 변화 추이 (2002년~2024년)

(단위: 억 원)

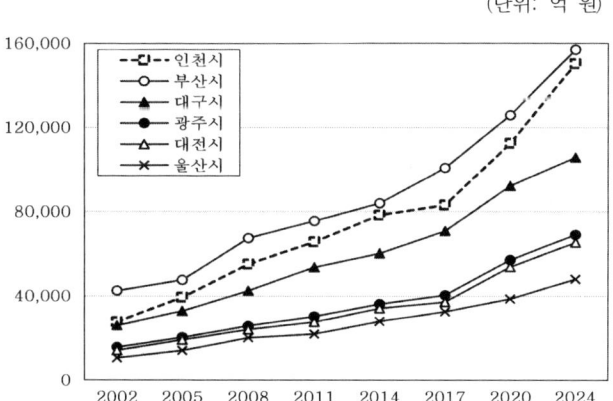

출처: 지방재정365 지방재정통합공개시스템 데이터를 활용하여 작성함.

인천시의 경우와는 달리, 광주시, 대전시, 울산시는 그 증가 폭이 상대적으로 적은 것을 확인할 수 있지만, 전반적으로 보면 인천시를 포함하여 6대 광역시 모두 예산의 규모 그 자체는 지속적으로 증가하고 있는 경향이 나타난다. 물론 다양한 원인이 있겠지만, 이러한 경향이 나타나는 공통적인 주요 원인은 다음과 같다고 판단된다.

① 인구의 고령화
- 우리나라 대부분의 지역에서 인구의 고령화 추세는 공통적인 현상이다. 고령인구의 비율이 점차 높아짐에 따라서 사회복지 분야와 관련된 지방정부의 지출이 더욱 커질 수밖에 없으나, 상대

적으로 노동 적령기에 있는 인구의 수가 줄어들기 때문에, 세입
이 큰 폭으로 늘어나기는 어려운 상황에 직면하고 있다.

② 전 지구적 기상변화

- 지구온난화의 영향으로 지구의 기상구도가 전체적으로 바뀌고
  있고, 이에 따라 각 지역에서 발생하는 기상이변의 빈도 또한
  점차 늘어나고 있다. 이러한 상황에서 지방정부는 기상이변에
  따른 다양한 변화에 대응하기 위해서 홍수방지 시설, 산사태 방
  지 시설, 제방 시설 등과 같은 큰 규모의 예산이 투입되는 사회
  간접자본 투자에 적극적일 수밖에 없다. 아울러, 기상이변으로
  인한 피해를 복구하고, 나아가 그 피해를 미리 대비하기 위한
  재정지출의 부담 또한 피할 수 없다.

③ 글로벌화에 대응

- 글로벌화가 점차 확대됨에 따라 기업들의 이동성이 많이 증가하
  고 있다. 기업의 국가 간 이동이 점차 자유로워진 결과, 지방정
  부는 우수한 기업이 각 지역에 더 오래 머물며 경영활동을 영위
  할 수 있는 다양한 유인을 제공해야 한다. 이를 위해서 복지프로
  그램이나 사회간접자본에 더 많은 예산을 투입해야 하고, 나아
  가 조세부담을 줄여주어 기업들이 다른 국가로 옮겨가려는 행동
  에 확실한 제동을 가해야 한다. 그 결과, 지방정부는 한정된 세
  원 안에서 지출해야 할 예산이 급격하게 늘어날 수밖에 없는 상
  황에 있다.

이러한 상황과 더불어 인천시에서는 다른 광역시에 비해서 더 높은
수준의 인구증가율이 나타나고 있는데,[15] 이 같은 요인이 행정수요 등

의 증가를 가져왔고, 그 결과 예산액의 증가 폭이 더 확대됨에 있어 적지 않은 영향을 받은 것으로 판단된다.

---

15) KOSIS 국가통계포털 데이터에 따르면, 2023년 기준, 인천시의 인구증가율은 1.29% 이다. 같은 기간 광주시는 -0.65%, 부산시는 -0.54%, 울산시는 -0.16%, 대전시는 -0.07% 그리고 대구시는 0.63%이며, 전국 평균은 0.09%이다.

제3절 세입예산과 세출예산의 현재

1. 재원별 세입예산 그리고 재정운용의 자율성

　세입예산은 목적에 따라서 다양한 기준으로 분류할 수 있다. '지방자치단체 예산편성 운용에 관한 규칙'에 따르면, 지방정부의 세입예산, 즉 지방정부에서 조달하는 재원은 자체수입, 이전수입, 지방채로 구분할 수 있는데, 이러한 기준으로 세입예산을 분류하는 것을 '재원별 세입예산'이라고 한다.

　〈표 6-7〉, 〈표 6-8〉은 2002년부터 2024년까지 인천시의 재원별 세입예산 현황을 보여준다. 2002년 총세입은 2조 7,677억 원으로, 이 가운데 자체수입의 비율은 75.7%(2조 960억 원) 그리고 이전수입의 비율은 16.2%(4,488억 원)이다. 2024년 현재, 총세입은 큰 폭으로 증가한 15조 368억 원 규모에 도달했고, 이 가운데 자체수입과 이전수입은 각각 46.2%(6조 9,440억 원), 37.0%(5조 5,655억 원)를 차지하고 있다.

　이처럼 인천시의 세입예산은 자체수입의 규모와 이전수입의 규모 모두 큰 폭으로 증가한 결과, 전체적인 규모의 폭발적인 증가로 이어졌다. 다만, 세입예산의 규모 그 자체는 큰 폭으로 증가한 것은 틀림이 없으나, 총세입 가운데 자체수입과 이전수입이 차지하는 비율에는 큰 변화가 있었다는 점을 주의 깊게 살펴볼 필요가 있다. 우선, 재원별 비율만을 각각 비교해 보면, 비교 기간 총세입 중 자체수입의 비율은 75.7%에서 46.2%로 29.5%P 하락한 것과는 대조적으로 이전수입이 차지하는 비율은 16.2%에서 37.0%로 20.8%P 증가한 것을 알 수 있다.

〈표 6-7〉 인천시 재원별 세입예산 현황 (2002년 ~ 2013년)

(단위: 억 원. %

구 분		연도											
		2002	2003	2004	2005	2006	2007	2008	2009	2010	2011	2012	201:
총계		27,677	30,952	34,006	39,335	42,978	49,062	55,110	65,583	71,076	65,637	75,448	69,76
	비율	100	100	100	100	100	100	100	100	100	100	100	100
자체수입		20,960	24,235	25,831	28,629	31,604	35,375	40,027	48,335	49,173	44,298	53,811	46,29
	비율	75.7	78.3	76.0	72.8	73.5	72.1	72.6	73.7	69.2	67.5	71.3	66.4
지방세수입		11,549	13,394	13,867	15,350	16,990	18,747	20,365	23,411	25,117	22,031	26,265	21,49
세외수입		9,411	10,841	11,964	13,279	14,614	16,628	19,662	24,924	24,056	22,268	27,545	24,79
이전수입		4,488	4,675	5,173	6,836	7,908	10,886	12,166	14,042	15,836	17,550	17,556	18,41
	비율	16.2	15.1	15.2	17.4	18.4	22.2	22.1	21.4	22.3	26.7	23.3	26.4
지방교부세		405	332	318	846	755	2,049	1,945	1,575	2,617	2,839	2,819	3,21
지방양여금		503	648	669	−	−	−	−	−	−	−	−	−
보조금		3,580	3,695	4,186	5,989	7,152	8,837	10,221	12,467	13,219	14,710	14,738	15,19
지방채·예치금		2,230	2,042	3,003	3,870	3,466	2,801	2,917	3,205	6,068	3,789	4,081	5,06
회수	비율	8.1	6.6	8.8	9.8	8.1	5.7	5.3	4.9	8.5	5.8	5.4	7.3
보전수입등및		−	−	−	−	−	−	−	−	−	−	−	−
내부거래	비율	−	−	−	−	−	−	−	−	−	−	−	−

주: 본예산 기준, 일반회계 및 특별회계를 포함함.
출처: 지방재정365 지방재정통합공개시스템 데이터를 활용하여 작성함.

특히, 재원별 세입예산을 분석함에 있어서 무엇보다도 총세입 가운데 자체수입과 이전수입이 각각 차지하는 비율의 변화에 크게 주목해야 하는데, 그 이유는 그 변화를 통해서 각 지방정부의 재정운용 자율

성 수준을 간접적으로 추정하여 재정자립도 수준과 재정자주도의 수준
을 파악해 볼 수 있기 때문이다.

〈표 6-8〉 인천시 재원별 세입예산 현황 (2014년 ~ 2024년)

(단위: 억 원, %)

구 분		연도										
		2014	2015	2016	2017	2018	2019	2020	2021	2022	2023	2024
총계		78,373	77,646	81,903	83,166	89,336	101,105	112,617	119,547	131,442	139,157	150,368
	비율	100	100	100	100	100	100	100	100	100	100	100
자체수입		41,154	39,439	46,090	48,589	51,226	51,817	54,648	56,863	60,579	64,626	69,440
	비율	52.5	50.8	56.3	58.4	57.3	51.3	48.5	47.6	46.1	46.4	46.2
지방세수입		24,502	26,665	29,581	33,167	38,321	37,774	38,571	38,730	43,722	48,963	47,873
세외수입		16,652	12,774	16,509	15,422	12,905	14,043	16,077	18,133	16,857	15,664	21,567
이전수입		20,801	22,408	23,857	24,407	27,648	33,172	39,850	42,980	47,440	50,414	55,655
	비율	26.5	28.9	29.1	29.3	30.9	32.8	35.4	36.0	36.1	36.2	37.0
지방교부세		3,212	2,923	4,500	5,050	5,180	6,080	7,560	7,953	9,280	8,928	8,992
지방양여금		–	–	–	–	–	–	–	–	–	–	–
보조금		17,590	19,485	19,357	19,357	22,468	27,092	32,291	35,027	38,160	41,487	46,663
지방채		8,412	8,745	1,662	38	0	220	2,500	3,780	412	165	2,605
	비율	10.7	11.3	2.0	0.0	0.0	0.2	2.2	3.2	0.3	0.1	1.7
보전수입등및 내부거래		8,006	7,053	10,293	10,132	10,462	15,895	15,618	15,924	23,011	23,951	22,669
	비율	10.2	9.1	12.6	12.2	11.7	15.7	13.9	13.3	17.5	17.2	15.1

주: 〈표 6-7〉과 같음.
출처: 지방재정365 지방재정통합공개시스템 데이터를 활용하여 작성함.

재정자립도는 재정수입의 자체 충당 능력을 나타내는 세입에 그 초
점을 둔 분석지표로, 각 지방정부가 재원조달 면에서 어느 정도의 자립
도를 확보하고 있는지를 객관적으로 보여준다. 구체적으로 말해서, 재
정자립도는 일반회계 세입 가운데 지방세(지방교육세 제외)와 세외수입
을 재원으로 하는 자체재원이 차지하는 비율을 나타내는데, 그 비율이

높을수록 세입 징수 기반이 탄탄한 것으로 해석된다.

〈그림 6-3〉는 최근 10년간 인천시의 재정자립도를 보여주는데, 명확하게 확인할 수 있는 사실은 재정자립도가 시간이 지날수록 전반적으로 감소하는 경향이 나타난다는 점이다. 2014년 재정자립도는 61.5%를 기록했으나, 불과 10년 만인 2023년 그 수준은 50.3%로 11.2%P 감소했다.

비교 기간, 자체수입의 규모와 일반회계 세입의 규모 그 자체는 점차 증가하고 있음에도 불구하고, 이처럼 재정자립도가 감소하는 가장 큰 원인은 일반회계 세입 가운데 이전수입이 차지하는 규모도 함께 증가할 뿐만 아니라 그 비율은 더 큰 폭으로 증가하기 때문이다. 궁극적으로, 인천시의 재정자립도가 감소한다는 점은 세입 가운데 이전수입과 같은 의존재원이 차지하는 비율이 높아진다는 것을 의미함과 동시에 세입의 자율성이 약화하고 있다는 것으로 판단할 수 있다.

한편, 지방정부의 재정운영 자율성 수준을 판단할 수 있는 또 다른 지표는 재정자주도이다. 재정자주도는 지방세 및 세외수입과 더불어 지방정부가 자율적으로 사용할 수 있는 지방교부세, 조정교부금 등을 포함한 재원사용 측면에서의 실질적인 지방정부의 재원활동 능력을 측정할 수 있는 지표로 평가된다. 다만, 지방정부의 입장에서는 지방교부세 등도 결과적으로 중앙정부의 기준에 따라 배분되는 현실인 점을 감안하지 않을 수 없다.

최근 10년간 인천시의 재정자주도 역시 지속적으로 감소하는 경향이 보인다. 2014년 재정자주도는 68.0%를 기록했으나, 2023년 그 수준은 59.2%로 8.8%P 감소했다. 앞서 언급한 재정자립도와 마찬가지로 재정자주도 역시 비교 기간 지속적으로 감소하고 있다는 사실은 세입 자율성은 물론 세출 자율성마저도 약화하고 있다는 것으로 해석될 수 있다.

〈그림 6-3〉 인천시 재정자립도 및 재정자주도 (2014년~2023년)

(단위: %)

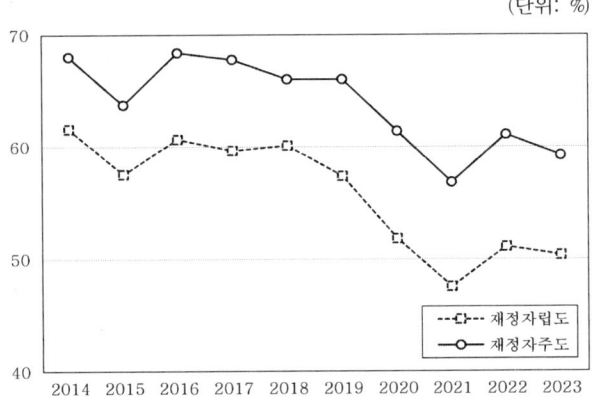

출처: 인천광역시의회 예산결산특별전문위원실, 2023, 「중앙정부 이전재원이 인천광역시 지방재정에 미치는 영향」, p.40을 참고하여 재구성함.

2. 기능별 세출예산 그리고 상반된 증감

인천시는 행정안전부의 '예산편성 운영기준 및 기금운용계획 수립기준'에 따라 세출예산을 기능별로 총 13개 분야 54개 부문으로 구분해서 지출한다. 〈표 6-9〉, 〈표 6-10〉, 〈표 6-11〉은 2002년부터 2024년까지 인천시의 기능별 세출예산을 정리한 것이다.

우선, 2002년부터 2007년까지 인천시 기능별 세출예산을 분석해 보면, 다음과 같은 점이 확인된다.

① 일반행정비는 비교 기간 전체 세출예산의 4.0% 전후 규모로 지출됐다.

② 사회개발비의 경우,[16] 2002년 전체 세출예산의 47.5%를 차지하던 것이 2004년 42.9%까지 낮아졌으나, 2007년 다시 47.9%까지 증가했다.

③ 2002년 전체 세출예산의 19.1%를 차지했던 경제개발비는 2007년 27.9%로 늘어났다.

④ 지원 및 기타 경비는 그 비율이 2002년 27.3%에서 2007년 17.0%로 줄어들었다.

〈표 6-9〉 인천시 기능별 세출예산 (2002년 ~ 2007년)

(단위: 억 원, %)

구 분		연도					
		2002	2003	2004	2005	2006	2007
총계		21,760	24,035	25,798	30,105	32,990	38,437
	비율	100	100	100	100	100	100
일반행정비		791	931	1,000	1,207	1,464	1,647
	비율	3.6	3.9	3.9	4.0	4.4	4.3
사회개발비		10,342	10,347	11,071	13,373	14,983	18,424
	비율	47.5	43.0	42.9	44.4	45.4	47.9
경제개발비		4,159	5,350	6,574	8,575	8,607	10,718
	비율	19.1	22.3	25.5	28.5	26.1	27.9
민방위비		526	636	718	794	907	1,113
	비율	2.4	2.6	2.8	2.6	2.7	2.9
지원 및 기타 경비		5,942	6,670	6,435	6,157	7,029	6,535
	비율	27.3	27.8	24.9	20.5	21.3	17.0

주: 본예산 기준, 일반회계·기타특별회계를 포함하고, 공기업특별회계는 제외함.
출처: 인천광역시, 각 년도, 「세입·세출예산서」 데이터와 지방재정365 지방재정통합공개시스템 데이터를 활용하여 작성함.

---

16) '사회개발비'와 '경제개발비'라는 용어는 행정안전부의 공식적 용어가 아니라 재정을 연구하는 학자들 사이에서 통용하는 학술용어이다.

다음으로 기능별 세출예산이 13개 분야로 통일된 2008년부터 2024
년까지 인천시의 기능별 세출예산은 다음과 같이 요약된다.

① 일반공공행정과 공공질서 및 안전의 세출예산은 2008년 전체 세
　 출예산의 16.7%를 차지했으나, 2011년과 2012년 10.7%까지 감소
　 한 뒤, 2016년 다시 20.1%까지 상승했다. 하지만, 2018년 이후
　 계속적인 감소 추세가 이어짐에 따라, 2024년 그 비율은 전체 세
　 출예산의 13.0%까지 감소했다.

〈표 6-10〉 인천시 기능별 세출예산 (2008년 ~ 2016년)

(단위: 억 원, %)

구 분		연도								
		2008	2009	2010	2011	2012	2013	2014	2015	2016
총계		55,110	65,583	71,076	65,637	75,448	69,768	78,373	77,646	81,903
	비율	100	100	100	100	100	100	100	100	100
일반공공행정		8,850	7,964	9,681	6,530	7,774	8,818	10,658	10,119	15,271
	비율	16.1	12.1	13.6	9.9	10.3	12.6	13.6	13.0	18.6
공공질서 및 안전		304	381	398	497	471	345	314	442	1,224
	비율	0.6	0.6	0.6	0.8	0.6	0.5	0.4	0.6	1.5
사회개발비		20,780	25,567	30,026	30,240	33,934	34,032	37,526	39,772	38,041
	비율	37.7	39.0	42.2	46.1	45.0	48.8	47.9	51.2	46.4
경제개발비		20,738	26,979	26,319	23,229	28,117	21,327	24,480	21,654	21,474
	비율	37.6	41.1	37.0	35.4	37.3	30.6	31.2	27.9	26.2
예비비		547	591	435	526	546	488	550	518	584
	비율	1.0	0.9	0.6	0.8	0.7	0.7	0.7	0.7	0.7
기타		3,890	4,102	4,217	4,615	4,605	4,760	4,845	5,140	5,308
	비율	7.1	6.3	5.9	7.0	6.1	6.8	6.2	6.6	6.5

주: 본예산 기준, 일반회계·(공기업)특별회계를 포함함.
출처: 지방재정365 지방재정통합공개시스템 데이터를 활용하여 작성함.

② 사회개발비(교육, 환경, 사회복지 등 5개 부문)는 2008년 전체 세출예

산의 37.7%를 차지했으나, 시간이 흐름에 따라 지속적인 증가 경
향을 보이며 2024년 그 비율이 54.6%까지 폭발적으로 증가했다.[17]

③ 경제개발비(산업중소기업 및 에너지, 교통 및 물류, 과학기술)는 2008
년 전체 세출예산의 37.6%를 차지했지만, 계속적인 감소 추세가
이어진 결과, 2024년 현재 그 비율이 26.6%까지 급감했다.

〈표 6-11〉 인천시 기능별 세출예산 (2017년 ~ 2024년)

(단위: 억 원, %)

구 분		연도							
		2017	2018	2019	2020	2021	2022	2023	2024
총계		83,166	89,336	101,105	112,617	119,547	131,442	139,157	150,368
	비율	100	100	100	100	100	100	100	100
일반공공행정		13,776	11,435	10,678	10,765	11,404	13,120	12,975	13,475
	비율	16.6	12.8	10.6	9.6	9.5	10.0	9.3	9.0
공공질서 및 안전		1,742	1,922	3,626	4,126	5,318	5,424	6,003	6,081
	비율	2.1	2.2	3.6	3.7	4.4	4.1	4.3	4.0
사회개발비		42,333	48,977	55,687	62,111	63,829	68,082	75,666	82,135
	비율	50.9	54.8	55.1	55.2	53.4	51.8	54.4	54.6
경제개발비		19,148	20,540	24,418	28,574	31,378	36,870	36,077	39,944
	비율	23.0	23.0	24.2	25.4	26.2	28.1	25.9	26.6
예비비		579	400	372	267	297	182	357	245
	비율	0.7	0.4	0.4	0.2	0.2	0.1	0.3	0.2
기타		5,590	6,063	6,325	6,773	7,320	7,763	8,078	8,488
	비율	6.7	6.8	6.3	6.0	6.1	5.9	5.8	5.6

주: 〈표 6-10〉과 같음.
출처: 지방재정365 지방재정통합공개시스템 데이터를 활용하여 작성함.

종합하자면, 기능별로 인천시의 세출예산을 구분하여 각각의 변화추

---

17) 증가한 예산액의 규모를 살펴보면, 2008년 2조 780억 원에서 2024년 8조 2,135억
원으로 3.9배 증가했음을 확인할 수 있다.

이를 파악해 본 결과, 사회개발비와 경제개발비에서 눈에 띄는 변화가
확인됐다. 지난 23년 동안 사회개발비와 경제개발비는 모두 세출예산
그 규모 자체는 상당히 증가했으나, 각각의 증가 폭에서는 큰 차이를
보였다. 구체적으로 사회개발비의 경우, 비교 기간 그 규모가 7조 1,793
억 원 증가했지만, 경제개발비는 이에 훨씬 못 미치는 3조 5,785억 원
증가하는데 머물렀다. 특히, 2008년 이후 사회개발비는 6조 원 이상
폭증한 것과 달리, 경제개발비는 약 1조 9,000억 원밖에 늘어나지 않는
등 그 증가 폭에 있어서는 분명 큰 차이를 보인다.

제4절 사회개발비와 경제개발비 비교

1. 사회개발비의 '폭발적인 증가'

　사회개발비는 지방정부가 교육 및 문화, 사회복지 활동 등을 수행하는데 지출되는 경비를 말한다. 인천시의 경우, 2002년부터 2007년까지 교육 및 문화, 보건 및 생활환경개선, 사회보장, 주택 및 지역사회개발 관련 예산을 사회개발비로 분류했으나, 2008년부터는 기능별 분류 체계가 13개 분야로 수정됨에 따라 교육, 문화 및 관광, 환경, 사회복지, 보건 분야의 예산이 사회개발비로 분류되고 있다.

　먼저, 2002년부터 2007년까지 인천시 사회개발비 예산의 변화 추이를 보면,[18] 〈표 6-12〉와 같이 2002년 1조 342억 원에 불과했던 인천시의 사회개발비 예산은 2007년 1조 8,424억 원으로 그 규모가 1.8배 증가한 것이 확인된다. 다만, 비교 기간 총예산 가운데 차지하는 비중에는 큰 변화는 없었으나, 규모면에서는 상당한 폭의 증가라고 볼 수 있다.

---

18) 세출예산 분류상 2007년까지는 사회개발비 부문으로 분류되던 주택 및 지역사회개발 부문은 2008년 이후부터 경제개발비 분야 국토 및 지역개발 부문으로 흡수됐는데, 본 장에서 후술하게 될 사회개발비 증가와 경제개발비 증가 양상을 객관적으로 비교하기 위해서는 비교 시점을 2008년으로 설정할 필요가 있다.

하지만, 세부적으로 보면, 각 분야의 예산은 그 규모가 적게는 1.1배 많게는 2.9배까지 증가했음에도 불구하고 총예산 가운데 차지하는 비율은 소폭 증가하거나 오히려 감소한 것이 확인된다. 사회보장 분야와 보건 및 생활환경개선 분야의 경우, 총예산에서 차지하는 비율이 전자는 2002년 13.4%에서 2007년 17.9%로, 후자는 같은 기간 5.2%에서 8.6%로 각각 4.5%P와 3.4%P 소폭 증가했다.[19] 하지만, 교육 및 문화

〈표 6-12〉 인천시 사회개발비 예산 변화 추이 (2002년 ~ 2007년)

(단위: 억 원, %)

구 분		연도					
		2002	2003	2004	2005	2006	2007
총계		21,760	24,035	25,798	30,105	32,990	38,437
	비율	100	100	100	100	100	100
사회개발비 계		10,342	10,347	11,071	13,373	14,983	18,424
	비율	47.5	43.0	42.9	44.4	45.4	47.9
교육 및 문화		3,973	4,432	4,874	5,287	5,343	5,806
	비율	18.3	18.4	18.9	17.6	16.2	15.1
보건 및 생활환경개선		1,135	1,365	1,562	2,276	2,527	3,287
	비율	5.2	5.7	6.1	7.6	7.7	8.6
사회보장		2,911	3,069	3,338	4,117	5,236	6,878
	비율	13.4	12.8	12.9	13.7	15.9	17.9
주택 및 지역사회개발		2,323	1,481	1,297	1,692	1,877	2,452
	비율	10.7	6.2	5.0	5.6	5.7	6.4

주: 본예산 기준, 일반회계·특별회계를 포함, 공기업특별회계는 제외함.
출처: 인천광역시, 각 년도, 「세입·세출예산서」 데이터와 지방재정365 지방재정통합공개시스템 데이터를 활용하여 작성함.

───────────────

19) 사회보장 분야의 예산 증가는 1997년 국민의 정부 출범 이후, 국민기초생활보장제도가 실시되면서 본격적으로 나타나는 경향이라고 판단된다.

분야와 주택 및 지역사회개발 분야는 비교 기간 18.3%에서 15.1%로, 10.7%에서 6.4%로 각각 3.2%P와 4.3%P 감소했다. 아울러, 교육 및 문화 분야 예산의 경우, 비교 기간 그 규모가 1.5배 증가했으나, 오히려 총예산에서 차지하는 비율은 18.3%에서 15.1%로 3.2%P 낮아졌다.

다음으로, 교육, 문화 및 관광, 환경, 사회복지, 보건 분야의 예산이 사회개발비로 분류되기 시작한 2008년부터 2024년까지 인천시 사회개발비 예산의 변화 추이는 〈그림 6-4〉, 〈그림 6-5〉와 같이 파악되며, 구체적인 내용은 다음과 같다.

① 비교 기간 사회개발비 예산은 2조 780억 원에서 8조 2,135억 원으로, 그 규모는 3.9배 증가했고, 아울러 총예산에서 차지하는 비율 또한 37.7%에서 54.6%로 16.9%P 증가했다. 앞서 확인한 2008년 이전까지의 사회개발비 예산의 규모 및 비율변화 추이와 비교하면, 더 폭발적으로 증가한 것이 분명히 확인된다.

② 사회개발비 예산 가운데 규모면에서뿐만 아니라 비율면에서도 가장 큰 폭의 증가는 사회복지 분야에서 발생했는데,[20] 그 예산 규모는 2008년 6,636억 원에서 2024년 5조 6,124억 원으로 비약적으로 증가했다. 달리 말해서, 이는 총예산에서 차지하는 비율이 12.0%에서 37.3%까지 증가한 것이다.

③ 하지만, 이러한 경향과는 달리 나머지 분야 예산의 경우, 각 분야의 예산 규모는 불규칙적인 증가와 감소가 반복되었으나, 전반적으로 소폭 증가하는 추세를 이어갔다. 아울러, 총예산 가운데 이

---

20) 예산액이 증가한 사회복지 분야는 기초생활보장, 취약계층지원, 노동, 보훈, 주택, 사회복지일반, 보육, 가족·여성, 노인, 청소년 부문 등이다.

들 분야의 예산이 차지하는 비율 그 자체에는 큰 변화가 나타나지
는 않았다.

〈그림 6-4〉 인천시 사회개발비 예산 규모 변화 추이 (2008년~2024년)

(단위: 억 원)

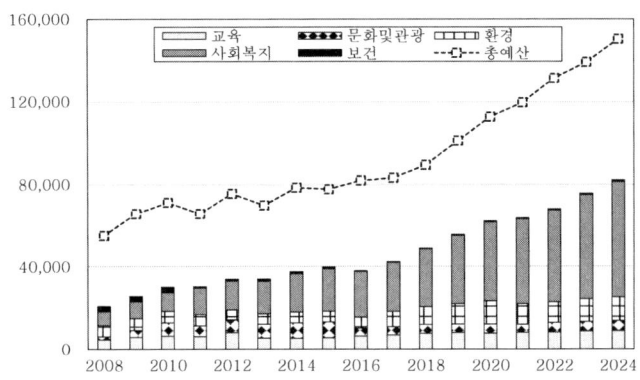

주: 본예산 기준, 일반회계·특별회계를 포함함.
출처: 인천광역시, 각 년도, 「세입·세출예산서」 데이터와 지방재정365 지방재정통합공개시
     스템 데이터를 활용하여 작성함.

지난 23년간 인천시 사회개발비 예산의 전반적인 변화 추이와 관련
하여 눈에 띄는 점은 다음과 같이 종합할 수 있다.

첫째, 2002년부터 2024년까지 인천시 총예산이 5.4배 증가하는 동
안, 총예산에서 사회개발비가 차지하는 비율은 54.6%까지 폭발적으로
증가했다.

둘째, 이러한 변화 가운데 나타난 특징은 교육, 문화 및 관광, 환경,
보건 분야의 예산은 총예산에서 차지하는 비율은 특정한 범위 내에서
불규칙적인 증가와 감소 추세를 이어가고 있으나, 사회복지 분야의 예
산 규모는 19.3배 그리고 총예산에서 차지하는 비율은 23.9%P 증가하

〈그림 6-5〉 인천시 사회개발비 예산 비율 변화 추이 (2008년 ~ 2024년)

(단위: %)

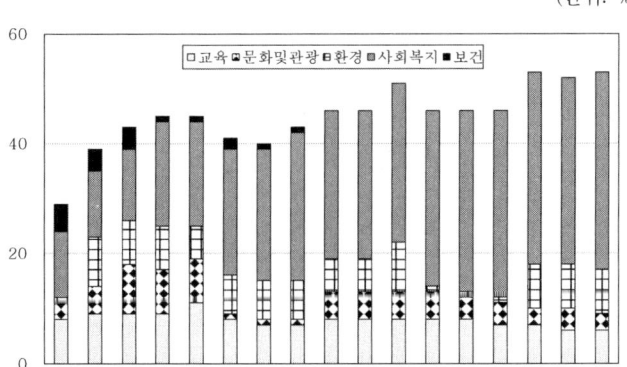

주: 〈그림 6-4〉와 같음.
출처: 인천광역시, 각 년도, 「세입·세출예산서」 데이터와 지방재정365 지방재정통합공개시
    스템 데이터를 활용하여 작성함.

는 등 증가 추세가 계속되고 있다는 점이다.

2. 경제개발비의 '완만한 증가'

지역산업의 육성과 활성화를 위해 지출되는 경제개발비는 농림해양
수산, 산업중소기업 및 에너지, 교통 및 물류, 국토 및 지역개발, 과학
기술 분야의 지출로 구성된다.[21] 이는 지역의 자원개발이나 산업개발
및 인프라 구축 같은 지역경제와 밀접한 관련이 있는 분야에 대한 지출

---

21) 2007년까지 경제개발비는 농수산 개발, 지역경제 개발, 국토자원 보존개발, 교통관리
    분야로 나뉘어져 있었다.

이며, 나아가 지역의 성장동력과 산업에 투자되는 외생적인 투자지출이다.[22]

우선, 2002년부터 2007년까지 인천시 경제개발비 예산의 변화 추이를 보면 〈표 6-13〉과 같이 그 예산의 규모가 2002년 4,159억 원에서 1조 718억 원으로 2.6배 증가했으며, 총예산에서 차지하는 비율 또한 19.1%에서 27.9%로 8.8%P 증가한 것이 확인된다. 구체적으로 살펴보면, 비교 기간 농수산개발, 지역경제개발, 국토자원보존개발 분야는 총

〈표 6-13〉 인천시 경제개발비 예산 변화 추이 (2002년~2007년)

(단위: 억 원, %)

구 분		연도					
		2002	2003	2004	2005	2006	2007
총계		21,760	24,035	25,798	30,105	32,990	38,437
	비율	100	100	100	100	100	100
경제개발비 계		4,159	5,350	6,574	8,575	8,607	10,718
	비율	19.1	22.3	25.5	28.5	26.1	27.9
농수산개발		544	593	675	642	704	841
	비율	2.5	2.5	2.6	2.1	2.1	2.2
지역경제개발		497	514	879	1,388	1,238	1,556
	비율	2.3	2.1	3.4	4.6	3.8	4.0
국토자원보존개발		2,107	2,528	2,569	3,234	2,986	3,647
	비율	9.7	10.5	10.0	10.7	9.1	9.5
교통관리		1,011	1,716	2,451	3,311	3,680	4,674
	비율	4.6	7.1	9.5	11.0	11.2	12.2

주: 본예산 기준, 일반회계·특별회계를 포함, 공기업특별회계는 제외함.
출처: 인천광역시, 각 년도, 「세입·세출예산서」 데이터와 지방재정365 지방재정통합공개시스템 데이터를 활용하여 작성함.

---

22) 김용·금재덕, 2024, 「지방재정의 투자적 경비지출이 지역경제 성장에 미치는 영향연구: 경기도 남북의 투자적 경비(사회개발비, 경제개발비)지출을 중심으로」, 『GRI연구논총』 제26권 제1호, 경기연구원, p.101.

예산 가운데 차지하는 비율이 큰 변화 없이 2.1~2.6%, 2.1~4.6%, 9.1
~10.7%의 수준을 각각 유지했으나, 이와 달리 교통관리 분야는 그 비
율이 4.6%에서 12.2%로 급격히 증가한 것을 알 수 있다.

　다음으로, 농림해양수산, 산업중소기업 및 에너지, 교통 및 물류, 국
토 및 지역개발, 과학기술 분야의 예산이 경제개발비로 분류되기 시작
한 2008년부터 2024년까지 인천시 경제개발비 예산의 변화 추이는 다
음과 같이 요약된다.

① 〈그림 6-6〉, 〈그림 6-7〉과 같이, 비교 기간, 경제개발비 규모는
　　2조 738억 원에서 3조 9,944억 원으로 1.9배 증가했으나, 총예산에
　　서 차지하는 비율은 오히려 37.6%에서 26.6%로 11.0%P 감소했다.

② 농림해양수산 분야의 예산은 총예산 가운데 그 비율이 1.2~2.2%
　　를 차지하면서 큰 변화 없이 유지되고 있는데, 이는 다른 분야의
　　경우와 비교하면 상대적으로 낮은 편이다. 인천시의 강화군과 옹
　　진군, 계양구와 서구, 남동구 등 극히 일부 지역에서 농업, 어업
　　등의 생산활동이 여전히 이루어지고 있는 것을 감안하더라도 예
　　산의 규모나 비율은 큰 폭으로 증가하지 않고 있다.

③ 아울러, 산업중소기업 및 에너지 분야의 예산은 총예산의 0.6~
　　3.7% 수준으로 유지되고 있다. 이 예산은 산업금융지원, 산업기
　　술지원, 무역 및 투자유치, 산업진흥·고도화 등 지역경제의 뿌리
　　라고 할 수 있는 중소제조업과 밀접한 사업에 투입되는 예산임에
　　도 불구하고 그 비율은 눈에 띄게 증가하지 않았다.

④ 교통 및 물류 분야 예산의 규모는 불규칙적으로 증가 또는 감소하
　　는 경향이 있으나, 전체적으로 보면 총예산에서 차지하는 비율은
　　지속적으로 감소하는 추세를 보인다. 2008년 총예산의 18.2%를

〈그림 6-6〉 인천시 경제개발비 예산 규모 변화 추이 (2008년 ~ 2024년)

(단위: 억 원)

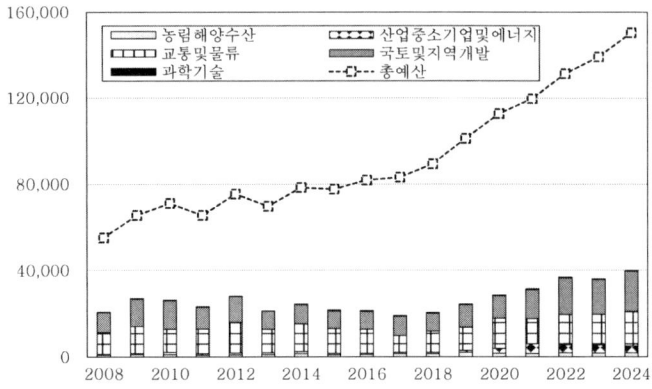

주: 본예산 기준, 일반회계·특별회계를 포함함.
출처: 인천광역시, 각 년도, 「세입·세출예산서」 데이터와 지방재정365 지방재정통합공개시
  스템 데이터를 활용하여 작성함.

〈그림 6-7〉 인천시 경제개발비 예산 비율 변화 추이 (2008년 ~ 2024년)

(단위: %)

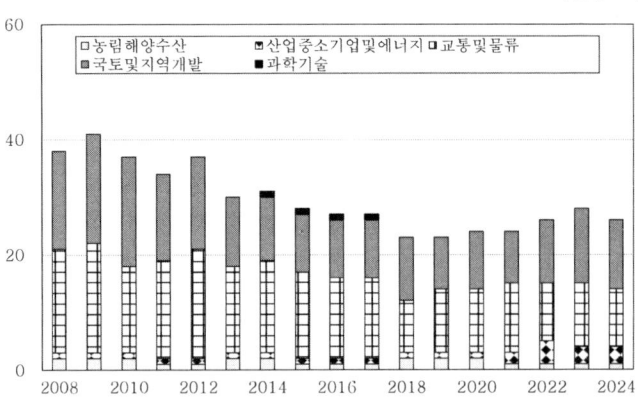

주: 〈그림 6-6〉과 같음.
출처: 인천광역시, 각 년도, 「세입·세출예산서」 데이터와 지방재정365 지방재정통합공개시
  스템 데이터를 활용하여 작성함.

차지했으나, 감소 추세의 지속으로 인해 결국 2024년 10.6%까지 그 비율이 하락했다. 공항과 항만이 인접해 있는 인천시의 경우, 물류산업이 지역경제에서 차지하는 역할이 점차 중요해지고 있으나, 교통 및 물류 분야 예산의 비율은 줄어들고 있다.

⑤ 인천시 경제개발비 분야 가운데 가장 큰 규모인 국토 및 지역개발 분야의 예산은 2008년 총예산의 16.7%를 차지했으나, 비교 기간 증가와 감소를 반복하면서 2024년에는 총예산의 12.3%에 머물렀다. 통상적으로 보면, 이 분야 예산의 규모는 지역개발 정책 등의 변화에 연동되어 증가와 감소가 반복되는 편이라고 할 수 있다.

⑥ 2008년부터 세출 분야별 목록에 새롭게 추가된 과학기술 분야는 그 예산이 총예산 가운데 차지하는 비율이 1%도 되지 못하고, 통계상 0%로 기록된 사례가 지난 17년 동안 총 13차례나 된다.

지난 23년간 인천시 경제개발비 예산의 전반적인 변화 추이와 관련하여 눈에 띄는 점은 다음과 같이 종합할 수 있다.

첫째, 2002년부터 2024년까지 인천시의 총예산이 5.4배 증가하는 동안 총예산에서 경제개발비가 차지하는 비율은 19.1%에서 41.1%까지 증가한 뒤, 지속적인 감소 추세가 계속되어 결국 26.6%까지 감소했다.

둘째, 앞서 분석한 사회개발비가 비교 기간 1조 342억 원에서 8조 2,135억 원으로 7조 1,793억 증가하는 동안 경제개발비는 4,159억 원에서 3조 9,944억 원으로 3조 5,785억 원 증가하는 데 그쳤다.

셋째, 경제개발비 규모 그 자체가 점차 증가한 것은 분명한 사실이나, 결과적으로는 총예산 가운데 경제개발비가 차지하는 비율은 오히려 감소하는 이른바 경제개발비의 '완만한 증가'가 더 정확한 사실이다.

제5절 재정의 '선택'과 '집중'

전술한 바와 같이 인천시의 재정은 2002년 2조 7,677억 원에서 2024년 15조 368억 원으로 그 규모가 5.4배 확대됐다. 물론, 수도권 과밀화로 인해 지속적인 인구 유입과 전반적인 경제성장에 힘입어 재정의 규모 그 자체가 확대된 부분도 있으나, 다양한 사회복지 정책의 생산과 시행에 따른 예산의 필연적인 증가 등 행정수요에 대한 대응 또한 재정 규모의 지속적인 확대를 견인한 주요 원인 가운데 하나로 판단된다.

인천시가 직면해 있는 이와 같은 변화 속에서 그들이 지방정부로서의 임무를 충실히 완수하고, 나아가 더욱 효과적으로 지역의 발전과 지역경제의 활성화를 촉진하기 위해서는 지방재정 본연의 기능에 대한 원론적인 고민을 재고할 필요가 있다.

1. 사회개발비 증폭 부담으로부터의 탈출과 지역발전

본 장에서는 인천시의 총예산 가운데 사회개발비가 차지하는 비율과 그 규모는 지난 23년에 걸쳐 폭발적으로 증가해 온 것을 확인했다. 그리고 이와 같은 증가는 사회복지 분야의 예산 증가에서 비롯되었다는 점을 주요 원인으로 언급했다. 인천시민들의 생활 수준이 점차 향상되면서 사회복지와 관련된 지출의 증가를 요구하는 압력이 다방면에서 강해지는 경향이 점점 보편화되고, 그로 인해서 사회복지 프로그램 및 관련 사업을 추진하기 위한 지출이 늘어남에 따라 예상된 당연한 결과라고 볼 수 있다.

하지만, 이런 결과에 대해서 중요하게 생각해야 할 점은 사회복지 분야의 상당 부분에서 '국가 최소보장적 복지사업'이 국고보조사업으로 운영되고 있나는 사실이다. 국가 최소보장적 복지사업은 국민의 최저생활 수준을 보장하기 위해 전국적이고 통일적인 기준으로 현금성 급여를 지급하는 보편적 성격의 사업으로, 기초생활보장, 기초연금, 무상보육, 아동수당 등이 그 대표적인 예이다.[23]

여기서 지적하고자 하는 것은 사실상 이와 같은 성격을 가진 사업을 수행하기 위한 필요 예산은 국가가 전적으로 그 필요 예산의 전액을 당연히 부담해야 함에도 불구하고, 실제로는 그렇지 못하다는 점이다. 이런 까닭에, 지방정부가 조달한 예산 가운데 상당한 수준의 예산이 이러한 사업에 직접 투입됨으로써 지방정부는 사회복지 분야 예산이 빠르게 증가하고 있는 현실에 마주하게 된다.

〈표 6-14〉는 2024년 기준, 인천시 재정이 투입된 사회복지 분야의 주요 사업 현황을 보여주는데, 주의 깊게 봐야 할 점은 이 사업들은 대부분 중앙정부가 주도하는 국가사업이지만, 각 사업에 대한 인천시의 예산이 최대 25%까지 부담되고 있다는 사실이다. 구체적으로, 2024

---

23) 김승연, 2022, 「중앙과 지방재정의 역할: 복지재원 조달방안 없이, 지출만 지방으로 떠넘기려 하는가?」, 『월간복지동향』 제286호, 참여연대사회복지위원회, p.28.

년의 경우만 하더라도 인천시의 사회복지 분야 예산액인 5조 6,172억 원(추가경정예산 포함) 가운데 31.9%에 해당하는 1조 7,919억 원이 국가 사업을 추진하기 위한 재원을 조달하는 데 투입됐다.

〈표 6-14〉 인천시 사회복지 분야 주요 국고보조사업 (2024년)

(단위: 억 원)

사업명	2024년 예산액		
	계	국비	시비
▪기초연금 국비 90~70%, 시비 6~18%, 군·구비 4~12% (노인인구 비율에 따라 비율 조정)	11,936	10,272	1,664
▪의료급여 진료비 예탁 국비 80% 시비 20%	7,598	6,078	1,520
▪생계급여 국비 90%, 시비 7%, 구비 3% 국비 80%, 시비 10%, 군비 10%	5,930	5,495	435
▪영유아 보육료 지원(만0~2세) 국비 75%, 시비 17.5%, 구비 7.5% 국비 65%, 시비 17.5%, 군비 17.5%	2,182	1,768	414
▪영아수당 지원(만0~1세) 국비 75%, 시비 17.5%, 구비 7.5% 국비 65%, 시비 17.5%, 군비 17.5%	2,338	1,894	444
▪아동수당 급여지급(만0~7세) 국비 80%, 시비 14%, 구비 6% 국비 70%, 시비 15%, 군비 15%	1,586	1,349	237
▪주거급여 지원 국비 90%, 시비 7%, 구비 3% 국비 80%, 시비 10%, 군비 10%	2,318	2,149	169
▪장애인 활동지원급여 지원 국비 70%, 시비 15%, 구비 15%	1,556	1,281	275
▪노인사회활동지원사업 국비 50%, 시비 25%, 군·구비 25%	1,758	1,168	590

주: 본예산 기준임.
출처: 인천광역시 예산결산특별전문위원실, 2023, 「중앙정부 이전재원이 인천광역시 지방재정에 미치는 영향」, p.13를 참고하여 작성함.

　물론, 사회복지 분야 국가사업의 수행을 위해서 지방정부 예산의 일정 부분이 직접 투입되고 있는 상황에 인천시만 직면해 있는 것은 아니다. 하지만, 이러한 상황에서 인식할 수 있는 것은 국가사업의 재원 확보를 위해 투입되는 지방정부의 재정부담이 증폭됨으로 인해서 지역 특수성을 가진 사업을 추진하는 데 지연 또는 제동이 걸린 가능성이 충분하다는 점이다. 원론적으로 보면, 지방재정의 올바른 사용은 지역 특수성이 강한 사업이나 정책을 추진하기 위함에 그 초점이 맞추어져야 하고, 나아가 지방재정의 핵심적인 목표는 지역산업의 성장, 지역경제의 활성화, 지역 기업의 경쟁력 확보 등 지역 경제가 지속 가능한 경제로 전진하여 시민의 생활이 더욱 윤택해지는 데 집중되어야 한다.

　하지만, 지방재정의 사용이 중앙정부가 주도해야 할 사회복지 분야의 국가사업에 지나치게 편중되다 보면, 결과적으로는 지역의 생산 기반을 확충하고 경쟁력 있는 중소·중견기업을 발굴하여 육성하는 등 지역경제의 활성화를 위한 지역 특화 사업에는 상대적으로 재정의 역할이 소홀해질 수밖에 없는 문제가 예상된다. 더욱이, 인천시 총예산 가운데 경제개발비가 차지하는 비율이 점차 감소하고 있는 현시점에서는 지역경제에 대한 재정지출을 더욱 치밀하게 계획하고 심각하게 고민하여 결정해야 한다는 점을 강력하게 인식할 필요가 있다. 이러한 인식은 장기적인 관점에서, 한정된 재원을 가장 효율적으로 활용하여 가장 효과적인 결과를 도출해 낼 수 있는 인천시 재정의 '선택'과 '집중'을 요구한다.

2. 경제개발비의 올바른 지출에 대한 고민

인천시의 경제개발비는 지난 23년간 그 규모가 서서히 확장되었으나, 총예산 가운데 차지하는 비율은 지속적으로 감소하고 있다는 사실을 확인했다. 이것은 인천시의 총예산 가운데 경제개발비 규모의 증가 폭이 다른 부문의 예산, 특히 사회개발비 규모의 증가 폭에 비해서 상대적으로 완만하다는 것을 의미한다.

인천 지역경제에 있어서, 경제개발비를 투입해야 할 사업의 종류와 투입액의 규모가 상대적으로 줄어들고 있는 것이 아니라면, 이러한 상황은 결국, 한정된 재원의 범위 안에서 경제개발비가 더욱 효율적으로 사용될 수 있는 사업을 전략적으로 선별하여 집중해야 함을 뜻한다. 따라서 경제개발비 지출에 있어 다음과 같은 점을 고민해 볼 수 있다.

첫째, 산업중소기업 및 에너지 분야의 지출이 대기업이 중심이 되어 견인하고 있는 '성장완료형 산업'에 편중되는 것을 지양하고, 지역 기업을 중심으로 한 잠재적 성장동력의 가능성이 있는 '성장진행형 산업'과 '히든챔피언'과 같은 경쟁력 있는 우량기업에 집중될 수 있도록 한다.

둘째, 국토 및 지역개발 분야와 교통 및 물류 분야의 지출이 사회간접자본을 포함하는 공공자본을 형성하여 생산요소의 투입을 증가시켜 지역 경제성장에 긍정적 영향을 미친다는 점을 고려하여, 지역 외부로 경제개발비가 유출되는 경로를 가능한 한 효과적으로 차단하고 지역 내에서 다시 재투자되어 순환할 수 있도록 한다.

셋째, 과학기술 분야에 재정을 투입하는 궁극적인 목적은 과학기술 인력양성과 연구개발 지원, 산학협동 및 기술개발 지원 등을 통해 과학기술을 고도화하고 첨단 산업 육성을 통해서 지역경제의 뿌리를 튼튼하게 하기 위함임을 염두에 두고, 지역의 다양한 주체들이 참여하여 장기적이고 지속적으로 활용될 과학기술 인프라를 조성하는 사업과 정책 구현에 경제개발비를 전략적으로 투입한다.

이러한 고민과 더불어 경제개발비의 투입은 직·간접적인 경로를 통해 고용을 유발함에 따라 지역경제에 다방면으로 긍정적인 영향을 미칠 수 있다는 점 또한 매우 중요하게 인식할 필요가 있다. 경제개발비 지출의 증가는 관련된 산업의 일자리 수를 직접적으로 증가시켜 실업률을 감소시킬 수 있다[24] 학계의 적극적인 논의가 이러한 인식의 필요성에 설득력을 더해주고 있음에도 불구하고, 앞서 검토한 바와 같이 지난 23년간 인천시의 경제개발비가 총예산에서 차지하는 비율이 점차 감소하고 있다는 사실을 심각하게 받아들여야 한다.

특히, 지역경제의 바탕을 이루는 제조업의 진흥과 첨단화를 이룩하기 위해 투입되는 산업중소기업 및 에너지 분야의 예산 규모가 다른 분야의 예산 규모에 비해 상대적으로 낮은 수준에 정체되어있는 현실은 지역경제의 활성화를 위해 개선되어야 할 필요가 있다. 또한, 전술한 바와 같이 지방재정의 사용이 중앙정부가 주도해야 할 국가 최소보장적 복지사업에 지나치게 편중되는 것을 효과적으로 억제함으로써 그 사업에 투입될 지방재정을 경제개발비에 보충하여 산업중소기업 및 에너지 분야와 과학기술 분야에 전략적으로 활용될 수 있는 방안도 함께 모색해야 한다.

인천시가 '인천시의회 제299회 제2차 정례회'에 제출한 미래산업국

---

24) 문시진 외, 2016, 「지방재정지출이 지역의 경제성장, 고용 및 투자에 미치는 영향 분석」, 『경제연구』 제34권 제2호, 한국경제통상학회, pp.40-41.

의 업무보고에 따르면, 인천시는 2025년도 주요 업무 추진계획으로 중소기업 경영 안정화 자금지원, 중소기업 수출 활성화 및 해외시장 다변화, 혁신창업 인재 및 청년창업 육성, 글로벌 바이오 메카 클러스터 조성, 인천형 반도체 지원, 미래 첨단 산업단지 조성 및 노후 산업단지 재생사업 등 지역경제의 활성화를 위한 다양한 정책들을 고려하고 있다. 하지만, 이러한 정책 대부분은 지역경제를 위한 진지한 고민과 문제의식 많이 결여된 채 매년 추진되는 유사한 정책의 반복이며, 그 상당수는 국비, 즉 국가재정과 함께 추진하는 사업들이 주를 이루고 있다는 점을 심각하게 인식할 필요가 있다.

나아가, 지역경제의 지속 가능한 발전을 견인해 줄 실질적인 성장동력을 찾고 이를 효과적으로 지원하기 위해서는 인천시 지방재정의 방향성을 장기적인 관점에서 더욱더 구체적이고 치밀하게 설정하여 무엇을 '선택'하고 무엇에 '집중'해야 할지를 분명하고 단호하게 결정해야 한다. 덧붙여, 지방재정이 지역 특화 사업의 효과를 배가시킬 수 있도록 일관된 기준으로 올바른 역할을 하고 있는지 그 여부에 따라서 지역경제에 미치는 직·간접적인 파급효과의 결과는 상반될 수 있다는 점을 절대 간과해서는 안 된다.

마지막으로, 지방정부가 예산을 집행함에 있어 일관된 기준이 희석된 채, 매년 의례적으로 기준을 적용하거나 해마다 새로운 기준을 적용함으로 인해 야기되는 지속성의 단절은 궁극적으로 지방재정의 투입효과를 무색하게 만드는 비생산적인 활동이며, 시민으로부터 이양받은 한정된 귀중한 자원을 무분별하게 낭비하는 것에 불과하다는 점을 강조한다.

제7장

글로벌화와 지역의 '정부조달시장'

김우영

제1절 글로벌화는 어떤 현상인가?

'글로벌화(Globalization)'는 특히 1980년대 말에서 1990년대에 이르러 주목받기 시작한 현상으로, 이전에는 '국제화(Internationalization)'나 '상호 의존'이라는 용어가 주로 통용됐다. 1988년 7월에 산업연구원이 발간한 『통상백서: 통상정책의 중장기 구상』[1]에서는 세계 경제의 상호보완성 증대, 정보·통신혁명 등 기술혁신을 통한 경제행위의 국제화, 이에 따른 대국적인 통상정책으로의 전환, 자유무역의 확대 등을 주요 논점으로 하고 있으나, 글로벌화라는 용어는 쓰이지 않았다.

글로벌화라는 개념은 간단히 말하자면, 서로 다른 국가들의 시장과 생산 활동이 무역, 투자, 기술 이전 등을 통해 상호의존성을 깊게 하는 일련의 과정을 뜻하는데, 다양한 관점에서 규정한 여러 가지 정의 중에서 1997년에 유럽공동체(European Communities)가 제시한 정의가 적절하다고 평가받고 있다. 그 정의에 따르면, 글로벌화는 재화와 서비스의 무역, 투자 활동, 기술 이전 등이 역동적으로 전개됨에 따라 서로 다른 국가의 시장과 생산이 더욱 밀접하게 연관되는 과정 또는 상호의존성의 심화를 의미한다. 또한, 이러한 현상은 제2차 세계대전 이후 오랜

---

1) 산업연구원, 1988, 『통상백서: 통상정책의 중장기 구상』, 서울: 산업연구원, pp.1-295.

기간에 걸친 무역 및 투자 확대 과정의 일환으로 이해할 수 있다.[2]

글로벌화를 세계 경제와 다국적기업의 관점에서 해석하면, 글로벌화는 선진국 간의 상호 투자에서 신흥국 및 개발도상국으로 그 영역을 확장하거나 기업 내 무역과 생산 및 판매 네트워크 또는 기업 내 분업 확대의 세계적인 파급 등의 현상을 통해 확인할 수 있고, 이를 관세와 무역에 관한 일반협정(GATT)이나 세계무역기구(WTO)로 대표되는 국제 협조체제가 제도적 뒷받침을 해왔다고 볼 수 있다. 그중에서도 제조업 부문에서는 글로벌화와 ICT(정보통신기술)혁명으로 인해 이른바 '제2의 분리(The Second Unbundling)'[3]가 진전하여 오프쇼어링(Offshoring)[4] 현상과 함께 선진국에서 신흥국과 개발도상국으로 이전되고 있다.[5] 더욱이, 이와 같은 경향은 제품 무역뿐만 아니라 아이디어, 정보, 지적재산권 등과 같은 무형자산의 무역을 촉진했고, 결과적으로는 이러한 '새

---

2) Commission of the European Communities, 1997, *1997 Annual Economic Report: Growth, Employment and Convergence on the Road to EMU*, Luxembourg: Office for Official Publication of the European Communities, pp.35-36.

3) 글로벌화의 진전을 기술진보의 관점에서 분석한 논의로, '분리(Unbundling)'라는 개념을 활용하여 산업혁명 이후의 세계 경제의 발전을 해석한 것이다. 글로벌화 이전의 세계 경제는 거리라는 제약에 의해 지역 단위의 경제의 합이었다. 이러한 상황은 물자의 이동비용이 줄어들면서 변하기 시작했는데, 이것이 '제1의 분리(The First Unbundling)'이다. 1990년경부터 정보통신기술의 발전에 따라, 아이디어의 이동이 가능하게 되어 글로벌화는 다음 단계에 진입했다. 공장의 국제적인 분리를 동반한 것으로 생산 공정의 임무를 분할하여 임무 단위의 국제분업이 시작됐다. 통신비용의 감소는 기술과 데이터 등의 이동비용을 줄이게 되었는데, 이것이 '제2의 분리(The Second Unbundling)'이다.

4) 기업이 경영활동을 영위함에 있어 직면하게 되는 국내 인건비 상승에 의한 비용 증가의 문제를 해결하기 위해서 생산, 용역 등 기업 업무의 일부를 인건비가 상대적으로 낮은 해외로 이전하는 현상을 의미한다.

5) Baldwin, R. E. and Evenett, S. J., 2015, "Value Creation and Trade in 21st Century Manufacturing", *Journal of Regional Science*, Vol.55, No.1, pp.32-34.

로운 글로벌화'로 인해 비교우위를 논함에 있어서 국적은 더 이상 무의 미하게 됐다.[6]

한편, 지역경제학의 관점에서는 경제의 글로벌화 과정을 분석하는 데, 특히 '주민의 생활영역으로서의 지역'과 '자본의 활동영역으로서의 지역' 간에 발생하는 '괴리'에 주목한다. 즉, 주민의 생활영역으로서의 지역은 변함없이 지역을 기반으로 존재하는 것에 반해, 자본의 활동은 다국적기업의 등장과 외국계 기업의 시장 참가로 촉진된 글로벌화의 진전으로 인해 국가라는 틀을 넘어 세계로 확장하며 새로운 '긴장 관계' 를 형성한다. 이러한 관계, 구체적으로 말해서 대립적 관계는 지역경제 의 현장에서 주로 해당 시장을 둘러싼 다국적기업과 중소기업 간의 '경 쟁 관계'로 발현[7]하는데, 그 결과 지역경제가 국내의 특정 지역뿐만 아 니라 세계 각국의 지역과 밀접한 경제적 관계를 맺음으로써 지역경제 는 세계 경제의 정치적·경제적 정세 변화에 좌우되고, 나아가 주민의 생활과 중소기업 경영기반의 불안정성이 증대된다.[8] 실제로 지역경제 의 글로벌화는 국내외의 정치적·경제적 동향의 상호작용을 통해 진전

---

6) Baldwin, R. E., 2016, *The Great Convergence: Information Technology and the New Globalization, Cambridge*, Massachusetts London, England: The Belknap Press of Havard University Press, p.12.

7) 농업은 토지와 결합한 형태로 영원히 지역을 기반으로 존재한다. 그러나 농업의 글로 벌화와 함께 다국적 거대자본은 지역의 소규모 농업을 파괴하면서 농업 생산에서의 공간적 지배를 확장해 왔다. 예를 들어, 세계 4대 곡물기업인 미국의 아처대니얼스미 들랜드(ADM)와 번지(Bunge), 카길(Cargill), 프랑스의 루이 드레퓌스컴퍼니(LDC)는 세계 곡물시장의 약 80%를 점유하고 있고, 과일은 돌(Dole)과 델몬트(DellMonte), 닭 과 쇠고기 유통은 타이슨 푸드(Tyson Foods), 종합음식료 기업으로는 네슬레(Nestlé) 가 세계시장의 상당 부분을 장악하고 있다.

8) 岡田知弘, 2022, 『地域づくりの経済学入門 増補改訂版: 地域内再投資力論』, 自治体 研究社, pp.16-39.

했고, 제2차 세계대전 이후의 무역 및 투자의 자유화, 활발한 다국적기업의 활동과 연동하며 확대됐다.[9] 그리고 한국의 지역경제는 1990년대에 접어들면서, 특히 1997년 외환위기 이후 이와 같은 양상으로 세계경제로의 포섭이 급속도로 진행되고 있다.

본 장에서는 위와 같은 글로벌화라는 거대한 흐름을 염두에 두고, 인천시의 공공시스템에 관한 두 번째 주제로 인천시의 정부조달시장에 주목한다. 먼저, 제2절에서는 한국의 정부조달시장이 어떠한 과정을 거치며 글로벌화해 왔는지에 대해 개관하고, 국내 및 인천시의 시장개방 정도와 외국기업의 침투 정도에 대해 실증적으로 검토한다. 그리고 제3절에서는 지역경제학의 관점에서 한국의 조달시장을 활동영역으로 하는 자본의 종류와 지역성을 파악함으로써, 인천 지역경제와의 연관 정도에 대해서도 분석한다. 마지막으로 제4절에서는 정부조달시장의 글로벌화에도 변함없이 지역을 기반으로 존재할 중소기업이 경영기반의 안정성을 유지할 수 있도록 뒷받침하는 조례의 기능과 그 역할에 대해 논의한다.

---

9) 岡田知弘, 1984, 「地域経済の国際化: 直接投資交流政策を中心に」, 『経済科学通信』, 基礎経済科学研究所, pp.13-16.

제2절 정부조달시장의 글로벌화와 국내 시장 변화

1. 외국 자본의 활동 영역이 지역으로 확대

정부조달협정(GPA: Government Procurement Agreement)은 WTO의 다자간 협정 중 하나로, 각국 정부조달시장에서의 공정한 경쟁과 비차별적 접근을 보장하는 것을 목표로 한다. 아울러, 시장개방을 통해 국제무역을 촉진하고, 더 많은 기업이 참여할 수 있는 기회를 제공함으로써 효율성과 투명성을 높이고자 한다.

한국은 1979년부터 1990년까지 총 네 차례에 걸쳐 GATT-GPA 가입을 신청했는데, 이후 세 번의 양허안을 제출한 끝에 1994년 4월 WTO 설립과 함께 GPA에 가입했고, 1997년 1월부터 WTO-GPA(이하, 1997 WTO-GPA)가 발효됐다. 그러나 곧바로 글로벌화에 동조화하는 형태로 협정문 개정 협상이 추진됐고, 2011년 12월 15일에 WTO-GPA 개정안이 타결되어 2016년 1월 14일부터 개정된 WTO-GPA(이하, 2016 WTO-GPA)가 발효됐다.

2016 WTO-GPA에는 정부조달시장에 전자적 수단을 고려하는 내용 등과 함께 건설 서비스의 범위가 확대됨에 따라 민간투자사업(BOT: Build-Operate-Transfer)이 정부조달 대상에 포함됐고, 나아가 〈표 7-

1〉에 정리된 바와 같이 10개의 중앙정부기관, 1개의 지방자치단체[10], 51개의 기초자치단체[11], 7개의 지방자치단체 산하 공기업[12]이 양허 대상 기관으로 추가됐다.[13]

〈표 7-1〉 1997 WTO-GPA와 2016 WTO-GPA의 양허 내용 변화

(단위: 만 SDR)

조달 주체		양허 대상 기관 수	양허 하한선		
			상품	서비스	건설 서비스 (BOT)*
중앙정부		35 → 45	13	13	500
지방 정부	지방자치단체	15 → 16	20	20	1,500
	기초자치단체	51*	40*	40*	1,500*
공기업		18 → 25	45 → 40	40*	1,500

주 1: *은 2016 WTO-GPA에서 새롭게 추가된 내용이며, BOT는 건설 서비스 범위의 확대로 정부조달대상에 포함됨.
주 2: SDR(Special Drawing Right)이란, IMF 특별인출권으로 기획재정부 및 행정안전부에서 2년마다 SDR 적용 환율을 산출하여 개방 기준 금액을 원화로 고시함.
출처: '정부조달협정에 관한 협정문'과 '정부조달에 관한 협정 개정의정서'를 참고하여 작성함.

지방자치단체 산하의 공기업을 포함한 지방공공단체의 조달시장에

---

10) 울산시.
11) 서울시 내 25개 기초자치단체, 부산시 내 16개 기초자치단체, 인천시 내 10개 기초자치단체가 포함됐다.
12) 서울메트로(현, 서울교통공사), 서울특별시 도시철도공사(현, 서울교통공사), 인천메트로(현, 인천교통공사), 부산교통공사, 대구도시철도공사(현, 대구교통공사), 대전광역시도시철도공사(현, 대전교통공사), 광주도시철도공사(현, 광주교통공사).
13) 2000년대에 접어들면서 한국은 칠레(2004년 2월 발효)를 시작으로 싱가포르, 인도, 미국, 호주, 중국, 베트남, 인도네시아 등 59개국, 21건의 FTA를 체결했다. 국가별로 양허 수준과 범위에는 차이가 있으나, FTA를 통해 적극적으로 정부조달시장을 개방하고 있다. 중앙정부의 상품 및 서비스의 경우 FTA에서의 양허 하한선이 다소 낮지만, 지방자치단체와 공기업을 양허하지 않은 경우가 많아 양허 범위에 있어서는 2016 WTO-GPA의 개방폭이 훨씬 크다고 할 수 있다(박혜리, 2015:9).

대한 양허 수준은 GPA 가입 초기에는 제한적이었으나, 2016 WTO-GPA와 다수의 자유무역협정(FTA)을 통해 점진적으로 개방됐다.[14] 아울러, 〈표 7-2〉에 그 추진과정을 간략하게 정리한 바와 같이, FTA는 2000년대에 들어서면서 급속도로 전개됐다. 현재 한국과 FTA를 체결한 국가는 총 56개국으로, 각 국가의 개방 범위는 WTO-GPA 가입 여부와 FTA에서의 정부조달시장 개방 정도에 따라 서로 다르지만, 국가 간 협정을 통한 정부조달시장의 글로벌화는 더욱 심화하고 제도화하고 있다.

〈표 7-2〉 한국의 자유무역협정(FTA) 체결 현황 (2024년)

상대국	추진현황				
	개시	타결	서명	비준	발효
칠레	1999. 12	2002. 10	2003. 02	2004. 02	2004. 04
싱가포르	2004. 01	2004. 11	2005. 08	2005. 12	2006. 03
EFTA	2005. 01	2005. 07	2005. 12	2006. 06	2006. 09
ASEAN	2005. 02	2006. 04 2007. 06 2007. 11	2006. 08 (상품) 2007. 11 (서비스) 2009. 06 (투자)	2007. 04 (상품) 2009. 05 (서비스) -	2007. 06 (상품) 2009. 05 (서비스) 2009. 09 (투자)
인도	2006. 03	2008. 09	2009. 08	2009. 11	2010. 01
EU	2007. 05	2009. 07	2010. 10	2011. 05	2015. 12
페루	2009. 03	2010. 08	2011. 03	2011. 06	2011. 08

---

14) 개정 GPA의 중요한 특징은 그 사용 빈도가 높아지고 범위가 넓어지고 있는 전자적 수단을 고려했다는 점이다. 1994년 GPA는 서면을 기반으로 한 전통적인 제도를 전제로 하고 있었기 때문에, 전자조달에 대한 언급이 전혀 없었다. 이와 반대로, 개정 GPA는 전자적 수단 사용의 중요성을 전문에서부터 언급하고 있으며, 여러 곳에서 그 사용을 권장하고 있다(김대식 외, 2021:33).

상대국	추진현황				
	개시	타결	서명	비준	발효
미국	2006. 06 2018. 01 (개정협상)	2007. 04 2010. 12	2007. 06 2018. 09	2011. 11 2018. 12	2012. 03 2019. 01 (개정의정서)
튀르키예	2010. 04	2012. 03 2014. 07	2012. 08 (상품) 2015. 02 (서비스투자)	2012. 11 (상품) 2015. 11 (서비스투자)	2013. 05 (상품) 2018. 08 (서비스투자)
호주	2009. 05	2013. 12	2014. 04	2014. 12	2014. 12
캐나다	2005. 07	2014. 03	2014. 09	2014. 12	2015. 01
중국	2012. 05	2014. 11	2015. 06	2015. 11	2015. 12
뉴질랜드	2009. 06	2014. 11	2015. 06	2015. 11	2015. 12
베트남	2012. 08	2014. 12	2015. 05	2015. 11	2015. 12
콜롬비아	2009. 12	2012. 06	2013. 02	2014. 04	2016. 07
중미 5개국	2015. 06	2016. 11	2018. 02	2019. 08	2021. 03
영국	2017. 02	2019. 06	2019. 08	2019. 10	2021. 01
RCEP	2012. 11	2019. 11	2020. 11	2021. 12	2022. 02
이스라엘	2016. 05	2019. 08	2021. 05	2022. 09	2022. 12
캄보디아	2020. 07	2021. 02	2021. 05	2022. 09	2022. 12
인도네시아	2012. 03	2019. 10	2020. 12	2021. 06	2023. 01

주 1: 2024년 9월 기준임.
주 2: EFTA는 스위스, 노르웨이, 아이슬란드, 리히텐슈타인을 포함함.
주 3: ASEAN은 브루나이, 캄보디아, 인도네시아, 라오스, 말레이시아, 미얀마, 필리핀, 싱
가포르, 베트남, 태국을 포함함.
주 4: EU는 오스트리아, 벨기에, 체코, 키프로스, 덴마크, 에스토니아, 핀란드, 프랑스, 독
일, 그리스, 헝가리, 아일랜드, 이탈리아, 라트비아, 리투아니아, 룩셈부르크, 몰타,
네덜란드, 폴란드, 포르투갈, 슬로바키아, 슬로베니아, 스페인, 스웨덴, 불가리아, 루
마니아, 크로아티아를 포함함.
주 5: 중미 5개국은 파나마, 코스타리카, 온두라스, 엘살바도르, 니카라과를 포함함.
주 6: RCEP는 한국, 아세안 10개국, 중국, 일본, 호주, 뉴질랜드를 포함함.
출처: 산업통상자원부 FTA 종합지원포털 데이터를 활용하여 작성함.

특히, 2016 WTO-GPA와 다수의 FTA를 통해 지방공공단체의 조달
시장에 대한 개방 또한 점차 단계적으로 확대되기 시작했다. 예를 들

어, 1997 WTO-GPA에는 지방자치단체인 인천시만 양허 대상으로 포함되어 있었으나, 2016 WTO-GPA에는 그 이전까지는 포함되지 않았던 기초자치단체(중구, 동구, 미추홀구, 연수구, 남동구. 부평구, 계양구. 서구, 강화군, 옹진군)와 인천메트로(현, 인천교통공사)가 새롭게 양허 대상 기관으로 추가되면서 시장개방의 정도는 더욱 심화됐다.

더욱이, 2002년에는 새롭게 구축한 국가종합전자조달시스템(나라장터, KONEPS: Korea ON-line e-Procurement System)을 시작으로 많은 공공기관에서 전자조달시스템을 도입했다. 이 같은 시스템의 도입은 조달 절차를 투명하고 효율적으로 운영하며 조달 과정에 대한 접근성을 높이기 위한 조치이기도 했지만, 그 도입으로 인해 외국기업들이 지방공공단체의 조달 정보에 더욱 쉽게 접근할 수 있는 환경이 조성됐다. 즉, ICT 분야의 기술혁신에 따른 제2의 분리는 제조업뿐만 아니라, WTO 정부조달협정이라는 국제협조체제를 바탕으로 한국의 정부조달시장 글로벌화에 일조했고, 정부조달시장에 있어서 외국 자본의 활동 영역은 이미 인천시를 비롯한 많은 지방공공단체와 기초자치단체에까지 침투해버린 결과를 가져왔다.

2. 중소기업 중심의 견고한 대항축

정부조달시장에 있어서도 국가와 지역(Local) 간의 거리를 좁히고 경제활동에 있어서 상호의존성을 높임으로써 국가 및 지역경제를 세계경제로 융합하는 글로벌화 과정이 활발히 전개됐다. 실제로 〈표 7-3〉과 같이 2016 WTO-GPA 이후 한국의 공공조달시장 규모는 2016년 국

내총생산(GDP)의 6.8%에서 2023년 9.3%로 확대됐고, 금액으로는 117
조 8,000억 원에서 208조 6,000억 원으로 90조 8,000억 원이 늘어났
으며, 궁극적으로 8.6%의 연평균 성장이 실현됐다.

〈표 7-3〉 한국의 국내총생산과 정부조달시장 규모 (2016년 ~ 2023년)

(단위: 조 원, %)

| 연도 | 구분 | | | | 비율 (B/A) |
| | 국내총생산 | | 조달시장 | | |
	금액 (A)	진년 대비 증감률	금액 (B)	선년 내비 증감률	
2016	1740.8	–	117.8	–	6.8
2017	1835.7	5.5	137.2	16.5	7.5
2018	1893.5	3.1	141.3	3.0	7.5
2019	1924.5	1.6	160.0	13.2	8.4
2020	1940.7	0.8	175.8	9.9	9.1
2021	2080.2	7.2	184.2	4.8	8.9
2022	2161.8	3.9	196.0	6.4	9.1
2023	2236.3	3.4	208.6	6.4	9.3

주 1: 2023년도 국내총생산(명목, 원화 표시)은 한국은행 '국민소득' 잠정치를 사용함.
주 2: 정부조달시장 규모는 국내에 소재하는 공공기관(국가기관, 지방자치단체, 교육행정기
관, 공기업, 준정부기관, 기타 공공기관, 지방공기업, 지방의료원, 지자체출연연구원,
특수법인, 기타 기관)이 발주한 조달업무의 계약 실적 합계로 파악함.
출처: KOSIS 국가통계포털 데이터와 조달청 조달데이터허브 데이터를 활용하여 작성함.

그러나 2000년대 이후 국내의 정부조달시장이 급속도로 확대해 온
것에 비하면 실제 시장개방의 정도는 아직 미미한 것으로 판단된다.
일례로, 조달청 집행분 중 시장개방 금액과 외국기업의 계약 금액 규모
는 〈표 7-4〉에 정리된 바와 같이 2000년대 이후 뚜렷한 변화 없이 불
규칙적인 증가와 감소를 계속해서 반복하고 있다.

〈표 7-4〉 정부조달시장(조달청 집행분) 개방 현황 (1999년 ~ 2023년)

(단위: 억 원, %)

연도	총계약 금액 (A)	구분			
		시장개방		외국업체	
		금액 (B)	비율 (B/A)	계약 금액 (C)	계약 비율 (C/B)
1999	139,463	102,137	73.2	3,168	3.1
2000	131,216	51,904	39.6	3,997	7.7
2001	170,985	78,757	46.1	4,639	5.9
2002	207,568	112,423	54.2	4,995	4.4
2003	202,717	95,185	47.0	5,055	5.3
2004	244,937	122,319	49.9	6,143	5.0
2005	225,925	88,384	39.1	6,260	7.1
2006	230,947	85,380	37.0	6,711	7.9
2007	235,945	92,608	39.2	6,013	6.5
2008	290,630	58,478	20.1	9,039	15.5
2009	539,733	208,156	38.6	6,180	3.0
2010	456,518	103,817	22.7	5,104	4.9
2011	453,615	85,470	18.8	5,377	6.3
2012	462,037	72,691	15.7	4,033	5.5
2013	451,329	81,565	18.1	4,633	5.7
2014	413,292	63,358	15.3	4,959	7.8
2015	434,317	67,439	15.5	3,946	5.9
2016	456,746	52,354	11.5	4,435	8.5
2017	423,545	82,642	19.5	4,815	5.8
2018	449,289	75,679	16.8	4,165	5.5
2019	428,566	62,351	14.5	5,399	8.7
2020	604,731	85,367	14.1	5,388	6.3
2021	751,425	86,170	11.5	5,187	6.0
2022	659,512	105,869	16.1	3,506	3.3
2023	604,877	73,875	12.2	3,844	5.2

출처: 조달청, 각 년도, 「조달사업통계」 데이터를 활용하여 작성함.

또한, 2016 WTO-GPA 이후, 전체 조달시장에서 차지하는 외국기업의 계약 실적 비율은 2.0%에 미치지 못하는 수준이다. 다만, 외국기업의 계약 금액은 〈표 7-5〉와 같이 2016년 8,000억 원에서 2023년 3조 7,000억 원으로 그 규모가 4.6배 늘어났다는 점에서 외국기업의 국내 정부조달시장 진출은 더욱 활발해질 것으로 판단된다.

〈표 7-5〉 2016 WTO-GPA 이후 기업 규모별 공공조달 계약 실적
(2016년~2023년)

(단위: 조 원, %)

연노	합계 (A+B)	분류(A)					미분류 (B)
		대기업	중견 기업	중소 기업	외국 기업	비영리 법인 등 기타	
2016	117.8	18.7	15.6	73.4	0.8	8.9	0.4
비율	100	15.9	13.2	62.3	0.7	7.6	0.3
2017	137.2	19.3	15.3	88.9	1.3	9.7	2.6
비율	100	14.1	11.2	64.8	0.9	7.1	1.9
2018	141.3	16.0	19.9	91.3	1.8	9.7	2.5
비율	100	11.3	14.1	64.6	1.3	6.9	1.8
2019	160.0	19.9	18.7	105.8	0.9	13.3	1.4
비율	100	12.4	11.7	66.1	0.6	8.3	0.9
2020	175.8	20.3	25.1	115.3	2.0	11.7	1.3
비율	100	11.5	14.3	65.6	1.1	6.7	0.7
2021	184.2	22.8	26.3	118.9	2.0	12.7	1.5
비율	100	12.4	14.3	64.5	1.1	6.9	0.8
2022	196.0	25.9	27.2	124.9	1.9	14.6	1.5
비율	100	13.2	13.9	63.7	1.0	7.4	0.8
2023	208.6	25.6	29.5	134.8	3.7	13.2	1.8
비율	100	12.3	14.1	64.6	1.8	6.3	0.9

주: 미분류는 기업 구분이 확인되지 않은 조달 업체를 나타냄.
출처: 조달청, 각 년도, 「공공조달통계연보」 데이터를 활용하여 작성함.

아울러, 기업별 조달 계약 체결 대상과 각각의 실적을 파악해 본 결과, 〈표 7-6〉과 같이 외국기업의 계약 체결 대상은 특정 기관에 편중된

경향이 있음이 분명히 확인된다. 2023년의 경우, 외국기업이 방위사업청과 체결한 계약 금액은 그들이 한 해 동안 체결한 계약 금액 합계의 절반 이상인 51.6%를 차지하고 있으며, 그 뒤를 이어 한국수력원자력 24.0%, 나라장터(중앙조달) 4.8%, 디브레인 1.6%, 인천국제공항공사 0.7% 그리고 한국전자통신연구원 0.7% 등의 순으로 높게 나타났다.

〈표 7-6〉 조달시스템별 기업별 계약 실적 (2023년)

(단위: 억 원)

구분	분류					
	대기업	중견기업	중소기업	외국기업	비영리법인 등 기타	미분류
나라장터(중앙조달)	68,772	65,705	376,774	1,784	50,869	0
나라장터(자체조달)	28,804	50,980	621,982	0.3	40,478	0
강원랜드	56	223	2,878	0	65	124
농산물사이버거래소(학교급식)	775	79	16,695	0	3,690	3,960
한국국토정보공사	132	7	297	0	34	81
방위사업청	67,257	66,875	51,896	19,257	4,028	0
인천국제공항공사	1,758	1,817	3,501	274	22	0
학교장터	184	97	11,888	0	404	1,399
한국가스공사	2,502	1,674	2,987	16	153	0
한국국제협력단	250	628	1,051	0	767	47
한국도로공사	−217	802	13,439	0	4,399	0.04
한국마사회	42	99	454	0	4	0
한국석유공사	96	240	664	0	15	0
한국수력원자력	21,393	13,688	14,372	8,945	2,312	0.03
한국수자원공사	3,226	4,209	14,702	0	848	85
한국전기연구원	5	5	400	0	8	21
한국전력공사	19,302	35,839	58,195	0.8	13,753	0
한국전자통신연구원	17	105	1,980	247	166	2
한국조폐공사	0.3	2	32	0	1	3
한국지역난방공사	512	685	1,935	0.0009	98	3
한국철도공사	8,060	2,427	18,013	0	114	463

(단위: 억 원)

구분		분류					미분류
		대기업	중견 기업	중소 기업	외국 기업	비영리 법인 등 기타	
국가철도공단		7,956	10,474	16,242	0	242	0
한국토지주택공사		16,189	27,766	39,541	0	505	0
한전KDN		11	56	2,613	0	36	2
한국인터넷진흥원		0.5	3	132	0	16	2
한국과학기술정보연구원		5	2	258	0	5	7
주식회사 에스알		18	8	317	0	4	0.1
디브레인		2,266	3,196	9,295	600	4,992	984
이호조		310	99	15,627	10	690	2,840
에듀파인		4,268	668	21,176	0.2	1,571	4,091
코러스		29	28	1,046	3	46	71
로바스		26	8	1,522	0.7	15	79
우정사업본부 통합경영관리시스템		56	8	84	0	324	52
수기		1,603	6,850	26,067	6,174	1,350	3,128
합계	계	255,664	295,351	1,348,055	37,311	132,024	17,445
	총계	2,085,849					

출처: 조달청 조달데이터허브 데이터를 활용하여 작성함.

덧붙여, 〈표 7-7〉은 2023년 기준, 업무 대상별 조달 실적을 기업별로 구분하여 나타내고 있는데, 여기서 명확하게 확인할 수 있는 사실은 외국기업을 통한 조달업무 가운데 가장 높은 비율은 물품 조달이 차지하고 있다는 점이다. 구체적으로 말해서 그 비율은 79.9%에 달하고 있는데, 이는 다른 기업들, 즉 국내의 대기업, 중견기업, 중소기업에 비해서 상대적으로 매우 높은 수준이다.

한편, 앞서 제시한 여러 데이터의 분석을 통해서 직·간접적으로 판단할 수 있듯이, 중소기업이 한국의 정부조달시장에서 차지하는 역할과 비중은 매우 크고 높다. 물론, 정부조달시장의 글로벌화가 진전함에

〈표 7-7〉 업무 대상별·기업별 조달 실적 구분 (2023년)

(단위: 억 원, %)

분류		합계	구분			
			물품조달	공사조달	일반용역	기술용역
전체		2,085,849	782,171	800,556	391,355	111,768
	비율	100	37.5	38.4	18.8	5.4
대기업		255,664	140,831	84,258	28,962	1,613
	비율	100	55.1	33.0	11.3	0.6
중견기업		295,351	112,534	117,402	39,686	25,729
	비율	100	38.1	39.7	13.4	8.7
중소기업		1,348,055	420,564	585,653	260,094	81,744
	비율	100	31.2	43.4	19.3	6.1
외국기업		37,311	29,825	3,373	4,110	3
	비율	100	79.9	9.0	11.0	0.003
비영리법인등 기타		132,024	66,896	8,155	54,563	2,410
	비율	100	50.7	6.2	41.3	1.8
미분류		17,445	11,521	1,715	3,939	270
	비율	100	66.0	9.8	22.6	1.5

출처: 조달청 조달데이터허브 데이터를 활용하여 작성함.

따라 외국기업과 국내기업, 특히 중소기업과의 대립관계가 형성됐지만, 가격이나 품질 이외에도 2016 WTO-GAP를 벗어나지 않는 범위에서 국산 제품을 우선 구매하는 각종 행정조치[15]와 중소기업을 보호하고 육성 및 지원하는 다양한 제도적 장치[16]를 마련함으로써 외국기업의

---

15) 조달청은 2020년 4월 '조달청 협상에 의한 계약 제안서평가 세부기준' 개정을 통해 '국산제품 활용 기여도'를 평가 항목으로 신설했다.

16) '중소기업자간 경쟁 제도', '공사용 자재 직접(분리) 구매제도', '중소기업제품 구매목표비율제도', '직접생산 확인제도', '계약이행능력 심사제도', '중소기업 기술개발제품 우선구매제도', '기술개발제품 성능인증 및 성능보험 제도', '공공구매론', '다수공급자 물품계약(MAS)', '소액수의계약 대상업체 조합 추천제도', '중소기업자 우선조달제도', '소기업제품 우선구매제도', '공공조달 상생협력 지원제도' 등이 있다.

직접 참여를 제한하는 형태로 시장개방에 다각적으로 대항하고 있다. 그 결과, 2016 WTO-GAP 이후 전체 조달시장에서 차지하는 국내 중소기업의 계약 실적 비율은 앞서 〈표 7-5〉에서 확인하였듯이 65.0% 전후 수준을 꾸준히 유지하고 있으며, 계약 총액은 2016년 73조 4,000억 원에서 2023년 137조 8,000억 원으로 그 규모가 약 2배 가까이 증가했다. 특히, 그중에서도 나라장터(중앙조달)와 나라장터(자체조달)를 통한 계약이 전체의 74.1%를 차지하는 등 조달업무의 약 75%가 공사와 물품 계약으로 이루어지고 있다.

제3절 인천시의 정부조달시장과
지역경제와의 연관

1. 시장 규모 확대와 인천시의 경쟁력

　지역경제학의 관점에서도 정부조달시장은 지역경제의 활성화와 지역 중소기업의 지속 가능한 성장에 필수적인 시장이다. 지역의 국가기관이나 지방공공단체가 매년 소비하는 자원의 양과 규모는 상당하며, 그 소비를 통해 지역경제 활성화에 활력을 불어넣고 나아가 국가 경제 발전에 기여한다. 특히, 공공조달시장은 중소기업과 소상공인에게 중요한 시장 접근 기회를 제공하는데, 정부는 중소기업에 대한 우대 정책을 통해 대기업과의 경쟁에서 불리한 위치에 있는 중소기업들이 공공조달을 통해 안정적인 수익을 창출할 수 있도록 지원하고 있다. 이를 통해 국내 중소기업의 성장을 촉진하고, 나아가 고용 창출 및 지역경제 활성화에도 크게 이바지한다.

　인천시의 지역경제 규모는 꾸준히 확대 재생산하여 2016년 84조 6,000억 원 수준에서 매년 점진적으로 증가했고, 마침내 2022년도에는 지역경제 규모 100조 원 시대를 열었다. 〈표 7-8〉을 통해 확인할 수 있듯이, 지역경제의 성장과 더불어 인천시의 정부조달시장도 크게

〈표 7-8〉 인천시의 지역경제와 정부조달시장 규모 (2016년 ~ 2023년)

(단위: 억 원, %)

| 연도 | 구분 | | | | |
| | 지역경제 | | 조달시장 | | |
	규모 (A)	전년 대비 증감률	규모 (B)	전년 대비 증감률	비율 (B/A)
2016	846,633	–	45,237	–	5.4
2017	885,474	4.6	58,211	28.7	6.6
2018	887,354	0.2	55,872	-4.0	6.3
2019	900,405	1.5	68,802	23.1	7.6
2020	896,155	-0.5	87,611	27.3	9.8
2021	986,705	10.1	86,914	-0.8	8.8
2022	1,044,971	5.9	96,975	11.6	9.3
2023	–	–	78,344	-19.2	–

주 1: 인천시의 지역경제규모는 지역내총생산(2015년 기준, 명목, 시장가격)으로 파악했고, 2022년은 잠정치를 나타냄.
주 2: 인천시의 정부조달시장 규모는 인천에 소재하는 공공기관(국가기관, 지방자치단체, 교육행정기관, 공기업, 준정부기관, 기타 공공기관, 지방공기업, 지방의료원, 지자체 출연연구원, 특수법인, 기타 기관)이 발주한 조달업무의 계약 실적 합계로 파악함.
출처: KOSIS 국가통계포털 데이터와 조달청 조달데이터허브 데이터를 활용하여 작성함.

확대됐는데, 구체적으로 그 규모는 같은 기간 4조 5,237억 원에서 9조 6,975억 원으로 2배 이상 증가했다.

이 같은 증가는 연평균 14.3%씩 계속적으로 성장한 결과로, 2022년 기준, 지역내총생산의 9.3%에 해당한다. 바꿔 말하면, 인천시에는 약 10조 원을 상회하는 규모의 공공 자금이 정부조달시장을 통해 재분배되고 있는데, 이러한 점에 비추어 보면, 지방자치단체를 중심으로 한 공공기관은 지역경제 발전의 한 축을 담당하는 매우 중요한 주체라 할 수 있다.

한편, 인천시 정부조달시장의 업무별 규모를 〈표 7-9〉와 같이 내역별로 구분해서 자세히 보면, 2016년부터 2023년까지 물품 조달이

29.1%에서 35.0%로 증가했고, 공사 조달은 53.1%에서 41.7%로 축소된 것이 확인된다. 아울러, 일반용역과 기술용역의 경우, 비교 기간 그 비율이 12.9%에서 17.1% 그리고 4.8%에서 6.1%로 각각 증가했다. 전

〈표 7-9〉 인천시의 정부조달시장 업무별 규모 (2016년 ~ 2023년)

(단위: 억 원, %, 건)

연도		합계	구분			
			물품조달	공사조달	일반용역	기술용역
2016	금액	45,237	13,182	24,042	5,833	2,181
	비율	100	29.1	53.1	12.9	4.8
	건수	107,349	83,193	9,525	12,362	2,269
2017	금액	58,211	16,645	24,751	13,241	3,575
	비율	100	28.6	42.5	22.7	6.1
	건수	218,953	173,620	17,047	24,569	3,717
2018	금액	55,872	20,060	21,878	9,622	4,311
	비율	100	35.9	39.2	17.2	7.7
	건수	209,411	164,293	16,461	25,355	3,302
2019	금액	68,802	22,615	29,066	12,890	4,231
	비율	100	32.9	42.2	18.7	6.1
	건수	387,307	318,685	23,020	41,550	4,052
2020	금액	87,611	22,531	41,793	19,039	4,245
	비율	100	25.7	47.7	21.7	4.8
	건수	378,087	316,937	22,617	34,863	3,670
2021	금액	86,914	30,165	33,993	18,436	4,320
	비율	100	34.7	39.1	21.2	5.0
	건수	452,235	378,926	24,487	44,650	4,172
2022	금액	96,975	28,337	44,062	19,730	4,845
	비율	100	29.2	45.4	20.3	5.0
	건수	482,025	396,047	25,639	55,403	4,936
2023	금액	78,344	27,450	32,673	13,432	4,790
	비율	100	35.0	41.7	17.1	6.1
	건수	469,449	377,931	25,029	60,496	6,213

출처: 조달청 조달데이터허브 데이터를 활용하여 작성함.

체적으로 봤을 때, 2023년 기준 정부조달시장의 규모는 2016년에 비하면, 1.7배 성장했고, 그중에서 물품 조달, 일반용역, 기술용역 시장은 2배 이상, 공사 조달은 1.4배 확대됐다.

인천시의 정부조달시장 규모는 이처럼 확대되고 있는 경향이 명확하게 확인되는데, 그렇다면, 인천시의 기업은 국내 정부조달시장에서 얼마나 큰 경쟁력을 갖추고 있는지 의문이 제기된다.

〈표 7-10〉은 조달 기업 소재지별 계약 실적의 비율을 정리한 자료로, 주요 시도별 조달 기업이 물품 소날, 공사 조달, 일반용역 그리고 기술용역 등 각각에서 체결한 계약 실적의 비율을 보여준다. 먼저, 서울지역과 경기지역, 경남지역 소재 기업의 계약 실적이 시장 전체의 절반 이상을 차지하고 있는 것이 확인된다. 그리고 나머지 절반의 시장을 놓고 그 밖의 지역과 국외 소재 기업이 경쟁하고 있는 것을 알 수 있다.

〈표 7-10〉 조달 기업 소재지별 계약 실적 비교

(단위: 조 원, %)

지역		연도								
		2016				2023				
		합계	구분			합계	구분			
			물품 조달	공사 조달	일반 용역	기술 용역		물품 조달	공사 조달	일반 용역	기술 용역
전체 금액		117	47	49	16	5	208	78	80	39	11
전체 비율		100	39.7	42.0	14.1	4.1	100	37.5	38.4	18.8	5.4
비율 환산		100	100	100	100	100	100	100	100	100	100
	서울시	22.7	18.7	18.6	44.9	27.1	20.8	18.0	15.8	35.5	24.1
	부산시	4.1	4.6	3.8	3.7	3.0	4.0	4.1	4.4	3.3	3.2
	대구시	2.3	2.2	2.6	1.8	1.1	2.0	1.9	2.2	1.8	1.3
	인천시	3.9	3.5	4.4	3.8	2.4	3.5	3.5	3.8	3.4	2.3
	광주시	1.3	1.2	1.3	1.8	0.6	1.4	1.1	1.7	1.4	1.0

(단위: 조 원, %)

지역		연도									
		2016					2023				
		합계	구분				합계	구분			
			물품조달	공사조달	일반용역	기술용역		물품조달	공사조달	일반용역	기술용역
	대전시	2.6	2.3	2.3	4.1	2.3	3.4	3.3	2.4	6.1	2.9
	울산시	2.9	5.2	1.5	1.0	1.2	1.2	0.8	1.4	1.3	1.1
	세종시	0.5	0.3	0.7	0.8	0.4	0.6	0.5	0.6	1.1	0.3
	경기도	19.8	22.4	17.4	18.1	25.9	21.6	25.7	18.0	19.4	26.2
	충북도	3.0	2.6	3.7	1.8	3.1	3.4	3.1	4.1	2.6	3.5
	충남도	4.2	3.5	5.3	2.5	4.7	4.1	2.9	5.6	2.9	5.1
	전남도	6.3	3.1	10.6	2.8	5.9	6.2	3.5	10.0	3.8	5.9
	경북도	6.3	3.5	9.8	3.8	6.7	6.1	5.0	7.6	5.0	7.7
	경남도	10.1	17.2	6.0	3.6	5.8	10.2	14.8	9.6	3.6	6.6
	제주도	1.1	0.6	1.8	0.6	1.0	0.9	0.6	1.4	0.6	1.0
	강원도	4.4	3.6	5.7	2.5	5.8	4.2	2.7	5.9	3.5	4.4
	전북도	3.5	3.1	4.4	2.2	3.0	3.6	2.9	4.9	2.6	3.3
	국외소재	0.7	1.6	0.0	0.3	0.0	1.0	3.8	0.4	1.1	0.0
	미분류	0.3	0.8	0.0	0.0	0.1	1.0	1.8	0.2	1.3	0.2

출처: 조달청 조달데이터허브 데이터를 활용하여 작성함.

전술한 바와 같이 국외 소재 기업의 계약 실적은 2023년 기준, 2016년에 비해서 2배 이상 증가했고, 대전시에 소재한 기업의 계약 실적 비율도 비교 기간 2.6%에서 3.4%로 늘어났다. 그 밖의 지역에 소재한 기업의 경우, 그 비율에는 미미한 증감이 있었으나, 지난 7년간 눈에 띄는 큰 변화가 보이지 않는다.

인천시에 소재한 기업의 경우, 2016년의 계약 실적은 국내 정부조달 시장의 3.9%를 차지했으나, 2023년에는 3.5%로 오히려 감소했다. 다만, 이 감소는 공사 조달이 4.4%에서 3.8%로 일반용역이 3.8%에서 3.4%로 그리고 기술용역이 2.4%에서 2.3%로 각각 줄어든 결과에 기인하므로, 인천시의 기업이 국내 정부조달시장을 둘러싼 지역 간 경쟁에서 상대적으로 우위에 있다고 판단하기는 어렵다.

2. 공공 조달업무의 우수한 지역경제 연관

공공기관 소재지별 지역 업체 실적에서 상당한 성과가 있었는데, 〈표 7-11〉에서 확인할 수 있듯이 인천지역 소재 공공기관이 발주한 조달업무에서 인천시 기업의 수주 실적은 2016년 31.4%에서 2023년 42.8%로 늘어났다. 아울러, 물품 조달은 27.9%에서 28.9%, 일반용역은 32.1%에서 42.4% 그리고 기술용역은 23.1%에서 33.7%로 각각 증가했고, 특히 공사 조달 실적의 경우, 비교 기간 그 비율이 33.9%에서 56.0%로 20%P 이상 증가한 것으로 나타났다.

〈표 7-11〉 공공기관 소재지별 조달시장에서 차지하는 지역 업체 실적

(단위: %)

지역	연도									
	2016					2023				
	합계	구분				합계	구분			
		물품 조달	공사 조달	일반 용역	기술 용역		물품 조달	공사 조달	일반 용역	기술 용역
서울시	31.6	11.0	62.2	71.6	69.9	63.7	46.1	70.7	72.4	70.0
부산시	41.9	35.2	47.4	42.6	29.2	47.0	38.8	55.1	46.6	42.4
대구시	43.2	32.3	66.7	22.8	43.5	35.5	26.8	55.7	24.3	31.9
인천시	**31.4**	**27.9**	**33.9**	**32.1**	**23.1**	**42.8**	**28.9**	**56.0**	**42.4**	**33.7**
광주시	48.8	36.8	64.3	43.3	17.5	46.9	32.1	65.1	44.4	25.7
대전시	13.7	13.8	12.3	15.8	17.3	19.6	12.1	20.2	33.5	25.8
울산시	37.3	27.0	46.0	27.6	42.0	42.3	29.4	51.7	37.5	49.9
세종시	10.6	4.9	33.4	5.0	7.4	9.9	8.4	28.7	5.7	10.4

(단위: %)

지역	연도									
	2016					2023				
	합계	구분				합계	구분			
		물품조달	공사조달	일반용역	기술용역		물품조달	공사조달	일반용역	기술용역
경기도	72.2	80.0	74.7	51.7	58.5	50.3	34.7	82.6	63.7	30.3
충북도	61.1	40.1	89.8	29.4	62.1	54.4	35.7	88.1	34.8	61.3
충남도	45.4	25.6	62.4	38.7	55.9	49.8	28.5	67.6	41.0	51.7
전남도	32.5	16.2	59.9	20.0	44.7	43.3	30.3	55.6	37.0	46.2
경북도	39.6	19.2	62.0	25.3	52.6	43.3	31.3	52.3	37.3	53.1
경남도	29.0	34.6	26.5	33.7	35.4	36.1	33.7	37.1	38.1	32.2
제주도	54.8	42.4	73.1	17.4	50.4	58.7	43.7	89.5	27.4	56.7
강원도	66.6	57.0	80.8	43.4	56.4	64.0	43.2	86.4	50.7	53.8
전북도	62.1	58.7	67.4	50.9	45.2	60.5	51.5	72.4	49.9	45.9

출처: 조달청 조달데이터허브 데이터를 활용하여 필자가 직접 산출함.

현행 '국가를 당사자로 하는 계약에 관한 법률'(약칭: '국가계약법')과 '지방자치단체를 당사자로 하는 계약에 관한 법률'(약칭: '지방계약법')에 서는 각각 국가기관과 지방자치단체가 발주하는 공사계약의 일정 부분을 지역 내 업체와 공동으로 참여하는 것을 의무화한 '지역의무공동도급제'를 시행하고 있다.[17] 인천시는 이 제도를 매우 적극적으로 실천하

---

17) '국가계약법 시행령' 제72조 제3항에 따르면, 각 중앙관서의 장 또는 계약담당공무원은 공동계약을 체결할 때, ① 추정가격이 고시 금액 미만이고 건설업 등의 균형발전을 위하여 필요하다고 인정되는 사업이나 ② 저탄소·녹색성장의 효과적인 추진, 국토의 지속가능한 발전, 지역경제 활성화 등을 위하여 특별히 필요하다고 인정하여 기획재정부장관이 고시하는 사업일 경우에는 공사현장을 관할하는 특별자치시·도 및 특별자치도에 법인등기부상 본점소재지가 있는 자 중 1인 이상을 공동수급체의 구성원으로 해야 한다[시행 2024. 12. 24.] [대통령령 제35088호, 2024. 12. 24., 일부개정]. 또한, '지방계약법' 제29조에 따르면, ① 지방자치단체의 장 또는 계약담당자는 필요하다고 인정하면 계약상대자를 2명 이상으로 하는 공동계약을 체결할 수 있고 ② 지방자치단체의 장 또는 계약담당자는 제1항에 따른 공동계약의 경우 입찰 참가자격으로 지역을

고 있는 지역으로 이를 통한 공사 실적 비율이 전국에서 가장 높다. 인천시는 〈표 7-12〉와 같이 지역의무공동도급제를 통한 공사 조달 비율을 2016년 28.0%를 시작으로 하여 2023년 42.2%까지 꾸준히 늘려왔다. 특히, 2022년의 경우, 인천시는 주요 시도 가운데 유일하게 그 지역의 조달시장 전체 공사 조달의 절반 이상, 즉 55.8%가 지역의무공동도급을 통해 체결되었듯이 그 비율은 월등히 높은 편이다.

〈표 7-12〉 지역별 지역의무공동도급 공사 조달 실적(2016년~2023년)

(단위: 억 원, %)

지역	연도							
	2016	2017	2018	2019	2020	2021	2022	2023
전체	16.8	16.2	17.2	16.7	18.3	16.9	18.5	19.3
서울시	19.9	18.3	20.2	21.0	20.1	20.5	21.3	28.3
부산시	8.7	22.7	19.4	22.0	22.9	12.3	12.5	22.2
대구시	18.7	6.4	23.1	20.0	17.2	9.6	8.3	7.5
인천시 금액	3,689	5,302	5,733	9,114	10,788	13,813	21,549	11,358
인천시 비율	28.0	30.1	31.0	34.6	27.7	47.9	55.8	42.2
광주시	21.0	15.6	24.1	18.2	24.7	17.3	23.8	22.0
대전시	2.6	3.2	3.2	4.7	4.4	5.3	5.0	6.9
울산시	17.6	16.0	16.6	34.4	22.8	13.6	12.2	18.4
세종시	42.6	26.1	23.5	40.0	38.0	23.0	11.7	26.6
경기도	25.5	27.2	22.1	25.1	25.2	20.1	19.7	24.3
충북도	13.7	12.2	17.8	16.6	12.0	20.3	17.1	19.9
충남도	17.0	16.0	13.9	16.8	13.7	15.4	16.2	18.8
전남도	9.8	6.0	7.2	6.9	6.1	6.7	7.1	5.0
경북도	12.8	24.7	14.9	14.9	10.6	12.3	11.0	10.9

제한하지 아니하는 입찰로서 건설업 등의 균형발전을 위하여 필요하다고 인정할 때에는 공사현장을 관할하는 특별시·광역시·특별자치시·도 및 특별자치도에 법인등기부상 본점소재지가 있는 자 중 1인 이상을 공동수급체의 구성원으로 하여야 한다고 규정하고 있다[시행 2024. 2. 17.] [법률 제19634호, 2023. 8. 16., 타법개정]. 한편, '국가계약법'과 '지방계약법'상의 지역의무공동도급 비율은 각각 30% 이상, 40%~49%이다.

(단위: 억 원, %)

지역	연도							
	2016	2017	2018	2019	2020	2021	2022	2023
경남도	18.5	17.1	23.9	14.9	24.9	23.6	25.0	26.2
제주도	25.7	17.4	9.8	14.5	12.6	12.0	20.2	20.7
강원도	15.5	11.7	7.7	11.9	9.2	8.4	12.7	12.1
전북도	14.6	9.7	11.1	7.1	10.5	7.8	9.7	11.2

출처: 조달청 조달데이터허브 데이터를 활용하여 작성함.

또한, 인천시는 2008년 10월 20일에 '인천광역시 지역건설 산업 활성화 촉진 조례'(현, '인천광역시 지역건설산업 활성화 촉진 및 하도급업체 보호에 관한 조례')를 제정한 이래 지속적인 개정 과정을 거쳐 지역 내에서 생산된 자재를 우선 사용할 것과 지역업자의 공동도급 비율과 하도급 비율이 극대화될 것을 권장해 왔다. 이와 같은 조례와 지역의무공동도급제를 바탕으로 지역 내 수주가 대부분을 차지하는 지역 건설업을 보호함으로써 건설 시공 경험의 축적을 통해 지역업자들의 기술 능력 향상을 도모하여 궁극적으로 지역경제 활성화에 이바지할 수 있을 것으로 기대된다.

3. 앞으로의 개선 과제

개선해야 할 과제도 분명히 있다. 지역의무공동도급제 이외에도 '국가계약법 시행령' 제21조에서는 추정가격이 기획재정부령으로 정하는 금액 미만인 경우, 법인등기부상 본점 소재지를 기준으로 입찰참가자의 자격을 제한할 수 있도록 하는 '지역제한(경쟁)입찰제'를 시행하고 있다. 지역의무공동도급제가 건설업에만 적용되는 것과는 다르게 지역

제한(경쟁)입찰제는 물품과 용역업무에도 적용된다.[18] 〈표 7-13〉에서 확인할 수 있듯이, 실제로 인천지역 소재 공공기관이 지역 제한(인천)으로 발주한 조달업무는 2016년 23.9%에서 2023년 20.5%로 축소됐는데, 이 비율은 7대 특별·광역시 중 두 번째로 낮은 수준이다.[19] 아울러, 제한 총액은 2016년 7,066억 원에서 2021년 최대 1조 3,349억 원 규모까지 늘어났지만, 2019년 이후로 큰 변화 없이 1조 2,000억 원 전후를 상회하는 수준에 머물고 있다.

〈표 7-13〉 인천시의 공공기관이 지역 제한(인천)으로 발주한 조달
(2016년~2023년)

(단위: 억 원, %)

연도	구분			지역 제한		지역의무 공동도급
	합계 (A+B)	입찰 (A)	무입찰 (B)	제한 총액 (C)	비율 (C/A)	
2016	45,237	29,567	15,670	7,066	23.9	3,689
2017	58,211	44,335	13,875	9,532	21.5	5,302
2018	55,872	46,198	9,673	9,978	21.6	5,733
2019	68,802	60,001	8,800	11,626	19.4	9,114
2020	87,611	77,918	9,694	12,161	15.6	10,788
2021	86,914	73,458	13,456	13,349	18.2	13,813
2022	96,975	83,254	13,720	12,387	14.9	21,549
2023	78,344	63,446	14,898	12,975	20.5	11,358

출처: 조달청 조달데이터허브 데이터를 활용하여 작성함.

특히, 지역제한(경쟁)입찰과 지역의무공동도급 실적을 서로 비교해

---

18) 기획재정부장관 고시 금액 2억 2,000만 원 미만에 적용되며 '지방계약법'을 적용하는 경우, 용역, 물품의 제조 및 구매 등은 5억 원 미만으로 정하고 있다.

19) 2023년 7대 특별·광역시 공공기관의 지역 제한 조달업무 실적 비율은 광주시 36.3%, 부산시 27.1%, 울산시 24.8%, 대구시 22.9%, 서울시 21.0%, 인천시 20.8%, 대전시 8.8% 순이다.

보면, 사실상 큰 차이를 보이지 않는다. 각각의 제도에서 정하는 추정가격과 고시가격이 서로 다르므로 직접적인 비교는 일부 제한적일 수도 있으나, 지역의무공동도급제를 통한 공사 조달의 상당한 부분이 지역제한(경쟁)입찰에 포함되거나 이를 포함할 것으로 판단된다. 두 제도 모두 궁극적으로 지역의 자금을 지역 내부로 재투자하여 지역경제의 순환율을 높임으로써 지역경제를 활성화[20]하는 것을 목적으로 하는데,

〈표 7-14〉 인천시의 정부조달시장 자금의 지역 외부 유출 정도
(2016년 ~ 2023년)

(단위: 억 원, %)

연도		합계	구분			
			물품조달	공사조달	일반용역	기술용역
2016		31,042	9,505	15,899	3,961	1,677
	비율	68.6	72.1	66.1	67.9	76.9
2017		38,665	12,391	12,985	10,481	2,808
	비율	66.4	74.4	52.5	79.2	78.5
2018		34,464	15,795	10,050	5,158	3,461
	비율	61.7	78.7	45.9	53.6	80.3
2019		40,130	16,689	13,145	7,221	3,075
	비율	58.3	73.8	45.2	56.0	72.7
2020		48,281	17,103	21,413	6,729	3,036
	비율	55.1	75.9	51.2	35.3	71.5
2021		49,378	23,135	15,853	7,246	3,144
	비율	56.8	76.7	46.6	39.3	72.8
2022		54,054	21,169	22,118	7,277	3,490
	비율	55.7	74.7	50.2	36.9	72.0
2023		44,832	19,528	14,389	7,739	3,176
	비율	57.2	71.1	44.0	57.6	66.3

출처: 조달청 조달데이터허브 데이터를 활용하여 작성함.

---

[20] 岡田知弘(2022)는 이러한 방식의 지역경제 활성화 방법론에 대해 구체적으로 소개하고 있다.

이는 인천시의 정부조달시장 자금이 업무별로 지역 내부로 재투자되어 순환하는지 혹은 지역 외부로 유출되는지의 정도를 통해서도 확인할 수 있다. 인천시의 경우, 〈표 7-14〉와 같이 정부조달시장에서 물품 조달의 외부 유출 정도, 즉 유출률이 비교 기간 70.0%를 훨씬 초과하는데, 이를 금액으로 환산해 보면 2023년 기준, 1조 9,528억 원에 달한다. 다만, 공사 조달의 외부 유출액 규모는 2016년 66.1%(1조 5,899억 원)에서 2023년 44.0%(1조 4,389억 원)까지 꾸준히 줄어들고 있다. 또한, 일반용역과 기술용역도 공사 조달 수준만큼은 아니지만 지역 외부로의 유출률이 점차 낮아지고 있는 점은 지역경제학의 관점에서 바람직하다고 할 수 있다.

국가기관을 비롯한 지방공공단체의 재정지출은 시민의 세금을 기반으로 이루어진다는 점에서 조달업무에 있어 공정한 경쟁을 통해 더욱 저렴하고 질 높은 재화와 서비스를 확보하는 것은 매우 당연한 논리이다. 그러나 한편으로는 조달업무를 수행할 충분한 경쟁력을 갖춘 지역 소재 기업을 발굴하기 위해 노력하고, 이들을 계약의 우선 대상으로 고려하는 실천적 문제의식과 제도적 뒷받침도 중요하다. 그리고 장기적이고 지속적인 지역 내 재투자를 통한 지역기업의 육성이라는 관점에서 보면, 최소한의 가격경쟁을 통해 효율성을 추구하면서도 가능한 한 많은 재정자금이 지역 내부에서 순환할 수 있도록 유도하는 것 역시 시민의 세금을 유효하게 활용하는 방안이 될 수 있다.[21]

---

21) 김우영, 2021, 「'지역내재투자력론'의 관점에서 본 지방자치단체의 공공계약: 인천광역시와 일본 요코하마시의 비교를 중심으로」, 『인천학연구』 제34권, 인천학연구원, p.33.

제4절 정부조달시장 글로벌화의
대항축으로서의 조례

본 장에서 실증하고 분석한 내용을 간단히 정리하면 다음과 같다. 한국의 정부조달시장은 WTO의 다자간 정부조달협정과 다수의 FTA를 통해 점진적으로 개방됐으나, 전술한 바와 같이 외국기업의 국내 조달시장 침투 정도는 미미하다. 물론, 국방 분야와 같은 특정 영역에 있어서 약간의 편차를 보이지만, 전반적으로 국내기업이 조달시장에서 충분한 경쟁력을 갖추고 있다고 판단된다. 그뿐만 아니라 국내 산업과 중소기업을 보호하는 다양한 정책과 제도가 외국기업의 시장 침투를 강하게 제한하고 있으며, 나아가 지역의 산업과 중소기업을 보호하는 역할도 동시에 수행하고 있다.

특히, 제1장에서 확인한 바와 같이 인천시의 산업구조는 2010년대에 접어들면서 제조업 및 건설업 중심에서 서비스업으로 서서히 이동하는 양상을 보이지만, 전통적으로 지역내총생산에서 제조업 부문과 건설업 부문이 차지하는 비중이 7개 특별·광역시 가운데 가장 높다. 이러한 특징으로 인해 조달시장의 공사업무에 적용되는 '지역의무공동도급제'와 '인천광역시 지역건설산업 활성화 촉진 및 하도급업체 보호에 관한 조례'는 인천시의 주요 산업인 건설업을 보호하는 역할을 충실히 해

왔다. 또한, '국가계약법'에는 추정가격이 2,000만 원 이하인 조달업무
는 수의계약이 가능하도록 규정하고 있어 비교적 쉽게 지역 소재 기업
에 발주할 수 있는 장치도 마련되어 있다.[22] 이러한 정책의 역할로 중소
기업은 안정적으로 시장을 확보할 수 있고, 결과적으로 이 같은 안정적
인 시장의 확보는 지역의 중소기업이 지속성을 가지고 성장하는 데 매
우 중요한 요소 중 하나로 작용한다.

그러나 이에 해당하지 않는 일반계약은 기업의 지역성과 관계없이
경쟁입찰을 기본원칙으로 하는데, 〈표 7-10〉, 〈표 7-14〉에서 확인한
바와 같이 인천시의 기업이 큰 경쟁력을 갖추고 있다고 보기 어렵고,
그 결과 인천시의 정부조달시장을 통해 지역 외부로 자금이 유출되는
정도는 상당한 수준에 이르렀다.

특정 지역과 지역 사이에서 발생하는 화폐의 유·출입 구조는 매우
단순하다. 정부조달시장에서는 인천시에 소재한 기업이 지역 외부의
시장에서 공급계약을 체결하면 자금이 유입되고, 반대의 경우에는 유
출된다. 지역경제의 활성화에 대해 논할 때, 흔히 외국기업이나 대기업
을 유치함으로써 지역 내부로 투자를 유인하는 정책이 거론되는데, 어
떠한 이유로 '회전문 효과'가 발생하면 기껏 유치한 투자는 사실상 약간
의 고용 창출 이외에 큰 효과를 기대하기 어렵다. 지역경제가 지속 가
능한 형태로 발전하기 위해서는 한편으로 투자유치 정책도 중요하지
만, 다른 한편으로 지역 외부로 자금이 유출되는 경로를 가능한 한 효

---

22) 다만, '국가계약법 시행령' 제30조 제1항 제2호에 따르면, '여성기업 지원에 관한 법률'
에 따른 여성기업, '장애인기업활동 촉진법'에 따른 장애인기업과의 계약은 추정가격
5,000만 원 이하로 한다[시행 2024. 12. 24.] [대통령령 제35088호, 2024. 12. 24.,
일부개정].

과적으로 차단하고 지역에서 다시 재투자되어 순환할 수 있게 하는 구조를 견고하게 구축하려는 실천적인 문제의식이 매우 중요하다.

다시 본 장의 주제로 돌아와서, 공공조달시장에서 자금의 외부 유출을 막기 위한 정책적 수단에 대해 일본 요코하마시의 '중소기업진흥기본조례'를 소개하고 시사점에 대해 정리하고자 한다.

일본의 '중소기업진흥기본조례'는 지방자치단체가 지역의 고용과 경제를 지탱하고 있는 중소기업의 진흥을 행정 운영에 있어서 가장 중요한 과제로 지정하고, 중소기업을 중심으로 지역경제와 지역사회의 활성화에 노력해야 한다는 점을 명확히 하기 위해 책정됐으며, 최근 일본의 많은 지방자치단체가 제정하고 있다.[23]

요코하마시[24]는 2010년 3월 29일 '중소기업진흥기본조례'(시 조례 제9호)를 제정하여 2011년 4월 1일부터 시행하고 있다. 조례 제정의 목적은 지역의 중소기업 진흥에 있어서 지방자치단체의 책임과 역할, 당사자로서 시내 중소기업의 주체적인 책임과 노력, 대기업 등의 역할에 대해 명시하기 위함이며, 시 정책의 기본이 되는 사항을 정함으로써 중소기업 진흥에 관한 시책을 종합적으로 추진하고 이를 바탕으로 요코하마시 지역경제의 발전과 시민의 생활 수준 향상에 공헌하는 것이 주요 내용이다.

그중 제7조 2항에서 요코하마시의 조달업무에 대해 다음과 같은 규정을 확인할 수 있다.[25]

---

23) 一般財団法人地方自治研究機構(2024)에 따르면, 2023년 11월 22일 기준, 47개 도도부현(47개 도도부현 중), 394개 시, 17개 구, 244개 정, 37개 촌(1,718개 시정촌 중)에서 중소기업 진흥에 관한 조례를 제정했다.

24) 2023년 기준, 인구는 약 370만 명이고, 지역내총생산(명목)은 약 140조 7,000억 엔이다.

"시가 실시하는 물품, 공사, 용역을 통한 조달업무에 있어서 예산을 적정하게 집행하고 공정한 경쟁을 통해 투명성을 담보한 계약을 수행해야 한다. 또한, 계약을 통한 발주 및 조달 대상을 적절하게 분리하고 분할을 통해 시내 중소기업이 수주할 수 있는 기회를 최대한 많이 얻을 수 있도록 힘써야 한다."

한편, 요코하마시 경제국 정책조정부에서는 이 조항에 근거하여 매년 '실시 상황 보고서'를 작성하여 공표하고 있는데, 이 보고서에 따르면, 요코하마시 정부조달시장에서 시내 중소기업이 차지하는 계약 실적은 꾸준히 늘어 〈표 7-15〉와 같이 2023년에는 전체의 80% 이상을 차지했다. 특히, 공사업무에 있어서 시내 중소기업의 실적은 거의 90%에 가까우며, 용역업무에서도 70% 이상을 차지한다. 시내 중소기업의 계약 실적은 일본 경제산업성이 실시하고 있는 '관공수계약 실적에 관한 조사'와 같이 경쟁의 여지가 없는 단독 수의계약과 중소기업의 참가 여지가 적어 입찰참가자를 시내 사업자로 한정할 수 없는 대규모 계약(정부조달협정(WTO) 대상 계약)을 제외한 결과라는 점에서 더욱 의미가 있다.

그렇다면, 이와 같은 조례의 제정은 어떻게 정부조달시장의 글로벌화에 대항하는 수단이 될 수 있는지 의문을 제기해 볼 수 있다. 글로벌화는 자본주의의 발전에 서로 깊은 연관성을 가지며 현대 세계 경제의 주요 특징으로 자리 잡고 있다. 글로벌화의 진전에 따라 국경을 초월한 교류와 상호의존도가 증가하고 있는데, 이를 추진하는 원동력은 '경쟁'

---

25) 横浜市, 『横浜市中小企業振興基本条例』, 2010年3月29日.

〈표 7-15〉 요코하마시 정부조달시장의 업무별 규모 및
시내 중소기업 계약 실적 (2018년 ~ 2023년)

(단위: 백만 엔, %)

연도		합계		구분					
				물품		공사		용역	
		계약 실적	시내 중소 기업 실적	계약 실적	시내 중소 기업 실적	계약 실적	시내 중소 기업 실적	계약 실적	시내 중소 기업 실적
2018		205,919	160,382	22,164	8,987	140,179	120,184	43,576	31,211
	비율	100	77.9	100	40.5	100	85.7	100	71.6
2019		232,786	167,53	25,674	10,906	158,540	12,659	48,572	35,028
	비율	100	72.0	100	42.5	100	76.7	100	72.1
2020		236,658	177,759	24,652	9,868	164,123	135,399	47,883	32,492
	비율	100	75.1	100	40.0	100	82.5	100	67.9
2021		227,657	169,926	20,727	9,233	158,199	128,318	48,731	32,375
	비율	100	74.6	100	44.5	100	81.1	100	66.4
2022		227,027	176,611	21,707	9,357	151,403	130,246	53,917	37,008
	비율	100	77.8	100	43.1	100	86.0	100	68.6
2023		243,493	195,332	20,263	9,683	165,014	143,975	58,216	41,676
	비율	100	80.2	100	49.2	100	87.2	100	71.3

주 1: 정부조달시장 규모는 요코하마시 본청과 시내 각 기초자치단체의 계약 실적 합계로
   나타냄.
주 2: 계약 실적은 일본 경제산업성이 실시하고 있는 관공수계약 실적에 관한 조사와 같이
   경쟁의 여지가 없는 단독 수위계약과 중소기업의 참가 여지가 적어 입찰참가자를 시내
   사업자로 한정할 수 없는 대규모 계약(정부조달협정(WTO) 대상 계약)을 제외한 것임.
출처: 橫浜市, 각 년도, 『橫浜市中小企業振興條例に基づく取組狀況報告書』 데이터를 활용
   하여 작성함.

이다. 이와 같은 거대한 흐름은 정부조달시장도 예외일 수 없고, 제2절
에서 확인한 것처럼 이미 상당 부분 경쟁의 영역에 포섭되어 있어 앞으
로 정부조달시장을 둘러싼 협상 여하에 따라 더 많은 지역의 중소기업
이 외국기업과 경쟁해야 하는 상황에 직면할 수 있다. 한국을 포함해
정부조달시장을 개방한 각국 정부는 글로벌화한 정부조달시장에서 자

국의 기업이 경쟁력을 확보할 수 있도록 많은 지원과 노력을 기울이고 있다. 하지만, 지역이라는 객체의 시점에서 정부조달시장은 중소기업 뿐만 아니라 해당 지역의 생존 문제로 이어진다. 경제력의 수도권 집중과 저출산, 고령화에 따른 지역소멸 문제가 심각한 한국에서는 더더욱 그렇다. 왜냐하면, 중소기업은 해당 지역 고용의 대부분을 책임지고 있으며, 고용은 '주민의 생활영역으로서의 지역'을 유지하는 최소한의 지리적 공간이기 때문이다. 일본 중소기업청에 따르면,[26] 2021년 기준 요코하마시에는 총 73,523개의 기업이 소재하는데, 이 가운데 대기업이 309개사(0.4%), 중소기업이 73,214개사(99.6%, 이 중 61,170개사는 소규모 기업으로 83.2%에 해당)로 중소기업의 비율이 압도적으로 높다.[27] 물론, 인천시의 경우도 대기업과 중소기업 비율이 요코하마시와 크게 다르지 않다.

많은 지방자치단체가 지역산업과 중소기업의 진흥을 위해 보조금을 지급하거나 낮은 이자의 융자 제공, 지방세 감면 등 다양한 자금 지원 및 세제 혜택 정책을 시행해 왔다. 하지만, 이러한 정책은 정권의 산업 육성 방향이나 지방자치단체의 수장이 바뀌는 등 정치적 변화에 상당한 영향을 받는 까닭에 그 지속성이 흔들리기 쉽다.

이와 달리, 중소기업진흥기본조례의 가장 큰 특징은 해당 지방자치단체의 중소기업 진흥에 대한 이념을 명시하고, 이를 바탕으로 정책을

---

[26] 中小企業庁, 『都道府県・大都市別企業数、常用雇用者数、従業者総数(民営、非一次産業、2021年)』, 2023年12月13日.

[27] 참고로 교토부에는 2021년 기준, 총 74,999개 기업이 소재하는데, 이 중 대기업이 177개(0.2%), 중소기업이 74,822개(99.8%, 64,233개(85.6%)는 소규모 기업)로, 요코하마와 마찬가지로 중소기업의 비율이 압도적으로 높다.

추진한다는 점이다. 조례에는 지방자치단체뿐만 아니라 지역의 중소기업, 주민, 지역 금융기관 그리고 대기업과 대학의 역할까지 매우 구체적으로 규정하고 있는데, 이러한 이념형 조례는 중소기업 진흥의 기본방침과 시책을 명확히 하여, 지역계획과 구체적인 정책에 반영함으로써 지역 내 중소기업을 더욱 효과적으로 지원할 수 있는 기반을 만든다. 또한, 중소기업진흥기본조례는 지역 내 재투자에 직접적인 효과를 가져오지는 않지만, 요코하마시 사례처럼 조달업무에서 시의 재정자금이 지역의 기업으로 흘러가도록 유도함으로써 지역 내 재투자 능력을 높이고, 지역 경제의 성장과 발전에 충분히 기여할 수 있다.

　지방자치단체가 지역산업의 발전을 위해 설정한 비전과 다양한 정책들이 그 실효성을 가지려면, 정치적 환경이 변하더라도 이를 계승하는 것이 당연한데, 이러한 점에서 조례의 제정은 정책의 연속성을 보장하는 효과적인 수단이 된다. 물론, 조례는 이를 지키지 않아도 법적인 제재가 따르지 않지만, 지방자치단체의 개별 정책보다 더 큰 구속력과 강제력을 부여한다는 점을 간과해서는 안 된다.

　한편, 요코하마시 사례와 같은 조례의 형태는 아니지만 일본 교토부는 2012년 5월, '공공계약에 관한 기본방침'을 발표하고 조달업무의 주체로서 '공정한 경쟁', '지역경제 활성화', '안전 및 안심의 확보'를 주요 원칙으로 균형 잡힌 공공계약제도를 구축하며, 조달업무에 있어 필요한 사회적 요구에 부응하는 것을 목표로 삼았다. 이 기본방침의 제3장에는 교토부가 조달업무를 통해 지역경제를 활성화하고 우수한 지역 중소기업을 육성하기 위해 해야 할 역할을 규정하고 있다. 또한, 장애인을 고용하는 등 지역사회에 기여도가 높은 기업이나 '그린 입찰제'를 도입해 환경오염 방지에 적극적으로 나서는 기업의 물품을 우선 조달

하며, 평가 시 가점을 부여하는 등의 내용을 포함하고 있다.[28]

조달업무에 관한 요코하마시의 조례와 교토부의 기본방침은 지역경제와 지역사회의 발전을 위한 수단으로 지역기업의 육성을 통한 지역 내 재투자 능력의 향상을 중시하고 있다는 점과 지역기업을 입찰에서 최우선으로 고려할 뿐만 아니라, 이들 기업이 지역사회에 대한 적극적인 공헌을 요구한다는 점에서 매우 실천적인 의의가 있다. 이러한 지역 차원에서의 주체적이고 실천적인 노력을 구체적인 정책으로 계획하고 적극적으로 실행한다면, 이는 변화하는 정부조달시장의 환경과 글로벌화에 대항하는 수단으로 충분히 기능할 수 있다고 판단된다.

---

28) 京都府, 『公契約大綱』, 2012年5月, pp.1-5.

제8장

시장경제의 빈틈을 보완해 주는
'사회적경제'

남승균

제1절 사회적경제란 무엇인가?

1. 대안적인 측면에서의 사회적경제

사회적경제는 19세기, 정치경제학에 대한 대항학문이자 이론으로 등장했다.[1] 자본주의 역사와 함께한 사회적경제는 거시경제 상황이 불황 국면에서 사회적 문제를 국가나 시장이 해결하지 못하는 수준에 이르렀을 때, 이를 보완하는 형태로 사회의 불안정성을 해결하는 하나의 대안으로 인식되기 시작했다는 논의가 지배적이다. 이러한 사회적경제는 시민사회의 역량이 증가한 오늘날 공익을 위한 목표를 추구하고, 지속 가능한 경제적·사회적 발전을 도모하며, 사회의 다양한 욕구를 충족시킬 수 있을 뿐 아니라 경제활동인구도 증가시킬 수 있는 하나의 정책적 대안으로서 인식되고 있다.[2]

특히, 1970년대 후반, 오일쇼크에 의한 스태그플레이션에서 촉발된 전 세계적인 경기 불황으로 유럽과 미국을 비롯한 선진국들의 정부 재정지출 감소와 복지정책의 후퇴가 계속되자, 이로 인한 사회적 문제의

---

1) 김신양, 2022, 「200년 사회적경제의 역사 속 한국의 사회적경제」, 『공동체문화와 민속 연구』 제4호, 안동대학교 민속학연구소, p.108.
2) 주성수, 2019, 『사회적경제: 이론, 제도, 정책』, 서울: 한양대학교출판부, pp.17-21.

해결 방안을 고민하는 과정에서 사회적경제가 주목받게 됐다. 정부에서는 비영리단체들을 통해 실업문제를 해결하고 경제활동인구를 증가시켜 사회와 경제에 활력을 더하기 위한 방안으로 사회적경제에 관심을 가지기 시작했으며, 여기에는 빈곤층을 위한 서비스의 제공과 지원을 통해 그들을 사회로 통합시키려는 의도도 내포하고 있다.[3] 영국에서는 사회적 배제에 노출된 사람들을 다시 사회시스템 안으로 복귀시키기 위한 사회적 포섭정책의 일환으로 사회적경제에 관심을 가지고 주목하기 시작했으며,[4] 미국의 경우, 1970년대 후반 경기침체로 인한 실업문제를 중심으로 빈곤, 노숙자, 인종차별, 환경오염, 약물남용, 가정폭력 등과 같은 사회문제를 개선하고 이를 해결하는 중심적인 주체의 하나로 다양한 비영리단체들이 등장하면서 사회적경제에 관한 관심이 점차 증가했다.[5]

국가별로 그리고 시대별로 사회적경제가 발전해 온 과정과 그 방식에는 다소 차이가 있으나, 서구사회에서 보편적으로 확인되는 것은 민간부문의 노력과 더불어 정부부문의 정책지원이 뒷받침됐다는 점이며, 한국은 정부가 주도하여 사회적경제를 육성하는 방식으로 대부분의 정책이 시행되고 있다는 점에서 차이가 있다.[6]

---

3) Doeringer, M. F., 2010, "Fostering Social Enterprise: A Historical and International Analysis", *Duke Journal of Comparative & International Law*, Vol.20, pp.292-308.

4) 권병욱·이준우, 2015, 「사회적기업의 본질에 대한 시론: 일본사례를 중심으로」, 『일본문화학보』 제64집, 한국일본문화학회, p.378.

5) 권병욱·이준우, 2020, 「현대 사회적경제이 기원에 대한 시론: Karl Polanyi의 경제사상으로부터」, 『사회적 가치와 기업연구』 제13권 제2호, 사단법인 사회적기업학회, p.154.

6) 조영복·양용희·김혜원, 2007, 『사회적기업 육성을 위한 중장기 정책방향』, 부산: 사

이와 같은 사회적경제에 인천시가 큰 관심을 가지고 주목해야 하는 이유는 크게 2가지이다. 첫째, 사회와 경제가 점차 성숙함에 따라 오늘날 인천시뿐만 아니라 우리나라 전반에 걸쳐 나타나고 있는 다양하고 복잡한 사회문제를 해결할 수 있는 하나의 대안으로 사회적경제는 점점 견고해지고 있으며, 그 필요성 또한 요구되고 있다. 둘째, 정부, 영리기업 중심의 시장 그리고 소비의 주체인 가계, 즉 이들이 주체가 되어 오늘날의 다양하고 복잡한 사회문제를 해결할 수 있는 영역은 한정되어 있으며, 그 범위 또한 크게 확장되지 못하고 매우 제한적이다.

2. 사회적경제 정의

'사회적경제(Social Economy)'라는 용어가 오늘날에 대중적으로 통용되고 있는 개념으로 정립된 것은 19세기 프랑스를 중심으로 전개된 다양한 사상적 논쟁의 결과로, 1830년 Dunoyer가 그 용어를 처음 사용한 이후 경제사상가 Charles Gied와 Walras 등 여러 연구자에 의해 점차 발전 및 확장됐다.[7] 사회적경제는 자본주의적 시장경제가 초래한 병폐를 바로잡고자 하는 목적에서 시작됐으며, 그 이론 및 운동에는 'Economie Sociale'로 불리는 개념이 적용되어 활용됐다.[8]

회적기업연구원, p.13.

7) 충남발전연구원 충남사회적경제지원센터, 2012, 『사회적경제와 사회적기업』, 공주: 충남발전연구원 충남사회적경제지원센터, p.4.

8) 남승균, 2016, 『지역경제의 내발적발전과 사회적경제조직에 관한 연구』, 인천대학교 대학원 박사학위논문, p.33.

하지만, 사회적경제는 현재까지도 세계적으로 명확하게 통일된 정의가 존재하지 않으며, 그 개념은 시기·지역·국가에 따라 나아가 여러 영역에서 활동하는 연구자들이 추구하는 목적과 그들의 연구 결과 등에 따라 다양한 관점에서 정의되고 있다. 통상적으로 인용되는 정의 가운데 대표적인 것들은 다음과 같다.

① OECD의 정의[9)]

- 국가와 시장 사이에 존재하는 조직에 내재된 것으로 사회적 요소와 경제적 요소를 동시에 추구하는 것

② EU의 정의[10)]

- 참여적 경영 시스템을 갖춘 협동조합, 상호공제조합, 사단, 재단 등이 사회적 목적을 추구하기 위한 경제적 활동

③ 캐나다 퀘벡의 정의[11)]

- 사회적 목적을 달성하기 위해 6대 원칙(구성원·공동체의 필요 충족, 국가로부터의 자율성, 민주적 지배구조, 경제적 성과 추구, 출자액에 비례한 배당 금지, 해산 시 잔여재산 타법인 양도)에 따라 운영되는 기업의 경제활동

④ ILO와 UN의 정의[12)]

- 자발적 협동, 상부상조, 민주적이고 참여적 지배구조, 자율과 독립성, 잉여·이윤 및 자산의 배분과 사용에서 자본보다 사람

---

9) 일자리위원회 관계부처 합동, 2017, 「사회적경제 활성화 방안」, p.3.
10) 일자리위원회 관계부처 합동, 위의 보고서, p.3.
11) 일자리위원회 관계부처 합동, 위의 보고서, p.3.
12) 한국사회적기업진흥원, 2023, 「해외 사회적경제 주요국 관련 제도 및 정책 조사 최종 보고서」, p.9.

과 사회적 목적을 우선에 둔다는 원칙들에 바탕을 두고, 집합적
이면서 일반적 이해에 복무하는 경제적, 사회적 및 환경적 활동
을 수행하는 기업, 조직 및 다른 형태의 조직체를 포괄
⑤ 인천시의 정의[13]
  • 삶의 질 증진, 빈곤, 소외극복 등 공공의 이익이라는 사회적 가
    치 실현을 위해 협력과 호혜를 바탕으로 사회적경제조직의 생
    산, 교환, 분배, 소비가 이루어지는 경제시스템

한편, 우리나라의 정부 기관은 사회적경제의 개념을 "구성원 간 협력
·자조를 바탕으로 재화·용역 생산 및 판매를 통해 사회적 가치를 창출
하는 민간의 모든 경제적 활동"으로 정의하고 있다.[14] 즉, '구성원 참여'
를 바탕으로 '국가와 시장의 경계'에서 '사회적 가치'를 추구하는 '경제
활동'으로 구분하고, 제3부문, 비영리섹터, 자발적 영역, 연대경제, 시
민경제 등을 이와 유사한 개념으로 간주하고 있다.[15]

3. 사회적경제의 특징 및 주요 역할

사회적경제는 전술한 바와 같이 시기별, 지역별, 국가별로 다양한
관점에서 정의되고 있다는 점에서 그 관점에 기반한 여러 가지 특수성
이 존재할 수 있다는 것은 분명하나, 다음과 같이 보편적인 특징이 나

---

13) '인천광역시 사회적경제 육성 및 지원에 관한 조례' 제2조 제1항.
14) 일자리위원회 관계부처 합동, 앞의 보고서, p.3.
15) 일자리위원회 관계부처 합동, 위의 보고서, p.3.

타난다.[16)]

① 사회적경제는 연대의 경제, 협동의 경제와 동일시하여 표현되고
인식하려 한다.

- 사회적경제라는 그 의미 안에는 호혜와 부조 그리고 네트워크
를 지향하는 사람들의 경제행위에 공동체적 함의가 강조되어
있다.

- 협동조합 등과 같이 역사가 오래된 사회적경제조직의 운영 방식
과 그것이 지향 가치를 보년 협농과 연대가 매우 중요한 가치로
나타나고 있다.

② 사회적경제에는 인간 중심, 사람 중심의 중요한 의미가 내포되어
있다.

- 즉, 인간 중심, 사람 중심의 논리는 산업화와 불평등으로 인해
나타난 문제를 해결하기 위해 인간성 회복의 논리를 설명하고
있다.

- 이것은 사회적 공동체로부터 분리되었던 시장경제를 다시 사회
적경제 안으로 포용하려는 공동체적 경제방식이다.

③ 사회적경제는 제3섹터의 영역에 포함된다.

- 사회적경제는 시장의 영역도 국가의 영역도 아닌 광범위한 시민
사회에 초점을 맞추어 운영되는 조직이므로, 엄밀히 말해서 제3
섹터의 영역에 포함된다.

---

16) 남승균, 2016, 『지역경제의 내발적발전과 사회적경제조직에 관한 연구』, 인천대학교
대학원 박사학위논문, pp.36~38.

덧붙여, 한국사회적기업진흥원에서는 사회적경제의 특징 크게 4가지 즉, 자율과 민주, 사회통합, 연대와 협력, 경쟁과 보완 등으로 구분하고 있다.[17]

① 사회적경제는 자율과 민주를 경제적 효율성보다 중요하게 생각하며, 구성원의 자발적 참여, 1인 1표 등 민주적 의사결정을 통한 자율 경영을 통해 운영한다.

② 사회적경제는 사회통합을 중요하게 인지하고 영리 추구보다 구성원 간 이익공유, 취약계층 일자리 창출, 지역사회 기여 등 사회적 가치를 우선 추구한다.

③ 사회적경제는 연대와 협력을 기반으로 시민들이 사회문제 해결과 사회적 가치를 실현하기 위해 자발적 공동체를 구성하여 상호 협력한다.

④ 사회적경제는 일반 영리기업과 경쟁하면서, 사회문제 해결에 있어 시장과 정부의 실패를 보완하는 등 경쟁과 보완을 적절히 유지하며 제3의 영역으로 기능한다.

한편, 사회적경제의 역할은 다양한 학술적 논의와 관점에서 접근하고, 그 관점을 토대로 여러 가지 기준을 적용하여 구체적으로 분류해 볼 수 있다. 대표적으로 한국사회적기업진흥원에서는 사회적경제의 주요 역할을 크게 경제적 측면과 사회적 측면으로 구분하고 있으며, 구체적인 내용은 다음과 같다.[18]

---

17) 한국사회적기업진흥원 홈페이지를 참고하여 작성했다.
18) 주석 17과 같다.

① 경제적 측면

- 사회적경제는 일반법인에 비해 취업유발 효과가 높으며, 구성원이 전체 이익을 공유함에 따라 양질의 일자리를 창출한다.
- 사회적경제는 민주적 의사결정을 통해 노사관계 안정 및 불공정거래 개선에 기여하며 높은 기업생존율을 유지하는 등 고용 안정에 이바지한다.
- 사회적경제는 경력단절여성, 은퇴자, 장애인 등 취약계층의 노동시장 진입을 통해 소득과 부가가치를 창출하고 경제활동 참여인력을 확대한다.

② 사회적 측면

- 사회적경제는 취약계층 일자리 제공을 통해 소득창출 기반을 마련함으로써 계층 간 빈부격차를 완화하는 등 양극화를 해소한다.
- 사회적경제는 보건, 문화 등 다양한 분야에서 복지 사각지대를 해소하고, 새로운 복지서비스 수요에 탄력적으로 대응하여 사회안전망을 강화한다.
- 사회적경제는 지역주민의 직접적인 참여를 촉진하여 구성원 간의 장기적 신뢰관계를 회복함으로써 공동체 문화를 형성하고 나아가 공동체를 복원한다.

제2절 인천시의 사회적경제조직

1. 일반현황

공동의 이익과 사회적 가치의 실현을 위한 사회적경제조직을 앞서
살펴본 사회적경제의 개념을 바탕으로 정의해 보면, 다음과 같이 정리
할 수 있다.

① 사회문제 또는 지역문제를 비즈니스 방식으로 해결하는 경제공동
　체 조직

② 이해당사자들의 적극적 지지와 지원 등 자발적인 참여로 이루어
　지는 조직

③ 민주적 의사결정 구조를 기반으로 사람을 중심으로 하는 경제민
　주주의 조직

④ 신뢰와 호혜를 바탕으로 상호부조와 공동체의 이익을 우선하는
　조직

⑤ 사회적 가치와 경제적 가치를 동시에 추구하는 조직

⑥ 제3섹터 영역의 경제조직

그리고 이들을 지원하고 담당하는 정부 부처 및 관련 근거는 〈표 8–1〉

과 같이 요약할 수 있다.

〈표 8-1〉 사회적경제조직의 분류

구분	사회적경제조직			
	사회적기업	협동조합	마을기업	자활기업
부처	고용노동부	기획재정부	행정안전부	보건복지부
연도	2007	2012	2011	2012
주요 목저	■ 취약계층 ■ 일자리 창출 ■ 사회서비스 제공 ■ 지역사회 공헌	■ 소득 창출 ■ 사회서비스 제공 ■ 일자리 창출	■ 소득 창출 ■ 일자리 칭출	■ 자활의욕고취 ■ 자립 자활 ■ 일자리 창출
사업 주체	제한 없음	제한 없음	마을주민	수급자 저소득층
관련 근거	사회적기업 육성법	협동조합 기본법	마을기업육성 사업지침	국민기초생활 보장법

출처: 필자가 직접 작성함.

인천시의 사회적경제조직을 사회적기업, 마을기업, 협동조합, 자활기업 등 총 4개의 영역으로 구분해 보면, 2024년 기준, 그 현황은 〈표 8-2〉와 같다. 인천시에 존재하는 총 1,240개의 사회적경제조직 가운

〈표 8-2〉 인천시 사회적경제조직 현황 (2024년)

(단위: 개소, %)

사회적경제조직									
전체		분류							
		사회적기업		마을기업		협동조합		자활기업	
	비율		비율		비율		비율		비율
1,240	100	298	24.0	63	5.1	841	67.8	38	3.1

주: 2024년 9월 30일 기준임.
출처: 인천광역시 경제산업본부 사회적경제과에서 제공한 데이터와 인천광역자활센터 홈페이지에 공개된 데이터를 활용하여 작성함.

데 협동조합은 841개소(67.8%)로 그 수가 가장 많다. 그 뒤를 이어서 사회적기업이 298개소(24.0%), 마을기업이 63개소(5.1%), 자활기업이 38개소(3.1%) 있는 것으로 확인된다.

이들을 〈표 8-3〉와 같이 구·군별로 세분화해 보면, 총 1,240개의 사회적경제조직 가운데, 가장 많은 수의 사회적경제조직은 남동구(224개소)에 자리 잡고 있으며, 그다음으로는 서구(190개소), 부평구(174개소), 미추홀구(153개소) 등의 순서로 분포된 것으로 확인된다. 덧붙여, 인구 1만 명당 사회적경제조직 수를 산출해 본 결과, 인천시 전체에는 4.00개, 인구수가 가장 적은 옹진군에는 22.70개, 인구수가 가장 많은 서구에는 2.94개의 사회적경제조직이 각각 존재하는 것으로 나타났다.

〈표 8-3〉 인천시 구·군별 사회적경제조직 현황 (2024년)

(단위: 명, 개소)

구분	인구	사회적경제조직						인구 1만 명당 사회적경제조직
		전체	분류					
			사회적 기업	마을 기업	협동 조합	자활 기업		
강화군	70,052	75	12	6	53	4		10.71
옹진군	20,703	47	6	11	30	0		22.70
중구	170,582	88	17	6	62	3		5.16
동구	59,582	60	13	4	40	3		10.07
미추홀구	423,352	153	34	5	108	6		3.61
연수구	416,983	137	37	9	88	3		3.29
남동구	500,595	224	67	7	144	6		4.47
부평구	509,818	174	31	7	130	6		3.41
계양구	284,884	92	21	1	66	4		3.23
서구	647,097	190	60	7	120	3		2.94
전체	3,103,648	1,240	298	63	841	38		4.00

주: 〈표 8-2〉와 같음.
출처: KOSIS 국가통계포털 데이터, 인천광역시 경제산업본부 사회적경제과에서 제공한 데이터, 인천광역자활센터 홈페이지에 공개된 데이터를 활용하여 작성함.

2. 사회적기업

'사회적기업'은 영리기업과 비영리기업이 각각 가지고 있는 성향 및 특징이 일정 부분 공존하는 중간 형태의 기업으로, 이들은 취약계층의 사회서비스, 일자리 제공, 지역 사회공헌을 통해 지역주민 삶의 질 향상 등 사회적 목적의 달성이라는 목표를 우선적으로 추구함과 동시에 재화 및 서비스를 생산, 판매, 유통하는 등 영업활동을 수행한다.[19)]

'사회적기업육성법(약칭: 사회적기업법)'[20)] 제1조는 "사회적기업의 설립·운영을 지원하고 사회적기업을 육성하여 우리 사회에서 충분하게 공급되지 못하는 사회서비스를 확충하고 새로운 일자리를 창출함으로써 사회통합과 국민의 삶의 질 향상에 이바지한다"라고 그 목적을 분명히 하고 있는데, 이러한 사회적기업이 지역경제 발전에 영향을 미치는 긍정적 요인으로 Bolzaga and Tortia[21)]는 다음과 같은 5가지를 제시한 바 있다.

① 기존 기업가와 구분되는 새로운 형태의 기업가정신을 통해 지역 발전에 긍정적인 영향을 줄 수 있다.

• 사회적기업은 영리기업과 달리 수익성 및 공공성을 동시에 추구해야 하므로 영리기업보다 더 복잡하고 모순적인 목표를 달성하기 위해서는 다른 차원의 사회적기업가 정신이 요구된다.

---

19) '사회적기업육성법'을 근거로 2010년 인천시는 '인천광역시 사회적경제 육성 및 지원에 관한 조례'를 제정하여 사회적기업을 설립하고 운영하고 있다.

20) [시행 2012. 8. 2.] [법률 제11275호, 2012. 2. 1., 일부개정]

21) Bolzaga, C. and Tortia, E., 2009, "Social Enterprises and Local Economic Development", In: A. Noya(Ed.), *The Changing Boundaries of Social Enterprises*, Paris: OECDPublishing, pp.195-228.

② 지역의 고용을 창출하는 목적은 기존 기업과 같으나 내용 면에서
는 다르다.

- 기존 기업과 달리 지역사회의 소외되고 배제된 계층을 대상으로
  일자리를 창출해야 한다.
- 지역의 일자리를 창출함에 있어 지역의 사회적기업 역할이 중요
  한 이유는 지역적인 특성에 맞는 사회서비스는 지역에 거점을
  둔 지역 내 사회적기업이 알고 있으며 지역의 유관기관과의 네
  트워크 연계가 쉽기 때문이다.

③ 지역 내 경제적 불평등 해소에 도움이 된다.

- 이 역시 마찬가지로 지역의 상황을 잘 아는 지역적 사회적기업
  이 지역주민들의 빈곤 해소에 실질적으로 도움을 주는 것이 용
  이하다.

④ 지역사회에 기반을 둔 사회적기업은 그것 자체가 사회적 자본이
될 수 있다.

- 이동이 곤란한 지역의 고유한 자본을 활용하여 새로운 부가가치
  를 창출해 지역경제 활성화에 도움이 될 수 있다.

⑤ 지역의 사회적기업은 지역사회의 신뢰와 연대를 기초로 하고 있
으며, 이러한 까닭에 지역의 사회적 자본 축적이 용이하고 지역경
제 및 지역발전에 이바지할 수 있다.

- 지역의 사회적 자본 축적은 지역사회의 신뢰를 쌓아 비즈니스
  환경을 유리하게 만들어 거래비용을 감소시켜 주므로 생산성을
  높여줄 수 있다.
- 또한, 사회적기업의 역할 중 절대 과소평가할 수 없는 것은 지역
  의 계층 간 갈등을 완화해 줄 수 있다는 점이다. 이는 지역 내의

소통을 원활하게 하여 신뢰 자본 구축에 도움을 될 것이다.

한편, 이와 같은 사회적기업은 인천시에서도 각각의 목적에 맞는 다양한 사업을 광범위한 분야에서 영위하고 있다. 2024년 기준, 인천시에는 인증사회적기업 209개소와 예비사회적기업[22] 89개소 등 총 298개소가 존재하고 있는데, 〈표 8-4〉에서 확인할 수 있듯이 그 규모는 2015년에 비해서 상당히 확대됐다. 구체적으로, 지난 10년 동안 인증사회적기업은 125개소, 예비사회적기업은 29개소 증가했다. 전제적으로 보면 인천시의 사회적기업은 비교 기간 총 144개소에서 298개소로 그 규모가 106.9%가량 급증했다.

〈표 8-4〉 인천시 사회적기업 현황 (2015년 ~ 2024년)

(단위: 개소)

구분	연도									
	2015	2016	2017	2018	2019	2020	2021	2022	2023	2024
전체	144	156	162	183	212	241	291	309	303	298
인증	84	100	110	126	148	170	198	205	214	209
예비	60	56	52	57	64	71	93	104	89	89

주: 2024년은 9월 30일 기준임.
출처: 인천광역시 경제산업본부 사회적경제과에서 제공한 데이터를 활용하여 작성함.

---

22) 인천시는 예비사회적기업을 '지역형 예비사회적기업'과 '부처형 예비사회적기업'으로 분류하고 있다. 인천광역시 사회적경제지원센터 홈페이지에는 지역형 예비사회적기업은 "사회적기업 인증을 위한 최소한의 법적 요건을 갖추고 있으나 수익구조 등 일부 요건을 충족하지 못하고 있는 기업을 지방자치단체장이 지정하여 장차 요건을 보완하는 등 향후 사회적기업 인증이 가능한 기업"으로, 부처형 예비사회적기업은 "사회적기업 인증을 위한 최소한의 요건을 갖추고 있는 기업으로서, 중앙부처장이 지정하여 장차 요건을 보완하는 등 사회적기업 인증을 목적으로 하는 기업"으로 각각 규정하고 있다.

하지만, 절대적인 규모에 있어서 2015년 이후 꾸준한 증가세를 매년 유지해 온 인천시의 사회적기업은 2022년을 정점으로 그 수가 감소하는 추세로 전환됐는데, 이것은 인증사회적기업이 아닌 예비사회적기업 수의 감소에서 크게 기인한 것으로 보인다.

또한, 인천시의 사회적기업을 〈표 8-5〉와 같이 구·군별로 세분화해 보면, 총 298개의 사회적기업 가운데 가장 많은 수의 사회적기업은 남동구에 있는 것을 확인할 수 있다. 그 수는 67개에 달하며, 그 뒤를 이어서 서구(60개소), 연수구(37개소), 미추홀구(34개소), 부평구(31개소) 등의 순으로 많은 수의 사회적기업이 분포되어 있다. 아울러, 인구 1만 명당 사회적기업 수는 인천시 전체 기준 0.96개소이며, 옹진군이 2.90

〈표 8-5〉 인천시 사회적기업 구·군별 현황 (2024년)

(단위: 명, 개소)

구분	인구	사회적기업					인구 1만 명당 사회적기업
		전체	분류				
			인증	예비			
					지역형	부처형	
강화군	70,052	12	10	2	1	1	1.71
옹진군	20,703	6	6	–	–	–	2.90
중구	170,582	17	12	5	3	2	1.00
동구	59,582	13	9	4	2	2	2.18
미추홀구	423,352	34	30	4	–	4	0.80
연수구	416,983	37	23	14	6	8	0.89
남동구	500,595	67	43	24	19	5	1.34
부평구	509,818	31	21	10	7	3	0.61
계양구	284,884	21	15	6	5	1	0.74
서구	647,097	60	40	20	11	9	0.93
전체	3,103,648	298	209	89	54	35	0.96

주: 2024년 9월 30일 기준임.

출처: KOSIS 국가통계포털 데이터와 인천광역시 경제산업본부 사회적경제과에서 제공한 데이터를 활용하여 작성함.

개소로 가장 많고, 부평구가 0.61개소로 가장 적은 것으로 나타났다.

나아가, 〈표 8-6〉과 같이 인천시 사회적기업을 업종별, 형태별, 목적별로 구분해 보면, 다음과 같은 점이 확인된다.

〈표 8-6〉 인천시 사회적기업 업종별·형태별·목적별 현황 (2024년)

(단위: 개소, %)

구분		사회적기업		구분		사회적기업	
			비율				비율
업종	전체	298	100	형태	전체	298	100
	제조	62	20.8		상법상회사	196	65.8
	교육	53	17.8		협동조합	47	15.8
	문화예술	31	10.4		비영리단체	5	1.7
	식품	17	5.7		사회복지법인	3	1.0
	도소매	24	8.1		농업회사법인	8	2.7
	건설	11	3.7		민법상법인	38	12.8
	간병가사	11	3.7		공익법인	1	0.3
	재활용	6	2.0	구분		사회적기업	
	IT	2	0.7				비율
	세탁	3	1.0	목적	전체	298	100
	스포츠	5	1.7		일자리제공형	193	64.8
	광고	3	1.0		지역사회공헌형	15	5.0
	청소	24	8.1		혼합형	15	5.0
	기타	46	15.4		사회서비스제공형	24	8.1
	−				기타(창의·혁신형)	51	17.1

주: 〈표 8-5〉과 같음.
출처: 인천광역시 경제산업본부 사회적경제과에서 제공한 데이터를 활용하여 작성함.

① 인천시 사회적기업 298개소를 업종별로 구분해 보면, 제조 분야 사회적기업이 62개소(20.8%)로 가장 많은 것을 알 수 있다. 그다음으로 교육 분야 53개소(17.8%), 기타 분야 47개소(15.4%), 문화·예술 분야 31개소(10.4%), 도소매 분야 24개소(8.1) 등의 순으로

많다.

② 형태별로 구분해 본 결과, 상법상 회사로 분류되는 사회적기업이 196개소로 가장 많으며, 이들이 전체의 65.8%를 차지하고 있는 것으로 나타났다. 그 뒤를 이어 협동조합 47개소(15.8%), 민법상 법인 38개소(12.8%) 등의 순으로 구성되어 있다.

③ 또한 목적별로 구분해 보면, 가장 높은 비율은 일자리제공형 사회적기업이 차지하고 있는 것이 확인되는데, 이들의 비율은 전체의 64.8%로 그 수는 193개에 달한다. 아울러, 기타로 분류되는 창의·혁신형 사회적기업이 51개소(17.1%)로 그다음으로 많으며, 사회서비스제공형 사회적기업이 24개소(8.1%)로 그 뒤를 잇고 있다.

3. 마을기업

행정안전부는 '마을기업 육성사업 시행지침'에서 마을기업을 "지역주민이 각종 지역자원을 활용한 수익사업을 통해 지역문제를 해결하고 소득 및 일자리 창출을 위해 설립·운영하는 마을 단위의 기업"이라고 정의하고 있다.[23] 그리고 이를 근거로 인천시는 '인천광역시 사회적경제 육성 및 지원에 관한 조례' 제2조에서 마을기업을 "마을주민이 주도적으로 지역의 각종 자원을 활용하여 안정적 소득 및 일자리를 창출하는 마을단위의 기업"으로 규정하고 있다.

나아가, 마을기업의 개념을 지역경제의 관점에서 접근해 보면, 마을

---

23) 행정안전부, 2024, 「2025년 마을기업 육성사업 시행지침」, p.3.

기업은 그 자체가 지역공동체를 지향하는 기업이라고 볼 수 있다. 궁극적으로 이들은 향후 지속적 자립 가능성을 확보하여 공동의 지역문제를 해결하고, 지역공동체의 이익을 실현하며, 지역의 자원을 활용함으로써 지역의 발전에 도움이 되는 모든 분야에서 사업을 수행한다.[24]

아울러, 마을기업은 설립·운영에 관한 특별한 법률과 조례 없이 행정안전부의 시행지침에 근거하여 운영되는 조직으로,[25] 그들이 영위하는 사업의 유형은 다음과 같이 크게 7가지로 구분해 볼 수 있다.[26]

① 유형 1: 지역특산품·자연자원 활용사업
- 지역관광, 농촌체험, 전통공예 등 지역특화 아이템을 발굴하고, 지역자원 및 특화브랜드 개발·홍보 등 커뮤니티 마케팅을 추진함

② 유형 2: 전통시장·상가 활성화 사업
- 구도심 및 전통시장 상가의 수익사업 모형 개발을 통해 해체 위기의 지역상권 복원하고, 안정적 일자리를 창출함

③ 유형 3: 공공부문 위탁사업
- 지역축제, 공원관리, 주민자치센터 프로그램, 학교급식 등을 지역주민 주도의 비즈니스로 확대 활용함

④ 유형 4: 쓰레기·폐기물 처리 및 자원재활용 사업
- 음식쓰레기, 폐자원 재활용 등 친환경 녹색 사업을 발굴 및 추진함

---

24) 마을기업은 지역주민 그들의 삶의 터전에서 발생하는 사회적·경제적 문제를 비즈니스적 수단을 통해 스스로 해결하는 것을 주목적으로 하고 있으므로 지역주민의 참여가 필수적이다. 또한, 마을기업은 다양한 주체의 참가와 유연한 조직 형태를 가지며 지역사회 현안을 중심으로 사업을 전개한다.

25) 조용훈, 2017, 「지역공동체운동을 통한 농촌교회 활성화 방안: 마을기업을 중심으로」, 『장신논단』 제49권 제4호, 장로회신학대학교 기독교사상과문화연구원, p.170.

26) 인천광역시사회적경제지원센터 홈페이지를 참고하여 작성했다.

⑤ 유형 5: 녹색에너지 실천사업

- 녹색성장 자연에너지 및 자전거이용 활성화 등을 통해 저탄소 녹색성장을 생활 속에서 실천함

⑥ 유형 6: 기술기반형 마을기업 육성사업

- 지역 내 전통기술 및 고부가가치 기술을 가진 인적자원을 활용하여 사업모델을 발굴함

⑦ 유형 7: 유통형 마을기업

- 마을기업 제품을 판매하는 유통형 마을기업을 권역별 최소 1개소씩 설립하여 마을기업의 안정적인 판로를 확보함

한편, 이러한 마을기업은 2024년 기준, 인천시에 총 63개소(마을기업 58개소, 예비마을기업 5개소)가 존재하는 것으로 확인된다.[27] 〈표 8-7〉을 보면, 2015년부터 2024년까지 인천시 마을기업 수의 변화를 알 수 있는데, 크게 눈에 띄는 것은 2022년 그 수가 76개로 정점에 도달한 뒤, 이후부터 점진적으로 감소하는 추세로 접어들었다는 점이다.

〈표 8-7〉 인천시 마을기업 현황 (2015년 ~ 2024년)

(단위: 개소)

구분	연도									
	2015	2016	2017	2018	2019	2020	2021	2022	2023	2024
마을기업	58	55	62	61	55	60	72	76	69	63

주: 2024년은 9월 30일 기준임.
출처: 인천광역시 경제산업본부 사회적경제과에서 제공한 데이터를 활용하여 작성함.

---

27) 예비마을기업이란 마을기업 정체성과 사업성을 갖춘 경쟁력 있고 준비된 마을기업을 발굴·육성하기 위한 예비 단계의 마을기업을 의미한다(행정안전부, 2024:11)

또한, 인천시의 마을기업을 〈표 8-8〉과 같이 구·군별로 나누어서
살펴보면, 총 63개의 마을기업 가운데 가장 많은 수가 옹진군에 집중된
것을 알 수 있다. 옹진군의 마을기업 수는 11개이며, 그다음으로 연수
구(9개소), 남동구·부평구·서구(각각 7개소), 강화군·중구(각각 6개소),
미추홀구(5개소) 등의 순으로 분포되어 있다. 아울러, 인구 10만 명당
마을기업 수는 인천시 전체 기준 2.03개소이며, 옹진군이 53.13개소로
가장 많고, 계양구가 0.35개소로 가장 적은 것으로 확인된다.

〈표 8-8〉 인천시 마을기업 구·군별 현황 (2024년)

(단위: 명, 개소)

구분	인구	마을기업			인구 10만 명당 마을기업
		전체	분류		
			인증	예비	
강화군	70,052	6	5	1	8.57
옹진군	20,703	11	8	3	53.13
중구	170,582	6	6	–	3.52
동구	59,582	4	4	–	6.71
미추홀구	423,352	5	4	1	1.18
연수구	416,983	9	9	–	2.16
남동구	500,595	7	7	–	1.40
부평구	509,818	7	7	–	1.37
계양구	284,884	1	1	–	0.35
서구	647,097	7	7	–	1.08
전체	3,103,648	63	58	5	2.03

주: 2024년 9월 30일 기준임.
출처: KOSIS 국가통계포털 데이터와 인천광역시 경제산업본부 사회적경제과에서 제공한 데
    이터를 활용하여 작성함.

나아가, 〈표 8-9〉와 같이 인천시 마을기업을 업종별, 형태별로 구분
해 살펴보면 다음과 같은 점을 알 수 있다.

① 인천시 마을기업 63개소를 업종별로 구분해 보면, 식품 분야의 마을기업이 21개소(33.3%)로 가장 많은 것이 확인된다. 그리고 그 뒤를 이어 교육 분야와 기타 분야 각각 10개소(각각 15.9%), 관광체험 분야 9개소(14.3%), 공예 분야 6개소(9.54%) 등의 순으로 마을기업이 구성되어 있다.

② 형태별로 세분화해 본 결과, 협동조합으로 분류되는 마을기업이 31개소로 가장 많으며, 이들이 전체 마을기업의 49.2%를 차지하고 있는 것으로 나타났다. 또한, 상법상 주식회사로 분류되는 마을기업이 20개소(31.7%)로, 그 수가 2번째로 많으며, 뒤를 이어 영농회사 6개소(9.5%), 기타 3개소(4.8%) 등의 순으로 드러났다.

〈표 8-9〉 인천시 마을기업 업종별·형태별 현황 (2024년)

(단위: 개소, %)

구분		마을기업		구분		마을기업	
			비율				비율
업종	전체	63	100	형태	전체	63	100
	식품	21	33.3		협동조합	31	49.2
	교육	10	15.9		주식회사	20	31.7
	공예	6	9.5		영농조합	6	9.5
	문화예술	5	7.9		영어조합	1	1.6
	관광체험	9	14.3		재단법인	–	–
	재활용	2	3.2		사단법인	1	1.6
	사회복지	0	0		단체	1	1.6
	기타	10	15.9		기타	3	4.8

주: 〈표 8-8〉과 같음.
출처: 인천광역시 경제산업본부 사회적경제과에서 제공한 데이터를 활용하여 작성함.

4. 협동조합

국제협동조합연맹(ICA: International Cooperative Alliance)은 공동으로 소유하고 민주적으로 통제되는 사업체를 통해 공동의 경제적, 사회적, 문화적 필요와 염원을 충족시키기 위해서 자발적으로 결성된 사람들의 자율적인 연합조직을 협동조합으로 규정하고 있다.[28] 또한, 미국의 농무부(USDA: United States Department of Agriculture)는 협동조합을 서비스의 이용자가 소유하고 그들이 민주적으로 통제하며, 그 사용에 따라서 이익이 공평하게 분배되는 사업체로 간주한다.[29]

아울러, 우리나라 '협동조합 기본법'[30] 제2조 제1호에서는 협동조합을 "재화 또는 용역의 구매·생산·판매·제공 등을 협동으로 영위함으로써 조합원의 권익을 향상하고 지역 사회에 공헌하고자 하는 사업조직"으로 정의하고 있는데, 이같이 정의된 협동조합은 '협동조합 기본법' 제2조와 '소비자생활협동조합법(약칭: 생협법)'[31] 제1조에 근거하여 크게 3가지 형태로 구분해 볼 수 있다.[32]

① 협동조합
- 재화 또는 용역의 구매·생산·판매·제공 등을 협동으로 영위함

---

28) International Co-operative Alliance, 2015, *Guidance Notes to the Co-operative Principles*, Brussels: International Co-operative Alliance, p.34.

29) Frederick, D. A., 2012, *Co-ops 101: An Introduction to Cooperatives*, Washington, D.C: United States Department of Agriculture, Rural Development, Rural Business Cooperative Service, p.1.

30) [시행 2025. 1. 31.] [법률 제20434호, 2024. 9. 20., 타법개정]

31) [시행 2022. 6. 8.] [법률 제18572호, 2021. 12. 7., 일부개정]

32) '협동조합 기본법' 제2조에서는 협동조합을 협동조합, 협동조합연합회, 사회적협동조합, 사회적협동조합연합회 등 총 4가지 유형으로 분류하고 있다.

으로써 조합원의 권익을 향상하고 지역 사회에 공헌하고자 하는
사업조직

② 사회적협동조합

- 협동조합 중 지역주민들의 권익·복리 증진과 관련된 사업을 수
  행하거나 취약계층에게 사회서비스 또는 일자리를 제공하는 등
  영리를 목적으로 하지 아니하는 협동조합

③ 소비자생활협동조합

- 소비자들의 상호 간 협동에 기반하여 물품·용역·시설 등의 공
  동구매와 이용, 판매를 자주·자립·자치적으로 수행하는 생활
  협동조합활동을 촉진함으로써 조합원의 소비생활 향상과 국민
  의 복지 및 생활문화 향상에 이바지함을 목적으로 하는 비영리
  사업조직

한편, 국제협동조합연맹(ICA)은 1995년에 승인된 협동조합의 정체
성에 대한 선언(Statement on the Co-operative Identity)에서 협동조합
의 원칙을 7가지[33]로 규정했는데,[34] 그 가운데 마지막 원칙인 '지역사
회에 대한 배려(Concern for Community)'를 실천하기 위해서 협동조합
은 그 조합원이 결정한 정책을 통해서 지역사회의 지속 가능한 발전을

---

33) 7가지 원칙은 다음과 같다. ① Voluntary and Open Membership(자발적이고 개방적인
조합원 자격), ② Democratic Member Control(민주적인 조합원 관리), ③ Member
Economic Participation(조합원의 경제적 참여), ④ Autonomy and Independence(자
율성과 독립성), ⑤ Education, Training, and Information(교육, 훈련 및 정보), ⑥
Cooperation among Cooperatives(협동조합 간의 협력), ⑦ Concern for Community
(지역사회에 대한 배려)

34) International Co-operative Alliance, 앞의 책, pp.4-97.

지지해야 하는 그들의 역할을 강조한다.[35] 또한, 이탈리아의 사회적협
동조합법 제1조 제1항에는 사회적협동조합은 시민의 인간적 발전과 사
회적 통합을 위한 지역사회의 일반적 이익을 추구하는 것을 목표로 한
다고 명시되어 있다.[36]

지역의 발전이라는 측면에서 협동조합이 갖는 의미를 해석해 보면,
조합원의 자발성과 자율성을 기반으로 한 커뮤니티 집단이 자원의 공
동 소유와 운용을 통해 지역이 직면한 문제를 해결하고, 나아가 지역의
발전을 견인하는 활동을 목표로 하며, 그 활동을 통해 지역사회로 이익
을 환원함으로써 궁극적으로 조합원의 권익 증진과 함께 지역발전을
모색하는 커뮤니티 기반의 지역공동체 사업이라 볼 수 있다.[37]

즉, 이 같은 협동조합은 그들 자신의 발전을 넘어서 지역이 직면한
다양한 사회적, 경제적, 문화적 문제 등을 해결함으로써 지속 가능한
지역발전을 위한 하나의 동력으로서 그 역할을 하는데, 인천시에 존재
하는 협동조합도 매년 그 수가 증가하는 등 다양한 영역에서 그들에게
주어진 협동조합으로서의 책무를 다하고 있는 것으로 보인다.

2024년 기준, 인천시에는 〈표 8-10〉과 같이 일반협동조합[38] 624개
소(74.2%), 사회적협동조합 207개소(24.6%), 소비자생활협동조합 10개

---

35) International Co-operative Alliance, 위의 책, pp.84-97.

36) LEGGE 8 Novembre 1991, n. 381, [Disciplina delle cooperative sociali.], [GU n. 283 del 03-12-1991].

37) 송애정·김예성·장지인, 2013, 「지역발전을 위한 협동조합의 역할」, 『한국지역경제연구』 제25집, 한국지역경제학회, p.122.

38) 본 장에서는 전체 협동조합을 ① 협동조합, ② 사회적협동조합, ③ 소비자생활협동조합으로 구분하여 논의하는데, 용어의 혼동을 피하고자 전체 협동조합에 포함되는 ① 협동조합을 이하의 논의부터 "일반협동조합"으로 기술한다.

소(1.2%) 등 총 841개소의 협동조합이 사업을 영위하고 있다.

〈표 8-10〉 인천시 협동조합 현황 (2017년 ~ 2024년)

(단위: 개소, %)

구분		연도							
		2017	2018	2019	2020	2021	2022	2023	2024
전체		379	422	492	570	652	704	780	841
	비율	100	100	100	100	100	100	100	100
일반협동조합		315	353	403	453	510	537	597	624
	비율	83.1	83.6	81.9	79.5	78.2	76.3	76.5	74.2
사회적협동조합		42	49	69	97	122	151	169	207
	비율	11.1	11.6	14.0	17.0	18.7	21.4	21.7	24.6
소비자생활협동조합		22	20	20	20	20	16	14	10
	비율	5.8	4.7	4.1	3.5	3.1	2.3	1.8	1.2

주: 2024년은 9월 30일 기준임.
출처: 인천광역시 경제산업본부 사회적경제과에서 제공한 데이터를 활용하여 작성함.

눈여겨 볼만한 점은 인천시의 전체 협동조합 수는 매년 꾸준하게 증가하고 있다는 사실이다. 지속적인 증가를 이어온 결과, 전체 협동조합 수는 2017년 379개소에서 2024년 841개소로 2.2배 증가했는데, 세부적으로 보면, 일반협동조합의 경우 비교 기간 그 수는 315개소에서 624개소로 1.9배 증가했고, 사회적협동조합은 42개소에서 207개소로 4.9배 급증한 것이 확인된다. 하지만, 소비자협동조합의 경우 2021년까지 20개소의 사업체가 사업을 영위하고 있었으나, 이후 그 수가 지속적으로 감소하여 2024년 현재는 총 10개소만이 존재하는 것으로 나타났다.

또한, 인천시의 협동조합을 〈표 8-11〉과 같이 구·군별로 세분화해서 살펴보면, 2024년 기준 총 841개의 협동조합 가운데 가장 많은 수인 144개의 협동조합은 남동구에서 사업을 영위하고 있다.

〈표 8-11〉 인천시 협동조합 구·군별 현황 (2024년)

(단위: 명, 개소)

구분	인구	협동조합				인구 1만 명당 협동조합
		전체	분류			
			일반 협동조합	사회적 협동조합	소비자생활 협동조합	
강화군	70,052	53	43	10	0	7.57
옹진군	20,703	30	27	2	1	14.49
중구	170,582	62	48	14	0	3.63
동구	59,582	40	29	11	0	6.71
미추홀구	423,352	108	82	24	2	2.55
연수구	416,983	88	60	26	2	2.11
남동구	500,595	144	109	34	1	2.88
부평구	509,818	130	95	35	0	2.55
계양구	284,884	66	42	21	3	2.32
서구	647,097	120	89	30	1	1.85
전체	3,103,648	841	624	207	10	2.71

주: 2024년 9월 30일 기준임.
출처: KOSIS 국가통계포털 데이터와 인천광역시 경제산업본부 사회적경제과에서 제공한 데이터를 활용하여 작성함.

구체적으로 남동구에는 일반협동조합이 109개소로 그 수가 가장 많고, 사회적협동조합과 소비자생활협동조합이 각각 34개와 1개소 존재한다. 그다음으로 많은 수의 협동조합은 부평구에 있으며, 그 수는 130개소에 달한다. 그리고 그 뒤를 이어 서구(120개소), 연수구(88개소), 계양구(66개소), 중구(62개소) 등의 순으로 분포되어 있다. 아울러, 인구 1만 명당 협동조합 수는 인천시 전체 기준 2.71개소이며, 옹진군이 14.49개소로 가장 많고, 서구가 1.85개소로 가장 적은 것으로 드러났다.

나아가, 〈표 8-12〉와 같이 인천시 협동조합을 업종별로 구분해 보면, 다음과 같은 점이 확인된다.

〈표 8-12〉 인천시 협동조합 업종별 현황 (2024년)

(단위: 개소, %)

업종	협동조합							
	전체		분류					
			일반 협동조합		사회적 협동조합		소비자생활 협동조합	
		비율		비율		비율		비율
전체	841	100	624	100	207	100	10	100
도소매	180	21.4	173	27.7	2	1.0	5	50.0
기타서비스	135	16.1	89	14.3	41	19.8	5	50.0
농업어업임업	49	5.8	46	7.4	3	1.4	0	0.0
제조	48	5.7	37	5.9	11	5.3	0	0.0
건설	25	3.0	20	3.2	5	2.4	0	0.0
숙박음식	36	4.3	34	5.4	2	1.0	0	0.0
교육	134	15.9	84	13.5	50	24.2	0	0.0
출판영상	32	3.8	28	4.5	4	1.9	0	0.0
예술스포츠	42	5.0	31	5.0	11	5.3	0	0.0
운수	27	3.2	26	4.2	1	0.5	0	0.0
보건사회복지	78	9.3	14	2.2	64	30.9	0	0.0
전기가스	24	2.9	17	2.7	7	3.4	0	0.0
부동산·임대	12	1.4	10	1.6	2	1.0	0	0.0
환경	19	2.3	15	2.4	4	1.9	0	0.0

주: 〈표 8-11〉과 같음.
출처: 인천광역시 경제산업본부 사회적경제과에서 제공한 데이터를 활용하여 작성함.

① 2024년 현재, 전체 841개의 협동조합 가운데, 가장 많은 수인 180 개(21.4%)의 사업체는 도소매 영역에서 사업을 영위하고 있다. 그 뒤를 이어 기타서비스 영역에 135개(16.1%)의 사업체 그리고 교육 영역에 134개(15.9%)의 사업체가 존재하는 것으로 나타났으며, 나 머지 영역의 협동조합들은 10% 미만의 비율로 각각의 영역에 분 포됐다.

② 일반협동조합의 경우, 총 624개의 사업체 가운데 27.7%(173개소)

는 도소매 영역에서, 14.3%(89개소)는 기타서비스 영역에서, 13.5%(84개소)는 교육 영역에서 각각 사업을 영위하고 있다.

③ 사회적협동조합은 가장 많은 수의 사업체가 보건사회복지 영역에서 사업 활동을 하는 것으로 확인된다. 그 비율은 전체 207개 사회적협동조합의 30.9%(64개소)에 달하며, 그다음으로 교육 영역이 24.2%, 기타서비스 영역이 19.8%의 높은 비율을 보인다.

④ 소비자생활협동조합은 총 10개의 사업체가 있는 것으로 나타났으며, 이들 가운데 5개소는 도소매 영역에서, 나머지 5개소는 기타서비스 영역에서 사업 활동을 하고 있다.

5. 자활기업

'국민기초생활보장법(약칭: 기초생활보장법)'[39] 제18조 제1항에는 "수급자 및 차상위자는 상호 협력하여 자활기업을 설립·운영할 수 있다"라고 명시하고 있다. 자활기업은 보건복지부가 지원하는 사회적경제 기업으로, "2인 이상의 수급자 또는 차상위자가 상호 협력하여, 조합 또는 사업자의 형태로 탈빈곤을 위한 자활사업을 운영하는 업체"로 정의된다.[40]

보건복지부는 자활기업을 취약계층의 공동 창업을 통한 탈빈곤을 지원하는 제도로 규정하고, 근로 능력이 있는 저소득층에게 일자리를 제

---

39) [시행 2023. 11. 17.] [법률 제19646호, 2023. 8. 16., 일부개정]
40) 보건복지부, 2024, 「2024년 자활사업 안내」, p.112.

공하는 등 사회적 가치를 창출하는 목적을 갖는다고 명시하고 있으며, 크게 다음과 같은 2가지 유형으로 자활기업을 분류하고 있다.[41)]

① 자립형 자활기업

- 자활기업 인정요건과 국민기초생활 보장법 시행규칙[42)] 제31조 제1항("구성원 중 수급자가 5분의 1 이상이면서 수급자 또는 차상위자가 3분의 1 이상")의 요건을 모두 갖춘 자활기업

② 사회형 자활기업

- 자활기업 인정요건과 국민기초생활 보장법 시행규칙 제31조 제3항("전체 구성원이 5명 이상이고, 전체 구성원의 30퍼센트 이상이 '사회적기업육성법' 제2조 제2호에 따른 취약계층일 것")의 요건을 모두 갖춘 자활기업

이와 같은 자활기업은 2000년 '국민기초생활보장법' 제정 이후 저소득층 가운데 근로 능력이 있는 자를 대상으로 소득 보장과 근로 기회 제공 및 근로 능력 향상을 통해 자립 혹은 자활을 지원하기 위해 본격적으로 확산했는데,[43)] 취약계층에 일자리를 제공해 주고, 사회적 가치 창출과 경제적 수익 추구를 동시에 도모한다는 점에서 사회적 의미가 크다고 할 수 있다.

한편, 2024년 현재, 인천시에는 〈표 8-13〉과 같이 총 38개의 자활기업이 있는 것으로 확인된다. 이들을 구분해 보면, 인증사회적기업으로 등록된 곳이 16개소(42.1%)로 가장 많고, 협동조합으로 분류되는 곳이

---

41) 보건복지부, 위의 보고서, p.112.

42) [시행 2023. 1. 1.] [보건복지부령 제927호, 2022. 12. 27., 일부개정]

43) 김경휘·백학영, 2019, 「자활기업의 사회적경제조직 유형과 특성 비교 분석」, 『한국사회정책』 제26권 제2호, 한국사회정책학회, p.116.

13개소(34.2%)로 그 뒤를 잇고 있으며, 예비사회적기업은 2개소(5.3%)가 있는 것을 알 수 있다.

〈표 8-13〉 인천시 자활기업 현황 (2024년)

(단위: 개소, %)

자활기업									
전체		분류							
		인증사회적기업		예비사회적기업		협동조합		기타	
	비율		비율		비율		비율		비율
38	100	16	42.1	2	5.3	13	34.2	7	18.4

주: 2024년 9월 30일 기준임.
출처: 인천광역자활센터 홈페이지에 공개된 데이터를 활용하여 작성함.

또한, 인천시의 자활기업을 〈표 8-14〉와 같이 군·구별로 구분해서 보면, 총 38개의 자활기업 가운데 가장 많은 수의 자활기업은 미추홀구, 남동구, 부평구에 각각 6개소씩 총 18개소가 있는 것을 알 수 있다. 그 뒤를 이어 강화군과 계양구에 각각 4개의 자활기업 그리고 중구, 동구, 연수구, 서구에 각각 3개의 자활기업이 사업을 영위하고 있으며, 옹진군에는 단 1개의 자활기업도 없는 것으로 나타났다. 아울러, 인구 10만 명당 자활기업 수는 인천시 전체 기준 0.81개소이며, 강화군이 5.71개소로 가장 많고. 서구가 0.46개소로 가장 적은 것으로 드러났다.

나아가, 〈표 8-15〉와 같이 인천시 자활기업 38개소를 업종별로 구분해 보면, 사업시설 서비스 분야의 자활기업이 11개소(28.9%)로 가장 많은 것으로 확인된다. 그다음으로 건설 분야 10개소(26.3%), 보건사회복지 분야와 운수 분야 각각 4개소(각각 10.5%), 기타 분야 3개소(7.9%)

등의 순으로 자활기업이 분포되어 있다.

〈표 8-14〉 인천시 자활기업 구·군별 현황 (2024년)

(단위: 명, 개소)

구분	인구	자활기업				인구 10만 명당 협동조합
		전체	구분			
			구·군	광역	희망지역	
강화군	70,052	4	4	–	–	5.71
옹진군	20,703	0	0	–	–	0.00
중구	170,582	3	3	–	–	1.76
동구	59,582	3	3	–	–	5.04
미추홀구	423,352	6	2	1	3	1.42
연수구	416,983	3	3	–	–	0.72
남동구	500,595	6	6	–	–	1.20
부평구	509,818	6	4	2	–	1.18
계양구	284,884	4	4	–	–	1.40
서구	647,097	3	3	–	–	0.46
전체	3,103,648	38	21	3	3	0.81

주: 〈표 8-13〉과 같음.
출처: KOSIS 국가통계포털 데이터와 인천광역자활센터 홈페이지에 공개된 데이터를 활용하여 작성함.

〈표 8-15〉 인천시 자활기업 업종별 현황 (2024년)

(단위: 개소, %)

구분	전체	업종							
		건설	청소 집수리	도소매	보건 사회 복지	사업 시설 서비스	숙박 및 음식	운수	기타
사업체 수	38	10	2	2	4	11	2	4	3
비율	100	26.3	5.3	5.3	10.5	28.9	5.3	10.5	7.9

주: 〈표 8-13〉과 같음.
출처: 인천광역자활센터 홈페이지에 공개된 데이터를 활용하여 작성함.

제3절 왜 인천시에 사회적경제가 단단하게 뿌리내려야 하는가?

경제주체 각각의 경제적 자유를 기반으로 하되, 개별경제주체 당사자의 책임을 전제로 자유로운 영리활동을 통한 경제문제의 해결을 지향하는 시장경제와 달리, 사회적경제는 시장경제를 통해서 충분히 충족되지 못하는 지역사회의 요구를 충족시키고 나아가 사회적 가치를 적극적으로 창출해야 하는 역할, 즉 사회적 가치와 경제적 가치를 동시에 달성해야 하는 역할이 강조된다.

이러한 까닭에 통상적으로 사회적경제조직은 이윤극대화를 최우선으로 추구하는 일반적인 영리사업체들과는 달리 사회적 가치를 동시에 창출해야 하므로, 사업체 운영상의 어려움에 직면하게 될 가능성이 상대적으로 높고, 지속적으로 수요층을 확보하기 위한 새로운 시장을 개척 및 확장함에 있어서 가시적인 한계에 쉽게 부딪힐 수 있다.

사회적경제라는 특수성에서 비롯되어 사회적경제조직이 마주하고 있는 이와 같은 상황에도 불구하고, 그들은 우리 사회와 각 지역의 경제에 긍정적인 방향으로 꾸준히 영향을 미치려는 것으로 보인다. 한국사회적기업진흥원에서 매년 주기적으로 실시하는 사회적기업 경기동향 조사 결과 보고서에 따르면, 2024년 하반기의 경우 사회적기업의 사회적 가치 창출 실적 BIS(Business Survey Index)는 2024년 상반기 대비 3.0P 상승한 87.9 수준을 유지하고 있으며, 사회적 가치 창출 현황 전반, 사회적 가치 창출을 위한 내부 역량, 협력 및 네트워크 전반, 사회적 가치 창출을 위한 외부 환경 등 사회적 가치 실적은 모든 항목에서 직전 조사 대비 상승했다.[44]

이와 더불어 사회적경제는 사회적 가치 창출의 역할을 넘어서 비효율적인 자원분배, 기후변화 및 에너지 위기, 재해, 소득 불평등, 빈곤, 양극화, 취약계층 일자리 부족 등 우리 사회에 노출된 다양한 사회적 문제를 직접적이고 주도적으로 해결할 수 있는 또 하나의 실천적 대안으로 우리나라를 비롯한 선진국에서도 큰 주목을 받고 있다.

하지만, 사회적경제의 개념에 대한 정확한 이해의 결여, 사회적경제가 우리가 살아가는 이 사회에 시장경제와 함께 공존해야 하는 이유와 그 필요성에 대한 명확한 인식의 결핍, 사회적경제조직만이 완수할 수 있는 임무에 대한 공감 부족 등으로 일반 시민에게까지 사회적경제의 당위성이 크게 확대되지 못하고 있는 현실은 부정할 수 없는 사실이다.

아울러, 사회적경제조직은 영리활동에 의한 이익 증대를 통해 스스로의 힘으로 자립을 추구하는 사업체로서의 성향이 약하며, 정부에서 주도하는 지원사업의 수혜, 지방자치단체에서 지원하는 재정의 혜택 등과 같은 시혜적인 사업지원 및 재정지원에 의존하는 경향이 강한 것이 매우 일반적이다. 이러한 까닭에, 이익 극대화가 동반된 경쟁 원리에 의해 경쟁력이 약한 사업체는 스스로 도태되어 자생력이 강한 사업

---

44) 한국사회적기업진흥원, 2024, 「24년 사회적기업 경기동향 조사 결과 보고서」, pp.33-43.

체들만 생존하는 시장경제의 효율성을 거스르고, 자생력이 약한 사업체들이 도태되지 않고 공존할 수 있다는 비효율성의 문제를 제기할 수 있다.

특히, 자생력이 약한 사업체는 외부 주체에 대한 의존 성향을 증폭시켜감에 따라 사업체의 존속을 스스로 지속시키려는 노력을 통한 다양한 경험을 축적할 수 없게 되고, 궁극적으로 이것은 경쟁력 확보를 위한 전문성 향상을 저해하고 효율성 제고를 위한 자발적인 동기부여를 사장해 버릴 가능성으로 이어질 수 있다.

그럼에도 불구하고, 본 장은 인천시에 사회적경제가 단단하게 뿌리 내려야 하는 이유를 다음과 같이 강조한다.

첫째, 사회적경제는 시장경제와 수요 및 공급에 의한 시장 원리만으로는 해결할 수 없는 문제, 즉 시장경제의 작동만으로는 충분히 충족될 수 없는 인천 지역사회의 요구를 충족시킨다. 인천시민들에게 필요한 서비스임에도 이윤 창출의 규모가 작아서 사업체들이 시장진출 자체를 꺼림에 따라 시장에서 공급되지 못하는 서비스가 존재한다. 또한, 중앙정부 정책 및 인천시의 재정 영역임에도 인천시민들이 인지하는 만큼 중앙정부나 인천시가 그 필요성을 정확히 인지하지 못함에 따라 공공부문을 통한 서비스의 제공이 단절될 수도 있다. 이러한 경우, 사회적경제조직은 어떠한 이유에서든 사업체, 중앙정부, 인천시 등 기존의 경제주체들이 해결하지 못한 부분을 사회적 가치 창출이라는 목적을 기반으로 하여 해결함으로써 시장경제의 치명적인 빈틈을 메우는 임무를 수행하고, 인천시민들의 다양한 욕구를 충족시킨다.

둘째, 사회적경제는 인천시의 노동시장에서 상대적으로 취약한 계층에게 일자리를 제공함으로써 고용 창출을 통한 양극화 개선에 일정 부분 기여한다. 통상적으로 노동시장에서는 수요자와 공급자 간의 권력 비대칭이 필연적으로 존재하는데, 그 권력은 노동력의 공급자인 노동자 측보다 노동력의 수요자인 사용자 측에 더 편중되어 있다. 더욱이 노동시장에서 도태될 위험에 직면해 있거나 경쟁력이 부족한 취약계층이라면 그 권력의 크기는 상대적으로 더 작아질 수밖에 없다. 이런 까닭에, 노동시장에서 경쟁력이 취약한 계층의 노동자들, 또는 노동시장에서 소외당하는 노동자들은 그렇지 않은 노동자들보다 실업의 위협 앞에서 그들 자신을 지켜내기 어려울 수 있으며, 궁극적으로 경제적 불평등을 심화하여 계층 간의 소득양극화를 유발할 가능성이 농후하다. 이러한 점에 비추어볼 때, 인천시의 사회적경제조직은 인천시의 취약 계층에게 일자리를 제공하여 양극화 개선에 기여하고 이를 통해 인천 지역사회에 공헌함으로써 인천시민의 삶의 질을 높이는 사회적 목적을 달성하고 있다.

셋째, 사회적경제는 인천시를 구성하는 다양한 주체들과의 연대 및 호혜를 통한 인간의 가치를 높이는 사회적 통합을 추구하고, 인천시 공동체와 지역사회의 발전에 공헌한다. 어느 사회든 간에 인위적이든 자연적이든 사회적, 경제적으로 소외되는 사람과 집단은 존재하기 마련이다. 실업과 빈곤으로 인해 경제적 소외를 경험하는 노령층이 될 수도 있고, 더욱이 문화와 역사가 다른 타국에서 이민해 온 결혼이주여성은 사회적 소외에 노출될 수밖에 없다. 이러한 소외는 점차 지역사회 구성원 서로 간의 불평등 심화로 이어질 수 있고, 이에 따라 장기적으로는 인간의 가치가 저하되어 인간으로서의 기본적인 권리마저 상실될 가능성도 배제할 수 없다. 이러한 가능성에 대응하는 인천시 사회적경제는 인간 중심, 사람 중심의 공동체적 경제방식으로 공동체로부터 소

외된 사람과 분리된 집단을 사회적경제 안으로 포용하는 사회통합을
추구한다.

넷째, 시장경제의 빈틈에서 기인한 인천지역 내의 불균형적인 성장
과 발전을 사회적경제를 통한 지역사회의 사회적 회복과 경제적 재생
으로 해결한다. 인천지역 내에서도 시장경제에만 의존한 결과로 이어
진 불균형적인 성장이 나타났고, 이에 따라 발전된 지역과 상대적으로
낙후된 지역이 공존하게 됐다. 낙후된 지역에서는 필수적인 제반 시설
의 양적 부족과 질적 저하의 문제, 아울러 발전된 지역에서는 크게 나
타나지 않는 사회적·경제적 문제가 증가하게 됐다. 또한, 낙후된 지역
에서는 기업 유치를 통한 대규모 공장 조성, 중앙정부 주도의 대규모
개발사업 등 지역 외부 주체에 의한 지역개발과 경제적 재생을 기대하
며 무한정 기다릴 수는 없다. 이러한 문제와 현실에 적극적으로 대처할
수 있는 실천적인 대안으로서의 사회적경제는 낙후된 지역에 활력을
불어넣고, 그 지역의 사회적 회복과 경제적 재생을 상당 부분 견인하는
임무를 수행할 수 있을 것이다.

본 장은 인천시의 지역경제라는 총체를 연구 대상으로 하는 본서 논
의를 앞서 고찰한 제1장~제7장의 다양한 경제 부문과 더불어 더욱 풍
부하게 만들어 줄 것이라는 기대감을 가지고, 사회적경제에 대한 기본
적인 개념과 인천시에 존재하는 사회적경제조직의 현황 및 그들의 원
론적 역할, 나아가 불완전한 시장경제를 보완해 줄 수 있는 잠재적 성
장동력으로서 사회적경제가 인천시에 뿌리내려야 하는 이유를 제시했
다. 이러한 점에 집중한 이유는 글로벌화의 진전으로 지역이 갖는 의미
와 중요성이 축소되고 있는 상황에서 지역주민과 가장 밀접하게 연계
하여 지역 커뮤니티의 붕괴를 막고, 지역사회와 지역경제의 발전에 도

움이 되는 또 하나의 가능성으로서 사회적경제도 반드시 주목해야 한다는 점이 본서의 방향성과도 일치하기 때문이다.

다만, 본 장은 분석 결과 또는 논점을 기반으로 논의하는 다른 장과는 다르게 사회적경제에 대한 기본적인 개념과 그 역할을 소개하고, 인천시 사화적경제조직의 현황을 파악해 보는 가장 기초적인 작업에 주로 집중했다. 이는 사회적경제가 인천시에서 갖는 의미와 그것에 요구되는 역할이 결코 작아서가 아니며, 오히려 사회적경제에 관한 연구는 다방면에서 다각적인 관점으로 더욱 심도 있게 분석되고 논의되어야 할 필요가 있을 것이다. 이러한 점을 본서의 집필에 참여한 우리 연구자들은 매우 강력하게 인식하고, 인천시 지역경제의 민간부문과 공공부문을 중심으로 논의한 본서의 다음 과제로 인천시의 사회적경제에 관한 논의와 분석으로 계속 이어가고자 한다.

참고문헌

제1장 산업의 흐름과 연구의 '이정표'

김흥전, 2006, 『경제 전문기자가 본 인천경제사』, 인천: 인천일보사.

박광명, 2024, 「1950~60년대 인천의 전후 복구와 인구변동」, 『한국사연구』 제204호, 한국사연구원, pp.33-65.

백다미, 2015, 「서비스 중간투입의 경제적 효과 분석: 생산자 서비스업 육성이 필요하다」, 『경제주평』 제15-16호(통권 637호), 현대경제연구원, pp.1-16.

안홍기·민성희·남희찬, 2015, 『매년도 지역산업연관표 작성방안연구』, 안양: 국토연구원.

유형철, 2012, 「중국과의 교역량 35배 늘었다」, 『나라경제』 3월호, 한국개발연구원(KDI) 경제교육·정보센터, pp.8-9.

인천광역시사 편찬위원회, 2002, 『인천광역시사 제4권 현대사회Ⅱ』, 인천: 인천광역시.

임다은, 2020, 「유엔한국재건단(UNKRA)의 조직과 활동」, 『한국사론』 제66권, 서울대학교 대학원 국사학과, pp.201-260.

한국산업단지공단 산단정책연구소, 2024, 『2024년 인포그래픽으로 보는 전국산업단지』 대구: 한국산업단지공단.

한국은행, 2007a, 『산업연관표 2003』, 서울: 한국은행.

한국은행, 2007b, 『지역산업연관표 2003』, 서울: 한국은행.

한국은행, 2015a, 『산업연관표 2013』, 서울: 한국은행.

한국은행, 2015b, 『지역산업연관표 2010/2013』, 서울: 한국은행.

한국은행 인천본부, 2006, 「인천지역 전략산업의 선정과 시사점」

Chenery, H. B., Robinson, S. and Syrquin, M., 1986, *Industrialization and Growth: A Comparative Study*, New York: Oxford University Press.

Clark, C., 1960, *The Conditions of Economic Progress, 3rd ed.*, London: Macmillan & Co Ltd, New York·ST Martin's Press.

Kuznets, S., 1966, *Modern Economic Growth: Rate, Structure, and Spread*, New Haven: Yale University Press.

Kuznets, S., 1979, "Growth and Structural Shifts", In W. Galenson (Ed.), *Economic Growth and Structural Change in Taiwan: The Postwar Experience of the Republic of China*, London: Cornell University Press.

Petty, W., 1690, *Political Arithmetick*, London, Printed for Robert Clavel at the Peacock, and Hen. Mortlock at the Phoenix in St. Paul's Church-yard.

Syrquin, M., 1984, "Resource Reallocation and Productivity Growth.", In M. Syrquin, L. Taylor and L. E. Westphal (Eds.), *Economic Structure and Performance*, Orlando: Academic Press Inc.

Timmer, M. P. and Szirmai, A., 2000, "Productivity Growth in Asian Manufacturing: The Structural Bonus Hypothesis Examined." *Structural Change and Economic Dynamic*, Vol.11, No.4, pp.371-392.

국가기록원, "정부수립전후~6.25전쟁기", 행정안전부 국가기록원.

김연숙, "인천LNG기지 4지구 건설현장을 가다", 에너지신문, 2017. 5. 22.

지홍구, "옛 경인고속도로, 왕복 4차선·폭 30m 공원으로 탈바꿈 한다", 매일경제신문, 2023. 5. 11.

한국산업단지공단 산업단지통계, https://www.kicox.or.kr/index.do/

KOSIS 국가통계포털, https://kosis.kr/index/index.do/

제2장 대안농업으로서의 '지역먹거리계획'과 '도시농업'

강혜정, 2007, 「OECD, 농업의 다원적 기능 논의동향」, 『세계농업뉴스』 제87호, 한국농촌경제연구원, pp.85-106.

김수린·유찬희·박해진, 2024, 「2023년 농업·농촌 국민의식 조사」, 『KREI 농정포커스』 제221호, 한국농촌경제연구원, pp.1-19.

김오열, 2024, 『커먼즈 관점의 먹거리 공적조달체계에 관한 연구』, 단국대학교 대학원 박사학위논문.

김종덕, 2009, 「한국의 대안농업과 농촌의 미래」, 『쌀삶문명 연구』 제3호, 쌀·삶·문명연구원, pp.161-181.

김철규, 2006, 「한국 농업체제의 위기와 세계화: 거시역사적 접근」, 『농촌사회』 제16집 제2호, 한국농촌사회학회, pp.183-212.

김태곤·박문호·허주녕, 2010, 『도시농업의 비전과 과제』, 서울: 한국농촌경제연구원.

김태곤·허주녕·김예슬, 2012, 『도시농업의 다원적 기능과 활성화 방안 연구』, 서울: 한국농촌경제연구원.

김호, 2018, 「대안유통의 특성에 대한 시론」, 『한국유기농업학회지』 제26권 제1호, 한국유기농업학회, pp.73-82.

농림축산식품부·한국농수산식품유통공사, 2018, 「지역 푸드플랜 가이드 라인」

농림축산식품부·한국농수산식품유통공사, 2023, 「지역먹거리계획 시행효과 분석 연구」

농어업·농어촌특별위원회, 2022, 「공공급식활성화를 통한 먹거리 보장 강화 방안 연구」

대전광역시 서구, 2023, 「2023 구정 백서」

박진도·허헌중·김태연·이창한·김영희·장수명·이유진, 2021, 『농민이 행복해야 국민이 행복하다』, 서울: 지역재단.

송원규, 2020, 「한국 대안농식품 운동의 분기와 진화: 생협에서부터 푸드플랜까지 제도화를 중심으로」, 『농촌사회』 제30집 제1호, 한국농촌사회학회, pp.97-143.

신창섭, 2013, 「소비자생활협동조합의 사회적 성과 창출과정에 대한 질적 연구」, 성공회대학교 대학원 석사학위논문.

윤병선, 2010, 「대안농업운동의 전개과정에 대한 고찰: 유기농업운동과 생협운동, 지역먹거리운동을 중심으로」, 『농촌사회』 제20집 제1호, 한국농촌사회학회, pp.131-160.

이용선·송성환·이형용·박지원, 2015, 『채소 계약재배 활성화 방안』, 나주: 한국농촌경제연구원.

인천광역시, 2021, 「인천광역시 푸드플랜 수립 연구」

임정빈, 2003, 「농업의 다원적 기능에 대한 국제적 논의 내용과 주요 쟁점」, 『농업 생명과학연구』 제37권 제3호, 경상대학교 농업생명과학연구원, pp.83-90.

장원석·이지은, 2009, 「소비자생활협동조합(생협)의 성과와 과제」, 『한국협동조합연구』 제27집 제1호, 한국협동조합학회, pp.175-201.

정은미·김동훈·김문영, 2011, 『생협 경제사업의 성과와 정책과제』, 서울: 한국농촌경제연구원.

정은미·최병옥·최재현, 2017, 『지역 푸드플랜 실태와 정책과제』, 나주: 한국농촌경제연구원.

한국농촌경제연구원, 2018, 「2018년 KREI 이슈토론·성과발표회 자료집」

한주형·장동민, 2014, 「도시농업의 이론, 패러다임 및 유형 분석을 통한 지속가능한 개발방향에 관한 연구」, 『한국도시설계학회지 도시설계』 제15권 제6호, 한국도시설계학회, pp.33-46.

허남혁, 2009, 「생협 생산자 조직의 생산-소비관계 변화: 홍성 풀무생협 사례 연구」, 『농촌사회』 제19집 제1호, 한국농촌사회학회, pp.161-211.

Adelman, I. and Robinson, S., 1978, *Income Distribution Policy in Developing Countries: A Case Study of Korea*, Stanford: Stanford University Press.

Beus, C. E. and Dunlap, R. E., 1990, "Conventional versus Alternative Agriculture: The Paradigmatic Roots of the Debate," *Sociologia Ruralis*, Vol.55, No.4, pp.590-616.

Clark, C., 1960, *The Conditions of Economic Progress, 3rd ed.*, London: Macmillan & Co Ltd, New York·ST Martin's Press.

Johnston, B. E. and Mellor, J. W., 1961, "The Role of Agriculture in Economic Development," *The American Economic Review*, Vol.51, No.4, pp.566-593.

Kuznets, S. S., 1977, *Economics Growth and Structure in the Republic of Korea*, New Haven: Yale University Press.

Mellor, J. W., 1967, *Agricultural Development and Economic Growth*, Ithaca: Cornell University Press.

Petty, W., 1690, *Political Arithmetick*, London, Printed for Robert Clavel at the Peacock, and Hen. Mortlock at the Phoenix in St. Paul's Churchyard.

국립산림과학원, "아낌없이 주는 숲, 우리 산림의 공익적 가치 221조 원", 국립산림
　　과학원, 2020. 4. 1. [보도자료]

농림축산식품부, "농식품부, 지자체에 재정사업을 통합 지원하여「지역 먹거리 종
　　합전략(푸드 플랜)」실행 가속화", 2018. 12. 17. [보도자료]

농림축산식품부, "농식품부, 푸드테크 10대 핵심기술에 대한 연구개발(R&D) 사업
　　본격 시작", 2022. 12. 30. [보도자료]

농림축산식품부, "푸드테크 거대신생기업 30개 육성 마중물 기대", 2024. 9. 23.
　　[보도자료]

농촌진흥청, "지역 내 먹거리 순환으로 안전 농산물 공급 방안 모색", 농촌진흥청,
　　2021. 8. 18. [보도자료]

농촌진흥청, "도시농업의 가치, 금액으로 환산하면 '5조'", 농촌진흥청, 2022. 8.
　　23. [보도자료]

송은숙, "급식지원센터 계속 '난항'", 인천in, 2012. 7. 2.

이서인, "인천시, 2023년 공공급식 통합지원센터 설치 추진", 인천투데이, 2021.
　　8. 4.

조윤진, "인천시, 6년 만에 재추진한 학교급식지원센터 설립 사업 번복", 경기일보,
　　2020. 12. 10.

국립농산물품질관리원, https://www.enviagro.go.kr/portal/

농림수산식품교육문화정보원, https://www.epis.or.kr/main/view/

농림축산식품부 공익직불제, https://www.mafra.go.kr/gong/

인천광역시 농업기술센터, https://www.incheon.go.kr/agro/in

제3장 지역경제의 잠재적 성장동력 '히든챔피언'

김우진, 2023a,「시장지배력을 보유한 인천 지역 기업: 시장 1위 중소·중견기업으
　　로부터의 교훈」,『인천학연구』제38권, 인천학연구원, pp.195-236.

김우진, 2023b,「인천 지역 히든챔피언의 지속 가능한 성장을 위한 경영방식 고찰:
　　전자산업 중소·중견기업에 대한 교토식 경영방식의 적용」,『인천학연구』제39

권, 인천학연구원, pp.157-203.

김우진, 2024, 「인천 지역 히든챔피언의 내재적 위험 요인」, 『아시아연구』 제27권 제1호, 한국아시아학회, pp.369-388.

우원석·최형석, 2015, 「성장기업의 자금조달에 관한 연구」, 『한국증권학회지』 제44권 제3호, 한국증권학회, pp.595-614.

조영삼·지민웅·신종원·박상인·강민지·박진, 2017, 『대기업체제의 한계와 중소·중견기업의 신성장동력화 연구』, 세종: 산업연구원.

한국은행, 각 년도, 「기업경영분석」

Dabla-Norris, E., Kochhar, K., Suphaphiphat, N., Ricka, F. and Tsounta, E., 2015, *Causes and Consequences of Income Inequality: A Global Perspective*, June 2015 (IMF Staff discussion note No. 15/13), Washington, DC: International Monetary Fund.

Kamien, M. I., and Schwarts. N. L., 1975, "Market Structure and Innovation: A Survey", *Journal of Economic Literature*, Vol.13, No.1, pp.1-37.

Kim, W. J., 2013, "The Evolution of a Corporate System: The Case of Production and Employment Structures in Toyota Group", *The Kyoto Economic Review*, Vol.82, No.1/2, pp.31-58.

Kim, W. J., 2015, "De facto Corporate Governance Mechanisms and Structural Changes in Financing and Ownership: A Comparison of Toyota Group and Hyundai Motor Group", *The Kyoto Economic Review*, Vol.84, No.1/2, pp.46-73.

Kim, W. J., 2017, *Corporate System, Structural Diversity, and Transformation: A New Approach to Automobile Specialized Groups in Japan and Korea*, Kyoto: Koyo Shobo Publisher.

Lehmann, E. E., Schenkenhofer, J. and Wirsching. K., 2019, "Hidden Champions and Unicorns: A Question of the Context of Human Capital Investment", *Small Business Economics*, Vol.52, No.2, pp.359-374.

McKiernan, P. and Purg, D(eds)., 2013, *Hidden Champions in CEE and Turkey: Carving Out a Global Niche*, Berlin: Springer.

Munoz, E. P., Ripoll-i-Alcon, J. and Silvente, V. B., 2017, "Hidden Champions in Spain: The Path to Successful Business Decisions", *Revista*

De Metodos Cuantitativos Para La Economia y La Empresa, Vol.24, pp.190-208.

OECD, 2015, *Better Policies Series-Korea: Policy Priorities for a Dynamic, Inclusive and Creative Economy*, Paris: OECD Publications.

Quan, X. I. and Qi, S., 2020, "PhiChem: An Entrepreneurship Case Study of a Hidden Champion in China", *IEEE Engineering Management Review*, Vol.48, No.4, pp.92-101.

Rammer, C. and Spielkamp, A., 2019, "German Hidden Champions: Competitive Strategies, Knowledge Management and Innovation in Globally Leading Niche Players", *Ekonomiaz, Revista Vasca de Economía*, Vol.95, No.1, pp.65-87.

Simon, H., 1990, "Hidden Champions: Speerspitze der deutschen Wirtschaft", *Zeitschrift für Betriebswirtschaft*, Vol.60, No.9, pp.875-890.

Simon, H., 1996a, *Hidden Champions: Lessons from 500 of the World's Best Unknown Companies*, Boston: Harvard Business School Press.

Simon, H., 1996b, "You Don't Have to be German to be a Hidden Champion", *Business Strategy Review*, Vol.7, No.2, pp.1-13.

Simon, H., 2009, *Hidden Champions of the 21st Century: Success Strategies of Unknown World Market Leaders*, London: Springer.

Simon, H., 2022, *Hidden Champions in the Chinese Century: Ascent and Transformation*, Cham: Springer.

Voudouris, I., Lioukas, S., Makridakis, S. and Spanos, Y., 2000, "Greek Hidden Champions: Lessons from Small, Little-known Firms in Greece", *European Management Journal*, Vol.18, No.6, pp.663-674.

금융감독원 전자공시시스템, https://dart.fss.or.kr/

제4장 지역 문화산업의 새로운 가능성 '콘텐츠 투어리즘'

강철구·김태훈, 2023, 「지역경제 활성화로서 콘텐츠 투어리즘의 성과와 한계: 일본의 누마즈시, 구키시, 가스카베시, 토요사토 마을 사례를 중심으로」, 『아시아연구』 제26권 제3호, 한국아시아학회, pp.185-204.

고정민, 2021, 『문화콘텐츠산업의 이해』, 경기: 이다북스.

김평수·윤홍근·장규수, 2007, 『문화콘텐츠산업론』, 서울: 커뮤니케이션북스.

문화체육관광부, 각 년도, 「관광산업조사」

문화체육관광부·한국콘텐츠진흥원, 각 년도, 「콘텐츠 산업조사」

문화체육관광부·한국콘텐츠진흥원, 2024, 「2023 방송영상산업백서」

인천광역시, 2022, 「2021 인천관광 실태조사: 분석편」

조규현, 2017, 「아니메 투어리즘에 의한 지역문화콘텐츠의 가능성: 사이타마현의 사례를 중심으로」, 『한림일본학』 제31호, 한림대학교 일본학연구소, pp.120-138.

허대원, 2010, 「일본 지적재산기본법에 대한 개관」, 『최신외국법제정보』 제5호, 한국법제연구원, pp.27-36.

Throsby, C. D., 2001, *Economics and Culture*, Cambridge: Cambridge University Press.

United Nations, 2008, *International Standard Industrial Classification of All Economic Activities Revision 4*, New York: United Nations Publication.

埼玉県, 각 년도, 『入込観光客「推計」調査』

静岡県, 2023, 『令和5年観光交流の動向』

自由民主党, 2005, 「知的財産立国の早期実現:知的財産推進計画2005の策定に当たっての提言」, 『知的財産戦略本部会合(第11回)議事次第』, 首相官邸.

강철구, 「인천의 콘텐츠 투어리즘과 지역경제 활성화: 일본 사례와의 비교를 통해서」, 『제21차 한국지역학포럼』, 2024년 상반기 학술대회 구두 발표, 인천, 한국, 2024. 5. pp.7-22.

장현일, "불모지는 옛말…'문화 메카' 도약하는 인천", 서울경제, 2023. 1. 15.

최승희, "열차 너머 북청색 바다…슬램덩크 속 그 곳 빼다박았네", 국제신문, 2023. 3. 8.

総務省, 『市町村合併資料集』 2010年 3月 5日.

内閣府, 『クールジャパン戦略について』 2019年 9月.

문화체육관광부, https://www.mcst.go.kr/kor/main.jsp/
한국관광공사 한국관광데이터랩, https://datalab.visitkorea.or.kr/
한국콘텐츠진흥원, https://www.kocca.kr/kocca/main.do/
KOSIS 국가통계포털, https://kosis.kr/index/index.do/
e-Gov法令檢索, https://laws.e-gov.go.jp/
日本の観光統計データ, https://statistics.jnto.go.jp/

제5장 대안적 '지역금융시스템' 모색

강철구, 2021, 『한국 지역금융의 현황과 대안적 금융시스템에 관한 연구』, 인천대학
    교 대학원 박사학위논문.
구정옥, 2020, 「독일과 미국의 금융협동조합네트워크 비교 연구」, 『상업교육연구』
    제34권 제2호, 한국상업교육학회, pp.97-124.
금융감독원, 각 년도, 「금융감독정보」
금융위원회, 2010, 「지역금융 활성화 방안」
김용재, 2020, 「지방자치단체의 공공은행 설립과 관련한 법률적 제언: 미국의
    North Dakota 은행을 모델로 하여」, 『경영법률』 제31권 제1호, 한국경영법률
    학회, pp.235-267.
김효명, 2004, 「지역금융 활성화 방안에 관한 연구」, 『중소기업연구』 제26호 제3
    권, 한국중소기업학회, pp.27-54.
류덕위, 2014, 「지방은행의 지역중소벤처기업지원과 지역금융정책」, 『벤처창업연
    구』 제8권 제4호, 한국벤처창업학회, pp.37-47.
안성포·강주영, 2007, 『국가재정과 주택금융제도(Ⅲ): 독일의 주택금융정책 관련
    법제를 중심으로』, 서울: 한국법제연구원.
정남기, 2014, 「독일 저축은행의 발전과정 및 시사점」, 『경상논총』 제32권 제1호,
    한독경상학회, pp.51-67.
중소기업벤처기업부, 2024, 「2022년 기준 중소기업 기본통계」
채희율, 2014, 「독일 금융시스템의 특징과 시사점」, 『KIF Working Paper』 제
    2014-02호, 한국금융연구원, pp.1-54.
한국은행, 각 년도, 「금융시장 동향」

한국은행, 각 년도, 「기업경영분석」

한국은행, 각 년도, 「지역경제통계」

한국은행 강원본부, 2007, 「강원지역의 자금역외유출 현황 및 시사점」

한스 뮌크너, 2010, 「독일 협동조합은행의 경험과 시사점」, 『신협연구』 제55호, 신협중앙회, pp.61-129.

홍완표, 2005, 「연관비율로 본 금융의 지역 간 격차: 6대 광역시를 중심으로」, 『지역사회연구』 제13권 제2호, 지역사회학회, pp.26-50.

홍순영, 2006, 「신용보증기금의 대·중소기업 양극화 해소와 동반성장 지원에 대한 평가와 향후 과제」, 『신보리서치』 2006 여름호, 신용보증기금, pp.3-32.

홍순영·이종옥, 2005, 『지역금융의 현황과 활성화 방안』, 서울: 중소기업연구원.

Cameron, R. and Neal, L., 2003, *A Concise Economic History of the World: From Paleolithic Times to the Present, 4th ed*, New York and Oxford: Oxford University Press.

Deutsche Bundesbank Eurosystem, 2025, "Banking Statistics", *Statistical Series*, Updated Issue, pp.1-210.

강기성, "지방은행-시중은행 공정경쟁 '룰' 있어야…은행 없는 지역, 정부지원 필요", 시사포커스, 2018. 4. 2.

김경태, "경기도·신협, 사회적경제기업 금융 지원…5년간 1천억 저리융자", 연합뉴스, 2020. 11. 16.

김지효, "신용보증기금 소관부처 누가 좋은가, 금융위 중소기업부 놓고 표류", 비즈니스포스트, 2020. 12. 28.

인천광역시, "2022년 인천시 아파트 입주 물량 5년 대비 '최대'", 2022. 1. 13. [보도자료]

한국은행, "중소기업대출비율제도 개편", 2023. 4. 11. [보도자료]

공공데이터포털, https://www.data.go.kr/

의안정보시스템, https://likms.assembly.go.kr/bill/

한국은행 경제통계시스템, https://ecos.bok.or.kr/

KOSIS 국가통계포털, https://kosis.kr/index/index.do/

Deutsche Bundesbank Eurosystem, https://www.bundesbank.de/de/

제6장 지방재정, 그 올바른 역할의 중심 '경제개발비'

국회예산정책처, 2023, 「2023 대한민국 지방재정」

김용·금재덕, 2024, 「지방재정의 투자적 경비지출이 지역경제 성장에 미치는 영향
　　연구: 경기도 남북의 투자적 경비(사회개발비, 경제개발비)지출을 중심으로」,
　　『GRI연구논총』 제26권 제1호, 경기연구원, pp.97-120.

김승연, 2022, 「중앙과 지방재정의 역할: 복지재원 조달방안 없이, 지출만 시방으
　　로 떠넘기려 하는가?」, 『월간복지동향』 제286호, 참여연대사회복지위원회,
　　pp.24-33.

문시진·이기동·이우형, 2016, 「지방재정지출이 지역의 경제성장, 고용 및 투자에
　　미치는 영향 분석」, 『경제연구』 제34권 제2호, 한국경제통상학회, pp.33-59.

인천광역시, 2023, 「예산 개요」

인천광역시, 각 년도, 「세입·세출예산서」

인천광역시의회, 2023a, 「2024년도 인천광역시 일반 및 특별회계 세입·세출 예산
　　안 및 기금운용계획안 검토보고서」

인천광역시의회, 2023b, 「2023회계연도 인천광역시 일반 및 특별회계 결산(기금
　　포함) 및 예비비지출 승인 검토보고서」

인천광역시의회, 2024, 『지방재정 분석보고 2024 통권 제1호』, 인천: 인천광역시
　　의회.

인천광역시 예산결산특별전문위원실, 2023, 「중앙정부 이전재원이 인천광역시 지
　　방재정에 미치는 영향」

행정안전부, 2024, 「2025년 지방자치단체 예산편성 운영기준 및 기금운용계획 수
　　립기준」

지방재정365 지방재정통합공개시스템, https://www.lofin365.go.kr/

e-나라지표 국정모니터링시스템, https://www.index.go.kr/enara/

KOSIS 국가통계포털, https://kosis.kr/index/index.do/

제7장 글로벌화와 지역의 '정부조달시장'

김대식·백용선·박영숙, 2021, 『정부조달협정(GPA)의 개정에 따른 국가계약제도 정비 방안 연구』, 세종: 한국조세재정연구원.

김우영, 2021, 「'지역내재투자력론'의 관점에서 본 지방자치단체의 공공계약: 인천 광역시와 일본 요코하마시의 비교를 중심으로」, 『인천학연구』 제34권, 인천학연구원, pp.261–290.

박혜리, 2015, 「개정 정부조달협정(GPA)의 주요 내용과 정책 시사점」, 『KIEP 오늘의 세계경제』 제16권 제4호, 대외경제정책연구원, pp.1–12.

산업연구원, 1988, 『통상백서: 통상정책의 중장기 구상』, 서울: 산업연구원.

조달청, 각 년도, 「공공조달통계연보」

조달청, 각 년도, 「조달사업통계」

Baldwin, R. E., 2016, *The Great Convergence: Information Technology and the New Globalization*, Cambridge, Massachusetts London: The Belknap Press of Havard University Press.

Baldwin, R. E. and Evenett, S. J., 2015, "Value Creation and Trade in 21st Century Manufacturing", *Journal of Regional Science*, Vol.55, No.1, pp.31–50.

Commission of the European Communities, 1997, *1997 Annual Economic Report: Growth, Employment and Convergence on the Road to EMU*, Luxembourg: Office for Official Publication of the European Communities.

岡田知弘, 1984, 「地域経済の国際化: 直接投資交流政策を中心に」, 『経済科学通信』, 基礎経済科学研究所, pp.13–23.

岡田知弘, 2022, 『地域づくりの経済学入門 増補改訂版: 地域内再投資力論』, 自治体研究社.

横浜市, 各 년도, 『横浜市中小企業振興条例に基づく取組状況報告書』

一般財団法人地方自治研究機構, 『中小企業振興に関する条例』, 2024年11月19日.

京都府, 『公契約大綱』, 2012年5月.

中小企業庁, 『都道府県・大都市別企業数、常用雇用者数、従業者総数(民営、非一 次産業、2021年)』, 2023年12月13日.

横浜市, 『横浜市中小企業振興基本条例』, 2010年3月29日.

산업통상자원부 FTA 종합지원포털, https://www.fta.go.kr/main/

조달청 조달데이터허브 https://data.g2b.go.kr/

KOSIS 국가통계포털, https://kosis.kr/index/index.do/

제8장 시장경제의 빈틈을 보완해 주는 '사회적경제'

권병욱·이준우, 2015, 「사회적기업의 본질에 대한 시론: 일본사례를 중심으로」, 『일본문화학보』 제64집, 한국일본문화학회, pp.375-390.

권병욱·이준우, 2020, 「현대 사회적경제이 기원에 대한 시론: Karl Polanyi의 경제 사상으로부터」, 『사회적 가치와 기업연구』 제13권 제2호, 사단법인 사회적기업 학회, pp.151-171.

김경휘·백학영, 2019, 「자활기업의 사회적경제조직 유형과 특성 비교 분석」, 『한국 사회정책』 제26권 제2호, 한국사회정책학회, pp.115-145.

김신양, 2022, 「200년 사회적경제의 역사 속 한국의 사회적경제」, 『공동체문화와 민속 연구』 제4호, 안동대학교 민속학연구소, pp.101-140.

남승균, 2016, 『지역경제의 내발적발전과 사회적경제조직에 관한 연구』, 인천대학 교 대학원 박사학위논문.

보건복지부, 2024, 「2024년 자활사업 안내」

송애정·김예성·장지인, 2013, 「지역발전을 위한 협동조합의 역할」, 『한국지역경 제연구』 제25집, 한국지역경제학회, pp.119-139.

일자리위원회 관계부처 합동, 2017, 「사회적경제 활성화 방안」

조영복·양용희·김혜원, 2007, 『사회적기업 육성을 위한 중장기 정책방향』, 부산: 사회적기업연구원.

조용훈, 2017, 「지역공동체운동을 통한 농촌교회 활성화 방안: 마을기업을 중심으 로」, 『장신논단』 제49권 제4호, 장로회신학대학교 기독교사상과문화연구원, pp.165-189.

주성수, 2019, 『사회적경제: 이론, 제도, 정책』, 서울: 한양대학교출판부.

충남발전연구원 충남사회적경제지원센터, 2012, 『사회적경제와 사회적기업』, 공주: 충남발전연구원 충남사회적경제지원센터.

한국사회적기업진흥원, 2023, 「해외 사회적경제 주요국 관련 제도 및 정책 조사 최종보고서」

한국사회적기업진흥원, 2024, 「24년 사회적기업 경기동향 조사 결과 보고서」

행정안전부, 2024, 「2025년 마을기업 육성사업 시행지침」

Bolzaga, C. and Tortia, E., 2009, "Social Enterprises and Local Economic Development", In: A. Noya(Ed.), *The Changing Boundaries of Social Enterprises*, Paris: OECDPublishing, pp.195-228.

Doeringer, M. F., 2010, "Fostering Social Enterprise: A Historical and International Analysis", *Duke Journal of Comparative & International Law*, Vol.20, pp.291-329.

Frederick, D. A., 2012, *Co-ops 101: An Introduction to Cooperatives*, Washington, D.C: United States Department of Agriculture, Rural Development, Rural Business Cooperative Service.

International Co-operative Alliance, 2015, *Guidance Notes to the Co-operative Principles*, Brussels: International Co-operative Alliance.

인천광역자활센터 https://www.inziwon.or.kr/html/index.html/

한국사회적기업진흥원, https://www.socialenterprise.or.kr/

KOSIS 국가통계포털, https://kosis.kr/index/index.do/

찾아보기

인천학연구총서 목록

번호	서명	발행 연도
1	인천학 현황과 과제 1	2003
2	인천학 현황과 과제 2	2003
3	인천인구사	2007
4	인천 섬 지역의 어업문화	2008
5	식민지기 인천의 기업 및 기업가	2009
6	인천노농운동사	2009
7	인천 토박이말 연구	2009
8	조선후기~대한제국기 인천지역 재정사 연구	2009
9	인천문학사연구	2009
10	인천 영종도의 고고학적 연구 -신석기시대~원삼국시대-	2011
11	江華 寺刹 文獻資料의 調査硏究	2011
12	한국 어촌사회와 공유자원	2011
13	강화 토박이말 연구	2011
14	인천인구사 2	2011
15	인천시 자치구(군)간의 지역불균형 특성분석	2012
16	강화 고전문학사의 세계	2012
17	江華의 檀君傳承資料	2012
18	인천의 누정	2013
19	강화학파의『노자』주석에 관한 연구	2013
20	인천 영종도의 옛 유적입지와 환경 변화	2013
21	한국 서해 도서지역 사람들의 생산과 교역	2013
22	지역 경제학의 연구방법론	2013
23	인천 연안도서 토박이말 연구	2014
24	인천체육사 연구	2014
25	인천고전문학의 현재적 의미와 문화정체성	2014
26	霞谷의 大學 經說 硏究	2014
27	식민지기 인천항의 통상구조에 관한 실증적 연구	2014

28	대학생의 라이프스타일, 주거만족도와 대미래주거선호도 분석	2014
29	개항장 인천과 재조일본인	2015
30	한국 현대시와 인천 심상지리(心象地理)	2015
31	해항도시 인천 문화의 종교성과 신화성	2015
32	인천 전통시장의 성장과 쇠퇴	2015
33	서해5도민의 삶과 문화	2015
34	조선신보, 제국과 식민의 교차로	2016
35	구술로 보는 인천 민간소극장사	2016
36	다중스케일 관점에서 본 인천의 공업단지	2017
37	식민지기 인천의 근대 제염업	2017
38	인천이 겪은 해방과 전쟁	2018
39	토층(土層)에 담긴 인천의 시간	2018
40	언론에 비친 인천 산업사 연구	2018
41	이주로 본 인천의 변화	2019
42	인천의 도시공간과 커먼즈, 도시에 대한 권리	2019
43	협동과 포용의 살림공동체	2019
44	인천 지역의 민족운동	2020
45	항만하역 고용형태의 변천	2020
46	인천의 전통신앙	2021
47	인천의 장소 특정성, 걷기의 모빌리티와 도시를 경험하는 예술	2021
48	골목상권의 힘, 지역화폐	2021
49	인천의 향토음식	2021
50	1867년 인천 영종도 주민들	2022
51	도시재생의 이해	2022
52	조선시대 경기 서해연안의 목장 연구	2023
53	인천 연안 도서지역 주민들의 삶과 공동체 -덕적면·자월면을 중심으로	2023
54	강화양명학과 개신교의 문화접변에 의한 초기 자본주의의 이해	2024
55	도시경관의 이론과 실제	2024
56	인천 지역경제의 다차원적 접근 -잠재적 성장동력 모색-	2025

저자 소개

김우진 (제3장, 편저자)

일본 교토대학교 경제학연구과에서 '기업 시스템의 구조적 진화 및 역동성에 관한 연구'로 경제학 박사학위를 취득했다. Xiamen University Malaysia, School of Economics and Management에서 교수로 재식 후, 현재 인천대학교에서 강이 및 연구 활동을 하고 있다. 관심 연구분야는 기업 시스템의 다양성, 기업구조 진화, 강소기업이다. 주요 저서 및 논문으로는《Corporate System, Structural Diversity, and Transformation》,《転換期のアジア資本主義》(공저) 등이 있다.

김우영 (제7장, 연구책임자·편저자)

일본 교토대학교 경제학연구과에서 '현대 일본에 있어서의 지역금융기관의 기능과 역할'에 관한 연구로 경제학 박사학위를 취득했다. 일본 미에대학교, 고베의료복지대학교를 거쳐, 현재 일본 붓쿄대학교 사회학부 공공정책학과 교수로 재직하고 있다. 관심 연구분야는 Globalization과 지역경제, 지역금융, 지역산업·기업이다. 주요 저서 및 논문으로는《人間復興の地域経済学》(공저),〈災害復興におけるグループ補助金と地域金融機関の役割〉등이 있다.

김태훈 (제1장)

인천대학교 대학원 경제학과에서 '한국경제의 다양성과 특수성에 관한 연구'로 경제학 박사학위를 취득했다. 현재, 경인여자대학교 겸임교수, 한국응용통계연구원 연구위원으로 재직 중이며, 관심 연구분야는 지역산업, 지역경제, 후기산업사회이다. 주요 저서 및 논문으로는〈서민금융기관의 변화와 인천의 거시경제적 안정성 연구〉(공저),〈주거사회환경지표의 설계와 도시 내 적용연구〉(공저) 등이 있다.

김진호 (제2장)

단국대학교 대학원 환경자원경제학과에서 '농어촌 지역발전을 위한 사회적경제조직의 역할과 발전 방향에 관한 연구'로 경제학 박사학위를 취득했다. 제1대 대통령직속 농어업·농어촌특별위원회에서 농어촌정책팀원으로 재직했고, 현재 (재)지역재단에서 정책연구팀장으로 근무하며, 단국대학교 식품자원경제학과에 출강하고 있다. 관심 연구분야는 농업경제, 농촌정책, 농·어촌지역의 사회적경제이며, 주요 저서 및 논문으로는 〈지속가능한 어촌지역사회를 위한 사회적자본 연구〉, 〈인천시 지역산업 발전전략과 과제〉 등이 있다.

강철구 (제4장, 제5장)

인천대학교 대학원 경제학과에서 '한국 지역금융의 현황과 대안적 금융시스템에 관한 연구'로 경제학 박사학위를 취득했다. 현재, 인천대학교 인천학연구원 상임연구위원으로 재직 중이며, 동 대학교에 출강하고 있다. 관심 연구분야는 지역경제, 지역금융, 문화경제, 문화·콘텐츠산업이다. 주요 저서 및 논문으로는 《골목상권의 힘, 지역화폐》(공저), 〈지역경제 활성화로서 콘텐츠 투어리즘의 성과와 한계〉(공저) 등이 있다.

임조순 (제6장)

인천대학교 대학원 경제학과에서 '인천경제자유구역 개발에 관한 정치경제학적 연구'로 경제학 박사학위를 취득했다. 고려대학교 아세아문제연구소 연구원, 제15대 대통령비서실 삶의질향상기획단 정책연구원, 제17대 국회 정책보좌관을 거쳐, 현재 인천광역시의회 문화복지위원회 수석전문위원으로 재직 중이다. 관심 연구분야는 지방재정, 지역경제, 경제·사회적 불평등이다. 주요 저서 및 논문으로는 〈자치입법권의 한계와 확대 방안 연구〉(공저), 〈인천광역시 지방재정운용의 자율성에 관한 연구〉 등이 있다.

남승균 (제8장)

인천대학교 대학원 경제학과에서 '사회적경제와 지역의 내발적 발전'에 관한 연구로 경제학 박사학위를 취득했다. 인천대학교 인천학연구원 상임연구위원을 거쳐, 현재 인천대학교 지역동행플랫폼 상임연구위원으로 재직 중이다. 관심 연구분야는 지역경제와 사회적경제이다. 주요 저서 및 논문으로는 《골목상권의 힘, 지역화폐》(공저), 《노동, 환경, 서민금융을 통한 살림공동체》(공저) 등이 있다.

인천학연구총서 56

인천 지역경제의 다차원적 접근

잠재적 성장동력 모색

2025년 2월 20일 초판 1쇄

기　획 인천대학교 인천학연구원
지은이 김우진·김우영·김태훈·김진호·강철구·임조순·남승균
펴낸이 김흥국
펴낸곳 보고사

등록 1990년 12월 13일 제6-0429호
주소 경기도 파주시 회동길 337-15
전화 031-955-9797(대표)
팩스 02-922-6990
메일 bogosabooks@naver.com
http://www.bogosabooks.co.kr

ISBN 979-11-6587-784-2　94300
　　　979-11-5516-336-8　(세트)
ⓒ 김우진·김우영·김태훈·김진호·강철구·임조순·남승균, 2025

정가 30,000원